全国经济专业技术资格考试用书

零基础过经济师
工商管理专业知识与实务（中级）

经济师考试研究院　组编

图书在版编目(CIP)数据

零基础过经济师.工商管理专业知识与实务:中级/经济师考试研究院组编.—上海:立信会计出版社,2023.7(2024.8重印)

全国经济专业技术资格考试用书

ISBN 978-7-5429-7380-1

Ⅰ.①零…Ⅱ.①经…Ⅲ.①工商行政管理-资格考试-自学参考资料Ⅳ.①F

中国国家版本馆CIP数据核字(2023)第130149号

责任编辑　蔡伟莉
助理编辑　胡蒙娜

零基础过经济师.工商管理专业知识与实务:中级

Lingjichu guo Jingjishi. Gongshang Guanli Zhuanye Zhishi yu Shiwu:Zhongji

出版发行	立信会计出版社			
地　　址	上海市中山西路2230号	邮政编码	200235	
电　　话	(021)64411389	传　　真	(021)64411325	
网　　址	www.lixinaph.com	电子邮箱	lixinaph2019@126.com	
网上书店	http://lixin.jd.com		http://lxkjcbs.tmall.com	
经　　销	各地新华书店			
印　　刷	三河市中晟雅豪印务有限公司			
开　　本	787毫米×1092毫米　1/16			
印　　张	21.5			
字　　数	635千字			
版　　次	2023年7月第1版			
印　　次	2024年8月第2次			
书　　号	ISBN 978-7-5429-7380-1/F			
定　　价	68.00元			

如有印订差错,请与本社联系调换

寄语

经济师考试研究院自成立以来，专注于经济师考试辅导课程、图书的研发，陪伴数以万计的考生通过了经济师考试。在与考生沟通的过程中，我们发现不少考生有这些疑惑：经济师考试的专业课有哪些特点？我没有什么基础，可以通过考试吗？考试难不难？对这些问题，古人早已给出了智慧的回答：人之为学有难易乎？学之，则难者亦易矣；不学，则易者亦难矣。现在，只要您坚定学习目标，一支笔、一本书、一杯茶，您就可以和我们一起奋战在经济师考试之路上！

在中级经济师考试中，"工商管理专业知识与实务"（中级）科目的专业性非常强，涵盖了各类企业管理基础知识，需要准确记忆大量公式、专业术语，这对第一次备考经济师的考生来说，难度较大。因此，本书采用举例、注释、绘制图表等较为形象的方法对知识点进行剖析，并有针对性地讲解易错易混考点；分析历年真题、模拟题等各类习题的解题思路，帮助考生掌握做题方法，准确把握考试要点，高效备考复习！

朱熹曾说：读书有三到，谓心到，眼到，口到。在专注备考经济师的过程中，希望您能找到适合自己的学习方法，顺利通过中级经济师考试！

最后，感谢一路陪伴我们的莘莘学子，希望您翻开本书，不仅能学到经济师相关知识，还可以感受到我们倾注于本书的心血。时间仓促，若有疏漏，希望广大读者给予批评指正。

编者

本书亮点介绍

第一篇 历年命题规律总结及备考指导

本篇旨在分析历年考试特点、命题规律，为考生指引备考经济师的方向。只有方向明确了，才能避免南辕北辙。

第二篇 考点精讲及同步练习

◆ **考点详尽，讲解透彻** 本书结合考试大纲对精华考点逐一讲解，并辅之以经典例题，方便考生明确考点，同时掌握考点的考查方式。

◆ **文字变色，重点突出** 本书对非常关键的考点采用蓝色字体突出标记，方便考生从较长的文字中抓取关键词句，进行有针对性的记忆。

◆ **图表结合，便于记忆** 大量的文字内容不便于考生记忆，所以本书尽量将篇幅较多的文字以图表形式呈现，内容上更加清晰，有助于考生分类记忆。

◆ **授之以鱼并授之以渔** 本书除告诉考生重要的考点外，还通过【考点小贴士】告知考生应如何巧妙记忆，考生可据此结合自身情况对所学知识点进行总结，以一定的方法来巧记、速记。

◆ **易错易混，辨析明确** 由于考点较多，极易混淆，本书每章都提炼了【本章易错易混考点】，详细讲解，并配以相应的题目进行区分。

◆ **经典真题，回顾总结** 工商管理专业知识与实务（中级）科目考试的历年真题涉及一些重复的考点，因此本书在每一章都设置了【历年经典真题回顾】，考生可以从中明确历年考试的出题点、命题规律。

◆ **同步练习，强化考点** 考生对每一章考点掌握如何，需要考生亲自做题来检验和强化，故本书也配备了【本章同步练习】。考生对这些题目需要"做会"，即除了做对，还要能举一反三，争取能够以不变应万变。

第三篇 模拟试卷及参考答案与解析

学习各章后，考生还应进行综合训练，以应对考试。本书按照考试的题型、题量给考生配备了一套高质量的模拟试题，并给出详细的解析。这套试题可以较充分地检验考生对整个科目考点的掌握情况，同时也是对考试试题做出的一定的预测。考生应尽最大努力掌握每道题目涉及的考点及各个可能与之相关联的考点，以应对变形题目。

目 录

第一篇　历年命题规律总结及备考指导

一、"工商管理专业知识与实务"(中级)科目考试详解/3

二、"工商管理专业知识与实务"(中级)教材介绍/4

三、应试技巧及学习建议/5

第二篇　考点精讲及同步练习

第一章　企业战略与经营决策/11

本章考情分析/11

本章学习提示/11

　第一节　企业战略概述/12

　　本节考点概览/12

　　本节考点详解/12

　第二节　企业战略分析/17

　　本节考点概览/17

　　本节考点详解/17

　第三节　企业战略类型/24

　　本节考点概览/24

　　本节考点详解/24

　第四节　企业经营决策与商业模式分析/30

　　本节考点概览/30

　　本节考点详解/31

本章易错易混考点/38

历年经典真题回顾/40

本章同步练习/44

本章同步练习参考答案及解析/48

第二章　公司法人治理结构/51

本章考情分析/51

本章学习提示/51

　第一节　公司所有者与经营者/52

　　本节考点概览/52

　　本节考点详解/52

　第二节　股东会/55

　　本节考点概览/55

　　本节考点详解/56

　第三节　董事会/62

　　本节考点概览/62

　　本节考点详解/62

　第四节　经理层/67

　　本节考点概览/67

　　本节考点详解/67

　第五节　监事会/68

　　本节考点概览/68

　　本节考点详解/68

　第六节　中国特色国家出资公司的治理/70

　　本节考点概览/70

　　本节考点详解/70

本章易错易混考点/72

· 1 ·

历年经典真题回顾/73

本章同步练习/75

本章同步练习参考答案及解析/76

第三章　市场营销与品牌管理/77

本章考情分析/77

本章学习提示/77

第一节　市场营销环境/78

本节考点概览/78

本节考点详解/78

第二节　市场营销战略/80

本节考点概览/80

本节考点详解/80

第三节　市场营销组合策略/85

本节考点概览/85

本节考点详解/85

第四节　品牌与品牌资产/92

本节考点概览/92

本节考点详解/92

第五节　品牌战略/94

本节考点概览/94

本节考点详解/95

本章易错易混考点/96

历年经典真题回顾/97

本章同步练习/99

本章同步练习参考答案及解析/100

第四章　分销渠道管理/101

本章考情分析/101

本章学习提示/101

第一节　渠道运营管理/102

本节考点概览/102

本节考点详解/102

第二节　分销渠道系统评估/110

本节考点概览/110

本节考点详解/110

第三节　分销渠道发展趋势/114

本节考点概览/114

本节考点详解/114

本章易错易混考点/116

历年经典真题回顾/117

本章同步练习/118

本章同步练习参考答案及解析/119

第五章　生产管理/121

本章考情分析/121

本章学习提示/121

第一节　生产计划/122

本节考点概览/122

本节考点详解/122

第二节　生产作业计划/127

本节考点概览/127

本节考点详解/127

第三节　生产控制/130

本节考点概览/130

本节考点详解/130

第四节　生产作业控制/132

本节考点概览/132

本节考点详解/133

第五节　现代生产管理方式/136

本节考点概览/136

本节考点详解/136

本章易错易混考点/139

历年经典真题回顾/140

本章同步练习/143

本章同步练习参考答案及解析/145

第六章 物流管理/148

本章考情分析/148

本章学习提示/148

第一节 物流与物流管理概述/149

本节考点概览/149

本节考点详解/149

第二节 包装、装卸搬运与流通加工/152

本节考点概览/152

本节考点详解/152

第三节 仓储与库存管理/158

本节考点概览/158

本节考点详解/158

第四节 运输与配送管理/164

本节考点概览/164

本节考点详解/164

本章易错易混考点/170

历年经典真题回顾/171

本章同步练习/172

本章同步练习参考答案及解析/173

第七章 技术创新管理/174

本章考情分析/174

本章学习提示/174

第一节 技术创新的含义、分类与模式/175

本节考点概览/175

本节考点详解/175

第二节 技术创新战略与技术创新决策评估方法/179

本节考点概览/179

本节考点详解/179

第三节 技术创新组织与研发管理/186

本节考点概览/186

本节考点详解/186

第四节 企业管理创新/191

本节考点概览/191

本节考点详解/191

本章易错易混考点/194

历年经典真题回顾/195

本章同步练习/197

本章同步练习参考答案及解析/199

第八章 人力资源规划与薪酬管理/201

本章考情分析/201

本章学习提示/201

第一节 人力资源规划/202

本节考点概览/202

本节考点详解/202

第二节 绩效考核/207

本节考点概览/207

本节考点详解/207

第三节 薪酬管理/212

本节考点概览/212

本节考点详解/212

本章易错易混考点/219

历年经典真题回顾/220

本章同步练习/223

本章同步练习参考答案及解析/226

第九章 企业投融资决策及并购重组/228

本章考情分析/228

本章学习提示/228

第一节 财务管理的基本价值观念/229

本节考点概览/229

本节考点详解/229

第二节 筹资决策/235

本节考点概览/235

本节考点详解/235

第三节　投资决策/243
　　　　本节考点概览/243
　　　　本节考点详解/243
　　第四节　并购重组/248
　　　　本节考点概览/248
　　　　本节考点详解/249
　　本章易错易混考点/253
　　历年经典真题回顾/255
　　本章同步练习/258
　　本章同步练习参考答案及解析/260
第十章　电子商务/263
　　本章考情分析/263
　　本章学习提示/263
　　第一节　电子商务概述/264
　　　　本节考点概览/264
　　　　本节考点详解/264
　　第二节　电子商务的运作系统/268
　　　　本节考点概览/268
　　　　本节考点详解/268
　　第三节　电子支付/271
　　　　本节考点概览/271
　　　　本节考点详解/272
　　第四节　网络营销/274
　　　　本节考点概览/274
　　　　本节考点详解/274

　　本章易错易混考点/277
　　历年经典真题回顾/277
　　本章同步练习/278
　　本章同步练习参考答案及解析/279
第十一章　国际商务运营/281
　　本章考情分析/281
　　本章学习提示/281
　　第一节　国际商务与跨国公司/282
　　　　本节考点概览/282
　　　　本节考点详解/282
　　第二节　国际直接投资业务/287
　　　　本节考点概览/287
　　　　本节考点详解/288
　　第三节　国际贸易合同商订与国际贸易
　　　　　　惯例/292
　　　　本节考点概览/292
　　　　本节考点详解/292
　　第四节　国际商品进出口实务/295
　　　　本节考点概览/295
　　　　本节考点详解/295
　　本章易错易混考点/300
　　历年经典真题回顾/301
　　本章同步练习/302
　　本章同步练习参考答案及解析/302

第三篇　模拟试卷及参考答案与解析

工商管理专业知识与实务(中级)模拟试卷/307

工商管理专业知识与实务(中级)模拟试卷参考答案与解析/321

第一篇
历年命题规律总结及备考指导

扬帆起航,让我们一起揭秘考试规律!
"磨刀不费砍柴工",摸清套路,才能少走弯路。

第一篇 历年命题规律总结及备考指导

中级经济专业技术资格考试是我国职称考试之一，实行全国统一考试制度，考试每年举行一次。参加中级经济专业技术资格考试的成绩合格者，可获得中级专业技术资格，证书由人力资源和社会保障部统一发放。中级经济专业技术资格考试科目包括"经济基础知识"和"专业知识与实务"。"经济基础知识"是公共科目，"专业知识与实务"是专业科目。为了方便读者更清楚地了解考试情况，本辅导书在此特别对中级工商管理专业科目考试情况和教材内容进行详细介绍。

一、"工商管理专业知识与实务"（中级）科目考试详解

（一）考试时间

本年度中级经济专业技术资格考试按专业分四个批次考核，每个批次 3 小时，总共考核两个科目，即"经济基础知识"和"专业知识与实务"。每一科目的考试时间为 1.5 小时，两门连考。具体考试时间以准考证信息为准。

要通过中级工商管理专业的考试需要备考两个科目，分别为"经济基础知识"和"工商管理专业知识与实务"。2020 年开始，中级经济专业技术资格考试成绩实行 2 年为一个周期的滚动管理方法（从 2020 年算起），应试人员须在 2 个考试年度内通过全部应试科目，方可取得中级经济专业技术资格证书。

（二）考试题型介绍

中级工商管理专业科目的考试难度在各专业中处于中等偏上程度。其考查内容覆盖面广，题目较为灵活，往年考试题型及分值如下表所示。

题型	题量（个）	分值（分）
单项选择题	60	1×60
多项选择题	20	2×20
案例分析题（不定项选择题）	20	2×20
合计	100	140
合格标准	84 分	

（三）历年出题规律分析

1. 各类考点考试频率分析

中级工商管理专业科目考试每年整套试题的难度波动不大，考试范围不会超出考试大纲的要求，试题主要涉及常规考点、非常规考点和新增考点，各类考点所占比例如下表所示。

考点类型	常规考点		非常规考点或新增考点
	重要考点	次要考点	
占总分比例	35%～45%	25%～35%	30%左右

表中，重要考点为每年必考知识点或近年出题频率极高的知识点，属于考试大纲中需要考生重点掌握的内容，其中部分考点涉及的题目较为灵活，也是案例分析题主要考查的对象；次要考点在近年的出题频率为 1～2 次，考试难度较低，属于考试大纲中需要考生熟悉的内容；非常规考点或新增考点针对往年从未出题的内容或新增加的内容进行考查。

2. 各类知识点出题特点分析

中级工商管理专业科目考试出题的特点和模式有一定的规律可循，特别是涉及常规考点的出题重复度较高，在此介绍几种常见的出题方式。

（1）历年原题重复考查或者相同知识点及其相似题目考查。这类题目多为常规考点，具体包括叙述类题目和计算类题目。

· 3 ·

①叙述类题目涉及单项选择题、多项选择题和案例分析题，请参考以下举例。

【考点举例】股东的权利和董事会的职权是历年高频考点。题目选项可能既涉及股东的权利又涉及董事会的职权，这就要求考生对其进行区分。

【分析】类似题型同样在2012年、2014年考查过，但是选项的顺序可能不太一致，整体的难度是相同的。

②计算类题目常见于单项选择题和案例分析题，考查难度基本一致。针对这类计算题，将题干涉及的相关数据代入公式计算结果即可，请参考以下举例。

【考点举例】2017—2019年的单项选择题连续考查了经济订货批量模型的计算，这是非常重要的考点，用于解题的都是同一个公式。

[2020年真题·单项选择题] 某设备组单一生产一种零件，共有20台机器，每台机器一个工作日的有效工作时间是7.5小时，每小时生产12件产品。该设备组一个工作日的生产能力是（　　）件。

A. 2 150　　　　　　　　　　B. 1 600
C. 1 500　　　　　　　　　　D. 1 800

[答案] D

[分析] 历年考查此知识点时，只是在数据上做一些调整，考试时只要代入数据准确计算便可。

（2）新增知识点、冷僻知识点和常规知识点灵活考查。这三种出题情况，单项选择题、多项选择题和案例分析题都会涉及，请参考以下举例。

【考点举例1】看板的功能。

[2018年真题·多项选择题] 在丰田生产方式中，看板的功能主要包括（　　）。

A. 提升员工满意度　　　　　　B. 实施"目视管理"
C. 防止过量运送　　　　　　　D. 防止过量生产
E. 显示生产以及运送的工作指令

[答案] BCDE

[分析] 看板功能知识点近些年份考查频率较低，属于冷僻知识点。

【考点举例2】股东的缴纳出资义务。

[2017年真题·单项选择题] 王某是甲公司的发起人股东，公司成立后，王某因抽逃5 000万元被查处，根据我国《公司法》，对王某处以（　　）的罚款。

A. 50万元～250万元　　　　　B. 50万元～500万元
C. 250万元～750万元　　　　 D. 250万元～1 000万元

[答案] C

[分析] 本题属于对常规知识点的灵活考查，考查的是股东的义务中缴纳出资义务相关内容。我国《公司法》规定，公司的发起人、股东在公司成立后，抽逃其出资的，由公司登记机关责令改正，处以所抽逃出资金额5%以上、15%以下的罚款。根据题目信息，王某抽逃出资金额为5 000万元，因此对应的罚款范围为：5 000×5%至5 000×15%，即250万元～750万元。本题考查方式比较灵活，没有直接考查罚款的比例，而是让考生计算具体的数额。

二、"工商管理专业知识与实务"（中级）教材介绍

想要达到事半功倍的效果，必须对考试专用教材的内容有一个初步的了解，再根据自身的能力制订针对性复习计划，在此特别对中级工商管理专业考试专用教材的教材结构、各章所占分值比例进行详细的介绍，如下表所示。

章	分值（分）	比例
第一章 企业战略与经营决策	19	约14%
第二章 公司法人治理结构	10~11	7%~8%
第三章 市场营销与品牌管理	10~19	7%~14%
第四章 分销渠道管理（2020年新增）	10	约7%
第五章 生产管理	14~22	10%~15%
第六章 物流管理	10~11	7%~8%
第七章 技术创新管理	13~22	9%~15%
第八章 人力资源规划与薪酬管理	13~21	9%~15%
第九章 企业投融资决策及并购重组	18~21	13%~15%
第十章 电子商务	10~12	7%~9%
第十一章 国际商务运营（2020年新增）	10	约7%

三、应试技巧及学习建议

（一）各类题型应试技巧

1. 单项选择题

◆特点：大部分单项选择题难度不大，一个题目有4个备选选项，仅有一个正确答案。

◆应对技巧：必须选择，不能为空，如能直接选出答案则直接选择，如不熟悉或遗忘该题知识点，可采用排除法或通过合理的逻辑分析、第一印象等进行选择。

[2023年真题·单项选择题] 在商品运输中，货物从销售地向产地运输，这种运输属于（　　）。

A. 重复运输　　　　　　　　B. 迂回运输
C. 倒流运输　　　　　　　　D. 对流运输

[答案] C

[分析] 倒流运输指的是货物从销地或中转地向产地或起运地回流的一种运输现象。其不合理程度要高于对流运输。倒流运输也可以看作隐蔽对流的一种特殊形式。

2. 多项选择题

◆特点：多项选择题的备选选项比单项选择题的多，且正确选项不止一个，因此多项选择题比单项选择题难度大。但多项选择题灵活度不高，大多考查比较明显的知识点，只有极少数题目涉及多个知识点的综合考查。多项选择题每题有5个备选选项，有2个或2个以上选项符合题意，至少有1个错项。多选、错选均不得分；少选，所选的每个选项得0.5分。

◆应对技巧：

（1）选择要谨慎，避免因多选、错选而失分，保住能得分的选项。

例如，某多项选择题的正确答案为A、B、C三项，如做题时仅确定A、B两项是符合题意的，而其他选项不能确定是否正确，那么建议只选择A、B两项，每个选项可得0.5分，则A、B两项可得1分。一旦冒失地选择了答案中没有的D项或E项，则无法得分。

（2）在完全记不清该题涉及的知识点的情况下，对有些题目，除采用排除法、逻辑分析法外，还可采用比较法进行筛选。如对某道题目完全没有任何头绪，建议猜选1~2个选项，这样成功的概率会比较高。选的选项越多，出错的概率就越高，千万不要选择ABCDE（全选），此情形必然无法得分。

[2020年真题·多项选择题] 下列渠道成员激励方法中,属于业务激励方法的有（　　）。
A. 佣金总额动态管理
B. 制定灵活的佣金比例
C. 减少渠道成员数量
D. 交流市场信息
E. 提供产品技术信息

[答案] AB

[分析] 业务激励方法包括：①佣金总额动态管理；②灵活确定佣金比例；③安排经销商会议；④合作制订经营计划。

3. 案例分析题

◆特点：题目难度最大，较为灵活，主要围绕知识点结合实务出题，大多出在教材中的计算类知识点或可结合实际出题的知识点。案例分析题为不定项选择，即需要考生自行判断该题目是单项选择题还是多项选择题。近年来，每套试卷有 5 个案例，每个案例有 4 道小题，每个题目有 4 个备选选项，其中有 1 个或多个选项正确。多选、错选均不得分；少选，所选每个选项得 0.5 分。

◆应对技巧：案例分析题其实是包装后的单项选择题或多项选择题，大部分知识点的考查难度与单项选择题、多项选择题无异。历年出现过相同知识点在案例分析题、单项选择题或多项选择题之间互换出题的情形，部分题目即使不看案例资料也可根据原知识点内容做出正确选择。做题时先不要着急阅读前面大段的案例资料，建议先认真阅读每个案例资料下附带的题目信息，一般题目会明确告知该题考查的知识点，做到胸有成竹后，再针对性地从案例资料中找各个题目需要的信息分析做题。这样既可防止漏掉重要信息，又可屏蔽一些混淆视听的信息，既节省了时间，又提高了做题效率。

[历年考题举例] 甲企业拟引进乙企业的专利技术。经专家评估，该技术能够将甲企业的技术能力大幅提高，该技术的技术性能修正系数为 1.15，时间修正系数为 1.1，技术寿命修正系数为 1.2。经调查，2 年前类似技术交易转让价格为 50 万元。甲企业与乙企业签订合同约定，甲企业支付款项后可以使用该项技术。甲企业使用该技术后，发现对技术能力的提高不及预期，于是同丙企业签订合作协议，将相关技术研发委托给丙企业。技术开发成功后，甲企业于 2015 年 9 月 17 日向国家专利部门提交了发明专利申请，2017 年 7 月 20 日国家知识产权局授予甲企业该项技术发明专利权。

根据以上资料，回答下列问题。（仅摘选其中 2 题为例）

1. 采用市场模拟模型计算，甲企业购买该技术的评估价格为（　　）万元。
A. 58.6
B. 63.7
C. 69.8
D. 75.9

[答案] D

[分析] 本题的考点为技术价值的评估方法中的市场模拟模型。根据公式，技术商品的评估价格＝类似技术实际交易价格×技术性能修正系数×时间修正系数×技术寿命修正系数，计算如下：
(1) 类似技术实际交易价格：由资料已知为 50 万元。
(2) 技术性能修正系数：由资料已知为 1.15。
(3) 时间修正系数：由资料已知为 1.1。
(4) 技术寿命修正系数：由资料已知为 1.2。
(5) 技术商品的评估价格＝50×1.15×1.1×1.2＝75.9（万元）。

2. 甲企业将技术研发委托给丙企业的研发模式称为（　　）。
A. 自主研发
B. 项目合作
C. 研发外包
D. 联合开发

[答案] C

[分析] 本题考查委托研发的概念。委托研发又称研发外包，即企业将所需技术的研发工作通过协议委托给外部的企业或者机构来完成。可知本案例中甲企业将技术研发委托给丙企业的研发

模式符合委托研发，即研发外包的概念。

（二）学习建议

1. 制订学习计划，并严格执行计划

历年很多考生不能通过考试并不是因为能力不够，而是因为没有做合理的时间安排或者是制订了计划却不按照计划执行。为了方便第一次参加考试的考生制订合理的学习计划，在此建议参照下面几个阶段时间安排制订适合自己的学习计划。

（1）第 1 阶段：4～7 月。

◆该阶段学习要点：夯实基础，对两个科目的教材进行比较详细、系统的学习，以理解为主、记忆为辅熟悉教材内容，如学习能力较强、每天学习时间充足的学员，也可在 2～3 个月内完成。

【注意】该阶段的起始时间和结尾时间可以根据实际情况调整，但建议最迟不晚于 8 月份结束该阶段的学习。

（2）第 2 阶段：8～9 月。

◆该阶段学习要点：强化记忆常规考点，从知识点的记忆过渡到实际做题。历年很多考生自我感觉能记住知识点，但考试分数仍然不理想，其原因就是考生在该阶段做题太少，缺乏做题的经验和技巧，以及对考题规律、出题模式和文字陷阱不熟悉，导致不必要的失分。

（3）第 3 阶段：10 月～考前。

◆该阶段学习要点：大量汇总做题，将历年真题或者市面上质量较高的练习题反复做熟悉，不断完善自我的学习。除此之外，一定要模拟考场环境，闭卷整套地做近年的真题或模拟试题，适应考试氛围，做最后的提升。

【注意】在此阶段，首先要保证吃透常规考点涉及的题目，如想获得更高的分数，可在完成了第 3 阶段学习任务的情况下，留 1 周左右时间详细地通读教材，查漏补缺。

2. 采用科学的学习方法，提升学习效率

中级经济专业技术资格考试涉及考点广，因此学习时切忌死记硬背！学员在理解每个知识点原理的基础上结合一些记忆方法来学习，才能记得快、记得牢。本辅导书根据历年考试规律，对各考点进行了总结，给出了相应的学习建议和记忆方法，能帮助考生更有效地学习和记忆。同时，本辅导书还配有大量的历年真题和练习题，并且给出了详细的题目解析和技巧性的做题思路，让考生既能在记忆知识点之后通过做题进行再次巩固，也能锻炼做题的技巧。

3. 树立牢固的心理防线，对消极思想进行及时消除

历年每位参加中级经济专业技术资格考试的考生都需要历经几个月甚至是一年的漫长学习时间，在此期间，很多考生，特别是在职人员往往因为一些消极的思想和行为半途而废，比如每天抱怨没有时间，觉得自己年纪大、记忆力不好等。在此特别提醒各位考生，你们认为的这些"特殊情况"并不特殊，基本上每一位考生都面临相同或相似的问题，但是每年仍然有不少考生一次性通过了考试。中级经济专业技术资格考试的难度设置与在职人员的能力是相匹配的，国家考虑到在职人员需兼顾工作和家庭，因此不会轻易提高考试难度。成功的关键在于坚持，在面对困难时我们应该迎难而上，不断挑战自我才能成功！

第二篇
考点精讲及同步练习

砥砺前行，让我们一起探索知识的宝藏！

"尘劳迥脱事非常，紧把绳头做一场"，既然决定摆脱庸庸碌碌，就要狠下心来全力以赴。

第一章　企业战略与经营决策

本章考情分析

年份	单项选择题	多项选择题	案例分析题	合计
2023 年	7 题 7 分	2 题 4 分	4 题 8 分	19 分
2022 年	6 题 6 分	2 题 4 分	5 题 10 分	20 分
2021 年	6 题 6 分	2 题 4 分	5 题 10 分	20 分
2020 年	5 题 5 分	2 题 4 分	4 题 8 分	17 分

本章学习提示

本章共 4 节，主要介绍战略制定和战略决策相关基本知识。根据历年考情，考试主要从企业战略角度出发，考查制定战略和进行决策必须具备的基本知识。本章为案例重点章，近年均对本章考查案例分析题，出题较灵活、深入，考生必须对概念进行深刻的分析和理解才能顺利解题。复习时，对一些重点概念，必须以辅导书为基础，结合历年考题的出题方式和规律进行理解和记忆。

第一节　企业战略概述

本节考点概览

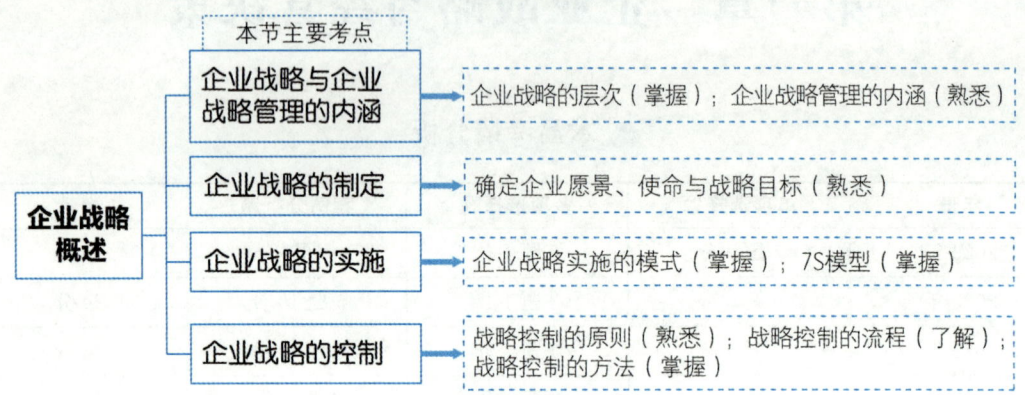

本节考点详解

考点1　企业战略与企业战略管理的内涵

一、企业战略的内涵

（一）企业战略的特征

（1）全局性与复杂性。

（2）稳定性与动态性。

（3）收益性与风险性。

（二）企业战略的层次

企业战略一般分为三个层次，具体内容如表1-1-1所示。

表1-1-1　企业战略的层次

层次	具体内容
企业总体战略	从整个企业的角度来制定战略。它以企业整体为研究对象，研究整个企业的生存和发展的基本问题，是企业最高层次的战略及最高行动纲领，决定企业经营范围及经营领域
企业业务战略（竞争战略或事业部战略）	从企业某个特定的竞争战略单位或事业部的角度来制定战略。它以企业某个特定的经营单位为研究对象，研究其战略计划，是经营一级的战略，重点是考虑如何获得或提高竞争优势、竞争地位
企业职能战略	从企业的某个职能部门的角度来制定战略。它是由各职能部门，如人力资源管理部门、市场营销部门、财务部门、售后服务部门等做出的具体实施战略

【考点小贴士】在考试中，企业战略的三个层次知识点考查经常出现，主要考查考生对企业战略三个层次概念的理解掌握。题干通常会给出一个企业战略的实际举例，考生回答其属于哪一种战略层次。在做题的过程中，要能够理解、区分三个战略层次，抓住关键字眼。例如，总体战略的关键字眼是"确定经营范围和领域"；业务战略又称竞争战略，它的重点是提高经营范围内的业务或产品在行业或市场中的竞争力；职能部门则涉及具体部门制定的具体战略。

> **经典例题**
>
> [2016年真题·单项选择题] 某化妆品企业为了扩大产品的销量，拟定了新的市场营销战略，积极开展市场营销活动，从企业战略层次分析，该企业的此项战略属于（   ）。
> A. 企业总体战略 B. 企业紧缩战略
> C. 企业稳定战略 D. 企业职能战略
> [解析] 本题考查企业战略层次。企业战略层次分为企业总体战略、企业业务战略和企业职能战略。根据题目关键信息"拟定了新的市场营销战略"，可知其属于企业职能战略，D项正确。
> [答案] D

二、企业战略管理的内涵

企业战略管理的内涵如表1-1-2所示。

表1-1-2 企业战略管理的内涵

内涵要点	具体内容
主体	企业战略管理者
过程	动态管理过程
基本任务	实现特定阶段的战略目标
最高任务	实现企业的使命

●考点2 企业战略的制定

企业战略的制定过程如表1-1-3所示。

表1-1-3 企业战略制定的过程

过程		要点
确定企业愿景、使命与战略目标	企业愿景	(1) 由企业内部的成员制定（不只专属于高层管理者），经由团队讨论达成共识，形成的大家愿意全力以赴的未来方向。企业愿景包括核心信仰、未来前景两个部分 (2) 愿景管理通过开发愿景、瞄准愿景、落实愿景凝聚团队，使企业力量得到最大的发挥；企业愿景是衡量企业战略执行情况的刻度尺；愿景管理要将愿景落到实处
	企业使命	说明企业的根本性质与存在的理由，说明企业的宗旨、经营哲学、信念、原则，根据企业服务对象的性质揭示企业长远发展的前景，为企业战略目标的确定与战略制定提供依据。企业使命定位包括企业生存目的定位、企业经营哲学的定位、企业形象的定位三个方面
	企业战略目标	企业在一定时期内沿其经营方向所预期达到的理想成果
准备战略方案		企业管理者与企业战略专家及其他有关人员一起参与企业战略方案的规划，即制订实现战略目标的详细行动计划
评价和选择战略方案		目的是确定各个战略方案的有效性，并选择出对企业而言最有效、最满意、最适宜的战略方案

> **【考点小贴士】** 企业战略制定的过程是常考点。重点是区分企业愿景、企业使命和企业战略目标的具体内容。企业使命相对于企业愿景是比较具体的，可以确定业务内容，但是无法确定具体的期限，而企业战略目标则可以确定时间期限，是在一定时期内预期达到的理想成果。

> **经典例题**

[2023年真题·单项选择题] M公司提出"引领商业进步，创造精彩生活"。这体现了该公司的（　　）。

A. 战略目标　　　　　　　　　　B. 企业使命
C. 企业愿景　　　　　　　　　　D. 未来前景

[解析] 企业愿景回答的是"我是谁"的问题，企业使命回答的是"企业的业务是什么"这一关键问题。M公司提出"引领商业进步，创造精彩生活"是企业存在的根本理由。本题根据华润集团的使命编写，华润的使命是"引领商业进步，共创美好生活"，愿景是"成为大众信赖和喜爱的世界一流企业"。

[答案] B

考点3　企业战略的实施

一、企业战略实施的步骤

（1）战略变化分析。

（2）战略方案分解与实施。

（3）战略实施的考核与激励。

二、企业战略实施的模式

在企业战略实践中，战略实施有5种不同的模式，具体内容如表1-1-4所示。

表1-1-4　企业战略实施的模式

实施模式	特点
指挥型	指挥型模式的特点在于企业高层管理者考虑的是<u>如何制定</u>一个最佳战略。战略制定者（即企业高层管理者）提出企业战略的初步方案，经研究后做出决策，确定战略后，向战略执行者宣布企业战略，安排其推动执行
变革型	高层领导在制定战略的同时，更加关注<u>如何实施战略</u>。该模式<u>重视运用组织结构、激励手段和控制系统来促进战略实施</u>
合作型	合作型模式把战略实施的相关责任范围<u>扩大到企业其他层级管理者</u>，调动了其他层级管理者的积极性和创造性。协调其他层级管理者从一开始就承担有关的战略责任是该模式的工作重点
文化型	文化型模式力图使企业所有员工都参与到企业战略的实施中。在该模式中，企业高层管理者担任指导者的角色
增长型	企业的战略是<u>从基层单位自下而上地形成</u>

🔊 【考点小贴士】本考点主要考查考生对企业战略实施模式（5种）的概念区分。题干通常会给出某一实施模式的概念特点，考生回答其属于哪种实施模式。考试中，要注意表1-1-4中标注的关键词，抓住关键词便可轻松做题。各模式的关键词说明如下：

（1）指挥型。由高层决策，确定战略后，向战略执行者宣布企业战略，安排其推动执行，只要题干中写到"安排"或"强制"两个字，便可确定是指挥型。

（2）变革型。变革型同样也是高层领导决策，但是与指挥型不同的是，高层领导重点考虑如何实施战略，该模式重视运用各种手段来促进战略实施，若题干中提到"高层领导考虑如何实施"的字眼，便可确定是变革型。

（3）合作型。通过"合作型"便可得知，此实施模式的特点是把战略实施的相关责任范围扩大到企业其他层级管理者，调动了其他层级管理者的积极性和创造性。所以题干中若有"其他层级管理者"这样的字眼，便可确定是合作型。

（4）文化型。通过"文化型"便可联想到，企业注重企业文化的灌输，营造企业文化氛围，一定是全员参与,所以题干中若有"整个企业人员都参与/支持"等字眼,便可确定是文化型。

(5)增长型。通过"增长型"便可以联想到"从小长到大",这是很形象的,所以题干中若有"自下而上"这样的字眼,便可确定是增长型。

经典例题

[2016年真题·单项选择题]企业高层领导决定企业战略,并强制下级管理人员实施,这种战略实施模式为( )模式。

A. 指挥型　　　　　　　　　　　B. 转化型
C. 增长型　　　　　　　　　　　D. 合作型

[解析]根据题干中的"高层领导决策""强制"等字眼,可知这属于指挥型模式。　　[答案]A

三、7S模型

麦肯锡公司提出的7S模型指出,企业在发展过程中,需要全面考虑7个要素,具体内容如表1-1-5所示。

表1-1-5　麦肯锡7S模型

要素	具体内容
硬件要素	(1)战略。它是制订企业规划和计划的基础 (2)结构。它是企业的目标、人员、职位、相互关系、信息等组织要素的有效排列组合方式 (3)制度。它包括各项制度,是企业精神和战略思想的具体体现
软件要素 (因"人"而异)	(1)共同价值观 (2)人员 (3)技能 (4)风格。其主要指企业文化,即在长期的生产经营过程中形成的,为全体员工共同认可和遵循的价值观念、职业道德和行为规范的总和

【考点小贴士】在考试中,7S模型的相关内容常以多项选择题的形式考查,考查重点在于区分硬件要素和软件要素。战略、结构、制度是对公司整体情况的反映,属于硬件要素;人员、技能、风格及共同价值体现出人与人的不同,属于软件要素。理解这些后,可以更容易区分硬件要素和软件要素。

经典例题

[2017年真题·多项选择题]下列要素中,属于麦肯锡公司提出的7S模型中软件要素的有( )。

A. 人员　　　　　　　　　　　　B. 制度
C. 技能　　　　　　　　　　　　D. 结构
E. 共同价值观

[解析]7S模型中的软件要素包括共同价值观、人员、技能、风格,可知A、C、E三项正确。B、D两项属于硬件要素。　　[答案]ACE

考点4　企业战略的控制

一、战略控制的原则

战略控制的原则具体如表1-1-6所示。

表 1-1-6 战略控制的原则

原则	要点
确保目标原则	战略控制过程是确保实现企业目标的过程,通过执行战略计划确保战略目标的实现
适度控制原则	控制过程要严格但不乏弹性,切忌控制过度
适时控制原则	控制要掌握适当时机,选择适当的契机进行战略修正
适应性原则	控制应能反映不同经营业务的性质与需要。只有根据各部门的业务范围、工作特点等制定不同的控制标准和方式,才能适应不同的经营业务的需要

二、战略控制的流程

(1) 制定绩效标准。
(2) 衡量实际绩效。
(3) 审查结果。
(4) 采取纠偏措施。

三、战略控制的方法

战略控制代表性的三种控制方法如表 1-1-7 所示。

表 1-1-7 战略控制的方法

方法	要点
杜邦分析法	财务控制
平衡计分卡 (四个角度)	(1) 财务角度。其指标包括营业收入、资本报酬率、经济增加值 (2) 顾客角度。其指标包括顾客满意度、顾客保持率、顾客获得率、顾客盈利率、在目标市场中所占的份额 (3) 内部流程角度 (4) 学习和创新角度。其指标包括员工满意度、员工保持率、员工培训成本
利润计划轮盘 (三部分组成)	(1) 利润轮盘 (2) 现金轮盘 (3) 净资产收益率轮盘——战略的最高业绩目标

【考点小贴士】本考点主要以原文考查为主,注意战略控制三种方法的名称以及各方法中详细的内容及要点。

经典例题

[2022年真题·单项选择题] 企业战略控制原则中,( )是根据不同的经营业务的性质与需要制定不同的监控标准和方式。
A. 适时原则
B. 适度原则
C. 适应性原则
D. 确保目标原则

[解析] 适应性原则：控制应能够反映不同经营业务的性质与需要。经营业务有大有小，对实现组织目标的影响有轻有重，只有根据各部门的业务范围、工作特点等制定不同的监控标准和方式，才能适应不同的经营业务的需要。 [答案] C

[2020年真题·单项选择题] 某日化生产企业为了达到预期的战略目标，选择适当的契机进行战略控制和战略修正。该企业的做法体现了战略控制的（ ）原则。
A. 适度控制 B. 适应性
C. 弹性控制 D. 适时控制

[解析] 选择适当的契机进行战略控制和战略修正属于适时控制的原则，D项正确。 [答案] D

[2014年真题·多项选择题] 下列方法中，企业可选择的战略控制方法有（ ）。
A. 平衡计分卡 B. PESTEL分析法
C. 杜邦分析法 D. 杠杆分析法
E. 利润计划轮盘

[解析] 战略控制的方法包括杜邦分析法、平衡计分卡、利润计划轮盘。 [答案] ACE

第二节 企业战略分析

本节考点概览

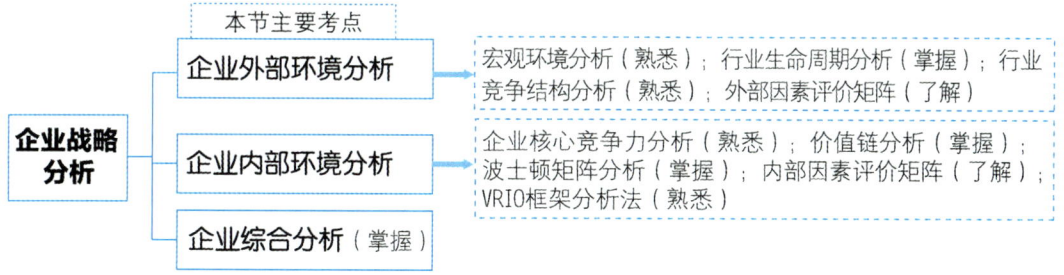

本节考点详解

考点1 企业外部环境分析

一、宏观环境分析

宏观环境，又称一般环境，是指在国家或地区范围内对一切行业部门和企业都将产生影响的各种因素或力量。企业可以采用 PESTEL 分析方法 对企业外部的宏观环境进行战略分析。PESTEL分析方法的内容具体如表1-2-1所示。

表1-2-1 PESTEL分析法

宏观环境	分析的具体内容
政治环境（P）	政治制度、政治体制、政治结构、方针政策、政治形势
经济环境（E）	(1) 宏观经济环境：主要指一个国家的人口数量及其增长趋势、国民收入、国民生产总值及其变化情况以及通过这些指标能够反映国民经济发展水平和发展速度 (2) 微观经济环境：主要指企业所在地区或所服务地区的消费者的收入水平、消费偏好、储蓄情况和就业程度等因素

续表

宏观环境	分析的具体内容
社会环境（S）	企业所处的社会结构、社会风俗、宗教信仰、价值观念、行为规范、生活方式、文化传统、人口状况与地理分布等因素
科技环境（T）	企业所在的地区或国家的科技水平、科技政策、新产品开发的能力以及技术发展动向等
生态环境（E）	影响企业生存与发展的水资源、土地资源、生物资源以及气候资源等因素
法律环境（L）	与企业相关的社会法制系统及其运行状态，主要包括国家和地方的法律法规等因素

经典例题

[2017年真题·单项选择题] 企业在制定未来的发展战略时，可以选择的外部宏观环境分析方法是（　　）。
A. 价值链分析法　　　　　　B. 杜邦分析法
C. PESTEL 分析法　　　　　D. 波士顿矩阵分析法
[解析] 企业可以采用 PESTEL 分析方法对企业外部的宏观环境进行战略分析，可知 C 项正确。

[答案] C

二、行业环境分析

（一）行业生命周期分析

行业生命周期分为四个阶段，具体特点如表 1-2-2 所示。

表 1-2-2　行业生命周期四个阶段的特点

阶段	特征	企业间竞争程度	对策
形成期	企业刚生产某种产品，有较多小企业出现	竞争压力小	研究开发和工程技术是这个阶段的重要职能。在营销上着重广告宣传，增进顾客对产品的了解
成长期	（1）产品已较完善 （2）市场迅速扩大 （3）销售额和利润迅速增长，行业规模扩大 （4）不成功的企业已经开始退出	竞争对手数量增多，竞争日趋激烈	市场营销和生产管理（提高质量和降低成本）成为关键性职能
成熟期	（1）市场已趋于饱和，销售额已难以增长 （2）企业间的合并、兼并大量出现，许多小企业退出 （3）行业从分散走向集中	异常激烈	产品成本控制和市场营销的有效性成为影响企业成败的关键因素
衰退期	市场萎缩，行业规模缩小；竞争对手数量减少。这一阶段的行业就是所谓的"夕阳行业"	依然残酷	—

【考点小贴士】在考试中，对行业生命周期常以单项选择题、多项选择题、案例分析题的形式考查，主要考查考生对行业生命周期四个阶段的理解和区分。题干通常会给出一个阶段的特征、竞争程度或对策，让考生选择其属于生命周期的哪个阶段。在学习中，要联系实际记忆相关关键词，如联想生物从出生到死亡的过程进行记忆。行业生命周期也是类似，形成期规模小、压力小、不成熟；随着行业的兴起，到了成长期便是在迅速地成长，快速地

壮大,这里要注意抓住"迅速""扩大""增长"等关键词;成熟期说明不能再继续增长了,所以这里要抓住"饱和""难增长"等关键词;最后,行业到了衰退期,一般衰退期都是"减少""缩小"等字眼。了解这些技巧便可轻松解题。

经典例题

[2018年真题·单项选择题] 关于行业生命周期中成熟期的特征的说法,错误的是（　　）。
A. 成本控制和市场营销的有效性成为影响企业成败的关键因素
B. 市场迅速扩大
C. 行业竞争激烈
D. 行业由分散走向集中
[解析] B项,市场迅速扩大属于成长期的市场特点,而成熟期的市场特点为市场趋于饱和,此项说法错误。 [答案] B

[例题·单项选择题] 从行业生命周期各阶段的特点来看,行业的产品已较完善,规模不断扩大,市场迅速扩张,行业内企业的销售额和利润迅速增长,则该行业处于（　　）。
A. 形成期
B. 成长期
C. 成熟期
D. 衰退期
[解析] 根据题干"行业的产品已较完善,规模不断扩大,市场迅速扩张",可知此为"成长期"的特点,因此B项正确。 [答案] B

(二) 行业竞争结构分析

著名战略管理学家迈克尔·波特教授提出的"五力模型"分析法是分析行业结构的重要工具,波特"五力模型"如图1-2-1所示。

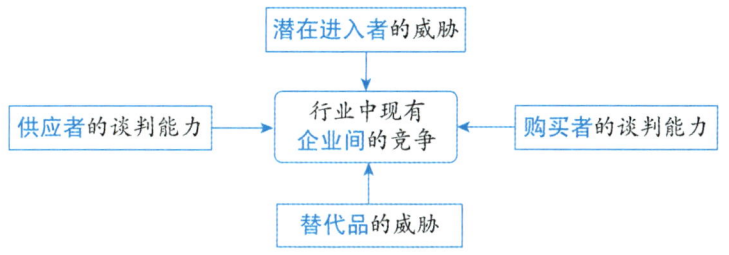

图 1-2-1　波特"五力模型"

🔷 **【考点小贴士】** 在考试中,对波特"五力模型"常以多项选择题的形式考查,主要考查"五力模型"包含哪几种竞争力。选项中常有一些干扰项,所以建议考生熟记"五力模型"。记忆"五力模型"时可以想象一个行业,例如,餐饮行业的竞争力量都有哪些,最直观的是同行业各餐饮企业间的竞争,即行业中现有企业间的竞争;这个行业可能还会加入一些新的餐饮企业,或者一些替代的行业,如家政服务行业会在客户家直接做好饭菜等,这就又出现了两种竞争力量,即潜在进入者的威胁和替代品的威胁;餐饮行业购进食材时,若对方把价格抬得很高就会增加餐饮行业的成本,另外,若是顾客的讨价还价能力高,就会使餐饮行业收入减少,最后两种竞争力量,即供应商的谈判能力和购买者的谈判能力。通过联系实际,会更容易记忆"五力模型"的五种竞争力量。

> **经典例题**
>
> [2022真题·单项选择题] 以下在实施战略控制时属于行业环境分析的是（   ）。
> A. 利润轮盘计划
> B. 杜邦分析法
> C. 波特五力分析
> D. 波士顿分析
> [解析] 著名战略管理学家迈克尔·波特教授提出的"五力模型"分析法是分析行业结构的重要工具，也属于行业环境分析的方法。
> [答案] C
>
> [例题·多项选择题] 根据迈克尔·波特提出的"五力模型"，在行业中普遍存在五种竞争力量，除了行业内现有企业间的竞争，还包括（   ）。
> A. 供应者的谈判能力
> B. 潜在进入者的威胁
> C. 替代品的威胁
> D. 商品价格水平
> E. 购买者的谈判能力
> [解析] 波特"五力模型"涉及的五种竞争力量分别是：行业内现有企业间的竞争、潜在进入者的威胁、替代品的威胁、购买者的谈判能力、供应者的谈判能力。
> [答案] ABCE

（三）战略群体分析

战略群体是指一个行业内执行同样或相似战略并具有类似战略特征或地位的一组企业。评价企业战略具有相同或类似之处，主要是指这一组企业的战略及其竞争地位的决策变量比较接近。这些决策变量主要包括企业规模、产品技术选择、产品质量水平、垂直化分工程度、分销渠道选择等。

三、外部因素评价矩阵

外部因素评价矩阵（EFE矩阵）是对企业的关键外部因素进行分析和评价的常用方法。该方法是从机会和威胁两个方面找出影响企业未来发展的关键因素，根据各个因素影响程度大小确定权数，再按企业对各关键因素的有效反应程度对各关键因素进行评分，最后计算出企业的总加权分数。总加权分数的范围是从最低的1.0到最高的4.0，平均分为2.5。如总加权分低于2.5，则表明该企业对外部影响因素的反应程度相对较差，需要改进经营战略以适应外部环境的变化；如总加权分高于2.5，则表明该企业对外部影响因素能做出较好的反应，其经营战略是积极、有效的。

●考点2 企业内部环境分析

企业内部战略因素，有的是企业自己可以控制的，有的则是企业在短期内无法控制的。

一、企业核心竞争力分析

核心竞争力是一个企业能够长期获得竞争优势的能力，是企业所特有的、能够经得起时间考验的、具有延展性的，并且是竞争对手难以模仿的技术或能力。

（一）核心竞争力的体现

（1）关系竞争力，即企业在竞争过程中所发生的或者可以形成的各种关系，如：企业所在产业的发展状况，本企业与相关企业的关系，企业活动与国家的关系，企业活动所处的国际经济关系，以及经济、社会、政治环境。

（2）资源竞争力，即企业所拥有的或者可以获得的各种资源，包括外部资源和内部资源，如人力资源、原材料资源、土地资源、技术资源、资金资源、组织资源、区位优势、所在地的基础设施等。

（3）能力竞争力，即能够保证企业生存和发展以及实施战略的能力，如企业的战略、体制、机制、经营管理、商业模式、团队默契、对环境的适应性、对资源开发控制的能动性以及创新性等。

> **经典例题**
>
> [2017年真题·单项选择题] 某家电企业不断实施现代化管理方法，着手进行业务流程再造，在经营管理方面打造了企业持有的核心竞争力。这种核心竞争力是（　　）。
> A. 关系竞争力　　　　　　　　B. 资源竞争力
> C. 区位竞争力　　　　　　　　D. 能力竞争力
> [解析] 根据题目关键信息"在经营管理方面打造了企业持有的核心竞争力"，可知该企业的核心竞争力主要体现在经营管理方面，而经营管理属于能力竞争力的具体体现，因此D项正确。
> [答案] D

（二）核心竞争力的特征

核心竞争力的特征如表1-2-3所示。

表1-2-3　核心竞争力的特征

特征	具体内容
价值性	核心竞争力必须特别有助于实现顾客看重的核心价值，如显著降低成本、提高产品质量、提高顾客满意度等
异质性	核心竞争力不大可能在其他企业重复出现
延展性	核心竞争力可以支持企业向多种产品或服务的领域发展，如某企业的液晶显示技术，使其可以在计算器、电视显像技术等领域都比较容易地获得一席之地，取得竞争优势
持久性	持久性是指无形资源的持久性
难以转移性	战略性资源转移的程度低
难以复制性	企业的战略资源能被竞争对手轻易模仿和复制的可能性小

二、价值链分析

企业价值链由基本活动和辅助活动构成，具体内容如表1-2-4所示。

表1-2-4　企业价值链的构成

价值链要素	具体内容
基本活动	原材料供应、生产加工、成品储运、市场营销和售后服务
辅助活动	采购、技术开发、人力资源管理、企业基础职能管理

【考点小贴士】在考试中，对企业价值链常以多项选择题的形式考查，重点考查考生对基本活动和辅助活动的区分。与商品实体加工流转相关的是基本活动，反之是辅助活动。基本活动可简记为"供、产、储、销、后"，多读几遍即可熟记。只需记忆基本活动，若是题目考查辅助活动，运用排除法做题即可。需要提醒广大考生的是：原料供应和采购是两个概念。原料供应属于基本活动的一部分，单纯指实体加工中的材料供应；而采购包含的内容很多，例如，对供应商的管理、订单管理、质量管理等，并不是商品实体加工流转的相关活动，所以采购属于辅助活动。这两个概念也是考试试题经常设置陷阱的地方，考生要格外留意。

> **经典例题**

[2023年真题·单项选择题] 根据迈克尔·波特价值模型，下列价值链活动中，属于价值链基本活动的是（ ）。

A. 技术开发 B. 人力资源管理
C. 采购   D. 售后服务

[解析] 基本活动是指企业生产经营的实质性活动，一般分为原材料供应、生产加工、成品储运、市场营销和售后服务五种活动。

[答案] D

三、波士顿矩阵分析

波士顿矩阵根据业务增长率和市场占有率两项指标，将企业的业务或产品分为四大类，具体如图1-2-2所示。

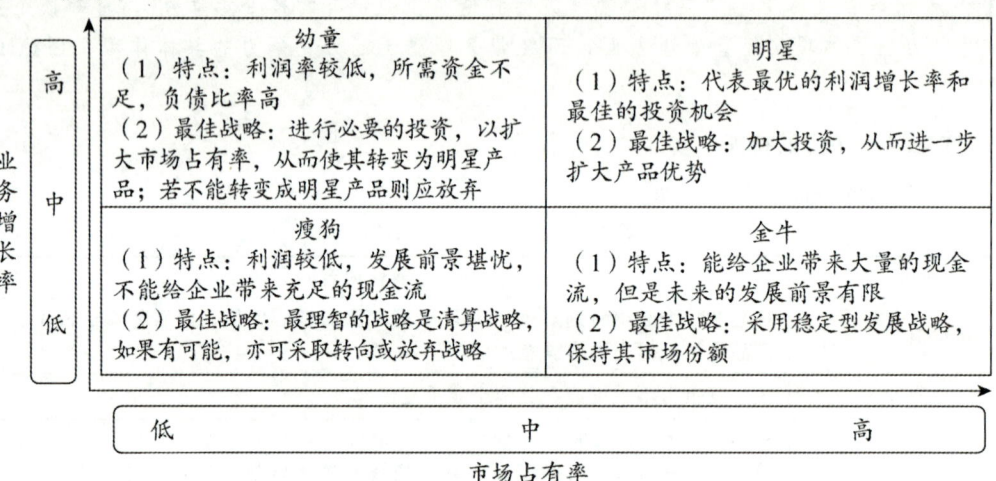

图1-2-2 波士顿矩阵四个区域的特点

🔔【考点小贴士】在考试中，对波士顿矩阵分析常以单项选择题的形式考查。题干通常给出四个区域的特点，考生回答其属于哪个区域。在学习过程中可进行联想记忆，例如，明星区：明星是受大众追捧的，所以两个维度都是好的，即市场占有率和业务增长率均高；幼童区：幼童虽然现在很小，但是将来会长大，且长大的速度很快，即市场占有率低，但是业务增长率高；金牛区：想到金牛就想到占有率的比重较大，但是生长的速度较缓慢，即市场占有率高，但是业务增长率低；瘦狗区：瘦狗是贬义词，所以两个维度都差，即市场占有率低，业务增长率也低。

> **经典例题**

[2023年真题·单项选择题] M产品的市场占有率高，业务增长率高。根据波士顿矩阵图，M产品处于（ ）。

A. 金牛区   B. 瘦狗区   C. 幼童区   D. 明星区

[解析] 明星区位于直角坐标系的右上角。本区的产品业务增长率和市场占有率均较高。

[答案] D

四、内部因素评价矩阵

内部因素评价矩阵（IFE矩阵）是一种对内部因素进行分析的工具。它从优势和劣势两个方面找出影响企业未来发展的关键因素，根据各个因素影响程度的大小确定权数，再按企业对各关键因素的有效反应程度对各关键因素进行评分,最后算出企业的总加权分数。总加权分数的范围是从最低的1.0到最高的4.0,平均分为2.5。如总加权分数低于2.5,则说明企业的内部状况处于弱势;如总加权分数高于2.5,则说明企业的内部状况处于强势。

> **经典例题**
>
> [2023年真题·单项选择题] 通过分析影响企业优势和劣势的关键因素进行内部战略环境分析的方法是( )。
> A. EFE矩阵分析法   B. 决策树分析法
> C. 7S模型分析法   D. IFE矩阵分析法
> [解析] 内部因素评价矩阵(IFE矩阵)是一种对内部因素进行分析的工具,它从优势和劣势两个方面找出影响企业未来发展的关键因素。
> [答案] D

五、VRIO框架分析法

VRIO框架分析法从价值、稀缺性、不可模仿性和组织四个角度,审视和分析企业的资源和能力与企业竞争优势(或竞争力)的关系,从中寻找企业发展和成功的关键战略资源和能力。其中,价值是对企业拥有的资源和能力对竞争优势贡献的判断,稀缺性是企业获得竞争优势的基础,难以模仿性是企业拥有长久竞争优势的保证,组织发挥着协同作用。企业的可持续竞争优势依赖于企业拥有的资源和能力,管理者必须从企业内部寻找有价值的、稀缺的、模仿成本高的资源,然后组织开发利用这些资源,四个方面缺一不可。

考点3 企业综合分析

对企业进行企业综合分析常用**SWOT分析法**。采用该方法可进行战略选择和制定,具体如表1-2-5所示。

表1-2-5 SWOT战略选择

企业面临的环境	选择的战略
内部具有优势(S),外部存在机会(O)	优势—机会(SO)战略:使用优势,利用机会
内部存在劣势(W),外部存在机会(O)	劣势—机会(WO)战略:克服劣势,利用机会
内部具有优势(S),外部面临威胁(T)	优势—威胁(ST)战略:使用优势,避免威胁
内部存在劣势(W),外部面临威胁(T)	劣势—威胁(WT)战略:克服劣势,避免威胁

> 【考点小贴士】在考试中,对SWOT分析法常以单项选择题的形式考查,有时也会以案例分析题的形式考查,两种考查形式内容区别并不大。学习时只要熟记S、W、O、T每个字母的含义即可,可参考表1-2-5记忆,然后任意组合。

> **经典例题**
>
> [2017年真题·单项选择题] 采用SWOT分析法进行战略选择时,重在发挥企业优势,利用市场机会的战略是( )。
> A. SO战略   B. WO战略
> C. ST战略   D. WT战略
> [解析] 本题考查SWOT分析法。在SWOT分析法中,S代表优势、W代表劣势、O代表机会、T代表威胁。根据题干"重在发挥企业优势,利用市场机会",即S与O的组合,A项正确。
> [答案] A

本节小结

熟悉本节考点的整体框架，考试常考查行业环境分析、企业内部环境分析的内容以及各种环境分析涉及的方法。企业战略环境分析的具体内容如表1-2-6所示。

表1-2-6　企业战略环境分析

战略环境分析		具体方法
企业外部环境分析	宏观环境分析	采用PESTEL分析法
	行业环境分析	包括行业生命周期分析、行业竞争结构分析、战略群体分析
	外部因素评价矩阵（EFE矩阵）	
企业内部环境分析	包括企业核心竞争力分析、价值链分析、波士顿矩阵分析、内部因素评价矩阵（IFE矩阵）	
企业综合分析	采用SWOT分析法	

经典例题

[2020年真题·多项选择题] 下列方法中，可用于企业内部环境分析的方法有（　　）。

A. 杜邦分析法　　　　　　　　B. 波士顿矩阵分析法
C. 价值链分析法　　　　　　　D. IFE矩阵分析法
E. 核心竞争力分析法

[解析] 企业内部环境分析法包括企业核心竞争力分析法、价值链分析法、波士顿矩阵分析法、内部因素评价矩阵法（IFE矩阵分析法）。A项属于战略控制的方法。　　[答案] BCDE

第三节　企业战略类型

本节考点概览

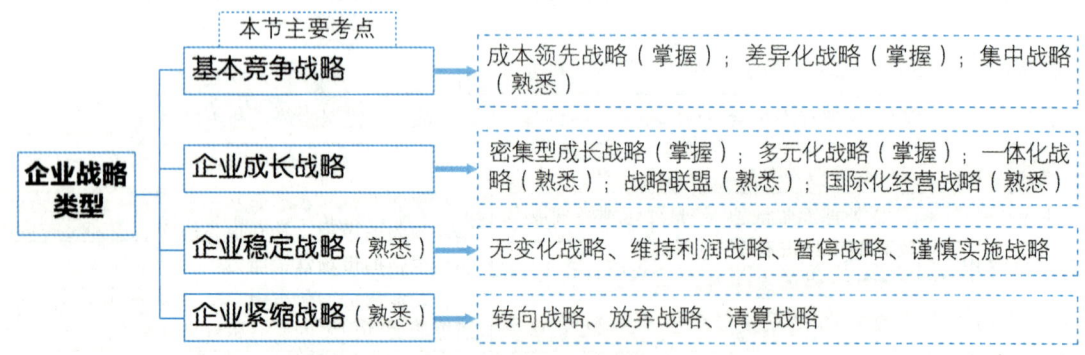

本节考点详解

考点1　基本竞争战略

一、成本领先战略、差异化战略和集中战略的概念

（一）成本领先战略的概念

成本领先战略又称低成本战略，即企业的全部成本低于竞争对手的成本，甚至是同行业中的最低成本。

战略实施的核心：企业加强内部成本控制，获得竞争优势。

【考点小贴士】在考试中，考查成本领先战略的概率很大，遍布各种题型。常考查考生对其概念的理解、分析。成本领先战略重在低成本，并且一定是低于竞争对手的成本，在行业中取胜，若题干中只表述了"为了降低成本，该企业采取一系列措施"，并未表明该企业在成本上低于竞争对手而有竞争优势，则不能说明企业实施了成本领先战略。若题干表述"某企业降低成本，并且低于竞争对手而获得竞争优势"，这样才表明企业实施了成本领先战略。

（二）差异化战略的概念

差异化战略是指通过提供与众不同的产品或服务，满足顾客的特殊需求，从而形成一种独特的优势。

差异化战略的核心：取得某种对顾客有价值的独特性。

（三）集中战略的概念

集中战略又称专一化战略，是指企业把其经营活动集中于某一特定的购买群体、产品线的某一部分或某一地区市场上的战略。

企业实施集中战略有以下途径：

(1) 选择特定的产品系列。
(2) 通过市场细分选择重点顾客。
(3) 通过市场细分选择重点地区。
(4) 充分发挥企业优势。

【考点小贴士】在考试中，考查差异化战略和集中战略的概率很大，常考查这两个概念的区分。通过这两个战略的名称可以体会到，差异化体现的是"差异性、独特性、个性化"，企业会提供给客户个性化的产品；而集中性体现的是"企业集中在某一个独特的或擅长的方面"，这里包括产品、客户或者地区。考试中常出现"专门"一词，如企业专门生产某种产品，或专门服务于某类客户群体等，可知企业集中于某一个方面，为集中战略。仔细体会差异化战略和集中战略的不同之处，方能快速解题。

二、成本领先战略和差异化战略的适用范围

成本领先战略和差异化战略的适用范围如表 1-3-1 所示。

表 1-3-1　成本领先战略和差异化战略的适用范围

项目	成本领先战略	差异化战略
适用范围	(1) 大批量生产的企业，产量要达到经济规模 (2) 较高的市场占有率 (3) 能使用先进的生产设备 (4) 严格控制费用开支	(1) 很强的研究开发能力 (2) 领先的声望，具有很高的知名度和美誉度 (3) 很强的市场营销能力 (4) 企业内部的研究开发、生产制造、市场营销等职能部门之间要有很好的协调性
记忆思路	采用该战略的企业一般在生产、销售上有规模，如 (1)、(2) 项的情况，且能通过 (3)、(4) 项降低成本	采用该战略的企业一般能通过上述 (1) 项实现差异性，并且能通过上述 (2)、(3)、(4) 项让市场能接受这种差异性

三、实施成本领先战略和差异化战略的途径

实施成本领先战略和差异化战略的途径如表 1-3-2 所示。

表 1-3-2　实施成本领先战略和差异化战略的途径

项目	成本领先战略	差异化战略
途径	（1）规模效应 （2）技术优势 （3）企业资源整合 （4）经营地点优势 （5）提高价值链整体效益 （6）跨业务相互关系	（1）产品质量差异化 （2）产品可靠性差异化 （3）产品创新差异化 （4）产品特性差异化 （5）产品名称或品牌差异化 （6）服务差异化
记忆思路	以上途径均可达到降低成本、节省费用的目的	以上途径都是为了突出差异，但成本会提高

经典例题

[2017年真题·多项选择题] 企业实施差异化战略的途径包括（　　）。
A. 发挥规模效应　　　　　　　B. 创新产品的功能
C. 整合企业资源　　　　　　　D. 更换为具有吸引力的产品名称
E. 提升产品的质量

[解析] A、C两项，发挥规模效应、整合企业资源均可降低企业成本，因此属于成本领先战略实施的途径；而B、D、E三项，实则为从产品功能、名称和质量方面实现差异化，可知属于差异化战略实施的途径。

[答案] BDE

考点2　企业成长战略

一、密集型成长战略

密集型成长战略是指企业在原来的业务领域里，通过加强对原有产品与市场的开发渗透来寻求企业未来的发展机会的一种发展战略。密集型成长战略的三种具体的战略形式如表1-3-3所示。

表 1-3-3　密集型成长战略的战略形式

战略形式	概念要点
市场渗透战略	通过市场营销努力，提高产品或服务在现有市场上的份额
市场开发战略	在市场范围上的扩展，打入新市场
新产品开发战略	在产品上的扩展

经典例题

[2016年真题·单项选择题] 某自行车生产企业为提高主打产品在现有市场的市场占有率，加大营销宣传，采用多种促销手段，发现潜在顾客，提高产品销售额。该企业采取的成长战略是（　　）。
A. 市场开发战略　　　　　　　B. 新产品开发战略
C. 市场渗透战略　　　　　　　D. 成本领先战略

[解析] 此题目考查成长战略。题干叙述的"提高市场占有率、加大营销宣传，采用多种促销手段"等都符合市场渗透战略的概念。市场渗透战略是企业通过更大的市场营销努力，提高现有产品或服务在现有市场上的份额，扩大产销量及生产经营规模，从而提高销售收入和盈利水平。C项正确。

[答案] C

二、多元化战略

多元化战略，又称多样化战略、多角化战略、多种经营战略，是指一个企业同时在两个或两个以上行业中进行经营的战略。多元化战略的类型如表1-3-4所示。

表 1-3-4　多元化战略的类型

类型	概念	具体内容	
相关多元化	新进入的行业与原有行业有关联	水平多元化（同一专业范围）	在同一专业范围内进行多种经营，如汽车制造厂生产轿车、卡车和摩托车等不同类型的车辆
		垂直多元化（产业链上下游）	企业沿产业价值链或企业价值链延伸经营领域，如某钢铁企业向采矿业或轧钢装备业的延伸
		同心型多元化（同一市场或技术）	以市场或技术为核心的多元化，如一家生产电视机的企业，以家电市场为核心生产电冰箱、洗衣机；造船厂在造船业不景气的情况下承接海洋工程、钢结构加工等
非相关多元化	新进入的行业与原有行业无关联	如一家电视生产企业决定进军房地产行业	

【考点小贴士】在考试中，对多元化战略的类型常以单项选择题和案例分析题的形式考查，主要考查举例分析题。题干常给出一个企业具体的经营方式，让考生选择其属于哪一种多元化战略的类型，一般会出现简单例子的变形，所以熟悉表 1-3-4 中的例子并注意重点词是解题的关键。

经典例题

[2015 年真题·单项选择题] 某家电生产企业围绕家电市场，生产电视机、洗衣机、电冰箱、空调等系列家电产品。该企业采取的是（　　）战略。
A. 水平多元化　　　　　　　　　　　B. 垂直多元化
C. 同心型多元化　　　　　　　　　　D. 非相关多元化
[解析] 同心型多元化是指以市场或技术为核心的多元化，如一家生产电视机的企业，以"家电市场"为核心生产电冰箱、洗衣机。

[答案] C

三、一体化战略

一体化战略，又称企业整合战略，是指企业有目的地将相互联系密切的经营活动纳入企业体系中，组成一个统一的经济组织进行全盘控制和调配，以求共同发展的一种战略。

（一）纵向一体化战略

纵向一体化是企业扩大单一业务的经营范围，向后延伸进入原材料供应经营范围，向前延伸可直接向最终使用者提供最终产品，包括后向一体化战略和前向一体化战略。

（1）后向一体化战略：将企业生产所需的原材料和零部件等（上游、输入端），由外部供应改为自己生产。例如，家具厂收购木材加工厂。

（2）前向一体化战略：企业对自己所生产的产品作进一步深加工，或建立自己的销售组织来销售本企业的产品或服务的战略（下游客户、输出端）。例如，自行车配件厂收购自行车企业。

（二）横向一体化战略

横向一体化是指为了扩大生产规模、降低成本、巩固企业的市场地位、提高企业竞争优势、增强企业实力而通过资产纽带或契约方式与同行业企业进行联合的一种战略。横向一体化的方式：合并与收购。例如，一家手机生产企业与另一家手机生产企业合并，或一家手机零配件企业收购另一家手机零配件企业等，都属于横向一体化战略。

> **经典例题**
>
> [例题·单项选择题] 某罐头生产企业为了扩大生产规模，收购另一家罐头生产企业，这属于（　　）战略。
> A. 横向一体化战略　　　　　　　　B. 后向一体化战略
> C. 前向一体化战略　　　　　　　　D. 差异化战略
> [解析] 根据题目信息可知，一家罐头生产企业收购另一家罐头生产企业，两企业的业务领域相同，故是横向一体化战略，A 项正确。
> [答案] A

四、战略联盟

战略联盟是指两个或两个以上的企业为了实现资源共享、风险和成本共担、优势互补等特定战略目标，在保持自身独立性的同时，通过股权参与或契约联结的方式，建立较为稳固的合作伙伴关系。战略联盟的具体类型如表 1-3-5 所示。

表 1-3-5　战略联盟的类型

类型	具体类型	概念要点
股权式	合资企业	共同出资、共担风险、共享收益（各方资产、人员须合并）
	相互持股	相互持有对方一定数量的股份（各方资产、人员无须合并）
契约式	技术开发与研究联盟	技术研发上的合作，研究成果归所有参与者共同享有
	产品联盟 （与产品生产有关）	产品生产上的合作，具体形式包括联合生产、贴牌生产、供求联盟、生产业务外包等
	营销联盟 （与经营、销售有关）	通过联盟伙伴的分销系统增加销售，具体形式包括特许经营、连锁加盟、品牌营销、销售渠道共享
	产业协调联盟	建立全面协调和分工的产业联盟体系，避免恶性竞争和资源浪费，一般多见于高新技术企业

【考点小贴士】企业成长战略整个知识点考查是考试的重点内容，历年经常以案例分析题形式考查，主要考查对概念的理解，给出实例内容判断具体属于哪一种企业成长战略。企业成长战略涉及的类型比较多，每种类型都有关键词，可以用知识树图形式进行理解学习。建议画出适合自己的知识结构图，更有利于记忆。

> **经典例题**
>
> [2020 年真题·单项选择题] 某日化企业通过生产业务外包的形式扩大生产，提高市场占有率。该企业采用的战略联盟形式是（　　）。
> A. 产品联盟　　　　　　　　　　　B. 技术开发与研究联盟
> C. 产业协调联盟　　　　　　　　　D. 营销联盟
> [解析] 产品联盟是产品生产上的合作，具体形式包括联合生产、贴牌生产、供求联盟、生产业务外包等。
> [答案] A

五、国际化经营战略

（一）钻石模型

钻石模型用于分析一个国家某种产业为什么会在国际上具有较强的竞争力。该模型认为决定和影响一个国家某种产业竞争力有四个要素和两个变量，具体如表 1-3-6 所示。

表 1-3-6 钻石模型

项目		具体内容
四个要素	生产要素	(1) 初级生产要素，如企业所处国家和地区的地理位置、自然资源、人口、气候、非技术工人等 (2) 高级生产要素，如训练有素的中高级人才、教育科研体系、现代通信的基础设施等
	需求条件	国内市场对某个行业的产品或服务的需求性质
	相关支撑产业	国内是否存在具有国际竞争力的供应商和关联辅助行业
	企业战略、产业结构和同行竞争	企业恰当的战略、国家合理的产业结构和行业良性的同业竞争
两个变量		机会、政府

(二) 国际化经营战略的类型

基于降低成本的压力和地区调适的压力，企业在全球竞争中通常采用四种经营战略：全球标准化战略、本土化战略、跨国战略和国际战略。具体内容见本书第十一章，此处不予赘述。

考点3 企业稳定战略

稳定战略是指受经营环境和内部资源条件的限制，企业基本保持目前的资源分配和经营业绩水平的战略。企业稳定战略的类型如表 1-3-7 所示。

表 1-3-7 企业稳定战略的类型

类型	要点
无变化战略	企业过去的经营很成功，无问题，不用调整
维持利润战略	注重短期效益，渡过暂时性难关
暂停战略	快速发展后遇到问题，降低企业目标和发展速度，重新调整，为了以后更好发展打基础
谨慎实施战略	外部环境变化趋势不明显，又难以预测，放缓进度，谨慎实施或调整

经典例题

[2017年真题·单项选择题] 某汽车生产企业在较长时间的快速发展后，降低企业发展速度，重新调整企业内部各要素，优化配置现有资源，实施管理整合，该企业采取的稳定战略是（　　）。

A. 无变化战略　　　　　　　　B. 维持利润战略
C. 暂停战略　　　　　　　　　D. 谨慎实施战略

[解析] 本题考查企业稳定战略。企业经历一段较长时间的快速发展后，有可能会遇到一些问题使得效率下降，此时可采用暂停战略，休养生息，即：在一段时期内降低企业发展目标和发展速度，重新调整企业内部各要素，实现资源的优化配置，实施管理整合，为今后更快发展打下基础。

[答案] C

考点4 企业紧缩战略

紧缩战略是企业在目前的经营战略领域和基础水平上收缩和撤退，且偏离起点较大的一种战略。紧缩战略的类型如表 1-3-8 所示。

表 1-3-8 紧缩战略的类型

类型	概念要点
转向战略	压缩原领域投资，转向新机会
放弃战略	转让、出卖或停止经营旗下的一个或几个部门
清算战略	终止整个企业的存在，卖掉其资产或停止整个企业运营

🔖【考点小贴士】在历年考试中,对企业稳定战略和企业紧缩战略经常以多项选择题的形式考查,主要考查考生对两种战略的具体类型的区分。可以选择只记忆一种战略的细分类型,考试时若需要选择另一种类型,可运用排除法作答。企业稳定战略可简单记忆为:谨慎维持,暂停无变化。

经典例题

[2022年真题·单项选择题]紧缩战略是指企业在目前的经营战略领域和基础水平上收缩和撤退。下列各项中属于紧缩战略的是（　　）。
A. 转向战略
B. 暂停战略
C. 成本领先战略
D. 谨慎实施战略

[解析]企业紧缩战略包括转向战略、放弃战略、清算战略。暂停战略和谨慎实施战略属于企业稳定战略。

[答案] A

[2016年真题·多项选择题]下列企业战略中,属于紧缩战略的有（　　）。
A. 维持利润战略　　　　B. 暂停战略
C. 清算战略　　　　　　D. 放弃战略
E. 谨慎实施战略

[解题思路]本题考查企业紧缩战略。企业紧缩战略主要包括转向战略、放弃战略、清算战略。企业稳定战略可简单记忆为:谨慎维持,暂停无变化。可知企业稳定战略包括无变化战略、维持利润战略、暂停战略、谨慎实施战略。但是题目问的是紧缩战略,运用排除法选择C、D两项。

[答案] CD

第四节　企业经营决策与商业模式分析

📦 本节考点概览

本节主要考点

企业经营决策与商业模式分析
- 企业经营决策的概念和类型（了解）
- 企业经营决策的要素（了解）
- 企业经营决策的流程（了解）
- 定性决策方法（掌握）— 头脑风暴法、德尔菲法、名义小组技术、哥顿法
- 定量决策方法（掌握）— 盈亏平衡点法（掌握）；期望损益决策法（掌握）；不确定型决策方法（掌握）
- 商业模式分析（熟悉）

本节考点详解

考点1 企业经营决策的概念和类型

一、企业经营决策的概念

企业经营决策是指企业通过内部条件和外部环境的调查研究、综合分析，运用科学的方法选择合理方案，实现企业经营目标的整个过程。这一定义包含三个方面：

(1) 决策要有明确的目标，没有目标就无从决策。
(2) 决策要有多个可行方案供选择。
(3) 决策是建立在调查研究、综合分析、评价和选择的基础上的。

二、企业经营决策的类型

企业经营决策的类型如表1-4-1所示。

表1-4-1 企业经营决策的类型

划分的标准	具体类型
决策影响的时间长短	长期决策、短期决策
决策的重要性	总体层经营决策、业务层经营决策、职能层经营决策
环境因素的可控程度	确定型决策、风险型决策、不确定型决策
决策目标的层次性	单目标决策、多目标决策

考点2 企业经营决策的要素

企业经营决策的要素如表1-4-2所示。

表1-4-2 企业经营决策的要素

要素	要点
决策者	决策者是企业经营决策的主体，是决策最基本的要素，处在组织的中心，是系统中积极、能动，也是最为关键的因素
决策目标	决策目标的确立是科学决策的起点
决策备选方案	备选方案的存在是决策的前提
决策条件	决策条件即决策环境，包括各种资源的供给和限制、各种外部因素的相互影响及制约，特别是时间的选择
决策结果	决策结果是指决策实施后所产生的效果和影响

考点3 企业经营决策的流程

企业经营决策的流程包括五个阶段：

(1) 确定目标阶段。
(2) 拟定方案阶段。
(3) 选定方案阶段。
(4) 方案实施和监督阶段。
(5) 评价阶段。

【考点小贴士】对企业经营决策的流程常以单项选择题的形式考查，主要考查企业经营决策的前提是什么。这里的"陷阱"是确定决策目标和拟订备选方案，两者都是企业经营决策的前提。确定目标阶段是企业经营决策流程的首要步骤。拟订备选方案阶段（备选方案的存在）是决策的基础。由于确定决策目标和拟订备选方案阶段（即备选方案的存在）均发生在选定方案（决策）之前，两者均为企业经营决策的前提。

> **经典例题**

[例题·单项选择题] 企业进行科学经营决策的流程中，（　　）是企业经营决策的前提。
A. 确定决策目标
B. 调查分析决策条件
C. 确定决策标准
D. 评估决策备选方案

[解析] 企业经营决策的流程包括五个阶段。其中，确定目标是企业经营决策流程的首要步骤，也是企业经营决策的前提，因此 A 项正确。

[注意] 这道题目设置了"陷阱"，大家通过上面的【考点小贴士】会认为 D 项也是企业经营决策的前提，其实不然，因为企业经营决策的前提是确定决策目标和拟定备选方案。拟定备选方案和评估决策备选方案是不一样的，评估决策备选方案是在做决策的时候发生的，并不是在决策之前发生的，所以评估决策备选方案并不是企业经营决策的前提。

[答案] A

考点4　定性决策方法

定性决策方法主要有下列几种，具体如表 1-4-3 所示。

表 1-4-3　定性决策方法

类型	要点
头脑风暴法	专家；面对面，明确具体决策问题，给出具体意见
德尔菲法	专家；背对背，匿名，轮番征询意见
名义小组技术	非专家；背对背，独立思考给出意见
哥顿法	专家；面对面，不明确阐述决策问题，海阔天空讨论

> **经典例题**

[2023 年真题·多项选择题] 下列方法中，可用于企业经营决策的定性方法有（　　）。
A. 马尔可夫模型法
B. 线性规划法
C. 哥顿法
D. 名义小组技术
E. 量本利分析法

[解析] 经营决策的定性决策方法包括德尔菲法、哥顿法、名义小组技术和头脑风暴法。

[答案] CD

考点5　定量决策方法

一、确定型决策方法

确定型决策方法是指在稳定可控条件下进行决策，只要满足数学模型的前提条件，模型就能给出特定的结果。确定型决策方法主要有线性规划法、盈亏平衡点法。

（1）线性规划法。当资源限制或约束条件表现为线性等式或不等式，目标函数表示为线性函数时，可运用线性规划法进行决策。线性规划法是在线性等式或不等式的约束条件下，求解线性目标函数的最大值或最小值的方法。

（2）盈亏平衡点法。盈亏平衡点法又称量本利分析法或保本分析法，是进行产量决策常用的方法。其基本特点是把成本分为固定成本和可变（变动）成本两个部分，然后与总收益对比，以确定盈亏平衡时的产量或某一盈利水平的产量。

盈亏平衡点法有助于企业在决策时确定保本业务量。企业盈亏相抵时的业务量即为保本业务量。企业获得利润的前提是生产过程中的各种消耗能够得到补偿，为此，必须确定企业的保本业务量。

二、风险型决策方法

风险型决策也称统计型决策、随机型决策，是指已知决策方案所需的条件，但每种方案的执行都有可能出现不同后果，多种后果的出现有一定的概率。风险型决策方法主要有期望损益决策法和决策树分析法。期望损益决策法常在考试中出现，决策树分析法基本不考查，所以本辅导书只介绍期望损益决策法。期望损益决策法进行经营决策的步骤如图1-4-1所示。

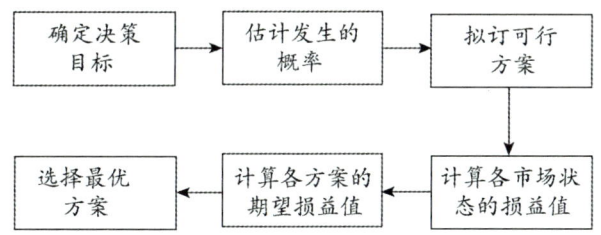

图1-4-1 期望损益决策法经营决策的步骤

期望损益值的公式为：

期望损益值＝∑该方案在各种市场状态下的损益值×该市场状态发生的概率

＝市场状态1下的损益值×市场状态1发生的概率＋市场状态2下的损益值×市场状态2发生的概率＋…＋市场状态n下的损益值×市场状态n发生的概率

【考点小贴士】做题时，计算出各方案的期望损益值，然后对比大小，选择期望损益值最大的方案。

经典例题

[例题·单项选择题] 某企业拟生产空气净化器，该企业共有A产品、B产品、C产品、D产品四种空气净化器产品方案可供选择，每种产品均存在着市场需求高、市场需求一般、市场需求低三种市场状态，对应的市场状态及其概率、损益值如下表所示。（单位：百万元）

方案	市场状态及概率		
	市场需求高	市场需求一般	市场需求低
	0.3	0.5	0.2
A产品	45	40	－15
B产品	42	38	12
C产品	40	30	18
D产品	38	28	20

若采用期望损益决策法进行决策，可使该企业获得最大经济效益的方案为生产（　　）。

A. A产品　　　　　　　　　　　　B. B产品
C. C产品　　　　　　　　　　　　D. D产品

[解析] 计算四种产品的期望损益值：A 产品的期望损益值＝45×0.3＋40×0.5＋（－15）×0.2＝30.5（百万元）；B 产品的期望损益值＝42×0.3＋38×0.5＋12×0.2＝34（百万元）；C 产品的期望损益值＝40×0.3＋30×0.5＋18×0.2＝30.6（百万元）；D 产品的期望损益值＝38×0.3＋28×0.5＋20×0.2＝29.4（百万元）。经过比较可以看出，B 产品的期望损益值最高。可使该企业获得最大经济效益的方案是生产 B 产品。

[答案] B

三、不确定型决策方法

不确定型决策是指在决策所面临的**市场状态难以确定而且各种市场状态发生的概率也无法预测的条件下所做出的决策**。不确定型决策常遵循的原则如表 1-4-4 所示。

表 1-4-4　不确定型决策遵循的原则

原则	具体内容
乐观原则	**大中取大**，在各方案的**最大期望损益值中取最大者**对应的方案
悲观原则	**小中取大**，以每个方案在各种状态下的最小值为标准（即假定每个方案最不利的状态发生），再从各方案的**最小值中取最大者**对应的方案
折中原则	**只考虑最好和最差**两个自然状态。步骤为： (1) 找出各方案在所有状态下的最小值和最大值 (2) 用给定的乐观系数 α 和对应的各方案最大、最小损益值计算各方案的加权平均值 (3) 取加权平均最大的损益值对应的方案
等概率原则	假定每一市场状态具有相等的概率，并以此计算各方案的损益值，选择平均利润最大的方案或选择平均成本最小的方案
后悔值原则	**最大最小值法**，步骤为： (1) 计算损益值的后悔值矩阵 (2) 从各方案中选取最大后悔值 (3) 从最大后悔值中选取最小值

【考点小贴士】本考点是重要考点，若考查第一章的内容，基本会针对本考点出案例分析题。案例分析题主要考查折中原则和后悔值原则。五个原则中，后悔值原则的难度稍大，但是只要记住后悔值原则的计算步骤，便可轻松解题。

经典例题

[案例分析题] 国内某知名电视生产企业拟推出一款新型平板电视，共有甲产品、乙产品、丙产品和丁产品四种产品方案可供选择。每种产品方案均存在着畅销、一般、滞销三种市场状态，三种市场状态发生的概率无法预测。每种方案的市场状态及损益值如下表所示。（单位：万元）

方案	市场状态		
	畅销	一般	滞销
甲产品	640	350	－250
乙产品	680	460	－350
丙产品	550	300	－200
丁产品	700	440	－400

根据以上资料，回答下列问题：

1. 若采用悲观原则进行决策，选择生产的产品为（　　）。
A. 甲产品　　　B. 乙产品　　　C. 丙产品　　　D. 丁产品

[解析] 悲观原则是指决策者在进行方案取舍时以每个方案在各种状态下的最小值为标准（即假定每个方案最不利的状态发生），再从各方案的最小值中取最大者对应的方案。根据表格得知滞销一列为各方案最小值，其中的最大值为－200，故应选择丙产品。C项正确。 [答案] C

2. 若采用乐观原则进行决策，选择生产的产品为（　　）。
A. 甲产品
B. 乙产品
C. 丙产品
D. 丁产品

[解析] 乐观原则是指决策者以各方案的在各种状态下的最大损益值为标准，在各方案的最大损益值中取最大者作为对应的方案，即"大中取大"原则。根据表格得知畅销状态为各方案的最大收益值，其中丁产品的值（700）最大，故应选择丁产品。D项正确。 [答案] D

3. 若乐观系数 α 为0.6时，采用折中原则进行决策，选择生产的产品为（　　）。
A. 甲产品　　　　　　　　　　B. 乙产品
C. 丙产品　　　　　　　　　　D. 丁产品

[解析] 本题的考点为折中原则。该原则的决策步骤如下：
(1) 计算出各方案的折中损益值。根据公式，折中损益值＝α×最好市场状态损益值＋（1－α）×最差市场状态损益值，计算四种产品的折中损益值：
甲：0.6×640＋（1－0.6）×（－250）＝284（万元）
乙：0.6×680＋（1－0.6）×（－350）＝268（万元）
丙：0.6×550＋（1－0.6）×（－200）＝250（万元）
丁：0.6×700＋（1－0.6）×（－400）＝260（万元）
(2) 选择折中损益值最大的方案为最优。根据第（1）步中计算的四种产品的折中损益值的结果可知，甲产品的折中损益值最大，因此应选择甲产品，A项正确。 [答案] A

4. 若采用后悔值原则进行决策，可使该企业获得最大经济效益的方案为生产（　　）。
A. 甲产品　　　　　　　　　　B. 乙产品
C. 丙产品　　　　　　　　　　D. 丁产品

[解析] 后悔值原则的决策步骤如下：
(1) 计算损益值的后悔值矩阵。本案例各状态的最大损益值为：畅销是"700"；一般是"460"；滞销是"－200"。
(2) 计算后悔值，即用各市场状态下的最大损益值减去该市场状态下的各方案的损益值，后悔值矩阵具体如下表所示。

产品	市场状态		
	畅销（700）	一般（460）	滞销（－200）
甲产品	700－640＝60	460－350＝110	－200－（－250）＝50
乙产品	700－680＝20	460－460＝0	－200－（－350）＝150
丙产品	700－550＝150	460－300＝160	－200－（－200）＝0
丁产品	700－700＝0	460－440＝20	－200－（－400）＝200

(3) 从各方案中选取最大后悔值。比较每个方案各市场状态下的后悔值，选出最大后悔值：

甲产品方案各市场状态下的后悔值为60、110、50,最大后悔值为"110"。
乙产品方案各市场状态下的后悔值为20、0、150,最大后悔值为"150"。
丙产品方案各市场状态下的后悔值为150、160、0,最大后悔值为"160"。
丁产品方案各市场状态下的后悔值为0、20、200,最大后悔值为"200"。
(4) 从最大后悔值中选择最小的方案为最优的方案。根据第(3)步结果可知,甲产品方案最大后悔值"110"是四个方案中最小的,因此获得最大经济效益的方案为生产甲产品,故A项正确。

[答案] A

5. 若采用等概率原则进行决策,选择生产的产品为( )。

A. 甲产品　　　　B. 乙产品　　　　C. 丙产品　　　　D. 丁产品

[解析] 本题的考点为不确定型决策中等概率原则。具体步骤如下:
(1) 计算出各方案所有市场状态下的损益值的平均数:
甲:[640+350+(-250)]÷3≈246.67(万元)
乙:[680+460+(-350)]÷3≈263.33(万元)
丙:[550+300+(-200)]÷3≈216.67(万元)
丁:[700+440+(-400)]÷3≈246.67(万元)
(2) 选择损益值的平均数最大的方案为最优方案。对比第(1)步的计算结果可知,乙产品的损益值的平均数最大,因此应选择乙产品,B项正确。

[答案] B

●考点6 商业模式分析

一、商业模式的概念与特点

(一)商业模式的概念

商业模式是指为实现客户价值最大化,企业整合内外部生产要素、搭建业务体系、推动建立合作伙伴关系,形成的具有独特核心竞争力的高效运行系统,该系统通过最优实现形式满足客户需求,实现企业长期可持续盈利的目标。商业模式表达了企业价值活动的核心逻辑,具体表现为价值发现、价值匹配、价值获取三个方面。价值发现是企业洞悉客户需求,发现市场潜在的盈利点;价值匹配是企业通过资源配置和商业运营向客户交付价值;价值获取是企业通过特定的盈利模式持续获取利润。价值发现是逻辑起点,价值匹配是逻辑中介,价值获取是逻辑终点。

(二)成功商业模式的特点

成功商业模式的特点如表1-4-5所示。

表1-4-5　成功商业模式的特点

特点	内容
能够创造独特的价值	企业通过构建适应市场需求的商业模式,发现新的市场机会,提供具有独特性的价值贡献,从而获取持续盈利能力
具有整合性和系统性	企业通过系统性的运营,能够有效整合企业内外部资源,优化价值链,协同上下游关系,释放整体效能
难以模仿	企业通过确立与众不同的商业模式,建立一整套极难复制和迁移的商业运行系统
具有抵御风险的能力	好的商业模式在政策、法律、科技等因素发生变化时,能够对风险进行预警、监控和有效防范
可操作性强	企业立足于资源现状、成本结构和发展需求,通过脚踏实地的商业模式运营满足特定客户的需求,而非空中楼阁式不切实际的空想

二、商业模式的要素

商业模式的要素如表 1-4-6 所示。

表 1-4-6　商业模式的要素

要素	内容
企业定位	定位揭示了企业的战略方向、独特价值和目标客户，明确了企业应该提供什么样的产品和服务来实现客户的价值，包括战略定位、价值定位、客户定位、业务定位、产品定位等
资源与能力	资源包括金融资源、实物资源、人力资源、信息资源、关系网络等；能力包括管理能力、营运能力、交易能力、创新能力等
业务系统	业务系统是企业达成定位所需完成的业务环节和业务活动，包括业务内容、业务流程、利益相关者关系、交易内容与方式、分销渠道等。业务系统是商业模式的核心
盈利模式	盈利模式描述了企业获得收入、分配成本、赚取利润的方法和渠道，是企业在利益相关者利益分配格局中实现企业利益的途径
现金流结构	现金流结构是企业商业模式运行过程中现金流入和流出在时间序列上的表现形式。不同商业模式具有不同的成本结构、收入结构和交易结构，也就形成了不同的现金流结构
企业价值	企业价值是指企业的投资价值，是企业预期未来可以产生的现金流的贴现值，是评判企业商业模式优劣的重要标准，由企业的成长空间、成长能力、成长效率和成长速度决定

经典例题

[2023年真题·单项选择题] 在商业模式要素中，起奠基作用的第一要素是（　　）。
A. 企业定位
B. 业务系统
C. 企业价值
D. 资源与能力

[解析] 企业定位揭示了企业的战略方向、独特价值和目标客户，明确了企业应该提供什么样的产品和服务来实现客户的价值，是商业模式要素体系中起奠基作用的第一要素，包括战略定位、价值定位、客户定位、业务定位、产品定位等。

[答案] A

三、商业模式分析

商业模式画布是分析企业商业模式的有效工具，通过将商业模式涉及的要素绘制在一张简练、可视化的图纸上，帮助企业描述、评估和优化商业模式。商业模式画布具有完整性、一致性、简洁性的特点。商业模式画布共包括九个模块，具体内容如表 1-4-7 所示。

表 1-4-7　商业模式画布

模块	问题
价值主张	企业该向客户传递什么样的价值？企业正在帮助客户解决哪一类问题？企业正在满足哪些客户需求？企业正在提供给客户细分群体哪些系列的产品或服务？
客户细分	企业为谁创造价值？谁是企业最重要的客户？
渠道通路	通过哪些渠道可以接触企业的客户细分群体？企业现在如何接触他们？企业的渠道如何整合？哪些渠道最有效？哪些渠道成本效益最好？如何把企业的渠道与客户的例行程序进行整合？

续表

模块	问题
客户关系	每个客户细分群体希望企业与之建立和保持何种关系？哪些关系企业已经建立了？建立这些关系成本如何？如何把它们与商业模式的其余部分进行整合？
核心资源	企业的价值主张需要什么样的核心资源？企业的渠道通路需要什么样的核心资源？企业的客户关系需要什么样的核心资源？企业的收入来源需要什么样的核心资源？
关键业务	企业的价值主张需要哪些关键业务？企业的渠道通路需要哪些关键业务？企业的客户关系需要哪些关键业务？企业的收入来源需要哪些关键业务？
重要伙伴	谁是企业的重要伙伴？谁是企业的重要供应商？企业正在从伙伴那里获取哪些核心资源？合作伙伴都从事哪些关键业务？
收入来源	什么样的价值能让客户愿意付费？客户现在付费买什么？客户是如何支付费用的？客户更愿意如何支付费用？每个收入来源占总收入的比例是多少？
成本结构	什么是企业商业模式中最重要的固定成本？哪些核心资源花费最多？哪些关键业务花费最多？

本章易错易混考点

【易错易混考点一】企业愿景、使命和战略目标

企业愿景、使命和战略目标三个概念，考试中经常以单项选择题和多项选择题的形式来考查考生对三者的区分，具体的区别如下：

（1）企业愿景：侧重说明企业未来发展的方向和前景，回答的是"我是谁"的问题，无法回答"企业的业务是什么"的问题。

【举例】百度的愿景为"成为最懂用户，能帮助人们成长的全球顶级高科技公司"。从中，只可以看出百度预期发展的方向和努力的前景，不能看出百度的具体业务。

（2）企业使命：侧重说明企业的性质和存在的理由，回答的是"企业的业务是什么"的问题，也就是通过对企业使命的描述，能分析出企业大概的经营领域或经营范围。

【举例】华为的企业使命是"聚焦客户关注的挑战和压力，提供有竞争力的通信与信息解决方案和服务，持续为客户创造最大价值"。从中，我们可以大概判断出华为的业务在"通信技术""信息技术"等领域。

（3）企业战略目标：相对于企业使命和企业愿景，企业战略目标更加具体，是指企业在一定时期内沿着其经营方向所预期达到的理想成果。

【举例】某手机制造厂商的战略目标是"本年年底要占据国内手机市场的1/4份额"。从中可以看出，战略目标有一定的时间期限要求，而且非常具体化和定量化。

【提示】在实际生活中，企业使命、企业愿景、企业文化等几个概念往往交织在一起，难以区分，但对于我们的考试来说：企业使命≠企业愿景≠企业文化≠企业战略目标。

【易错易混考点二】多元化战略和一体化战略

多元化战略和一体化战略都是企业成长战略的类型，但是这两种战略的划分维度是不同的。首先，多元化战略是指企业在两个及以上行业经营，一体化战略是指企业进入有密切联系的领域经营。其次，需要注意两种战略下设的具体战略类型中，有些是可以重合的，并不矛盾。在案例分析题中，经常会考查对多元化战略和一体化战略下设的几种具体战略的判断。为此，我们需要

注意:

(1) 明确企业原有的经营领域是什么,再对比企业新进入的经营领域是什么。有以下三种情况:

① 如果新进的领域和原领域完全一致,涉及的是横向一体化战略。

② 如果新进的领域和原领域有一定关联,也就是说新进的领域是原领域的价值链"上游或下游",涉及的是纵向一体化战略、垂直多元化战略、相关多元化战略等。

③ 如果新进的领域和原领域完全无关联,涉及的是非相关多元化战略。

(2) 初步判断后要回归案例仔细检查,避免错选、漏选、多选。案例中也可能结合成本领先战略、差异化战略和集中战略三种基本竞争战略一起考查。如果对某个选项没有十足的把握,建议谨慎选择,避免失分!

【举例】某果汁饮品生产企业,为了降低成本,建立本企业的果园基地,自主供应原材料。从多元化战略的角度看,果汁饮品企业建立果园是沿产业价值链经营的("产"和"供"都在价值链上),因此属于垂直多元化战略;从一体化战略的角度看,果汁饮品企业是与其输入端的果园基地联合(从"产"到"供"是向后),因此又属于后向一体化战略。

【易错易混考点三】不同类型定量决策法的区分

科学经营决策方法一般分为定性决策方法和定量决策方法两种。定量决策方法一般是建立在数学模型的基础上,大多需要进行一定计算得出决策结果。定量决策方法具体分成确定型、风险型和不确定型决策方法三种类型,具体内容如表Ⅰ所示。

表Ⅰ 三种类型的决策条件、具体方法和方法概述

决策方法类型	决策条件	方法	方法概述
确定型决策方法	稳定可控条件下	线性规划法	在约束条件下求极值
		盈亏平衡点法	销售收入等于总成本的情况下求盈亏平衡点
风险型决策方法	可以预测各方案的多种结果出现的概率	期望损益决策法	计算各个方案的期望损益值
		决策树分析法	以树状图形的方式选择方案
不确定型决策方法	无法预测各方案结果出现的概率	乐观原则	大中取大
		悲观原则	小中取大
		折中原则	只考虑最好和最差两种自然状态
		后悔值原则	大中取小
		等概率原则	每一市场状态具有相等的概率

[2017年真题·案例分析题] 某新型奶粉共有A产品、B产品、C产品、D产品四种开发方案可供选择;每种产品方案均存在着市场需求高、市场需求一般、市场需求低三种可能的市场状态,但各种状态发生的概率难以测算。该企业开发新型奶粉的经营决策属于(   )。

A. 风险型决策

B. 无风险型决策

C. 确定型决策

D. 不确定型决策

[解析] 本题考查企业经营决策中不确定型决策的概念。不确定型决策是指在决策所面临的市场状

态难以确定而且各种市场状态发生的概率也无法预测的条件下所作出的决策,从题中资料信息"每种产品方案均存在着市场需求高、市场需求一般、市场需求低三种可能的市场状态,但各种状态发生的概率难以测算"可知,此符合不确定型决策的概念。

[答案] D

历年经典真题回顾

一、单项选择题(每题1分,每题备选项中,只有1个最符合题意)

1. 某汽车生产企业同时生产轿车、卡车和摩托车等不同类型的车辆,该企业采用(　　)战略。[2019年真题]

   A. 前向多元化战略

   B. 非相关多元化战略

   C. 水平多元化战略

   D. 垂直多元化战略

   [解析] 本题考查多元化战略。多元化战略包括相关多元化战略和非相关多元化战略,相关多元化战略包括水平多元化战略、垂直多元化战略、同心型多元化战略。轿车、卡车、摩托车都属于同一专业范围内的,属于车的多种经营,所以属于水平多元化战略。C项正确。 [答案] C

2. 某知名手机企业以战略联盟形式,将手机生产业务外包给其他企业,从而扩大生产,企业采用的战略联盟形式是(　　)。[2019年真题]

   A. 产业协调联盟　　　　　　B. 营销联盟

   C. 技术开发与研究联盟　　　D. 产品联盟

   [解析] 本题考查战略联盟。产品联盟的形式包括联合生产、贴牌生产、供求联盟、生产业务外包。该企业将手机生产业务外包给其他企业,属于产品联盟。其他选项与题目所述不符。D项正确。 [答案] D

3. 关于企业愿景的说法,正确的是(　　)。[2018年真题]

   A. 企业愿景等同于企业使命

   B. 企业愿景包括核心信仰和未来前景两部分

   C. 企业愿景主要说明了企业的根本性质

   D. 企业愿景由公司董事长制定

   [解析] 本题考查企业愿景、使命与战略目标。A项,企业愿景不等于企业使命,故错误;C项,企业使命说明了企业的根本性质与存在的理由,故错误;D项,企业愿景不是只属于企业高层管理者,企业内部每一位员工都应参与构思制定愿景,故错误。 [答案] B

4. 下列活动中,属于价值链辅助活动的是(　　)。[2018年真题]

   A. 成品储运　　　　　　　　B. 技术开发

   C. 生产加工　　　　　　　　D. 原料供应

   [解析] 本题考查价值链分析。辅助活动包括企业采购、技术开发、人力资源管理、企业基础职能管理。A、C、D三项均属于基本活动。 [答案] B

5. 根据"五力模型",下列情形中,供应者具有较强谈判能力的是(　　)。[2018年真题]

   A. 购买者的购买量大

   B. 购买者具有自主生产所购买产品的潜力

   C. 行业中替代品的数量多

D. 行业中供应者的数量少

[解析] 本题考查行业环境分析。当供应者具有以下特征时，将处于有利的地位（具有较强谈判能力）：①供应商的行业由少数企业控制，而购买者却很多；②没有替代品；③供应者能够进行深加工而与购买者竞争；④购买者只购供应者产品的一小部分。D项正确。 [答案] D

6. 某型号智能手表的业务增长率和市场占有率都低，表明该型号智能手表处于波士顿矩阵图的（ ）。[2016 年真题]

  A. 幼童区   B. 明星区

  C. 瘦狗区   D. 金牛区

[解析] 本题考查波士顿矩阵分析。瘦狗区的特点是业务增长率低，市场占有率低。明星区的特点是业务增长率高，市场占有率高。金牛区的特点是业务增长率低，市场占有率高。幼童区的特点是业务增长率高，市场占有率低。 [答案] C

二、多项选择题（每题 2 分，每题备选项中，有 2 个或 2 个以上符合题意，至少有 1 个错项。错选，本题不得分；少选，所选的每个选项得 0.5 分）

1. 下列要素中，属于麦肯锡公司提出的 7S 框架硬件要素的有（ ）。[2019 年真题]

  A. 制度   B. 共同价值观

  C. 结构   D. 风格

  E. 战略

[解析] 本题考查企业战略的实施。7S 模型中硬件因素包括战略、结构、制度。软件因素包括共同价值观、人员、技能、风格。 [答案] ACE

2. 下列战略分析方法中，适用于企业内部环境分析的有（ ）。[2019 年真题]

  A. 战略群体分析法

  B. 价值链分析法

  C. 波特"五力模型"分析法

  D. 核心竞争力分析法

  E. 波士顿矩阵分析法

[解析] 本题考查企业内部环境分析。企业内部环境分析包括核心竞争力分析、价值链分析、波士顿矩阵分析和内部因素评价矩阵。A、C 两项属于外部环境分析法。 [答案] BDE

三、案例分析题（每题 2 分。由单项选择题和多项选择题组成。错选，本题不得分；少选，所选的每个正确选项得 0.5 分）

(一)

  某大型钢铁集团通过大规模的并购活动，兼并多家钢铁生产企业，进一步扩大钢铁产品的市场占有率。同时，为了降低产品成本，该集团又购买了矿山，自主生产和供应铁矿石。另外，该集团积极采取走出去战略，在欧洲多国建立独资子公司，向当地供应高端钢材产品。实现当地生产，当地销售。为了获取新的利润增长点，该集团发展非钢产业，进军电脑行业，生产新型电脑产品，共有 A 产品、B 产品、C 产品、D 产品四种电脑产品方案可供选择；每种产品均存在市场需求高、市场需求一般、市场需求低三种可能的市场状态，但各种状态发生的概率难以测算。在市场调查的基础上，该集团对四种备选方案的损益值进行了预测，在不同市场状态下损益值如下表所示。（单位：百万元）[2019 年真题]

产品方案的决策损益表

产品方案	市场需求高	市场需求一般	市场需求低
A产品	60	40	10
B产品	75	30	50
C产品	80	35	-20
D产品	90	50	-30

根据以上资料,回答下列问题:

1. 该集团目前实施的战略有( )。
   A. 前向一体化战略
   B. 多元化战略
   C. 后向一体化战略
   D. 国际化战略

[解析] 本题考查企业成长战略。钢铁集团进军电脑行业,属于多元化战略;该集团积极采取走出去战略,在欧洲多国建立独资子公司,向当地供应高端钢材产品,属于国际化战略;该集团又购买了矿山,自主生产和供应铁矿石,属于后向一体化战略。

[答案] BCD

2. 该集团进入国际市场的模式是( )。
   A. 需求拉动模式
   B. 投资进入模式
   C. 契约进入模式
   D. 贸易进入模式

[解析] 本题考查国际化经营战略。在欧洲多国建立独资子公司,即独资企业,属于国际市场模式的投资进入模式。

[答案] B

3. 若采用后悔值原则进行新型电脑产品的决策,该集团应选择的方案为生产( )。
   A. A产品
   B. D产品
   C. B产品
   D. C产品

[解析] 本题考查后悔值原则。具体步骤如下:

(1) 用各状态下的最大损益值分别减去该状态下所有方案的损益值,计算每个产品在每种市场状态下的后悔值,在表格中用( )来表示。

产品	市场需求高	市场需求一般	市场需求低
A产品	60 (30)	40 (10)	10 (40)
B产品	75 (15)	30 (20)	50 (0)
C产品	80 (10)	35 (15)	-20 (70)
D产品	90 (0)	50 (0)	-30 (80)

(2) A产品的后悔值分别为(30,10,40);B产品的后悔值分别为(15,20,0);C产品的后悔值分别为(10,15,70);D产品的后悔值分别为(0,0,80)。

(3) A、B、C、D四种产品的最大后悔值分别为40、20、70、80。

(4) 选择最小后悔值(20),即B产品。

[答案] C

4. 若该集团采用定性决策方法进行新产品决策,可以选用的方法有( )。
   A. 名义小组技术

B. 哥顿法

C. 利润轮盘分析法

D. 杜邦分析法

[解析] 本题考查企业经营决策的方法。定性决策方法包括头脑风暴法、德尔菲法、名义小组技术和哥顿法。

[答案] AB

(二)

某服装生产企业实施差异化战略,向消费者提供与众不同的产品,获得竞争优势。该企业为了降低原材料采购成本,进入纺织行业,自主生产和供应服装加工所需面料。该企业以许可经营的形式积极拓展海外市场,允许国外企业使用该企业的专利、商标、设计款式,扩大企业的国际声誉。同时,该企业积极进行新产品开发,不断推出新款服装。拟推出的新款服装共有甲产品、乙产品、丙产品、丁产品四种开发方案可供选择;每种产品方案均存在着市场需求高、市场需求一般、市场需求低三种可能的市场状态,但各种状态发生的概率难以测算。在市场调查的基础上,该服装生产企业对四种备选方案的损益值进行了预测,在不同市场状态下损益值如下表所示。(单位:百万元)[2018年真题]

产品方案的决策损益表

产品方案	市场需求高	市场需求一般	市场需求低
甲产品	270	110	10
乙产品	265	100	30
丙产品	280	140	−10
丁产品	250	150	20

根据以上资料,回答下列问题:

1. 该企业实施差异化战略,可以选择的途径是（　　）。

   A. 设计并更换为更具个性化的服装品牌名称

   B. 扩大生产规模,形成规模效应

   C. 创新服装款式

   D. 提供独特的服装售后服务

   [解析] 本题考查差异化战略。实施差异化战略的途径包括：①通过产品质量的不同实现差异化战略；②通过提高产品的可靠性实现产品差异化战略；③通过产品创新实现差异化战略；④通过产品特性差别实现差异化战略；⑤通过产品名称或品牌的不同实现差异化战略；⑥通过提供不同的服务实现差异化战略。B项属于成本领先战略实施的途径。

   [答案] ACD

2. 该企业自主生产和供应面料的战略是（　　）。

   A. 前向一体化战略

   B. 后向一体化战略

   C. 市场开发战略

   D. 联盟战略

   [解析] 本题考查一体化战略。该企业自主生产和供应面料,即沿着产业链往企业上游（原材料）领域发展,可知属于后向一体化战略。

   [答案] B

3. 该企业进入国际市场的模式属于（　　）。

   A. 契约进入模式

B. 股权进入模式

C. 投资进入模式

D. 贸易进入模式

[解析] 本题考查国际市场进入模式。进入国际市场的模式中，契约进入模式是通过与目标市场国家的企业之间订立长期的、非投资性的无形资产转让合作合同或契约而进入目标国家市场，包括许可证经营、特许经营、合同制造、管理合同等。资料已知"该企业以许可经营的形式积极拓展海外市场，允许国外企业使用该企业的专利、商标、设计款式，扩大企业的国际声誉"，根据关键词"许可经营""专利、商标、设计款式"，可知该企业采用的国际化进入模式是以许可经营的形式进行的专利、商标和设计款式等无形资产的转让，符合契约进入模式的概念，A 项正确。

[答案] A

4. 若采用后悔值原则进行新款服装的决策，该企业应选择的方案为开发（　　）。

A. 丁产品 B. 乙产品

C. 甲产品 D. 丙产品

[解析] 本题考查不确定决策中的后悔值原则。后悔值原则决策步骤如下：

（1）确定标准值。比较每种市场状态下各方案的损益值，选出最大损益值作为该市场状态下的标准值。根据表格数据选择如下：

市场需求高：四种方案的损益值最大的是"280"。

市场需求一般：四种方案的损益值最大的是"150"。

市场需求低：四种方案的损益值最大的是"30"。

（2）计算后悔值。用第（1）步选出的各市场状态下的标准值减去该市场状态下的各方案的损益值，具体如下表所示。

产品方案	市场需求高	市场需求一般	市场需求低
甲产品	280－270＝10	150－110＝40	30－10＝20
乙产品	280－265＝15	150－100＝50	30－30＝0
丙产品	280－280＝0	150－140＝10	30－（－10）＝40
丁产品	280－250＝30	150－150＝0	30－20＝10

（3）确定各方案的最大后悔值。比较每种方案各市场状态下第（2）步计算出的后悔值，选出最大后悔值：

甲产品方案各市场状态下的后悔值为10、40、20，最大后悔值为"40"。

乙产品方案各市场状态下的后悔值为15、50、0，最大后悔值为"50"。

丙产品方案各市场状态下的后悔值为0、10、40，最大后悔值为"40"。

丁产品方案各市场状态下的后悔值为30、0、10，最大后悔值为"30"。

（4）选择最大后悔值最小的方案为最优的方案。根据第（3）步计算结果可知，丁产品方案的最大后悔值"30"是四个方案中最小的，因此该企业应选择的方案为开发丁产品，A 项正确。

[答案] A

本章同步练习

一、**单项选择题**（每题1分，每题备选项中，只有1个最符合题意）

1. 某高新技术企业，为了提高本企业人力资源质量，实施人力资源管理战略，在对公司内部人员进行调整的同时,广泛吸收外部优秀人才,使得该企业员工的质量得到了大幅度的提升。从战略层次分析,该企业实施的战略属于(   )。

A. 企业总体战略
B. 企业业务战略
C. 企业职能战略
D. 企业产品战略

2. 企业战略从基层单位自下而上地产生,并被加以推进和实施。这种战略实施(   )模式。

A. 指挥型   B. 变革型
C. 合作型   D. 增长型

3. 企业进行外部宏观环境战略分析时,适用的方法是(   )。

A. 波士顿矩阵分析
B. 波特"五力模型"
C. PESTEL 分析法
D. 外部因素评价矩阵

4. 行业生命周期分为四个阶段,行业的产品已较完善,顾客对产品已有认识,市场迅速扩大,企业的销售额和利润迅速增长,行业规模扩大,竞争日趋激烈,不成功的企业已开始退出,这一阶段属于(   )。

A. 形成期   B. 成长期
C. 成熟期   D. 衰退期

5. 根据 SWOT 分析法,当企业外部存在机会,且内部具有优势时,应当采用的战略为(   )。

A. SO 战略   B. WO 战略
C. ST 战略   D. WT 战略

6. 某空调配件生产企业(A 企业),因经营不善,被另一家空调配件生产企业(B 企业)并购,则 B 企业采用的战略属于(   )战略。

A. 前向一体化
B. 后向一体化
C. 相关多元化
D. 横向一体化

7. (   )的核心是企业加强内部成本控制。

A. 成本领先战略
B. 差异化战略
C. 集中战略
D. 紧缩战略

8. 以匿名方式通过几轮函询征求专家的意见,组织决策小组对每一轮的意见进行汇总整理后作为参考再发给各专家,供专家分析判断,以提出新的论证的定性决策方法是(   )。

A. 头脑风暴法   B. 德尔菲法
C. 名义小组技术   D. 淘汰法

二、多项选择题（每题2分，每题备选项中，有2个或2个以上符合题意，至少有1个错项。错选，本题不得分；少选，所选的每个选项得0.5分）

1. 企业战略分为若干层次，具体由（　　）组成。
   A. 企业总体战略
   B. 企业业务战略
   C. 企业发展战略
   D. 企业职能战略
   E. 企业产品战略

2. 下列方法中，适用于企业战略控制的有（　　）。
   A. 杜邦分析法
   B. PESTEL 分析法
   C. 波士顿矩阵分析法
   D. 利润计划轮盘
   E. 平衡计分卡

3. 下列关于行业生命周期四个阶段的特点，说法正确的有（　　）。
   A. 形成期的重要职能是研究开发和工程技术
   B. 成长期的市场迅速扩大，企业销售额和利润迅速增长
   C. 成熟期的市场趋于饱和，行业内部竞争日趋激烈，不成功的企业已开始退出
   D. 衰退期的市场萎缩、行业规模缩小
   E. 成熟期的企业成败的关键因素是产品成本控制和市场营销的有效性

4. 核心竞争力的特征包括（　　）。
   A. 价值性   B. 易转移性
   C. 持久性   D. 难以复制性
   E. 同质性

5. 差异化战略适用的情形包括（　　）。
   A. 大批量生产企业
   B. 有很强的研究开发能力
   C. 企业有很高的美誉度和知名度
   D. 能控制一切费用和开支
   E. 有很强的市场营销能力

三、案例分析题（每题2分。由单项选择题和多项选择题组成。错选，本题不得分；少选，所选的每个正确选项得0.5分）

(一)

某房地产公司2018年正式进军医药行业，成立了药业子公司。该子公司准备生产新药，有甲药、乙药和丙药三种产品方案可供选择。每种新药均存在着市场需求高、市场需求一般、市场需求低三种市场状态。每种方案的市场状态及其概率、损益值如下表所示。（单位：万元）

药业子公司三种产品方案的决策损益表

方案	市场状态及概率		
	市场需求高	市场需求一般	市场需求低
	0.3	**0.5**	**0.2**
生产甲药	45	20	−15
生产乙药	35	15	5
生产丙药	30	16	9

根据以上资料,回答下列问题:

1. 该房地产公司实施的战略属于( )。
   A. 纵向一体化战略
   B. 横向一体化战略
   C. 相关多元化战略
   D. 非相关多元化战略

2. 该房地产公司在进行宏观环境分析时,下列要素中,属于经济环境要素的是( )。
   A. 消费者收入水平
   B. 科技水平
   C. 储蓄情况
   D. 价值观念

3. 若该药业子公司选择生产甲药方案,则可以获得( )万元收益。
   A. 20.5
   B. 19.0
   C. 18.8
   D. 16.6

4. 该药业子公司采用了期望损益决策法进行决策,这种方法的第一步是( )。
   A. 列出决策损益表
   B. 确定决策目标
   C. 预测市场状态
   D. 拟订可行方案

(二)

某奶粉生产企业将目标顾客定位于老年购买群体,专门生产适合老年人体质的奶粉,取得了良好的市场效果。为了降低成本,该企业建立奶牛养殖基地,自主供应奶源。为了提升产品竞争力,该企业与国际知名奶粉生产企业建立战略联盟,共同研发新型奶粉产品。该新型奶粉共有A产品、B产品、C产品、D产品四种开发方案可供选择;每种产品方案均存在着市场需求高、市场需求一般、市场需求低三种可能的市场状态,但各种状态发生的概率难以测算。在市场调查的基础上,该奶粉生产企业对四种备选方案的损益值进行了预测,在不同市场状态下损益值如下表所示。(单位:百万元)

产品方案的决策损益表

产品	市场需求高	市场需求一般	市场需求低
A产品	110	80	50
B产品	125	90	30
C产品	140	100	−40
D产品	150	110	−60

根据以上资料,回答下列问题:

1. 该企业目前实施的战略是（　　）。
   A. 多元化战略
   B. 差异化战略
   C. 前向一体化战略
   D. 后向一体化战略
2. 该企业目前与国际知名奶粉生产企业建立的战略联盟属于（　　）。
   A. 技术开发与研究联盟
   B. 营销联盟
   C. 产品联盟
   D. 产业协调联盟
3. 该企业开发新型奶粉的经营决策属于（　　）。
   A. 风险型决策　　　　　B. 无风险型决策
   C. 确定型决策　　　　　D. 不确定型决策
4. 若采用折中原则进行新型奶粉产品的决策（最大值系数为0.75），该企业应选择的方案为开发（　　）。
   A. A产品　　　　　　　B. B产品
   C. C产品　　　　　　　D. D产品

本章同步练习参考答案及解析

一、单项选择题

1. [答案] C
   [解析] 本题考查企业战略的层次。根据题目关键信息"实施人力资源管理战略"，即人力资源职能部门为了强化人力资源方面的优势而制定了具体的战略并加以实施，因此，此属于企业职能战略。

2. [答案] D
   [解析] 本题考查企业战略实施的模式。根据题目关键信息"从基层单位自下而上地产生"，可知此为增长型模式。

3. [答案] C
   [解析] 本题考查宏观环境分析的相关内容。企业可以采用PESTEL分析法对企业外部的宏观环境进行战略分析。

4. [答案] B
   [解析] 本题考查行业生命周期分析的相关内容。根据题目关键信息"市场迅速扩大、销售额和利润迅速增长、行业规模扩大、竞争日趋激烈"，可知此属于成长期的特点。

5. [答案] A
   [解析] 本题考查企业综合分析中的SWOT分析法。根据题目关键信息"当企业外部存在机会，且内部具有优势时"，其中机会对应的英文字母为"O"，优势对应的英文字母为"S"，可知此应为SO战略。

6. [答案] D
   [解析] 本题考查一体化战略的类型。根据题目信息可知两家公司均为空调配件生产企业，属于同产业同类产品的并购，可知此属于横向一体化战略。

7. [答案] A
   [解析] 本题考查成本领先战略的概念。根据关键词"成本控制"，可知是成本领先战略的核心。

8. [答案] B
   [解析] 本题考查定性决策方法的类型。根据题目关键信息"以匿名方式通过几轮函询征求专家的意见"，可知此为德尔菲法。

二、多项选择题

1. [答案] ABD
   [解析] 本题考查企业战略层次。企业战略层次分为企业总体战略、企业业务战略、企业职能战略。

2. [答案] ADE

[解析] 本题考查企业战略控制方法。企业战略控制的方法包括杜邦分析法、平衡计分卡、利润计划轮盘。

3. [答案] ABDE
[解析] 本题考查行业生命周期分析的相关内容。成熟期的行业内部竞争异常激烈，企业间的合并、兼并大量出现，许多小企业退出，行业由分散走向集中，往往只留下少量的大企业，C 项错误。

4. [答案] ACD
[解析] 本题考查核心竞争力分析的相关内容。企业核心竞争力的特点包括价值性、异质性、延展性、持久性、难以转移性、难以复制性。

5. [答案] BCE
[解析] 本题考查差异化战略适用的情形。差异化战略适用的情形包括：①有很强的研究开发能力；②在产品或服务上具有领先的声望，具有很高的知名度和美誉度；③有很强的市场营销能力；④职能部门之间有很好的协调性。A、D 两项属于成本领先战略适用的情形。

三、案例分析题

（一）

1. [答案] D
[解析] 本题考查多元化战略和一体化战略。根据案例资料信息可知该企业原有经营领域为"房产"，进入的新领域为"医药"，两者为无任何关联的两个行业，可知此属于"非相关多元化战略"。

2. [答案] AC
[解析] 本题考查宏观环境分析中经济环境的相关内容。微观经济环境包括企业所在地区或所服务地区的消费者的收入水平、消费偏好、储蓄情况、就业程度等。B 项属于科技环境；D 项属于社会环境。

3. [答案] A
[解析] 本题考查风险型决策方法中期望损益决策法。结合公式和案例已知数据计算，甲方案的期望损益值＝45×0.3＋20×0.5＋（－15）×0.2＝20.5（万元）。

4. [答案] B
[解析] 本题考查期望损益决策法。运用期望损益决策法，其第一步是确定决策目标。

（二）

1. [答案] ABD
[解析] 本题考查基本竞争战略、多元化战略和一体化战略。首先，根据案例资料叙述"为了降低成本，该企业建立奶牛养殖基地，自主供应奶源"，即由奶粉（成品）往上游"奶牛养殖"扩展，符合后向一体化战略和垂直多元化战略，垂直多元化属于多元化战略的类型，A、D 两项正确。其次，根据案例资料叙述"为了提升产品竞争力，该企业与国际知名奶粉生产企业建立战略联盟，共同研发新型奶粉产品"分析，基本竞争战略中的差异化战略实施的途径之一为产品创新以提升产品竞争力，B 项正确。

2. [答案] A
[解析] 本题考查战略联盟中技术开发与研究联盟的概念。技术开发与研究联盟可以包括大学、研究机构、企业等在内的众多成员，研究成果归所有参与者共同享有。根据案例资料叙述"该企业与国际知名奶粉生产企业建立战略联盟，共同研发新型奶粉产品"，可知此为技术开发与研究联盟。

3. [答案] D
[解析] 本题考查不确定型决策的概念。不确定型决策是指在决策所面临的市场状态难以确定而且各种市场状态发生的概率也无法预测的条件下所作出的决策，根据资料信息"每种产品方案均存在着市场需求高、市场需求一般、市场需求低三种可能的市场状态，但各种状态发生的概率难以测算"，可知此符合不确定型决策的概念。

4. [答案] B
[解析] 本题考查定量决策方法。根据折中原则，先计算各方案的折中损益值，最后选择折中损益值最大的方案为最优方案。具体过程如下：
（1）根据公式，折中损益值＝α×最好自然

状态损益值＋（1－α）×最差自然状态损益值，计算各产品的折中损益值如下：

A 产品的折中损益值＝0.75×110＋（1－0.75）×50＝95（百万元）。

B 产品的折中损益值＝0.75×125＋（1－0.75）×30＝101.25（百万元）。

C 产品的折中损益值＝0.75×140＋（1－0.75）×（－40）＝95（百万元）。

D 产品的折中损益值＝0.75×150＋（1－0.75）×（－60）＝97.5（百万元）。

（2）选择折中损益值最大的产品，即 B 产品。

第二章　公司法人治理结构

本章考情分析

年份	单项选择题	多项选择题	案例分析题	合计
2023 年	7 题 7 分	3 题 6 分	—	13 分
2022 年	6 题 6 分	2 题 4 分	—	10 分
2021 年	6 题 6 分	2 题 4 分	—	10 分
2020 年	6 题 6 分	2 题 4 分	—	10 分

本章学习提示

本章共 6 节，主要介绍股东会、董事会、监事会和经理层的相关内容。根据历年考情，常考题型有单项选择题和多项选择题，不涉及案例分析题。本章考查内容较简单，但容易混淆。其中，单项选择题的考查形式以记忆题型和灵活运用型题目为主，需要重点记忆和理解相关知识；多项选择题以记忆型题目为主，建议考生加强记忆、背诵相关知识。

第一节　公司所有者与经营者

本节考点概览

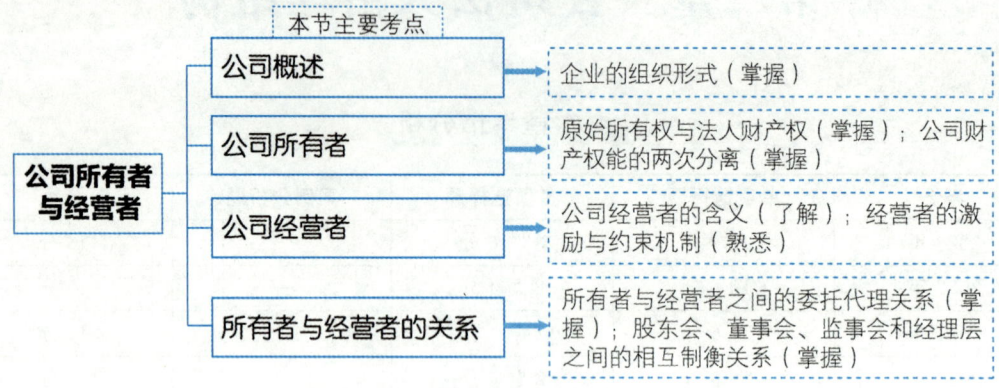

本节考点详解

考点1　公司概述

按照法律形态来划分，企业的组织形式可分为个人业主制企业、合伙制企业和公司制企业三种类型。其中，公司制企业即公司，是指由两个或两个以上投资主体（特殊情况为一个投资主体）依法集资联合组成，具有独立的注册资本，自主经营、自负盈亏的法人企业。

与个人业主制企业和合伙制企业这类自然人企业相比较，公司制企业具有以下三个基本特点：

（1）资合的特质。公司是由股东或出资人拥有所有权的企业，也是投资者所有的企业。

（2）承担有限责任。除无限责任公司以外，公司的股东或出资人都以其拥有的股权或出资额为限，对公司债务承担有限责任。

（3）所有权与经营权相分离。公司的经营业务由公司的经理层执行，与股东或出资人没有直接的关系。

所有者是指企业财产所有权（或产权）的拥有者。

所有权或产权是指经济主体对稀缺性资源所拥有的一组权利的集合，包括占有、使用、收益和处置等权利。

公司经营者是指控制并领导公司日常经营事务的人员，即公司的高级管理人员。

经典例题

[2023年真题·多项选择题] 与自然人企业相比较，公司制企业的基本特点包括（　　）。

A. 所有权与产权分离
B. 承担有限责任
C. 专业化分工
D. 所有权与经营权分离
E. 资合的特质

[解析] 与自然人企业相比较，公司制企业的基本特点包括资合的特质、承担有限责任、所有权与经营权分离。

[答案] BDE

考点2 公司所有者

一、公司的原始所有权与法人财产权

（一）原始所有权

原始所有权是出资人（股东）对投入资本的终极所有权，其表现为股权。

【注意】股东没有对公司直接经营的权利，也没有直接处置法人财产的权利；股东一旦出资入股，正常情况下不能要求退股而抽走资本。公司股东依法享有资产收益、参与重大决策和选择管理者等权利。

（二）法人财产权

公司对其全部法人财产依法拥有独立支配的权利，即公司拥有法人财产权（或称法人产权）。公司拥有的法人财产和法人财产权是确立法人地位的基础，而公司产权制度是以公司在法律上具有独立法人地位为前提的。

公司法人财产是由出资者依法向公司注入的资本金及其增值和公司在经营期间负债所形成的财产构成。

二、公司财产权能的两次分离

公司财产权能的两次分离是以公司法人为中介的所有权与经营权的两次分离。第一次分离：具有法律意义的原始所有权与法人产权的分离；第二次分离：具有经济意义的法人产权与经营权的分离。

（一）原始所有权与法人产权的分离

原始所有权与法人产权的区别与联系如表2-1-1所示。

表2-1-1 原始所有权与法人产权的区别与联系

项目		原始所有权	法人产权
区别		出资人（股东）对投入资本的终极所有权，表现为股权	公司作为法人对公司财产享有的占有、使用、收益和处分的权利
		终极所有权	派生所有权
		股东对股票的占有权利	法人对实物资产的占有权利
		体现财产最终归谁所有	体现财产由谁占有、使用、收益和处分
联系		原始所有权与法人产权的客体是同一财产，反映的是不同的经济法律关系	

（二）法人产权与经营权的分离

法人产权与经营权的具体内容如表2-1-2所示。

表2-1-2 法人产权与经营权

类型	法人产权	经营权
概述	对公司财产的排他性占有权、使用权、收益权、处分转让权	对公司财产占有、使用和依法处分的权利
是否包括收益权	包括	不包括
联系	经营权要由法人产权规定其界区，由董事会决定经理的职权	

【考点小贴士】本考点考查常以单项选择题和多项选择题形式出现。考试中要求考生对上述三个概念的说法进行正误判断，选项中故意混淆几个概念，特别是原始所有权和法人产权非常容易搞

错（原始所有权表现为股权，公司法人产权表现为对公司财产的实际控制权；股东作为原始所有者保留股票占有的权利，法人享有对实物资产的占有权利），一定要准确记忆几个概念的表述。

> **经典例题**
>
> [例题·单项选择题] 公司作为法人对公司财产的排他性占有权、使用权、收益权和转让权是（　　）。
> A. 法人产权　　　B. 股权　　　C. 决策权　　　D. 控制权
> [解析] 法人产权是指公司作为法人对公司财产的排他性占有权、使用权、收益权和处分转让权。
> [答案] A

● 考点3　公司经营者

一、公司经营者的含义

经营者是指在一个所有权和经营权分离的企业中承担法人财产的保值增值责任，对法人财产拥有绝对经营权和管理权，全面负责企业日常经营管理，由企业基于雇佣关系聘任，以年薪、股权和期权等主要方式获得报酬的高级管理人员。

二、经营者的激励与约束机制

（一）报酬激励

报酬激励的主要形式包括年薪制、薪金与奖金相结合、股票奖励、股票期权。

（二）声誉激励

通过对经营者履行职能状况的综合考察，并据此给予经营者相应的社会地位，使经营者获得心理上的优越感，通过这种方式可以激励他们努力工作。

（三）市场竞争机制

市场竞争机制包括企业家市场、资本市场和产品市场的竞争。市场对经营者的约束和激励可归纳为两个方面：

（1）市场竞争机制具有信息显示功能，企业的经营状况通过各种市场指标反映出来。这在一定程度上体现出经营者的能力和其在企业经营活动中的努力程度。

（2）市场竞争的优胜劣汰机制对经营者位置形成直接的威胁。

> **经典例题**
>
> [例题·单项选择题] 某企业采用股票来激励经营者，这种激励属于（　　）。
> A. 声誉激励　　　B. 报酬激励　　　C. 外在激励　　　D. 内在激励
> [解析] 本题考查经营者的激励与约束机制。报酬激励的形式包括年薪制、薪金与奖金相结合、股票奖励、股票期权。股票奖励属于报酬激励，B项正确。
> [答案] B

● 考点4　所有者与经营者的关系

一、所有者与经营者之间的委托代理关系

经营者作为意定代理人，其权力受到董事会委托范围的限制。公司对经营人员是一种有偿委任的雇佣，经营人员有义务和责任依法管理好公司事务，董事会有权对经营人员的经营业绩进行监督和评价，并据此对经营人员做出（或约定）奖励或激励的决定，或可以予以解聘。

二、股东会、董事会、监事会和经理层之间的相互制衡关系

(1) 股东会是公司的权力机构，选举和更换董事、监事。

(2) 董事会作为公司最主要的代表人全权负责公司经营，拥有支配法人财产的权利和任命、

指挥经营者的全权,但董事会必须对股东负责。

(3) 经营者受聘于董事会,作为公司的意定代表人统管企业日常经营事务,在董事会授权范围内,经营者有权决策,他人不能随意干涉,经营者的管理权限和代理权限不能超过董事会决定的授权范围。

(4) 监事会对董事会和经理层的工作实行全面监督。

【考点小贴士】所有者与经营者的关系需要理解掌握,但并不复杂,结合图 2-1-1 理解、记忆,效果更佳。该考点在本章其他几节的一些相关知识点中也有所涉及,是后面几节内容的一个高度浓缩汇总,可以就此进行更深入的理解。

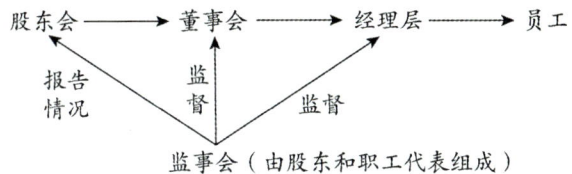

图 2-1-1 股东会、董事会、监事会、经理层和员工的关系

经典例题

[例题·多项选择题] 在现代公司治理结构中,股东会、董事会、监事会和经营人员之间的相互制衡关系表现在( )。
A. 股东掌握着最终的控制权,可以决定董事会的人选
B. 董事会负责公司经营,但必须对股东负责
C. 经营人员受聘于董事会,统管企业日常经营事务
D. 董事会和经营人员互相牵制,经营人员可监督董事会
E. 经营人员向股东汇报工作,并向股东承担责任
[解析] 经营人员受聘于董事会,在授权范围之内处理日常经营事务,而不能监督董事会,D项错误;董事会向股东汇报工作,并向股东承担责任,E项错误。　　[答案] ABC

第二节　股东会

本节考点概览

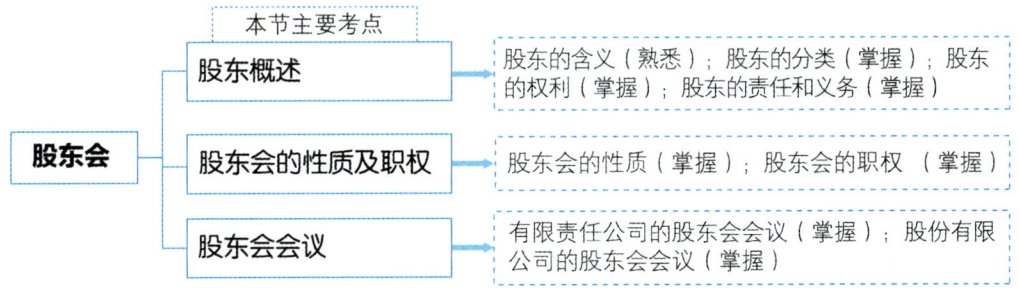

本节考点详解

考点1 股东概述

一、股东的含义

股东是指向公司出资或者持有公司股份并对公司享有权利和承担义务的人,是公司资本或股份的所有者。

二、股东的分类

(一)发起人股东与一般股东

发起人股东是指组织设立公司、签署设立协议或者在公司章程上签字盖章,认缴出资,并对公司设立承担相应责任的人。一般股东是指因出资、继承、接受赠与而取得公司出资或者股权,并因而享有股东权利、承担股东义务的人。

1. 对公司设立承担责任

(1)有限责任公司发起人的相关责任规定如下:

①有限责任公司由1个以上50个以下股东出资设立。

②有限责任公司设立时的股东可以签订设立协议,明确各自在公司设立过程中的权利和义务。

③有限责任公司设立时的股东为设立公司从事的民事活动,其法律后果由公司承受。公司未成立的,其法律后果由公司设立时的股东承受;设立时的股东为2人以上的,享有连带债权,承担连带债务。设立时的股东为设立公司以自己的名义从事民事活动产生的民事责任,第三人有权选择请求公司或者公司设立时的股东承担。设立时的股东因履行公司设立职责造成他人损害的,公司或者无过错的股东承担赔偿责任后,可以向有过错的股东追偿。

④有限责任公司的注册资本为在公司登记机关登记的全体股东认缴的出资额。全体股东认缴的出资额由股东按照公司章程的规定自公司成立之日起5年内缴足。

⑤股东应当按期足额缴纳公司章程规定的各自所认缴的出资额。

⑥有限责任公司设立时,股东未按照公司章程规定实际缴纳出资,或者实际出资的非货币财产的实际价额显著低于所认缴的出资额的,设立时的其他股东与该股东在出资不足的范围内承担连带责任。

⑦股东未按照公司章程规定的出资日期缴纳出资,公司依照相关规定发出书面催缴书催缴出资的,可以载明缴纳出资的宽限期;宽限期自公司发出催缴书之日起,不得少于60日。宽限期届满,股东仍未履行出资义务的,公司经董事会决议可以向该股东发出失权通知,通知应当以书面形式发出。

(2)股份有限公司设立过程中发起人的相关责任规定如下:

①设立股份有限公司,应当有1人以上200人以下发起人,其中应当有半数以上的发起人在中华人民共和国境内有住所。

②股份有限公司发起人承担公司筹办事务。发起人应当签订发起人协议,明确各自在公司设立过程中的权利和义务。

③以发起设立方式设立股份有限公司的,发起人应当认足公司章程规定的公司设立时应发行的股份。以募集设立方式设立股份有限公司的,发起人认购的股份不得少于公司章程规定的公司设立时应发行股份总数的35%。但是,法律、行政法规另有规定的,从其规定。

④发起人应当在公司成立前按照其认购的股份全额缴纳股款。

⑤发起人不按其认购的股份缴纳股款,或者作为出资的非货币财产的实际价额显著低于所

认购的股份的,其他发起人与该发起人在出资不足的范围内承担连带责任。

2. 股份出逃和转让的限制

为加大发起人责任,防止发起人利用公司设立损害公司、股东和第三方利益,《公司法》对资金转让和出逃作了如下规定：

(1) 公司成立后,股东不得抽逃出资。违反规定的,股东应当返还抽逃的出资；给公司造成损失的,负有责任的董事、监事、高级管理人员应当与该股东承担连带赔偿责任。

(2) 公司公开发行股份前已发行的股份,自公司股票在证券交易所上市交易之日起1年内不得转让。

(3) 公司董事、监事、高级管理人员应当向公司申报所持有的本公司的股份及其变动情况,在就任时确定的任职期间每年转让的股份不得超过其所持有本公司股份总数的25%；所持本公司股份自公司股票上市交易之日起一年内不得转让。上述人员离职后半年内,不得转让其所持有的本公司股份。

(4) 股份在法律、行政法规规定的限制转让期限内出质的,质权人不得在限制转让期限内行使质权。

(5) 公司的发起人、股东在公司成立后,抽逃其出资的,由公司登记机关责令改正,处以所抽逃出资金额5%以上15%以下的罚款；对直接负责的主管人员和其他直接责任人员处以3万元以上30万元以下的罚款。

(二) 自然人股东与法人股东

自然人包括中国公民和具有外国国籍的人,可以通过出资组建公司或继受取得出资、股份而成为有限责任公司、股份有限公司的股东。法人股东是指以公司或集团（机构）名义占有其他公司股份的股东。在我国,可以成为法人股东的包括企业法人(含外国企业)、社团法人以及各类投资基金组织和代表国家进行投资的机构。

(三) 控股股东与非控股股东

按照股东持股的数量与影响力不同,股东可分为控股股东与非控股股东。控股股东又分绝对控股股东与相对控股股东。《公司法》对控股股东的定义是"出资额占有限责任公司资本总额超过50%或者其持有的股份占股份有限公司股本总额超过50%的股东；出资额或者持有股份的比例虽然低于50%,但依其出资额或者持有的股份所享有的表决权已足以对股东会的决议产生重大影响的股东"。

经典例题

[2023年真题·单项选择题] 我国《公司法》规定,股份有限公司发起人持有的本公司股份自公司成立之日起（　　）不得转让。

A. 1年内　　　　B. 半年内　　　　C. 2年内　　　　D. 1个月内

[解析] 按照《公司法》的规定,发起人持有的本公司股份自公司成立之日起1年内不得转让。

[答案] A

[2017年真题·单项选择题] 王某是甲公司的发起人股东,公司成立后,王某因抽逃5 000万元被查处,根据我国《公司法》,对王某处以（　　）的罚款。

A. 50万元~250万元　　　　B. 50万元~500万元
C. 250万元~750万元　　　　D. 250万元~1 000万元

[解析] 本题考查股东的义务中缴纳出资义务的相关内容。我国《公司法》规定，公司的发起人、股东在公司成立后，抽逃其出资的，由公司登记机关责令改正，处以所抽逃出资金额5%以上、15%以下的罚款。根据题目信息，王某抽逃出资金额为5 000万元，因此对应的罚款范围为5 000×5%至5 000×15%，即250万元～750万元。

[答案] C

[例题·单项选择题] 根据我国《公司法》，自然人作为股份有限公司的发起人股东，必须具有（　　）。

A. 完全民事行为能力　　　　　　B. 特定行为能力
C. 限制行为能力　　　　　　　　D. 中国国籍

[解析] 自然人作为发起人应当具备完全民事行为能力，A项正确。

[答案] A

[例题·多项选择题] 根据我国《公司法》，可以成为法人股东的有（　　）。

A. 自然人　　　　　　　　　　　B. 社团法人
C. 企业法人　　　　　　　　　　D. 投资基金组织
E. 代表国家进行投资的机构

[解析] 可以成为法人股东的包括：①企业法人（含外国企业）；②社团法人以及各类投资基金组织；③代表国家进行投资的机构。

[答案] BCDE

三、股东的权利

（1）股东会的出席权、表决权。
（2）召开临时股东会的提议权和提出临时提案权。
（3）董事、监事的选举权、被选举权。
（4）公司资料的查阅权。
（5）参与公司分红的权利。
（6）参与公司剩余财产分配的权利。
（7）出资、股份的转让权。
（8）转让股份的优先购买权。
（9）新增资本的优先认购权。
（10）股东诉讼权。

【考点小贴士】该考点可能以多项选择题的形式出现，常与董事会的职权混合出题，难度不大但容易出错，建议将两者对比记忆，找出差异，问题便迎刃而解。

经典例题

[2016年真题·多项选择题] 根据我国《公司法》，股东享有的权利有（　　）。

A. 股东会的出席权、表决权　　　B. 董事的选举权、被选举权
C. 经理的聘任权、解聘权　　　　D. 内部管理机构的设置权
E. 参与公司分红的权利

[解析] 本题考查股东的权利。C项，经理人员的聘任权是董事会的职权；D项，董事会决定公司内部管理机构的设置。

[答案] ABE

四、股东的责任和义务

（一）缴纳出资

股东应当按期足额缴纳公司章程规定的各自所认缴的出资额。不按相关规定缴纳出资的，给公司造成损失的，承担赔偿责任。

(二) 对公司承担有限责任

《公司法》规定，有限责任公司的股东以其认缴的出资额为限对公司承担责任；股份有限公司的股东以其认购的股份为限对公司承担责任。

(三) 遵守法律、行政法规和公司章程

《公司法》的相关规定包括：

(1) 公司股东应当遵守法律、行政法规和公司章程，依法行使股东权利，不得滥用股东权利损害公司或者其他股东的利益。公司股东滥用股东权利给公司或者其他股东造成损失的，应当承担赔偿责任。

(2) 公司股东滥用公司法人独立地位和股东有限责任，逃避债务，严重损害公司债权人利益的，应当对公司债务承担连带责任。股东利用其控制的两个以上公司实施前述规定行为的，各公司应当对任一公司的债务承担连带责任。

经典例题

[2016年真题·单项选择题] 有限责任公司的股东以其（　　）为限，对公司负有限责任。
A. 个人资产　　　　　　　　B. 家庭资产
C. 实缴的出资额　　　　　　D. 认缴的出资额

[解析] 我国《公司法》规定，有限责任公司的股东以其"认缴的出资额"为限对公司承担责任。

[答案] D

● 考点2 股东会的性质及职权

股东会是公司的**权力机构**，由全体股东组成。股东会是现代公司治理结构三权分立中的一极，被赋予至高的权力。

《公司法》规定，股东会行使下列职权：

(1) 选举和更换董事、监事，**决定**有关董事、监事的报酬事项。
(2) **审议批准**董事会的报告。
(3) **审议批准**监事会的报告。
(4) **审议批准**公司的利润分配方案和弥补亏损方案。
(5) 对公司增加或者减少注册资本**作出决议**。
(6) 对公司发行债券**作出决议**。
(7) 对公司合并、分立、解散、清算或者变更公司形式**作出决议**。
(8) **修改**公司章程。
(9) 公司章程规定的其他职权。此外，股东会可以授权董事会对发行公司债券作出决议。

《公司法》对上市公司股东会职权有如下特别规定：上市公司在1年内购买、出售重大资产或者向他人提供担保的金额超过公司资产总额**30%**的，应当由股东会作出决议，并经出席会议的股东所持表决权的**2/3以上**通过。

经典例题

[例题·单项选择题] 下列属于股东会职权的有（　　）。
A. 审议批准董事会的报告
B. 审议批准监事会或者监事的报告
C. 审议批准经理机构的报告
D. 决定有关董事、监事的报酬事项
E. 修改公司基本管理制度

[解析]《公司法》规定，股东会行使下列职权：①选举和更换董事、监事，决定有关董事、监事的报酬事项；②审议批准董事会的报告；③审议批准监事会的报告；④审议批准公司的利润分配方案和弥补亏损方案；⑤对公司增加或者减少注册资本作出决议；⑥对公司发行债券作出决议；⑦对公司合并、分立、解散、清算或者变更公司形式作出决议；⑧修改公司章程；⑨公司章程规定的其他职权。此外，股东会可以授权董事会对发行公司债券作出决议。[答案] ABD

● 考点3 股东会会议

一、有限责任公司的股东会会议

（一）股东会会议的种类

有限责任公司的股东会会议分为三种：首次会议、定期会议和临时会议。**首次会议**是指公司成立后召集的第一次股东会会议。**定期会议**是指按照公司章程规定按时召开的股东会会议。**临时会议**是指在两次定期会议之间因法定事由的出现而由公司临时召集的股东会会议。

（二）股东会会议的召集和主持

《公司法》规定，有限责任公司首次股东会会议由出资最多的股东召集和主持；定期会议按照公司章程规定召开；代表 **1/10 以上** 表决权的股东、**1/3 以上** 的董事或者监事会提议召开临时会议的，应当召开临时会议。

股东会会议由董事会召集，董事长主持；董事长不能履行职务或者不履行职务的，由副董事长主持；副董事长不能履行职务或者不履行职务的，由过半数的董事共同推举一名董事主持。董事会不能履行或者不履行召集股东会会议职责的，由监事会召集和主持；监事会不召集和主持的，代表 **1/10 以上** 表决权的股东可以自行召集和主持。

（三）股东会会议的议事方式和表决程序

除非公司章程另有规定，股东会由股东按照出资比例行使表决权。股东会作出决议，应当经代表过半数表决权的股东通过。股东会作出修改公司章程、增加或者减少注册资本的决议，以及公司合并、分立、解散或者变更公司形式的决议，应当经代表 **2/3 以上** 表决权的股东通过。

二、股份有限公司的股东会会议

（一）股东会会议的种类

股份有限公司股东会会议分为：成立大会、股东年会和临时股东会。

1. 成立大会

《公司法》规定，募集设立股份有限公司的发起人应当自公司设立时应发行股份的股款缴足之日起 **30 日内** 召开公司成立大会。发起人应当在成立大会召开 **15 日前** 将会议日期通知各认股人或者予以公告。成立大会应当有持有表决权 **过半数** 的认股人出席，方可举行。

成立大会对上述所列事项作出决议，应当经出席会议的认股人所持表决权 **过半数** 通过。

2. 股东年会

股东年会是公司依照法律或公司章程的规定而定期召开的会议。《公司法》规定，股份有限公司应当 **每年召开一次** 年会。

3. 临时股东会

临时股东会是在出现法定特殊情形时，为了在两次股东年会之间讨论决定公司遇到的需要股东会决策的问题而召开的股东会。《公司法》规定，有下列情形之一的，应当在两个月内召开临时股东会会议：

(1) 董事人数不足《公司法》规定人数或者公司章程所定人数的2/3时。
(2) 公司未弥补的亏损达实收股本总额1/3时。
(3) 单独或者合计持有公司10％以上股份的股东请求时。
(4) 董事会认为必要时。
(5) 监事会提议召开时。
(6) 公司章程规定的其他情形。

(二) 股东会会议的召集和主持

《公司法》规定,股份有限公司股东会会议由董事会召集,董事长主持;董事长不能履行职务或者不履行职务的,由副董事长主持;副董事长不能履行职务的,由过半数的董事共同推举一名董事主持。董事会不能履行或者不履行召集股东会会议职责的,监事会应当及时召集和主持;监事会不召集和主持的,连续90日以上单独或者合计持有公司10％以上股份的股东可以自行召集和主持。单独或者合计持有公司10％以上股份的股东请求召开临时股东会会议的,董事会、监事会应当在收到请求之日起10日内作出是否召开临时股东会会议的决定,并书面答复股东。

(三) 股东会会议临时提案

《公司法》规定,单独或者合计持有公司1％以上股份的股东,可以在股东会会议召开10日前提出临时提案并书面提交董事会。董事会应当在收到提案后2日内通知其他股东,并将该临时提案提交股东会审议;但临时提案违反法律、行政法规或者公司章程的规定,或者不属于股东会职权范围的除外。公司不得提高提出临时提案股东的持股比例。

(四) 股东会会议的决议方式

1. 股东行使表决权的依据

股份有限公司是典型的资合公司,股东所持股份既是公司股本的组成部分,又是股东权的计算依据。《公司法》规定,股东出席股东会会议,所持每一股份有一表决权,类别股股东除外。

2. 普通决议与特别决议的表决方式

股东会的决议可分为普通决议和特别决议。对于公司的一般事宜所做的决议,可以采取简单多数的表决方式,即《公司法》规定的"应当经出席会议的股东所持表决权过半数通过"。但是,股东会作出修改公司章程、增加或者减少注册资本的决议,以及公司合并、分立、解散或者变更公司形式的决议,应当经出席会议的股东所持表决权的2/3以上通过。

3. 累积投票制

累积投票制是指股东会选举董事或者监事时,每一股份拥有与应选董事或者监事人数相同的表决权,股东拥有的表决权可以集中使用。累积投票制与普通投票制的区别主要在于,前者使得公司股东可以把自己拥有的表决权集中用于待选董事或者监事中的一人或多人。所以,累积投票制的功能在于使中小股东选出自己信任的董事或监事,从而在一定程度上平衡持不同股份股东的权益。

经典例题

[例题·多项选择题] 股份有限公司股东会会议分为( )。
A. 首次会议　　　　　　B. 临时股东会
C. 成立大会　　　　　　D. 股东年会
E. 定期会议

[解析] 有限责任公司的股东会会议分为三种:首次会议、定期会议和临时会议。股份有限公司股东会会议分为:成立大会、股东年会和临时股东会。

[答案] BCD

第三节 董事会

本节考点概览

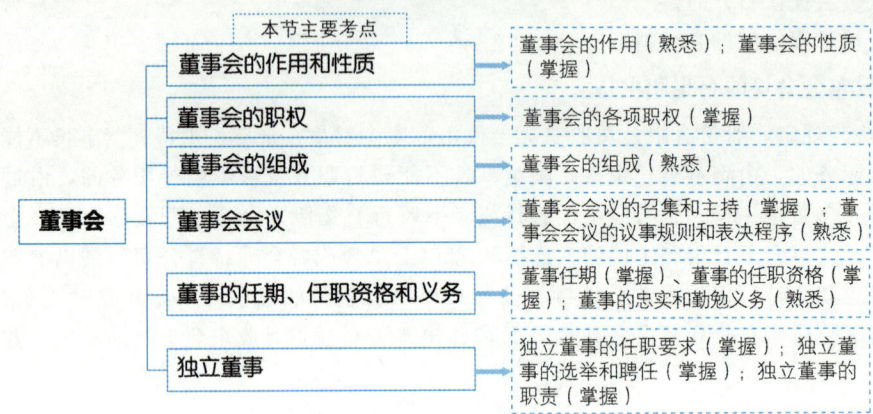

本节考点详解

考点1 董事会的作用和性质

一、董事会的作用

（1）股东机构作为最高权力机构对公司的经营管理有广泛的决策权，董事会的权力源于股东机构的授权并受其限制，董事会的职责只是单纯地执行股东机构的决议。

（2）在公司的实际经营活动中，董事会已不再单纯是股东会决议的执行机构，而是兼有进行一般经营决策和执行股东会重要决策的双重职能。

①在决策权力系统内，股东会仍然是决策机构（限于重大决策），董事会是执行机构。

②在执行决策的系统内，董事会则成为决策机构（一般决策），而经理层是实际执行机构。

二、董事会的性质

（1）董事会是代表股东对公司进行管理的机构，主要体现在三个方面：

①董事会成员由股东选举产生。

②董事会对股东机构负责，向股东机构汇报工作，接受股东（通过监事会）的监督。

③董事会必须代表股东利益，反映股东意志，其行使职权不得违背股东制定的公司章程，不得违背股东机构决议。

（2）董事会是公司的执行机构。董事会负责执行股东机构的决议，负责管理、执行公司业务和公司事务。

（3）董事会是公司的经营决策机构。

（4）董事会是公司法人的对外代表机构。

（5）董事会是公司的法定常设机构。董事会是公司的法定必备机构。

董事会作为常设机构的性质主要体现在：

①事会成员固定、任期固定且任期内不能无故解除。

②董事会决议内容多为公司经常性重大事项，董事会会议召开次数较多。

③董事会通常设置专门工作机构（如办公室、秘书室）处理日常事务。

> **经典例题**
>
> [例题·多项选择题] 下列关于董事会性质的说法，正确的有（ ）。
> A. 董事会是公司的最高权力机构
> B. 董事会是公司法人的对外代表机构
> C. 董事会是公司的法定常设机构
> D. 董事会是代表股东对公司进行管理的机构
> E. 董事会是公司的经营决策机构
> [解析] 股东会是公司的最高权力机构，A 项错误。　　　　　　　　　　[答案] BCDE

考点2　董事会的职权

《公司法》规定，董事会行使下列职权：

（1）召集<u>股东会会议</u>，并向股东会报告工作。
（2）<u>执行</u>股东会的决议。
（3）<u>决定</u>公司的经营计划和投资方案。
（4）<u>制订</u>公司的利润分配方案和弥补亏损方案。
（5）<u>制订</u>公司增加或者减少注册资本以及发行公司债券的方案。
（6）<u>制订</u>公司合并、分立、解散或者变更公司形式的方案。
（7）<u>决定</u>公司内部管理机构的设置。
（8）<u>决定</u>聘任或者解聘公司经理及其报酬事项，并根据经理的提名决定聘任或者解聘公司副经理、财务负责人及其报酬事项。
（9）<u>制定</u>公司的基本管理制度。
（10）公司章程规定或者股东会授予的其他职权。

【考点小贴士】本考点常与股东的权利和职权或经理机构的职权混合出题，因此建议大家找到这几个知识点的共性和区别综合记忆，在考试中更容易得分。

> **经典例题**
>
> [2022年真题·单项选择题] 根据我国《公司法》规定，制订公司合并、分立方案的职权属于（ ）。
> A. 经理　　　　　　　　　　B. 董事会
> C. 股东会　　　　　　　　　D. 监事会
> [解析] 制订公司合并、分立、解散或者变更公司形式的方案属于董事会的职权。公司的合并与分立对公司、股东均会产生重大的影响。公司解散，即引起股东权的丧失、股东资格的消灭。因此，公司的合并、分立、解散由负责公司经营管理、熟悉公司情况的公司执行机构——董事会拟订方案，由股东机构做出特别决议。　　　　　　　　　　　　　　　[答案] B
>
> [2017年真题·多项选择题] 根据我国《公司法》，有限责任公司董事会享有的职权有（ ）。
> A. 决定公司内部管理机构的设置　　B. 决定公司合并、分立和解散
> C. 制定公司的基本管理制度　　　　D. 执行股东会的决议
> E. 批准公司利润分配方案
> [解析] 本题考查有限责任公司的董事会职权。B、E 两项属于股东会的职权。　[答案] ACD

考点3　董事会的组成

有限责任公司和股份有限公司设董事会，但是规模较小或者股东人数较少的有限责任公司和股份有限公司，可以不设董事会，设一名董事，行使《公司法》规定的董事会的职权。该董事可

以兼任公司经理。

《公司法》规定，有限责任公司和股份有限公司董事会的成员为3人以上，其成员中可以有公司职工代表。职工人数300人以上的有限责任公司和股份有限公司，除依法设监事会并有公司职工代表的外，其董事会成员中应当有公司职工代表。董事会中的职工代表由公司职工通过职工代表大会、职工大会或者其他形式民主选举产生。

有限责任公司和股份有限公司董事会设董事长一人，可以设副董事长。有限责任公司董事长、副董事长的产生办法由公司章程规定；股份有限公司董事长和副董事长由董事会以全体董事的过半数选举产生。

> **经典例题**
>
> [例题·单项选择题] 关于董事会的说法，错误的是（　　）。
> A. 规模较小或者股东人数较少的有限责任公司可以不设董事会
> B. 股份有限公司董事会的成员为3人以上
> C. 有限责任公司董事会不可以设副董事长
> D. 股份有限公司董事会设董事长一人
> [解析] 有限责任公司和股份有限公司董事会设董事长一人，可以设副董事长。　　[答案] C

考点4 董事会会议

一、董事会会议的召集和主持

（一）有限责任公司董事会会议的召集和主持

《公司法》规定，有限责任公司董事会会议由董事长召集和主持；董事长不能履行职务或不履行职务的，由副董事长召集和主持；副董事长不能履行职务或不履行职务的，由过半数的董事共同推举一名董事召集和主持。

（二）股份有限公司董事会会议的召集和主持

股份有限公司董事会会议由董事长召集和主持，并负责检查董事会决议的实施情况。副董事长协助董事长工作，董事长不能履行职务或者不履行职务的，由副董事长履行职务。副董事长不能履行职务或者不履行职务的，由过半数的董事共同推举一名董事履行职务。

股份有限公司董事会每年度至少召开两次会议，每次会议应当于会议召开10日前通知全体董事和监事。

代表1/10以上表决权的股东、1/3以上董事或者监事会，可以提议召开临时董事会会议。董事长应当自接到提议后10日内，召集和主持董事会会议。

> **经典例题**
>
> [2023年真题·单项选择题] 我国《公司法》规定，股份有限公司董事会会议每年至少召开（　　）次。
> A. 1　　　　　　B. 2　　　　　　C. 3　　　　　　D. 4
> [解析]《公司法》对股份有限公司董事会定期会议的召开期限做了规定，即每年度至少召开2次。
> [答案] B

二、董事会会议的议事规则和表决程序

董事会会议的表决奉行两个原则：

（1）"一人一票"原则。《公司法》明确规定董事会决议的表决，应当一人一票。

(2) 多数通过原则。《公司法》规定，董事会会议应有过半数的董事出席方可举行。董事会作出决议，应当经全体董事的过半数通过。

【考点小贴士】 董事会的决议方式经常和董事会的其他知识点混合出题。在设置董事会决议的方式时，不能采用资本多数决或者一股一票等与股权挂钩的表决方式，而是采用一人一票、多数通过的原则。

考点5 董事的任期、任职资格和义务

一、董事的任期

有限责任公司和股份有限公司董事的任期由公司章程规定，但每届任期不得超过3年，董事任期届满，连选可以连任。

董事任期届满未及时改选，或者董事在任期内辞职导致董事会成员低于法定人数的，在改选出的董事就任前，原董事仍应当依照法律、行政法规和公司章程的规定，履行董事职务。

股东会可以决议解任董事，决议作出之日解任生效。

二、董事的任职资格

《公司法》对公司董事、监事、高级管理人员的任职资格进行了统一规定。有下列情形之一的，不得担任公司的董事、监事和高级管理人员：

(1) 无民事行为能力或者限制民事行为能力。

(2) 因贪污、贿赂、侵占财产、挪用财产或者破坏社会主义市场经济秩序，被判处刑罚，执行期满未逾5年，或者因犯罪被剥夺政治权利，执行期满未逾5年，被宣告缓刑的，自缓刑考验期满之日起未逾2年。

(3) 担任破产清算的公司、企业的董事或者厂长、经理，对该公司、企业的破产负有个人责任的，自该公司、企业破产清算完结之日起未逾3年。

(4) 担任因违法被吊销营业执照、责令关闭的公司、企业的法定代表人，并负有个人责任的，自该公司、企业被吊销营业执照、责令关闭之日起未逾3年。

(5) 个人所负数额较大的债务到期未清偿被人民法院列为失信被执行人。

三、董事的忠实和勤勉义务

公司作为法人，其经营应当委托董事、经理等自然人共同完成。董事与公司之存在着一种契约关系。《公司法》规定，董事、监事、高级管理人员对公司负有忠实义务，应当采取措施避免自身利益与公司利益冲突，不得利用职权牟取不正当利益。董事、监事、高级管理人员对公司负有勤勉义务，执行职务应当为公司的最大利益尽到管理者通常应有的合理注意。

经典例题

[例题·多项选择题] 董事的义务包括（ ）。
A. 忠诚　　　　　　　　　　　　B. 忠实
C. 勤勉　　　　　　　　　　　　D. 缴纳出资
E. 遵守章程

[解析] 经《公司法》规定，董事、监事、高级管理人员对公司负有忠实、勤勉义务。

[答案] BC

考点6 独立董事

独立董事是指不在上市公司担任除董事外的其他职务，并与其所受聘的上市公司及其主要股东、实际控制人不存在直接或者间接利害关系，或者其他可能影响其进行独立客观判断关系的董

事。独立董事应当独立履行职责，不受上市公司及其主要股东、实际控制人等单位或者个人的影响。

一、独立董事的任职要求

担任独立董事应当符合下列条件：
(1) 根据法律、行政法规及其他有关规定，具备担任上市公司董事的资格。
(2) 符合《上市公司独立董事管理办法》（以下简称《管理办法》）中关于独立性的要求。
(3) 具备上市公司运作的基本知识，熟悉相关法律法规和规则。
(4) 具有5年以上履行独立董事职责所必需的法律、会计或者经济等工作经验。
(5) 具有良好的个人品德，不存在重大失信等不良记录。
(6) 法律、行政法规、中国证监会规定、证券交易所业务规则和公司章程规定的其他条件。

二、独立董事的选举和聘任

上市公司董事会、监事会、单独或者合计持有上市公司已发行股份1%以上的股东可以提出独立董事候选人，并经股东大会选举决定。依法设立的投资者保护机构可以公开请求股东委托其代为行使提名独立董事的权利。

上市公司股东大会选举两名以上独立董事的，应当实行累积投票制。鼓励上市公司实行差额选举，具体实施细则由公司章程规定。中小股东表决情况应当单独计票并披露。

独立董事每届任期与上市公司其他董事任期相同，任期届满，可以连选连任，但是连续任职不得超过6年。

独立董事任期届满前，上市公司可以依照法定程序解除其职务。

独立董事原则上最多在三家境内上市公司担任独立董事，并应当确保有足够的时间和精力有效地履行独立董事的职责。独立董事每年在上市公司的现场工作时间应当不少于15日；独立董事工作记录及上市公司向独立董事提供的资料，应当至少保存10年；独立董事应当向上市公司年度股东大会提交年度述职报告，对其履行职责的情况进行说明。

经典例题

[例题·多项选择题] 关于独立董事的说法，错误的有（　　）。
A. 上市公司股东大会选举2名以上独立董事的，应当实行累积投票制
B. 独立董事任期届满，不可以连选连任
C. 独立董事任期届满前，上市公司可以依照法定程序解除其职务
D. 独立董事每年在上市公司的现场工作时间应当不少于10日
E. 独立董事原则上最多在5家境内上市公司担任独立董事
[解析] 独立董事每届任期与上市公司其他董事任期相同，任期届满，可以连选连任，B项错误。独立董事每年在上市公司的现场工作时间应当不少于15日，D项错误。独立董事原则上最多在3家境内上市公司担任独立董事，E项错误。
[答案] BDE

三、独立董事的职责

(1)《管理办法》规定的独立董事职责有：
①参与董事会决策并对所议事项发表明确意见。
②对特定的上市公司与其控股股东、实际控制人、董事、高级管理人员之间的潜在重大利益冲突事项进行监督，促使董事会决策符合上市公司整体利益，保护中小股东合法权益。
③对上市公司经营发展提供专业、客观的建议，促进提升董事会决策水平。

④法律、行政法规、中国证监会规定和公司章程规定的其他职责。
(2) 除上述职责外，独立董事还有下列特别职权：
①独立聘请中介机构，对上市公司具体事项进行审计、咨询或者核查。
②向董事会提议召开临时股东大会。
③提议召开董事会会议。
④依法公开向股东征集股东权利。
⑤对可能损害上市公司或者中小股东权益的事项发表独立意见。
⑥法律、行政法规、中国证监会规定和公司章程规定的其他职权。

经典例题

[例题·多项选择题] 我国股份有限公司独立董事的职权有（　　）。
A. 提议召开董事会
B. 提名、任免董事
C. 聘用或解聘会计师事务所
D. 向董事会提请召开临时股东大会
E. 独立聘请中介机构
[解析] 独立董事还有下列特别职权：①独立聘请中介机构，对上市公司具体事项进行审计、咨询或者核查；②向董事会提议召开临时股东大会；③提议召开董事会会议；④依法公开向股东征集股东权利；⑤对可能损害上市公司或者中小股东权益的事项发表独立意见；⑥法律、行政法规、中国证监会规定和公司章程规定的其他职权。
[答案] ADE

第四节　经理层

本节考点概览

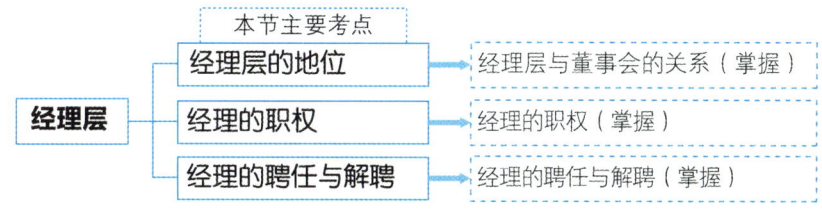

本节考点详解

经理层是指在现代企业中，对法人财产拥有经营管理权，承担法人财产保值增值责任的企业高级管理人员，他们由董事会聘任，以自身的人力资本出资并获取报酬和剩余索取权。《公司法》规定，高级管理人员包括公司的经理、副经理、财务负责人，上市公司董事会秘书和公司章程规定的其他人员。

考点1　经理层的地位

公司设置经理的目的是辅助董事会执行业务。经理对董事会负责。对于专属董事会做出决议的经营事项，经理不得越俎代庖，擅自做决策并执行。经理的职权范围来自董事会的授权，只能在董事会或董事长授权的范围内对外代表公司。董事会与经理的关系是以董事会对经理实施控制为基础的合作关系。其中，控制是第一性的，合作是第二性的。

经典例题

[2023年真题·多项选择题] 关于公司经理层地位的说法，正确的有（　　）。
A. 董事会与经理层的关系表现为一种以控制为基础的合作关系
B. 经理层对董事会负责
C. 根据《公司法》规定，所有公司必须设置经理层
D. 经理层直接对股东会负责
E. 经理层是董事会的辅助机关

[解析] 经理和董事会的关系是以董事会对经理实施控制为基础的合作关系。其中，控制是第一性的，合作是第二性的。公司设置经理的目的就是辅助业务执行机构（董事会）执行业务。作为董事会的辅助机关，经理从属于董事会，听从董事会的指挥和监督。

[答案] ABE

考点2　经理的职权

从本质上来讲，经理被授予了部分董事会的职权，我国《公司法》规定，有限责任公司可以设经理；股份有限公司设经理。经理由董事会决定聘任或解聘，经理对董事会负责。经理根据公司章程的规定或者董事会的授权行使职权；经理有权列席董事会会议。

考点3　经理的聘任与解聘

根据《公司法》，经理的聘任和解聘均由董事会决定。对经理的任免及其报酬决定权是董事会对经理实行监控的主要手段。董事会在选聘经理时，应对候选者进行全面综合的考察。

经典例题

[2017年真题·单项选择题] 根据我国《公司法》，有限责任公司经理的聘任或解聘由（　　）决定。
A. 股东会　　　　　　　　B. 董事会
C. 监事会　　　　　　　　D. 职工大会

[解析] 本题考查有限责任公司与股份有限公司的经理层相关内容。我国《公司法》规定，有限责任公司和股份有限公司可以设经理，由董事会决定聘任或解聘，经理对董事会负责。

[答案] B

第五节　监事会

本节考点概览

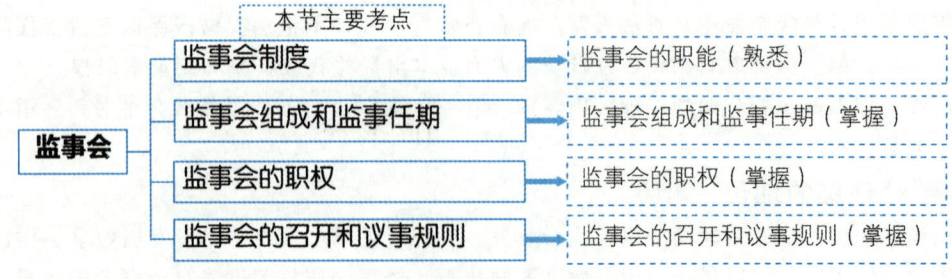

本节考点详解

考点1　监事会制度

监事会是由股东会和职工选举产生并向股东会负责，代表股东对公司经营进行监督的机构。

一般情况下，公司监事会的监督职能主要表现在三个方面：
(1) 监事会是公司内部的专职监督机构。其监督具备如下特点：
①监事会具有完全独立性，董事、高级管理人员不得兼任监事。
②监事个人行使监督职权具有平等性，对公司的业务和账册均有平等的无差别的监督权。
(2) 监事会的基本职能是监督公司的一切经营活动，以董事会和总经理为主要监督对象。
(3) 监事会监督的形式多种多样。

考点2 监事会组成和监事任期

有限责任公司和股份有限公司监事会成员为3人以上。监事会成员应当包括股东代表和适当比例的公司职工代表，其中职工代表的比例不得低于1/3，具体比例由公司章程规定。监事会中的职工代表由公司职工通过职工代表大会、职工大会或者其他形式民主选举产生。

规模较小或者股东人数较少的有限责任公司和股份有限公司，可以不设监事会，设一名监事，行使《公司法》规定的监事会的职权。规模较小或者股东人数较少的有限责任公司，经全体股东一致同意，也可以不设监事。

监事会设主席一人，股份有限公司监事会可以设副主席。监事会主席和副主席由全体监事过半数选举产生。监事的任期每届为3年。监事任期届满，连选可以连任。

经典例题

[2023年真题·单项选择题] 我国《公司法》规定，股份有限公司设立监事会，其成员不得少于（　　）人。

A. 5　　　　　　　　　　　　　　B. 1
C. 2　　　　　　　　　　　　　　D. 3

[解析]《公司法》规定，股份有限公司设立监事会，其成员不得少于3人。　　　　　　　　[答案] D

考点3 监事会的职权

《公司法》规定，有限责任公司与股份有限公司的监事会可行使下列职权：
(1) 检查公司财务。
(2) 对董事、高级管理人员执行公司职务的行为进行监督，对违反法律、行政法规、公司章程或者股东会决议的董事、高级管理人员提出解任的建议。
(3) 当董事、高级管理人员的行为损害公司的利益时，要求董事、高级管理人员予以纠正。
(4) 提议召开临时股东会会议，在董事会不履行法律规定召集和主持股东会会议职责时召集和主持股东会会议。
(5) 向股东会会议提出提案。
(6) 对董事、高级管理人员提起诉讼。
(7) 公司章程规定的其他职权。

经典例题

[2016年真题·单项选择题] 根据我国《公司法》，下列职权中，不属于有限责任公司监事会的职权是（　　）。

A. 检查公司财务
B. 提议召开临时股东会议
C. 向股东会会议提出提案
D. 聘任管理人员

[解析] D项属于董事会的职权，不属于有限责任公司监事会的职权。　　　　　　　　　　[答案] D

考点4 监事会的召开和议事规则

有限责任公司监事会每年度至少召开一次会议,股份有限公司监事会每6个月至少召开一次会议。监事可以提议召开临时监事会会议。

监事会的议事方式和表决程序,除《公司法》有规定的外,由公司章程规定。监事会决议应当经全体监事的过半数通过。监事会决议的表决,应当一人一票。

> **经典例题**
>
> [2022年真题·单项选择题]《公司法》规定,有限责任公司监事会每年至少召开( )次会议。
> A. 3　　　　B. 4　　　　C. 1　　　　D. 2
> [解析]有限责任公司的监事会每年度至少召开一次会议。股份有限公司监事会定期会议至少每6个月召开一次。
> [答案]C

第六节　中国特色国家出资公司的治理

本节考点概览

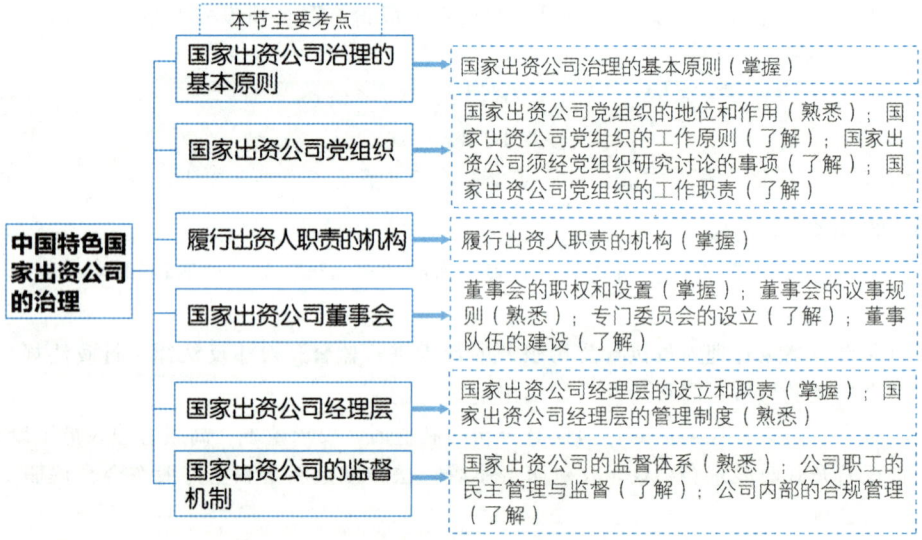

本节考点详解

考点1 国家出资公司治理的基本原则

(1) 坚持深化改革。

(2) 坚持党的领导。

(3) 坚持依法治企。

(4) 坚持权责对等。

考点2 国家出资公司党组织

一、国家出资公司党组织的地位和作用

(1) 领导作用。

(2) 人才保障作用。

（3）担负反腐倡廉"两个责任"。

二、国家出资公司党组织的工作原则

（1）加强党的领导和完善公司治理相统一，把党的领导融入公司治理各环节。
（2）坚持党建工作与生产经营深度融合，以公司改革发展成果检验党组织工作成效。
（3）坚持党管干部、党管人才，培养高素质专业化公司领导人员队伍和人才队伍。
（4）坚持抓基层、打基础，突出党支部建设，增强基层党组织生机活力。
（5）坚持全心全意依靠工人阶级，体现公司职工群众主人翁地位，巩固党执政的阶级基础。

三、国家出资公司领经党组织研究讨论的事项

根据《中国共产党国有企业基层组织工作条例（试行）》（以下简称《条例》），国家出资公司重大经营管理事项必须经党委（党组）研究讨论后，再由董事会或者经理层作出决定。

●考点3 履行出资人职责的机构

国家出资公司由国务院或者地方人民政府分别代表国家依法履行出资人职责，享有出资人权益。

国有独资公司章程由履行出资人职责的机构制定。国有独资公司不设股东会，由履行出资人职责的机构行使股东会职权。

根据《国务院办公厅关于进一步完善国有企业法人治理结构的指导意见》（以下简称《指导意见》），要以管资本为主改革国有资本授权经营体制。

●考点4 国家出资公司董事会

一、董事会的职权和设置

根据《公司法》，国有独资公司设董事会，并依照《公司法》的规定行使职权。国有独资公司的董事会成员中，应当过半数为外部董事，并应当有公司职工代表。董事会成员由履行出资人职责的机构委派；但是，董事会成员中的职工代表由公司职工代表大会选举产生。董事会设董事长一人，可以设副董事长。董事长、副董事长由履行出资人职责的机构从董事会成员中指定。经履行出资人职责的机构同意，董事会成员可以兼任经理。

二、董事会的议事规则

根据《指导意见》，国家出资公司董事会要严格实行集体审议、独立表决、个人负责的决策制度，平等充分发表意见，一人一票表决，建立规范透明的重大事项信息公开和对外披露制度。

三、专门委员会的设立

根据《指导意见》，国家出资公司董事会应当设立提名委员会、薪酬与考核委员会、审计委员会等专门委员会，为董事会决策提供咨询，其中薪酬与考核委员会、审计委员会，应由外部董事组成。

四、董事队伍的建设

根据《指导意见》，国家出资公司要建立、完善外部董事选聘和管理制度，严格资格认定和考试考察程序，拓宽外部董事来源渠道，扩大专职外部董事队伍，选聘一批现职国有企业负责人转任专职外部董事，定期报告外部董事履职情况。

●考点5 国家出资公司经理层

一、国家出资公司经理层的设立和职责

《公司法》规定，国有独资公司的经理由董事会聘任或者解聘。经履行出资人职责的机构同意，董事会成员可以兼任经理。经理可列席董事会会议。《指导意见》指出，经理层是公司的执行机构，依法由董事会聘任或解聘，接受董事会管理和监事会监督。

二、国家出资公司经理层的管理制度

(1) 经理层授权管理制度。
(2) 职业经理人制度。
(3) 以优进绌退为目标的考核评价制度。
(4) 与社会主义市场经济相适应的薪酬分配制度。

● 考点6 国家出资公司的监督机制

一、国家出资公司的监督体系

实践中，各地积极探索实施国家出资公司"六位一体"的监督体系。（纪检监察监督、巡视巡察监督、出资人监督、审计监督、职工民主监督和社会监督）

二、公司职工的民主管理与监督

根据《指导意见》，国家出资公司要健全以职工代表大会为基本形式的公司民主管理制度和公司重大事项信息公开与对外披露制度。

三、公司内部的合规管理

《公司法》明确规定，国家出资公司应当依法建立健全内部监督管理和风险控制制度，加强内部合规管理。

经典例题

[2023年真题·多项选择题] 改进国有企业法人治理结构应遵循的原则包括（　　）。

A. 坚持权责对等　　　　　　　B. 坚持依法治企
C. 坚持行政导向　　　　　　　D. 坚持深化改革
E. 坚持党的领导

[解析] 完善国有企业现代企业制度应遵循以下基本原则：①坚持深化改革；②坚持党的领导；③坚持依法治企；④坚持权责对等。

[答案] ABDE

本章易错易混考点

【易错易混考点】股东会与董事会的职权对比

股东会与董事会的职权对比如表 I 所示。

表 I　股东会与董事会的职权对比

股东会的职权	董事会的职权
(1) 选举和更换董事、监事，决定有关董事、监事的报酬事项 (2) 审议批准董事会的报告 (3) 审议批准监事会的报告 (4) 审议批准公司的利润分配方案和弥补亏损方案 (5) 对公司增加或者减少注册资本作出决议 (6) 对公司发行债券作出决议 (7) 对公司合并、分立、解散、清算或者变更公司形式作出决议 (8) 修改公司章程 (9) 公司章程规定的其他职权	(1) 召集股东会会议，并向股东会报告工作 (2) 执行股东会的决议 (3) 决定公司的经营计划和投资方案 (4) 制订公司的利润分配方案和弥补亏损方案 (5) 制订公司增加或者减少注册资本以及发行公司债券的方案 (6) 制订公司合并、分立、解散或者变更公司形式的方案 (7) 决定公司内部管理机构的设置 (8) 决定聘任或者解聘公司经理及其报酬事项，并根据经理的提名决定聘任或者解聘公司副经理、财务负责人及其报酬事项 (9) 制定公司的基本管理制度 (10) 公司章程规定或者股东会授予的其他职权

[2017年真题·多项选择题] 根据我国《公司法》的规定，关于股份有限公司股东会的说法，正确的有（　　）。

A. 股东会应当每年召开两次

B. 股东会的表决实行一人一票

C. 股东可以委托代理人出席股东会

D. 股东会增加注册资本的决议，必须经出席会议的股东所持表决权的过半数通过

E. 股东会享有对公司重要事项的最终决定权

[解析] 本题考查股份有限公司的股东会。股份有限公司的股东可以委托代理人出席股东会，股东会享有对公司重要事项的最终决定权，C、E两项说法正确。股东会应当每年召开一次年会，A项错误。股东所持股份是股东权的计算依据，一股一权是股份有限公司股东行使股权的重要原则，B项错误。股东会做出增加注册资本的决议，必须经出席会议的股东所持表决权的2/3以上绝对多数通过，D项错误。

[答案] CE

历年经典真题回顾

一、单项选择题（每题1分，每题备选项中，只有1个最符合题意）

1. 根据我国《公司法》，关于股份有限公司董事会会议的说法，错误的是（　　）。[2020年真题]

   A. 代表十分之一以上表决权的股东可以提议召开董事会临时会议

   B. 董事会每年度至少召开两次会议

   C. 三分之一以上董事可以提议召开董事会临时会议

   D. 四分之一以上监事可以提议召开董事会临时会议

   [解析] 本题考查股份有限公司董事会会议。三分之一以上董事可以提议召开董事会临时会议，D项错误。

   [答案] D

2. 小张是A股份有限公司的股东，该公司应该以小张的（　　）为依据分配公司股份给小张。[2019年真题]

   A. 持股比例　　　　B. 家庭资产

   C. 出资比例　　　　D. 社会地位

   [解析] 本题考查股东概述相关内容。股份有限公司的股东按照持股比例为依据分配公司股份。有限责任公司的股东按照出资比例分配公司股份。

   [答案] A

3. 根据我国《公司法》，下列关于股份有限公司发起人的说法，正确的是（　　）。[2018年真题]

   A. 发起人中须有半数以上在中国境内有住所

   B. 公司不能设立时，发起人对设立行为所产生的债务负有限责任

   C. 发起人不能是法人

   D. 发起人持有的本公司股份自公司成立之日起3年内不得转让

   [解析] 本题考查股东的分类和构成中发起人股东与非发起人股东相关内容。发起人对设立行为所产生的债务和费用负"连带责任"，而不是有限责任，B项错误；可以是自然人作为发起人，也可以是法人作为发起人，C项错误；发起人持有的本公司股份自公司成立之日起"1年内"不得转让，而不是3年内不得转让，D项错误。

   [答案] A

二、多项选择题（每题2分，每题备选项中，有2个或2个以上符合题意，至少有1个错项。错选，本题不得分；少选，所选的每个选项得0.5分）

1. 根据我国《公司法》，股份有限公司监事会的职权有（　　）。[2019年真题]

   A. 对董事执行公司职务的行为进行监督

   B. 提议召开临时股东会会议

C. 检查公司财务

D. 向股东会会议提出议案

E. 任免高级管理人员

[解析] 本题考查股份有限公司的监督机构。我国《公司法》规定，有限责任公司监事会与股份有限公司监事会的职权相同，包括：①检查公司财务；②对董事和高级管理者执行公司职务的行为进行监督，对违法的董事和高级管理者提出罢免的建议；③当董事和高级管理者的行为损害公司利益时，要求他们予以纠正；④提议召开临时股东会会议；⑤向股东会会议提出提案；⑥依照《公司法》的规定对董事、高级管理者提起诉讼；⑦公司章程规定的其他职权。E项属于董事会的职权。

[答案] ABCD

2. 关于原始所有权和法人产权的说法，正确的有（   ）。[2019年真题]

A. 原始所有权表现为对公司产权的实际控制权

B. 法人产权表现为股权

C. 原始所有权和法人产权的客体是同一财产

D. 原始所有权是对投入资本的终极所有权

E. 法人产权是一种派生所有权

[解析] 本题考查公司所有者相关内容。法人产权表现为对公司产权的实际控制权，A项错误。原始所有权表现为股权，B项错误。

[答案] CDE

3. 关于国有独资公司董事会的说法，正确的有（   ）。[2018年真题]

A. 董事会成员中的职工代表由公司职工代表大会选举产生

B. 董事会成员由上级人民政府委派

C. 董事会中职工代表不得少于1/3

D. 董事会可以设副董事长

E. 董事长由董事会成员选举产生

[解析] 本题考查国有独资公司董事的身份、董事会的组成与任期。董事会成员中的职工代表由公司职工代表大会选举产生，A项正确。国有独资公司的董事会成员由两个部分组成：国有资产监督管理机构的委派和公司职工代表大会的选举，B项错误。国有独资公司的董事会成员中应当有公司职工代表，但没有具体比例规定，C项错误。董事会可以设副董事长，D项正确。国有独资公司董事长和副董事长由国有资产监督管理机构从董事会成员中指定，E项错误。

[答案] AD

4. 根据我国《公司法》，有限责任公司董事会享有的职权有（   ）。[2017年真题]

A. 决定公司内部管理机构的设置

B. 决定公司合并、分立和解散

C. 制定公司的基本管理制度

D. 执行股东会的决议

E. 批准公司利润分配方案

[解析] 本题考查股东机构与董事会职权的区分。董事会的职权包括：①董事会作为股东机构的常设机关，是股东会议的合法召集人；②作为股东机构的受托机构，执行股东机构的决议；③决定公司的经营要务；④为股东机构准备年度财务预算方案、决算方案；⑤为股东机构准备利润分配方案和弥补亏损方案；⑥为股东机构准备增资或减资方案以及发行公司债券方案；⑦制订公司合并、分立、解散或者变更公司形式的方案；⑧决定公司内部管理机构的设置；⑨聘任或者解聘公司经理、副经理、财务负责人，并决定其报酬事项；⑩制定公司的基本管理制度。由此可知A、C、D三项正确。B、E两项属于股东机构的职权范围。

[答案] ACD

本章同步练习

一、单项选择题（每题1分，每题备选项中，只有1个最符合题意）

1. 原始所有权与法人产权的客体是同一财产，反映的是（　　）。
   A. 不同的经济收益关系　　　B. 相同的经济法律关系
   C. 相同的经济收益关系　　　D. 不同的经济法律关系

2. 企业通过薪金与奖金相结合的方式激励经营者，这属于（　　）。
   A. 声誉激励　　　　　　　　B. 报酬激励
   C. 市场竞争机制　　　　　　D. 绩效激励

3. （　　）是指持有公司资本的一定份额并享有法定权利的人。
   A. 董事　　　　　　　　　　B. 股东
   C. 监事　　　　　　　　　　D. 经理

4. 下列股东会的事项中，适用累积投票制的是（　　）。
   A. 修改公司章程　　　　　　B. 选举董事、监事
   C. 确定利润分配　　　　　　D. 增加注册资本

5. 在公司组织机构中，拥有最高权力的机构是（　　）。
   A. 股东会　　　　　　　　　B. 董事会
   C. 监事会　　　　　　　　　D. 经理机构

6. 有限责任公司董事的任期由公司章程规定，但每届任期不得超过（　　）年，任期届满，连选可以连任。
   A. 2　　　　　　　　　　　　B. 3
   C. 4　　　　　　　　　　　　D. 5

7. 董事会与经理的关系是以董事会对经理实施（　　）。
   A. 以控制为基础的合作关系
   B. 以合作为基础的控制关系
   C. 以协商为基础的合作关系
   D. 绝对控制关系

8. 股份有限公司监事的任期为（　　）。
   A. 三年，连选可连任　　　　B. 三年，不可连任
   C. 两年，期满不再连选　　　D. 五年，连选可连任

二、多项选择题（每题2分，每题备选项中，有2个或2个以上符合题意，至少有1个错项。错选，本题不得分；少选，所选的每个选项得0.5分）

1. 下列关于公司法人财产表述，正确的有（　　）。
   A. 法人财产仅包括依法注入的资金及其增值，不包括经营期间的负债
   B. 一旦资金注入公司形成法人财产后，出资者不得从企业中抽回
   C. 股东对全部法人财产依法拥有独立支配的权力
   D. 公司以其法人财产承担民事责任
   E. 法人财产从归属意义上讲，是属于出资者的

2. 股东会选举（　　）适用累积投票制。
   A. 董事　　　　　　　　　　B. 股东
   C. 监事　　　　　　　　　　D. 总经理

E. 财务总监
3. 下列关于经理层的说法，正确的有（　　）。
   A. 经理是主持公司日常经营工作的负责人
   B. 设置经理层是法律的强制性规定
   C. 经理的职权范围通常是来自董事会的授权
   D. 董事会与经理之间是以合作为基础的控制关系
   E. 董事会与经理的关系中，合作是第一性的，控制是第二性的

本章同步练习参考答案及解析

一、单项选择题

1. [答案] D
   [解析] 本题考查公司财产权能的两次分离。原始所有权与法人产权的客体是同一财产，反映的却是不同的经济法律关系。

2. [答案] B
   [解析] 本题考查经营者的激励与约束机制。报酬激励包括年薪制、薪金与奖金相结合、股票奖励、股票期权等。

3. [答案] B
   [解析] 本题考查股东的含义。股东是指持有公司资本的一定份额并享有法定权利的人。

4. [答案] B
   [解析] 本题考查股份有限公司的股东会中股东会会议的决议方式。累积投票制是指股东会选举董事或者监事时，每一股份拥有与应选董事或者监事人数相同的表决权，股东拥有的表决权可以集中使用。

5. [答案] A
   [解析] 本题考查股东会的地位。股东会作为最高权力机构对公司的经营管理有广泛的决策权。

6. [答案] B
   [解析] 本题考查有限责任公司董事会任期与义务。有限责任公司董事的任期由公司章程规定，但每届任期不得超过3年，任期届满，连选可以连任。

7. [答案] A
   [解析] 本题考查经理机构的地位。董事会与经理的关系是以董事会对经理实施控制为基础的合作关系。

8. [答案] A
   [解析] 本题考查股份有限公司监事会的组成。股份有限公司监事的任期每届为三年，任期届满，连选可以连任。

二、多项选择题

1. [答案] BDE
   [解析] 本题考查公司的法人财产权。法人财产包括出资者依法向公司注入的资本金及其增值，也包括公司在经营期间的负债，A项错误；公司对全部法人财产依法拥有独立支配的权力，C项错误。

2. [答案] AC
   [解析] 本题考查股东会中股东会会议的决议方式。累积投票制是指股东会选举董事或者监事时，每一股份拥有与应选董事或监事人数相同的表决权，股东拥有的表决权可以集中使用。

3. [答案] AC
   [解析] 本题考查经理层的地位。公司设置经理的目的是辅助业务执行机构执行业务。因此，有无必要设置经理层完全由公司视自身情况据章程决定，法律并不做强制性规定，B项错误。董事会与经理的关系是以董事会对经理实施控制为基础的合作关系，其中，控制是第一性的，合作是第二性的，D、E两项错误。

第三章　市场营销与品牌管理

本章考情分析

年份	单项选择题	多项选择题	案例分析题	合计
2023 年	5 题 5 分	1 题 2 分	4 题 8 分	15 分
2022 年	5 题 5 分	2 题 4 分	5 题 10 分	19 分
2021 年	5 题 5 分	2 题 4 分	5 题 10 分	19 分
2020 年	5 题 5 分	2 题 4 分	4 题 8 分	17 分

本章学习提示

本章共 5 节，主要介绍市场营销环境、目标市场战略、市场营销组合策略、品牌、品牌战略等内容。本章内容比较简单，最大的特点是与现实生活联系紧密。本章常考题型包括单项选择题、多项选择题和案例分析题。其中，单项选择题以灵活运用的题型为主，需要重点理解相关知识；多项选择题以记忆型的题目为主，需要加强记忆、背诵相关知识；案例分析题的考点主要集中在定价方法上，需要重点记忆定价方法的公式。

第一节　市场营销环境

本节考点概览

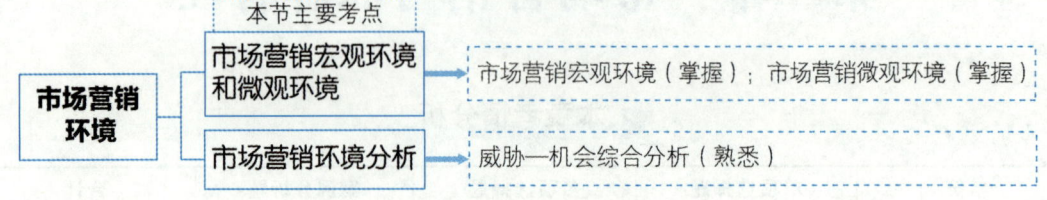

本节考点详解

考点1　市场营销宏观环境和微观环境

根据与企业营销活动的密切程度不同，市场营销环境可分为宏观环境和微观环境，具体如表 3-1-1 所示。

表 3-1-1　市场营销宏观环境和微观环境

营销环境	具体内容
宏观环境 （间接影响）	（1）人口环境。如人口总量、地理分布、年龄结构、性别结构、民族构成 （2）经济环境。如收入、消费支出、储蓄与信贷、经济发展水平 （3）自然环境。如自然资源的短缺、环境污染日益严重、政府对环境污染活动的干预日益加强、公众的生态需求和意识不断增强 （4）技术环境。如新技术革命使得平均的产品生命周期越来越短，影响零售商业结构和消费者的购物习惯，改变了企业经营管理的方式 （5）政治和法律环境 （6）社会文化环境。如某种社会形态下已经形成的民族特征、价值观念、宗教信仰、生活方式、风俗习惯、伦理道德、教育水平、相关群体、社会结构
微观环境 （直接影响）	（1）企业自身 （2）供应商 （3）竞争者 （4）营销渠道企业。如中间商、实体分配机构、营销服务机构、金融机构 （5）顾客 （6）公众。具体包括外部公众（如媒介公众、政府公众、社团公众、金融公众）和内部公众（如企业内部的职工、股东及管理者等）

【考点小贴士】考试中，对宏观环境和微观环境的内容常常混合出题，考查考生对两者所包含内容的掌握情况。学习时，建议理解记忆，例如，微观环境的内容均为"具体的企业、机构或个人"，而宏观环境都是外部的、不易改变的大环境。

经典例题

[2023年真题·单项选择题] 消费者的收入水平属于市场营销宏观环境要素中的（　　）。
A. 经济环境　　　　　　　　B. 社会文化环境
C. 政治法律环境　　　　　　D. 人口环境

[解析] 经济环境是影响企业营销活动的又一要素，包括收入、消费支出、储蓄与信贷、经济发展水平等因素。在收入因素中，消费者收入是一个重要因素。消费者收入是指消费者通过各种渠道获得的货币收入的总和，包括工资、奖金、红利、股息、利息、遗产继承等。　[答案] A

考点2 市场营销环境分析

市场营销环境分析即监测跟踪市场营销环境发展趋势,发现市场机会和威胁,从而调整营销策略以适应环境变化。环境发展趋势基本上分为两大类,即环境威胁和市场机会。本辅导书主要介绍威胁—机会综合分析矩阵。

在一定条件下,环境威胁与市场机会是可以相互转换的,企业可以利用威胁—机会矩阵对所处的市场环境加以综合分析和评价,如图3-1-1所示。

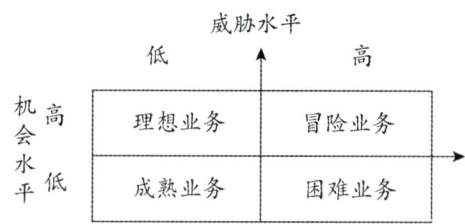

图3-1-1　威胁—机会综合分析矩阵

(1) 理想业务。理想业务即高机会和低威胁的业务。企业必须抓住机遇,万万不可错失良机。

(2) 冒险业务。冒险业务即高机会和高威胁的业务。企业应当进行全面分析,慎重抉择,争取利益。

(3) 成熟业务。成熟业务即低机会和低威胁的业务。企业一方面按常规经营取得平均利润,另一方面也可以积蓄力量,为进入理想环境做准备。

(4) 困难业务。困难业务即低机会和高威胁的业务。企业处境十分困难,企业必须想方设法扭转局面;如果无法扭转局面,则应果断放弃,另谋发展出路。

经典例题

[2022年真题·单项选择题] 某生产企业通过市场环境分析发现,该企业的业务市场机会大,面临的威胁高。该企业的业务属于威胁—机会矩阵图中的(　　)。

A. 冒险业务
B. 理想业务
C. 成熟业务
D. 困难业务

[解析] 冒险业务,即高机会和高威胁的业务。
[答案] A

[2019年真题·单项选择题] 某企业通过市场环境分析发现,该企业的手机业务市场机会小、面临的威胁高,该企业的手机业务处于威胁—机会矩阵图中的(　　)。

A. 理想业务
B. 困难业务
C. 冒险业务
D. 成熟业务

[解析] 本题考点为威胁—机会综合分析矩阵。在威胁—机会矩阵图中,困难业务的特点是低机会和高威胁。B项正确。
[答案] B

第二节 市场营销战略

本节考点概览

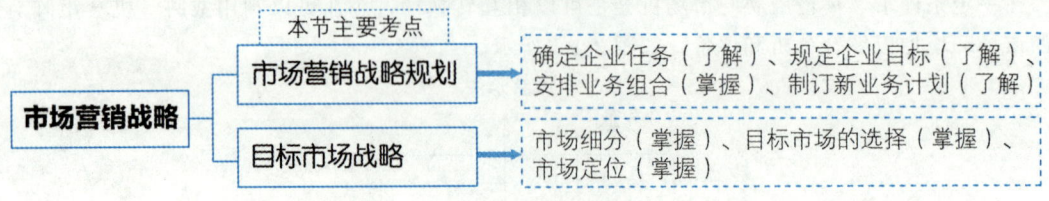

本节考点详解

● 考点1 市场营销战略规划

市场营销战略规划是企业根据外部营销环境和内部资源条件对营销活动制定的较长时期的、全局性的行动方案。

一、确定企业任务

企业任务应能使企业管理者、员工以及顾客产生一种使命感。企业任务以企业任务书的形式表现出来。

一份行之有效、对企业经营有指导作用的任务书应满足以下几个条件：

（1）企业任务书所反映的目标有限、具体、明确。

（2）企业任务书应是市场导向而非产品导向。用市场来界定业务范围要优于用产品来界定。

（3）企业任务书要富有激励性。企业任务书要能使员工感到自己的工作是有意义的、通过实施企业任务书能够给社会和他人创造价值。

（4）政策具体、分工明确。企业任务书应强调企业想要实施的主要政策，且政策要具体、分工要明确。

二、规定企业目标

（一）企业目标的种类

企业常用的衡量财务、经营目标的指标有以下三种：

（1）投资收益率。它是衡量、比较企业利润水平的一项重要指标。投资收益率越高，意味着单位投资所获得的利润越多。其计算公式为：

$$投资收益率 = 利润额/投入资本总额 \times 100\%$$

（2）市场占有率。市场占有率是指一定时期内一家企业某种产品的销售量（销售额）在同一市场上的同类产品销售总量（销售总额）中所占的比重。

（3）销售增长率。销售增长率是指本期产品销售增加额与上期产品销售额的比值，可以衡量企业的成长状况和发展能力。其计算公式为：

$$销售增长率 = （本期销售额 - 上期销售额）/上期销售额 \times 100\%$$

（二）制定企业目标的原则

（1）层次性。企业任务要分解成层层具有操作性的目标体系。

（2）可量化。只有将目标具体化为一定的数量值，才能便于企业对目标实现情况进行考评；如果目标只是表述为"本年度力争使销售额有所增加"等，显然是难以考核的。

(3) 现实性。企业的目标必须是可行的，既不好高骛远，又能激发企业员工的工作热情。

(4) 协调性。各项具体目标的建立是为了实现企业的总体目标。因此，为了保证企业总体目标的实现，企业战略目标之间应相互协调。

三、安排业务组合

企业战略业务单位的评价方法，其中影响最大的是<u>波士顿咨询集团法</u>（即波士顿矩阵分析）和<u>通用电气公司法</u>。通用电气公司法又称战略业务规划网络，通常使用通用电气矩阵进行分析，通用电气矩阵选用了行业吸引力和业务力量两个综合性指标，对企业各战略业务单位进行评价，以做出投资决策。通用电气矩阵如图 3-2-1 所示。

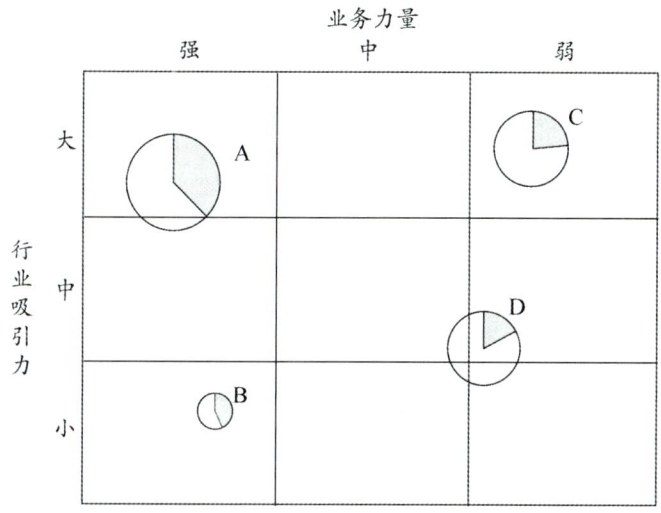

图 3-2-1　通用电气矩阵

根据图 3-2-1，通用电气矩阵可以分为以下三个地带：

(1) 左上角地带，又称"绿色地带"。这个地带包括的三个小格是"大强""中强""大中"。这个地带的行业吸引力和战略业务单位的业务力量都很强。因此，企业对这个地带的战略业务单位（图中 A）要"开绿灯"，采取增加投资和发展增大的战略。

(2) 从左下角到右上角的对角线地带，又称"黄色地带"。这个地带的三个小格是"小强""中中""大弱"。这个地带的行业吸引力和战略业务单位的业务力量居于一般水平。因此，企业对这个地带的战略业务单位（图中 B、C）要"开黄灯"，采取维持原来投资水平的市场占有率的战略。

(3) 右下角地带，又称"红色地带"。这个地带的三个小格是"小弱""小中""中弱"。总的说来，这个地带的行业吸引力偏小，战略业务单位的业务力量偏弱。因此，企业对这个地带的战略业务单位（图中 D）要"开红灯"，采取收割或放弃的战略。

经典例题

[2022 年真题·单项选择题] 通用电气公司法中"小强"应采取（　　）策略。

A. 维持　　　　　　　　　　B. 放弃
C. 增加　　　　　　　　　　D. 收割

[解析] 从左下角到右上角的对角线地带，又称"黄色地带"。这个地带的三个小格是"小强""中中""大弱"。这个地带的行业吸引力和战略业务单位的业务力量居于一般水平。因此，企业对这个地带的战略业务单位要"开黄灯"，采取维持原来投资水平的市场占有率的战略。

[答案] A

四、制订新业务计划（略）

企业管理者在安排了业务组合之后，还应对未来业务的发展做出规划，即制订新业务计划。它包括密集型成长战略、一体化战略和多元化战略。

考点2 目标市场战略

一、市场细分

市场细分是指企业通过市场调研，根据顾客对产品或服务不同的需要和欲望，不同的购买行为与购买习惯，把某一产品的整体市场分割成需求不同的若干个市场的过程。分割后的每一个小市场称子市场，也称细分市场。市场细分要依据一定的细分变量来进行，主要的变量如表3-2-1所示。

表3-2-1 消费者市场细分变量

细分变量	具体内容
地理变量	国家、地区、城镇、农村、面积、气候、地形、交通条件、通信条件、城镇规划
人口变量	人口总数、人口密度、家庭户数、年龄、性别、职业、民族、文化、宗教、国籍、收入、家庭、生命周期
心理变量	生活方式、个性、购买动机、价值取向、对商品和服务方式的感受或偏爱、对商品价格反应的灵敏度
行为变量	购买时机、追求的利益、使用者状况、忠诚程度、使用频率、待购阶段和态度

【考点小贴士】本考点难度不大，但出题较为灵活，某些变量容易被混淆，需要格外注意。市场细分是以顾客的角度来进行的，而不是以产品的角度来进行。在考试中，大家可按常理进行判断，或者详细记忆各变量包括的具体内容。

> **经典例题**
>
> [2022年真题·单项选择题] 企业根据地形为消费者提供了山地自行车、公路自行车，影响变量是（ ）。
> A. 地理　　　　B. 人口　　　　C. 心理　　　　D. 行为
> [解析] 根据地形选择不同的车，属于地理变量。　　　　　　　　　　　　　　　　　　　[答案] A
>
> [例题·单项选择题] 某轮胎生产企业，生产沙漠型、山地型等不同地形的轮胎，该企业采用的市场细分变量是（ ）。
> A. 地理变量　　B. 人口变量　　C. 心理变量　　D. 行为变量
> [解析] 市场细分的主要变量有地理变量、人口变量、心理变量和行为变量。其中地理变量包括国家、地区、城镇、农村、面积、气候、地形、交通条件、通信条件、城镇规划等。根据题干可知，该轮胎生产企业是按照地形做的市场细分，所以是地理变量。
> [答案] A

二、目标市场的选择

（一）目标市场模式选择

目标市场是指企业决定要进入的市场，即通过市场细分，被企业选中，并决定去满足其需求的一个或几个细分市场。企业选择目标市场，可采用的模式有五种，具体如表3-2-2所示。

表3-2-2 企业选择目标市场的五种模式

模式	企业生产/提供产品的特征	覆盖范围
产品/市场集中化	企业只生产或经营某一类产品	只供应某一顾客群

续表

模式	企业生产/提供产品的特征	覆盖范围
产品专业化	某种产品，在质量、款式、档次等方面都会有所不同	各类顾客
市场专业化	性能有所区别的产品	同一顾客群
选择性专业化	不同性能的产品	有选择地进入几个不同的细分市场
全面进入	所需要的性能不同的系列产品	全方位的进入各个细分市场/所有顾客

【考点小贴士】对本考点常以单项选择题的形式考查，但出题概率较低。学习时，建议大家从类型名称的含义入手，对相关关键词进行把握，从而得出题目答案。例如，题目中给出"同一顾客群或是某一顾客群"，那么模式名称中就应该包括"市场"二字。

经典例题

[2023年真题·单项选择题] 某初创服装企业将目标群体定位于老年人，专注于生产经营冬季服装，该企业采用的目标市场选择模式为（　　）。
A. 全面进入　　　　　　　　B. 产品专业化
C. 市场专业化　　　　　　　D. 产品/市场集中化
[解析] 产品/市场集中化：企业的目标市场无论是从市场（顾客）或是从产品角度，都是集中于一个细分市场。企业只生产或经营某一类产品，只供应某一顾客群，例如，某服装企业只向老年顾客提供冬季服装。
[答案] D

[2023年真题·单项选择题] 某企业专注于为儿童、青年、中老年群体提供冬季服装，这种目标市场选择模式是（　　）。
A. 市场专业化　　　　　　　B. 全面进入
C. 产品专业化　　　　　　　D. 选择专业化
[解析] 产品专业化是指企业向各类顾客同时供应某种产品，但是在质量、款式、档次等方面都会有所不同。某企业向儿童、青年、中年和老年等各类顾客提供冬季服装属于产品专业化。
[答案] C

（二）目标市场选择战略

在特定的目标市场内，可供企业选择的市场战略有三种，具体如表3-2-3所示。

表3-2-3　目标市场的战略

战略类型	是否进行市场细分	具体内容
无差异营销战略	否	企业把整体市场看作一个大的目标市场，忽略消费者需求存在的不明显的微小差异，只向市场投放单一的商品、设计一种营销组合策略，通过大规模分销和投放大众化的广告，满足整体市场的需求 [提示] 当企业面对的市场是同质市场，消费者需求差异性不大（如食盐），或者某种产品是某个行业不可替代的必需品（如中国书画艺术品所需的墨），或者市场处于卖方市场等情况时，企业可以采用无差异营销战略
差异性营销战略	是	企业按照对消费者需求差异的调查分析，将总体市场分割为若干个子市场，从中选择两个乃至全部细分市场作为目标市场，针对不同的子市场的需求特点，设计和生产不同产品，并采用不同的营销组合，分别满足不同需求

续表

战略类型	是否进行市场细分	具体内容
集中性营销战略	是	选择一个或几个细分市场作为目标市场，制定营销组合方案，实行专业化经营，把企业有限的资源集中使用，在较小的目标市场上拥有较大的市场占有率

【考点小贴士】 对三种目标市场的营销战略常以单项选择题的形式考查，且直接考查某概念所对应的类型。学习时，不建议大家逐字逐句地强背概念，因为这三个概念存在着很显著的区别，抓住关键词即可答题。例如，题目中明确说明"实行专业化经营，把企业有限的资源集中使用"，那么就可以确定采用的是集中性营销战略。

经典例题

[2022年真题·单项选择题] 当某产品处于卖方市场时企业易采用的目标市场选择战略是（　　）。

A. 集中性营销战略　　　　　　　B. 差异性营销战略
C. 选择性营销战略　　　　　　　D. 无差异性营销战略

[解析] 当企业面对的市场是同质市场，消费者需求差异性不大（如食盐），或者某种产品是某个行业不可替代的必需品（如中国书画艺术品所需的墨），又或者市场处于卖方市场等情况时，企业可以采用无差异营销战略。　　　　　　　　　　　　　　　　　　　　[答案] D

[2017年真题·单项选择题] 某企业把整个市场看成一个目标市场，只向市场投放一种产品，通过大规模分销和大众化广告推销产品。这种目标市场策略属于（　　）。

A. 无差异营销策略　　　　　　　B. 集中性营销策略
C. 差异性营销策略　　　　　　　D. 市场组合营销策略

[解析] 本题考查目标市场的策略。无差异营销策略即企业把整体市场看作一个大的目标市场，忽略消费者需求存在的不明显的微小差异，只向市场投放单一的商品，设计一种营销组合策略，通过大规模分销和投放大众化的广告，满足整体市场的需求。　　　　　　[答案] A

三、市场定位

市场定位是通过为自己的产品创立鲜明的特色或个性，塑造出独特的市场形象来实现的。产品的特色或个性，有的可以从产品实体上表现出来，如形状、成分、构造、性能等；有的可以从消费者心理反应上表现出来，如豪华、朴素、典雅等；有的则表现为质量水准等。

最常用的市场定位方法有以下五种。

（一）根据属性与利益定位

产品本身的"属性"以及由此而获得的"利益"能使消费者体会到产品的定位。例如，A品牌汽车有"货币的价值"的美誉，B品牌汽车有"耐用"的特点，C品牌汽车则是"节能、环保"的代表。

（二）根据使用者定位

企业常常试图把某些产品指引给适当的使用者或某个细分市场，以便根据该细分市场的特点创建恰当的形象。例如，某企业的目标市场是15～25岁、崇尚新奇事物的年轻一代，通过向其提供时尚、好玩、具有探索特性的服务产品，拉近与消费者之间的距离。

（三）根据竞争者的情况定位

定位于其竞争对手的产品附近，以便消费者进行比较与挑选，通过强调与同档次产品相同或不同的特点来进行市场定位。例如，某品牌方便面强调调料包的口味，另一些品牌的方便面则强调其面饼是"非油炸"。

(四) 根据价格定位

所谓"一分价钱一分货"。在消费者心目中，价格往往是产品质量的标志。因此，企业可以根据价格来反映其市场定位。

(五) 组合定位

企业可使用上述多种方法组合定位。例如，某品牌护肤品内含丰富的SOD活性物质，能对抗自由基，抗衰老（属性与利益定位），价格实惠量又足（价格定位），男女老少皆宜（使用者定位）。

经典例题

[例题·单项选择题] 关于市场定位的说法，错误的是（　　）。
A. 市场定位是企业根据竞争者产品所在的区域，确定本企业产品的位置
B. 市场定位就是要为产品塑造与众不同的形象
C. 当消费者偏好发生变化时，企业可以重新进行市场定位
D. 企业可以从产品的性能、质量水平等方面进行市场定位
[解析] 市场定位是指企业根据竞争者现有产品在市场上所处的位置，针对该产品某种特征或属性的重要程度，塑造出与众不同的个性或形象，并把这种形象传递给消费者，从而使该产品在目标市场上确定适当的位置。

[答案] A

第三节　市场营销组合策略

📖 本节考点概览

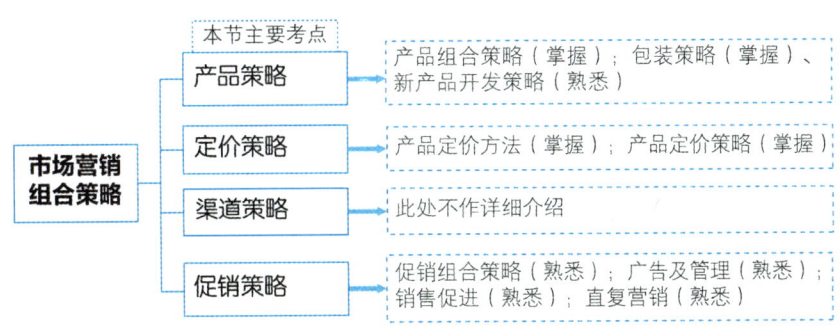

📖 本节考点详解

考点1　产品策略

一、产品组合策略

(一) 产品组合的基本概念

产品组合是指企业所生产或销售的全部产品线、产品项目的组合，又称产品的各种品种的搭配，亦称企业的经营范围和结构。

企业的产品组合包括四个维度：宽度、长度、深度和关联度。

(1) 产品组合的<u>宽度</u>，指企业所经营的不同产品线的数量。

(2) 产品组合的**长度**，指产品组合中所包含的产品项目的总数。

(3) 产品组合的**深度**，指产品线中每种产品有多少花色品种、规格等。

(4) 产品组合的**关联度**，指企业的各条产品线在最终使用、生产条件、分销渠道等方面的密切相关程度。

> 【考点小贴士】产品组合的概念考查主要涉及单项选择题和案例分析题两种题型，难度不大，但出题较为灵活，既可能考查"宽度、长度"的实际举例，让考生判断宽度或长度具体是多少，也可能直接考查某一个概念的表述，让考生确定其具体属于什么维度。另外，四个维度非常容易被混淆，需要准确记忆。

（二）产品组合的策略

(1) 扩大产品组合策略。

(2) 缩减产品组合策略。

(3) 产品线延伸策略。

(4) 产品线现代化策略。

经典例题

[2023年真题·单项选择题] 某办公用品企业共生产3种打印机、2种复印机、4种扫描仪、3种碎纸机，该企业产品组合的长度为（　　）。

A. 3　　　　　　B. 2　　　　　　C. 4　　　　　　D. 12

[解析] 产品组合的长度是指产品组合中所包含的产品项目的总数，即长度＝3＋2＋4＋3＝12。

[答案] D

二、包装策略

大多数产品都需要有适当的包装，包装是整个产品生产的重要组成部分。产品包装一般包括三个层次：首要包装，即对产品的直接盛装；次要包装，即保护"首要包装"的二次包装；装运包装，即为了便于储运的若干个次要包装的集合包装。

企业常用的包装策略有：

(1) 相似包装策略，即企业生产的各种产品，在包装上采用相似的图案、颜色，体现共同的特征。其优点是有利于利用企业原有声誉推广新产品，同时可以节省设计成本及广告宣传费用。

(2) 个别包装策略，即企业的各种产品都有自己独特的包装，在设计上采用不同的风格。这种策略能够避免由于某一产品推销失败而影响其他产品的声誉，但也相应增加了包装设计费用和新产品促销费用。

(3) 相关包装策略，即将多种相关的产品配套放在同一包装物内出售，如化妆品套装。这样可以方便消费者购买和使用，扩大销售，增加企业利润，特别有利于推广和销售新产品，同时还可以节约包装费用。

(4) 分等级包装策略，即企业根据产品的不同质量档次，设计、使用不同等级的包装。需要注意的是，产品分级要体现产品的实际质量差异，使包装表现出的价值特征与产品的质量档次相符。

(5) 分量包装策略，即企业根据目标市场消费者的使用需要，将产品按照不同数量或重量进行包装。这样可以满足消费者的习惯消费量，方便其购买和使用，还可以节省产品包装费用支出，使产品在价格上更具优势。

(6) 复用包装策略，又称双重用途包装策略，即原包装的产品使用完后，包装物本身还可作其他用途。如香水瓶可以当作工艺品摆放。这种策略一方面可以使消费者"一物二用"；另一方面可以在消费者对包装物再使用时，发挥其广告效应，不断提示消费者重复购买。

（7）附赠品包装策略，即企业在产品包装内附加一些赠品，或奖券或实物，给消费者以意外的惊喜，从而吸引其购买。

（8）改变包装策略。当某种产品销路不畅或长期使用一种包装时，企业可以改变包装设计、包装材料，使用新的包装。这样可以使消费者产生新鲜感，从而扩大销售。

经典例题

[2023年真题·单项选择题] 某化妆品企业推出情人节套装，内含1瓶香水、1支口红、1瓶精华液。这种包装策略是（　　）。

A. 个别包装策略　　　　　　　　B. 复用包装策略
C. 相似包装策略　　　　　　　　D. 相关包装策略

[解析] 相关包装策略，即将多种相关的产品配套放在同一包装物内出售（如化妆品套装），这样可以方便消费者购买和使用，扩大销售，增加企业利润，特别有利于推广和销售新产品，同时还可以节约包装费用。

[答案] D

三、新产品开发策略

新产品是使产品通过更新和变革，有了新的结构、新的功能、新的品种或增加了新的服务，从而给消费者带来了新的利益的产品。

（一）新产品分类

（1）全新产品，即应用新技术、新材料研制出的具有全新功能的产品。例如，计算机的第一次出现，就属于全新产品。

（2）换代产品，即在原有产品的基础上，完全采用或部分采用新技术、新材料、新工艺研制出来的产品。如数字电视就是彩色电视的换代产品。

（3）改进产品，即通过改善原有产品的质量、性能、结构、造型形成的产品。消费者可以按照原来的方式使用改进产品。如大屏智能手机就是小屏智能手机的改进产品。

（二）新产品开发策略

（1）按照开发新产品的方式不同，新产品开发策略可分为：自主开发，即企业设立研究部门，通过自身的研发力量来完成产品的构思、设计和生产工作；委托开发，即委托独立的研发机构为企业开发某种新产品；联合研制，其方式包括联合经营、购买专利、经营特许、外包生产、合作经营、兼并以及技术或专有技术引进。

（2）按照新产品革新程度不同，新产品开发策略有：创新策略；模仿策略。

（3）按照开发时机的不同，新产品开发策略有：抢先策略，企业不以现有的技术优势为满足，全力以赴追求产品技术水平的先进性和最终用途的新颖性；跟进策略，即企业不抢先研制新产品，而是当市场上出现成功的新产品时，立刻进行仿造或改进，迅速跟进市场。

考点2　定价策略

一、产品定价目标

（1）维持企业生存。
（2）短期利润最大化。
（3）市场占有率最大化。
（4）维护企业和产品形象。

扫码听课

二、产品定价方法

(一)成本导向定价法

成本导向定价法是一种以产品成本为主要依据的定价方法,包括成本加成定价法、目标利润定价法等。

1. 成本加成定价法

成本加成定价法即在产品成本的基础上加上一定比例的加成后所制定出来的产品价格。其公式为:

$$产品价格 = 单位成本 \times (1 + 加成率)$$

$$单位成本 = 单位可变成本 + 固定成本 \div 销售量$$

2. 目标利润定价法

企业根据总成本和估计的总销售量,确定期望达到的投资收益率,然后推算价格。其公式为:

$$目标价格 = (总成本 + 目标利润) \div 总销量$$

$$目标利润 = 投资额 \times 投资收益率$$

【考点小贴士】本考点包含公式,容易出计算题,考查以单项选择题和案例分析题为主要题型。其中,成本导向定价法是考试的重点,难度不大,结合公式及题目中的数据,计算出产品价格即可。

经典例题

[例题·单项选择题]某企业经核算得知某产品的单位产品成本为62元,若采用成本加成定价法,加成率为20%,则该产品的单价是( )元。

A. 74.4　　　　　　　　　　B. 76.2
C. 77.2　　　　　　　　　　D. 78.1

[解析]本题考查成本加成定价法。根据公式:产品价格=单位成本×(1+加成率)=62×(1+20%)=74.4(元)。

[答案] A

(二)需求导向定价法

需求导向定价法是以市场上消费者的需求强度和价值感受为基础的定价法,包括认知价值定价法和需求差别定价法。以下主要介绍认知价值定价法。

认知价值定价法的关键:如何准确测定购买方感受价值的程度;如何利用营销策略去影响购买方的感受价值。

(1)直接价格评比法。客户对每一种产品估测价格,估测的价格反映了从每个企业购买的产品的总价值。例如,用户对三家企业产品的预测价格分别是3.50元、3.00元、2.50元。企业可根据客户的估价进行产品定价。

(2)直接认知价值评比法。客户不直接估测产品的价格,而是将100点分配给每个企业的产品,从而反映每个企业的产品的认知价值,企业据此进行产品定价。

(3)诊断法。具体步骤为:首先,将100点分配给产品的每一种特征,来反映每个特征对客户的重要性,标记为重要性权数;其次,根据每个特征,请客户依次将100个点分配给每个企业的产品,来反映客户对每家企业的产品特征的评价,标记为产品特征值;最后,将重要性权数与每个企业相应的产品特征值相乘再求和,即得到客户对每个企业的产品的认知价值判断。

(三)竞争导向定价法

竞争导向定价法主要是以市场上相互竞争的同类商品价格为定价基本依据,主要涉及的方法如表3-3-1所示。

表 3-3-1　竞争导向定价法的类型

类型	概念要点
随行就市定价法	将本企业价格保持在市场平均价格水平上
竞争价格定价法	使同种同质的产品在消费者心目中树立起不同的产品形象，选取低于或高于竞争者的价格，是一种进攻性的定价方法
密封投标定价法	标的物的价格由参与投标的各个企业在相互独立的条件下确定，在买方招标的所有投标者中，报价最低的投标者通常中标，它的报价就是承包价格

三、产品定价策略

（一）新产品定价策略

（1）撇脂定价策略。新产品上市之初，将价格定得很高，尽可能在短期内赚取高额利润，如同从鲜奶中撇取奶油一样。这是一种短期内追求最大利润的高价策略，即高价策略。

（2）市场渗透定价策略。新产品上市之初，将价格定得较低，利用价廉物美迅速占领市场，取得较高市场占有率，以获得较大利润，即低价策略。

（3）温和定价策略。在新产品上市之初，将价格定在高价和低价之间，力求使买卖双方均感满意，即中价策略。

【考点小贴士】对新产品定价策略的类型及概念，考试中常以单项选择题的形式考查。三种新产品定价策略的区别主要体现在价格水平方面。例如，撇脂定价意为定高价；温和定价意为平和不极端，价格适中；市场渗透定价意为定低价，提高市场占有率、扩大市场份额。因此，通过题目中关于价格水平的描述即可判断其定价类型。另外，三种定价策略分别针对三种不同的市场主体，对应三种不同的策略结果，这也是做题时可以参考的地方。

经典例题

[2019年真题·单项选择题] 某企业推出新产品时，制定了一个较低的价格，以求迅速占领市场。这种新产品定价策略属于（　　）。

A. 市场渗透定价策略
B. 备选产品定价策略
C. 撇脂定价策略
D. 心理定价策略

[解题思路] 本题考查新产品的定价策略。新产品的定价策略有三种方式，即市场渗透定价策略、撇脂定价策略和温和定价策略。其中，市场渗透定价策略是一种低价策略，是指在新产品上市之初，将价格定得较低，利用价廉物美迅速占领市场，取得较高市场占有率，以获得较大利润。根据题目信息"该企业新产品定价较低，目的是迅速占领市场"可知，其采取的新产品定价策略属于市场渗透定价策略。A 项正确。

[答案] A

（二）产品组合定价策略

产品组合定价策略包括五种情况，具体如表 3-3-2 所示。

表 3-3-2　产品组合定价策略

产品组合定价策略	举例
产品线定价	例如，服装店经营三种男式服装，分别定价为 280 元、880 元、1 800 元

续表

产品组合定价策略	举例
备选产品定价	例如，汽车用户在购买汽车时可以选购电子开窗遥控器
附属产品定价	例如，计算机硬件和软件，计算机硬件可以看成是主产品，而软件就成为其附属产品。一般企业将主产品的价格定得较低，而将附属产品的价格定得较高
副产品定价	例如，生产肉类、石油、化工等产品时常伴有副产品的产生
产品束定价	即企业将几产品组合在一起，低价销售。例如，电影院的年票价格比单独购票价格便宜很多

【考点小贴士】在历年考试中，产品组合定价知识点曾有考查，题型以单项选择题和案例分析题为主。此知识点难度不大，个别内容容易被混淆，学习时应多结合表格中的例子进行掌握。考试题目中大多为表3-3-2中举例的简单变形或叙述方式有所变化，要注意灵活运用。

经典例题

[2019年真题·单项选择题] 某企业将其生产的高、中、低档服装分别定价为2 198元、588元和188元，这种产品定价属于（ ）。
A. 备选产品定价　　　　　　　B. 副产品定价
C. 产品束定价　　　　　　　　D. 产品线定价
[解题思路] 本题考查产品定价策略。产品线定价即将产品分为高、中、低三个档次，不同档次定价不一样。本题符合产品线定价策略的描述，D项正确。　　　　　　　　　　[答案] D

考点3　渠道策略

渠道策略主要包括渠道的构建、管理与评估等内容，详细内容见第四章。

考点4　促销策略

一、促销组合

促销组合，也称营销沟通组合，就是企业把广告、人员推销、销售促进、公共关系和直复营销等方式有目的、有计划地组合在一起，巧妙运用，以求达到最佳的促销效果。营销人员可选择的两种基本促销组合策略具体如表3-3-3所示。

表3-3-3　促销组合策略的类型

类型	生产商营销的对象	促销的主要方式
拉引策略	顾客、最终消费者	广告、公共关系等
推动策略	中间商，如批发商、零售商等	人员推销、销售促进等

【考点小贴士】在历年考试中，对两种促销组合策略类型常以单项选择题的形式考查，直接考查概念。学习时，注意区分两者的要点是生产企业营销的对象不同，如"拉引"意为"以需定产"，即企业经营的各方面活动是以消费者的需求为指导，因此其营销对象为最终消费者；"推动"意为"以产定需"，与"拉引"正好相反，生产企业的营销对象为中间商，生产企业只是单方面往下游的中间商推动销售。另外，可通过"拉引""推动"两词的字面意思记忆概念中的内容，如："拉引"就是把民众拉过来成为我的顾客，"推动"就是把中间商推到市场上替我去做促销。

经典例题

[2019年真题·单项选择题] 某企业密集大量的投放电视广告，以吸引消费者购买其产品，该企业的促销策略属于（ ）。

A. 无差异营销策略　　　　　　　B. 差异性营销策略

C. 拉引策略　　　　　　　　　　D. 推动策略

[解析] 本题考查拉引策略。拉引策略即生产商为唤起顾客的需求，主要利用广告与公共关系等手段，极力向消费者介绍产品及企业，使他们产生兴趣，吸引、诱导他们来购买。根据题目信息"企业用电视广告吸引消费者"可知，该企业的促销策略符合拉引策略的概念，C项正确。

[答案] C

二、广告及管理

广告费用是广告管理的一项重要内容，企业通常可采用的制定广告预算的方法如表3-3-4所示。

表 3-3-4　制定广告预算的方法

方法	制定的依据
量力而行法	根据企业在某一时期能承担的财力来分配
销售百分比法	以销售额的百分比或产品售价的一定百分比来确定
竞争均势法	与竞争者保持大体相同的广告费用
目标任务法	以企业的营销目标和广告应承担的任务来确定

经典例题

[例题·单项选择题] 某企业按照其当年产品预计销售额的20%来确定当年的广告费用，这种广告预算的方法属于（ ）。

A. 竞争均势法

B. 量力而行法

C. 销售百分比法

D. 目标任务法

[解析] 根据题目信息"按照其当年产品预计销售额的20%来确定当年的广告费用"，即按照销售额的百分比确定广告费，对应可知为销售百分比法，C项正确。

[答案] C

三、人员推销及管理

人员推销的工作任务主要包括：

（1）开拓市场。

（2）传递信息。

（3）推销产品。

（4）提供服务。

（5）协调分配。

（6）收集信息。

【注意】人员推销的工作任务中，推销人员最基本的职责是推销产品。

四、销售促进

销售促进是指在一个较大的目标市场中，为了刺激需求而采取的能够迅速产生激励作用的促销措施。针对消费者常使用的销售促进具体形式包括免费赠送、折价券、特价包、有奖销售、商店陈列、现场表演等。

五、公共关系

公共关系是指企业为取得社会、公众的了解与信赖、树立企业及产品的良好形象而进行的各种活动。企业公关活动的主要对象是社会公众，包括两部分：

（1）企业外部公众，如顾客公众、媒体公众、政府公众、社会组织和商业团体、竞争者公众等。

（2）企业内部公众，如企业决策部门、内部职工。

六、直复营销

直复营销是指企业不通过中间商而是直接与目标顾客接触，从而达到获取目标顾客的快速反应并培养长期顾客关系目的的活动。直复营销的主要方式包括：

（1）直邮营销，即寄送相关产品的宣传和提示信息给目标顾客，如寄送信件、目录、广告、样品、宣传手册等。

（2）电话直复营销，即使用电话向目标顾客或客户直接销售产品。

（3）电视直复营销，即通过电视向目标顾客销售产品，如电视直销广告、家庭电视购物频道等。

（4）网络直复营销，即通过互联网向目标顾客销售产品，如社会化媒体营销、病毒式营销等。

第四节　品牌与品牌资产

📖 本节考点概览

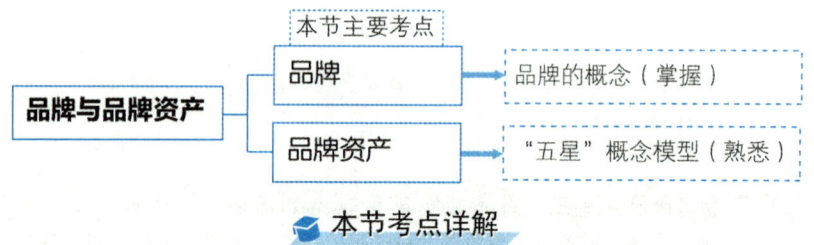

📖 本节考点详解

● 考点1　**品牌**

品牌是用来识别一种（一系列）产品或服务的名称、术语、标记、符号或图案，或是它们的组合，使之与竞争对手的产品或服务相区别。它是由品牌名称和品牌标志组成的。

（1）品牌名称，即可用语言表达的部分，比如"李宁""康佳"。

（2）品牌标志，即可被识别但不能用语言表达的部分，包括符号、图案或专门设计的颜色、字体等。

从不同的角度出发，品牌可分为不同的类型。

（1）按辐射区域分类，有区域品牌、国内品牌和国际品牌。

（2）按市场地位分类，有领导型品牌、挑战型品牌、追随型品牌和补缺型品牌。

（3）按生命周期分类，有介绍期品牌、成长期品牌、成熟期品牌和衰退期品牌。

（4）按价值指向分类，有功能价值品牌（为顾客提供基于产品本身使用价值的品牌）和精神价值品牌（为顾客提供基于产品之上的精神体验的品牌）。

（5）按品牌归属分类，有制造商品牌和中间商品牌。
（6）按不同用途分类，有生产资料品牌和生活资料品牌。
（7）按价格定位分类，有普通品牌（大众品牌）、高档品牌和奢侈品牌。
（8）按所处行业分类，有汽车行业品牌、电器行业品牌、餐饮行业品牌等。

经典例题

[例题·多项选择题] 根据品牌归属分类，品牌可分为（　　）。
A. 中间商品牌　　　　　　　　　B. 制造商品牌
C. 企业品牌　　　　　　　　　　D. 产品品牌
E. 组织品牌
[解析] 按品牌归属分类，品牌分为制造商品牌和中间商品牌。　　　　　　[答案] AB

考点2　品牌资产

大卫·艾克在综合前人经验的基础上提炼出品牌资产的"五星"概念模型，即品牌资产由五个部分组成，具体内容如表3-4-1所示。

表3-4-1　品牌资产的组成

组成	概念要点
品牌知名度	消费者对一个品牌的<u>记忆程度</u>
品牌联想度	<u>通过品牌而产生的所有联想</u>，是对产品特征、消费者利益、使用场合、产地、人物、个性等人格化描述，这些联想往往能组合出一些意义，形成品牌形象
品牌忠诚度 （品牌资产的核心）	在购买决策中<u>多次表现出来的对某个品牌有偏向性</u>的（而非随意的）行为反应，也是消费者对某种品牌的心理决策和评估过程 [提示] 品牌忠诚度可分为五个级别： （1）无忠诚购买者。这类消费者会不断更换品牌，他们对品牌没有特别的偏好，只对价格变动比较敏感 （2）习惯购买者。这类消费者根据以往的消费习惯，持续购买同一品牌的产品而不更换品牌。但是，当竞争产品的优势（如价格优势、功能优势）比较明显时，他们也会转而购买竞争对手的品牌 （3）满意购买者。这类消费者对原来消费的品牌非常满意，已经产生了较高的品牌转换成本，因此，会持续购买某一品牌的产品 （4）情感购买者。这类消费者对品牌已经产生了情感上的认可，这是这类消费者持续购买某一品牌的重要因素 （5）承诺购买者。这是品牌忠诚的最高级别。消费者不仅会无条件地购买这类品牌，而且对该品牌有着强烈的情感认同，甚至引以为傲

续表

组成	概念要点
品牌认知度	品牌认知度是指消费者对某一品牌在品质上的整体印象。消费者会对产品质量和服务质量产生认知： （1）产品质量。即产品满足规定需要和潜在需要的特征及总和。描述产品质量的要素包括： ①性能，即产品满足消费者需要的物理、化学或技术特征，如化学成分、纯度等 ②耐用性，即产品的正常使用期限，如汽车的使用年限等 ③可靠性，即在一定时间内、在一定条件下无故障地执行指定功能的能力或可能性 ④外观，即产品的外部属性，如颜色、包装、质感等 ⑤其他要素，如产品的功能、符合标准性以及服务能力等 （2）服务质量。描述服务质量的要素包括： ①有形性，即所有的有形要素，如企业内的各种设施设备、员工的外表等 ②可靠性，即企业按照约定和承诺，准确、及时、无误地提供产品或服务 ③保证性，即企业具备的友好态度和专业技能 ④响应性，即企业迅速为顾客解决需求问题的意愿 ⑤移情性，即企业给予顾客个性化的关怀和照顾
品牌其他资产	品牌其他资产是指品牌具有的商标、专利等知识产权。保护好这些知识产权，防止假冒产品流入市场，维护好能带来经济利益的资源，如客户资源、管理制度、企业文化、企业形象等，对企业的发展至关重要

经典例题

[2023年真题·单项选择题] 小王购买手机时，对品牌没有特别的偏好，只是根据自己的预算进行选择。从品牌忠诚的角度看，小王属于（　　）。

A. 持续忠诚购买者　　　　　　B. 承诺忠诚购买者
C. 无忠诚购买者　　　　　　　D. 习惯购买者

[解析] 无忠诚购买者：这类消费者会不断更换品牌，他们对品牌没有认同，只对价格比较敏感。

[答案] C

[2022年真题·多项选择题] 下列属于"五星"概念模型中品牌资产的是（　　）。

A. 品牌知名度　　　　　　　　B. 品牌认知度
C. 品牌联想度　　　　　　　　D. 品牌忠诚度
E. 品牌美誉

[解析]"五星"概念模型中品牌资产包括品牌知名度、品牌联想度、品牌忠诚度、品牌认知度和品牌其他资产五个部分。

[答案] ABCD

第五节　品牌战略

本节考点概览

本节主要考点
品牌战略 —— 品牌战略的内容

本节考点详解

考点 品牌战略的内容

品牌战略包括以下七个方面的内容。

一、品牌有无决策

对大多数企业来说，使用品牌有着十分重要的意义，如有利于提高顾客忠诚度，能加强与中间商讨价还价的能力，易于拓展品牌，能够获得品牌溢价，有助于获得法律保护等。

但有些产品就没有必要使用品牌。比如某些难以保证统一质量的，或消费者无须辨认的，或差别不大的商品，如电力、原油、煤炭等原始或初级产品。

二、品牌持有决策

品牌持有决策即在品牌归属问题上做出选择。品牌归属即品牌归谁所有，由谁负责。可供企业选择的策略有三种：一是使用本企业自己的品牌，即制造商品牌，或全国性品牌；二是使用中间商品牌，也称私人品牌或商店品牌，即生产者把大批产品卖给中间商，中间商使用自己的品牌进入市场；三是两种品牌并用，即有些产品使用制造商品牌，有些产品使用中间商品牌。

三、品牌质量决策

企业还必须决定其品牌的质量水平，以保持品牌在目标市场上的地位。所谓品牌质量，是指反映产品耐用性、可靠性、精确性等属性的综合尺度。

（1）企业应确定其品牌的最初质量水平。一般来讲，企业的盈利能力、投资收益率会随着品牌质量的提高而提高，但不会呈直线态势上升。

（2）企业应进行品牌质量管理。企业可选择的品牌质量管理决策包括：提高品牌质量，以提高收益和市场占有率；保持品牌质量；逐步降低品牌质量。

四、家族品牌决策

家族品牌决策即企业对其生产的不同种类、规格、质量的产品选择统一或不同的品牌名称。具体包括以下四种备选策略。

（1）个别品牌策略，即企业对各种不同的产品分别使用不同的品牌。例如，某企业生产润滑油 A、润滑油 B、汽油 C、汽油 D。这一策略的好处是：个别产品的失误不会影响到整个企业的形象，特别是新上市的产品如果不成功，不至于损害企业本身的声誉；产品增加或改变产品档次，不会影响原有产品。

（2）统一品牌策略，即企业所有的产品使用同一个品牌。这一策略的好处是：不需要花费大量费用去设计更多的品牌，可以节省产品投放市场的费用；企业的品牌一旦获得市场成功，可以很容易地向市场推出新产品，新产品的销售能力可以得到加强。

（3）分类家族品牌策略，企业生产或销售不同类型的产品，如果都使用统一的品牌，容易使消费者混淆。因此，有些企业对各种类别不同的产品分别使用不同的品牌。例如，某企业生产润滑油 A 和润滑油 B、汽油 C 和汽油 D，在分类家族品牌策略下，润滑油 A 和润滑油 B 使用同一品牌，汽油 C 和汽油 D 使用另一品牌。

（4）企业名称与个别品牌并用策略，即在每一个品牌之前均冠以企业名称，以企业名称表明产品出处，以品牌名称表明产品的特点。如海尔集团的空调"小英才""小元帅"等品牌前都冠以"海尔"。

五、品牌延伸决策

品牌延伸决策即企业将现有成功的品牌名称使用到新产品上，包括新包装、新规格和新式样等。使用品牌延伸决策有如下好处。

（1）可以明确新产品的定位，保证新产品投资决策迅速、准确，尤其是开发与原品牌关联性和互补性极强的新产品时，新产品的市场需求量一目了然，其投资规模和年产量也容易预测。

（2）有助于减少新产品的市场风险。企业开发和创立一个新产品需要巨额费用，不仅包括新产品的设计、测试、鉴别、注册、包装设计等费用，还包括新产品的包装和保护费用，此外，还需要持续的广告宣传等促销费用。品牌延伸可以大大缩短被消费者认知、认同、接受、信任的过程，有效地防范新产品的市场风险，并且可以节省开支，有效降低新产品的成本费用。

（3）有助于强化品牌效应，增加品牌的经济价值。企业最初设立品牌只是使用在单一产品上，品牌延伸决策实施后，品牌从单一产品向多领域辐射，强化了品牌自身的美誉度、知名度，也使品牌这一无形资产不断增值。

（4）能够提升品牌形象，提高整体品牌组合的投资效益，即整体的营销投资达到理想经济规模时，品牌的核心产品也会因此获益。

六、多品牌决策

多品牌决策即企业决定同时经营两种或两种以上互相竞争的品牌。使用多品牌决策具有以下优势。

（1）多种不同的品牌可占用较大的陈列面积，提高产品的陈列比例。

（2）吸引更多的顾客以提高市场占有率。

（3）有助于在企业内部各个产品部门、产品经理之间引入竞争机制，不断提高工作效率。

（4）发展多种不同的品牌可使企业产品覆盖更广的市场。

七、品牌重新定位决策

一个品牌在市场上长久使用，消费者就会失去新鲜感；或者当一种相似产品出现之后，消费者可能转移消费，使本企业的产品销量下降。这就要求企业对原有品牌进行重新定位。在做出品牌重新定位决策时，企业要考虑：

（1）转移成本，包括产品品质改变的费用、包装费、广告费等。一般来说，重新定位的跨度越大，费用就越高。

（2）可能获得的收益。品牌重新定位之后，收益就由新的目标市场来决定，包括目标市场的消费规模、竞争者的竞争力等。

📦 本章易错易混考点

【易错易混考点一】常见的定价方法

本章涉及的定价方法主要有需求导向定价法、成本导向定价法和竞争导向定价法，三种方法的定价依据、定价类型和关键点如表Ⅰ所示。

表Ⅰ 三种定价方法的区分

定价方法	定价依据	定价类型	关键点
需求导向定价法	以市场上消费者的需求强度和价值感受为依据	认知价值定价法	直接价格评比、直接认知价值评比、诊断等
		需求差别定价法	—

续表

定价方法	定价依据	定价类型	关键点
成本导向定价法	以产品成本为依据	成本加成定价法	在成本的基础上加上一定比例的加成后所制定出的产品价格
		目标利润定价法	目标价格＝（总成本＋目标利润）÷总销量
竞争导向定价法	以市场上相互竞争的同类商品价格为依据	随行就市定价法、竞争价格定价法、密封投标定价法	根据名称理解即可

🔊【考点小贴士】在考试中，对三类定价方法常以单项选择题的形式考查。三类定价的概念可依据名称本身来理解记忆。其名称中"导向"一词意为"指导"，即由某个方面因素来指导定价，因此导向前面的词语"成本""需求""竞争"即为名称中的关键词。如成本导向定价法就是以产品成本为定价依据的，需求导向定价法以市场上消费者的需求强度和价值感受为定价依据等。

【易错易混考点二】定价策略的类型

本章主要介绍了新产品定价、产品组合定价、心理定价、折扣与折让定价四种定价策略，每一种定价策略下面又分成若干更加具体的类型，需要认真理解并能灵活运用，具体如表Ⅱ所示。

表Ⅱ 定价策略的类型

定价策略	具体类型
新产品定价策略	撇脂定价策略、温和定价策略、市场渗透定价策略
产品组合定价策略	产品线定价、备选产品定价、附属产品定价、副产品定价、产品束定价

🔊【考点小贴士】新产品定价策略的相关知识点考查是历年考试中较为常见的部分，此部分内容较多，可考查点也较多，需全面复习。题目难度一般不大，要重点注意书中的举例。

[2017年真题·单项选择题]某小型游乐场共有5个游乐项目，每个项目票价分别为30元、40元、30元、50元、50元，通票定价为120元。这种产品组合定价策略为（　　）。
A. 产品线定价　　　　　　　　B. 备选产品定价
C. 产品束定价　　　　　　　　D. 副产品定价

[解析]本题考查产品组合定价策略中的产品束定价。产品束定价即企业将几种产品组合在一起，进行低价销售。根据题意可知，通票的定价为120元，比5个项目分别购票的总价要便宜，符合产品束定价的概念，C项正确。
[答案] C

━━━━━━━━━━━━━━━ 历年经典真题回顾 ━━━━━━━━━━━━━━━

一、单项选择题（每题1分，每题备选项中，只有1个最符合题意）

1. 品牌忠诚度最高级别的购买者是（　　）。[2022年真题]
   A. 习惯购买者　　　　　　　　B. 承诺购买者
   C. 满意购买者　　　　　　　　D. 情感购买者

[解析]承诺购买者是品牌忠诚的最高级别。消费者不仅会无条件地购买这类品牌，而且对该品牌有着强烈的情感认同，甚至引以为傲。
[答案] B

2. 甲企业推出新产品时制定了一个较高的价格，目的是在短期内获得高额利润，甲企业采用的新产品定价策略是（　　）。[2018年真题]
   A. 渗透定价策略　　　　　　　　B. 撇脂定价策略

C. 温和定价策略 D. 心理定价策略

[解析] 本题考查新产品定价策略中的撇脂定价策略。撇脂定价策略是指在新产品上市之初，将价格定得很高，以便尽可能在短期内赚取高额利润。根据题目所述，可知该企业采用的是撇脂定价策略。 [答案] B

二、多项选择题（每题2分，每题备选项中，有2个或2个以上符合题意，至少有1个错项。错选，本题不得分；少选，所选的每个选项得0.5分）

1. 下列产品定价方法中，属于竞争导向定价法的有（ ）。[2019年真题]

    A. 竞争价格定价法
    B. 随行就市定价法
    C. 认知价值定价法
    D. 目标利润定价法
    E. 密封投标定价法

    [解析] 本题考查定价方法。竞争导向定价法包括三种，即竞争价格定价法、随行就市定价法和密封投标定价法。C项属于需求导向定价法，D项属于成本导向定价法。 [答案] ABE

2. 影响市场营销的宏观环境包括（ ）。[2016年真题]

    A. 人口环境
    B. 经济环境
    C. 技术环境
    D. 政治法律环境
    E. 渠道商

    [解析] 本题考查市场营销宏观环境。市场营销宏观环境包括人口环境、经济环境、自然环境、技术环境、政治法律环境和社会文化环境。E项属于市场营销微观环境。 [答案] ABCD

三、案例分析题（每题2分。由单项选择题和多项选择题组成。错选，本题不得分；少选，所选的每个正确选项得0.5分）

某儿童玩具企业生产经营10种军事系列、8种城市系列、15种公主系列、6种森林系列玩具。其中，森林系列分为高、中、低三种价格档次，价格分别为300元、100元和30元。目前该企业拟开发一种遥控玩具的投资额为400万元，年固定成本为120万元，年变动成本为100万元，目标年收益率为20%，年销售量为6万个。遥控玩具上市后，该企业为迅速占领市场，决定将遥控玩具的定价低于同类产品，并且给予经销商折扣，购货超过200个，单价下调10%。[2020年真题]

根据以上材料，回答下列问题：

1. 该企业开发生产遥控玩具前，产品组合的长度为（ ）。

    A. 39 B. 33
    C. 4 D. 18

    [解析] 本题考查产品组合的长度。产品组合的长度是指产品组合中所包含的产品项目的总数，长度=10+8+15+6=39。 [答案] A

2. 该企业对森林系列玩具采用的产品定价策略是（ ）。

    A. 备选产品定价策略
    B. 副产品定价策略
    C. 产品线定价策略
    D. 附属产品定价策略

    [解析] 本题考查产品线定价策略。森林系列分为高、中、低三种价格档次，价格分别为300元、100元和30元，属于产品线定价策略。 [答案] C

3. 根据目标利润定价法，该企业遥控玩具的目标价格为（　　）元。
   A. 50　　　　　　　　　　B. 70
   C. 120　　　　　　　　　 D. 40
   [解析] 本题考查目标利润定价法。根据公式：目标价格＝（总成本＋目标利润）÷总销量＝（220＋400×20%）÷6＝50（元）。 [答案] A

4. 遥控玩具上市后，该企业采用的定价策略为（　　）。
   A. 温和定价策略
   B. 市场渗透定价策略
   C. 撇脂定价策略
   D. 现金折扣策略
   [解析] 本题考查定价策略。该企业为迅速占领市场，决定将遥控玩具的定价低于同类产品，即采用低价策略，属于市场渗透定价策略。 [答案] B

本章同步练习

一、单项选择题（每题1分，每题备选项中，只有1个最符合题意）

1. 目前，越来越多的消费者通过互联网购买产品，企业在制定市场营销战略时应注重（　　）的变化。
   A. 技术环境　　　　　　　B. 经济环境
   C. 政治环境　　　　　　　D. 人口环境

2. 某企业通过市场环境分析发现该企业的油漆业务市场机会低，面临的威胁低，该企业的油漆业务属于威胁—机会矩阵图中的（　　）。
   A. 成熟业务　　　　　　　B. 冒险业务
   C. 理想业务　　　　　　　D. 困难业务

3. 某企业选择两个细分市场作为目标市场，实行专业化经营，把所有的资源都投入这两个目标市场。该企业采用的目标市场策略是（　　）。
   A. 市场营销组合策略　　　B. 差异性营销策略
   C. 无差异营销策略　　　　D. 集中性营销策略

二、多项选择题（每题2分，每题备选项中，有2个或2个以上符合题意，至少有1个错项。错选，本题不得分；少选，所选的每个选项得0.5分）

1. 下列市场细分变量中，属于心理变量的有（　　）。
   A. 个性
   B. 购买动机
   C. 使用频率
   D. 购买时机
   E. 价值取向

三、案例分析题（每题2分。由单项选择题和多项选择题组成。错选，本题不得分；少选，所选的每个正确选项得0.5分）

某玩具企业生产经营高、中、低三种价格档次的玩具，高档、中档玩具的价格分别为100元、60元。现在开发一种低档玩具，对低档玩具进行定价。经测算，生产低档玩具的总投资为150万元，固定成本为35万元，单位可变成本为15元，预计销售量5万个。产品上市后，该企业拟通过尽可能多的批发商、零售商推销其产品，先将产品供应给批发商，再由批发商将产品供应给零售商并销售给最终顾客。

根据上述资料，回答下列问题：

1. 该企业采用的产品定价策略是（　　）。
   A. 备选产品定价策略　　　　B. 附属产品定价策略
   C. 产品线定价策略　　　　　D. 副产品定价策略
2. 若采用成本加成定价法，加成率为30%，该企业低档玩具的单价是（　　）元。
   A. 26.4　　　　　　　　　　B. 26.6
   C. 28.4　　　　　　　　　　D. 28.6
3. 若采用目标利润定价法，目标收益率为30%，该企业低档玩具的单价是（　　）元。
   A. 31　　　　　　　　　　　B. 32
   C. 33　　　　　　　　　　　D. 35

本章同步练习参考答案及解析

一、单项选择题

1. [答案] A

   [解析] 本题考查市场营销的宏观环境。市场营销的宏观环境包括人口环境、经济环境、自然环境、技术环境、政治法律环境、社会文化环境等。技术是一种"创造性的毁灭力量"，互联网技术改变了消费者的购物习惯，而互联网是属于技术的创新，所以本题考查的是技术环境的内容。

2. [答案] A

   [解析] 本题考查市场营销环境分析。用威胁—机会综合分析矩阵，评价企业在一定环境中的业务，可能会出现四种不同的结果：成熟业务（低机会和低威胁）；冒险业务（高机会和高威胁）；理想业务（高机会和低威胁）；困难业务（低机会和高威胁）。

3. [答案] D

   [解析] 本题考查目标市场的策略。根据题目，该企业选择了两个细分市场，实行专业化经营，则属于集中性营销策略。

二、多项选择题

1. [答案] ABE

   [解析] 本题考查市场细分的标准。心理变量包括生活方式、个性、购买动机、价值取向、对商品和服务方式的感受或偏爱、对商品价格的灵敏度等。购买时机和使用频率是行为变量。

三、案例分析题

1. [答案] C

   [解析] 本题考查产品组合定价策略中产品线定价策略。首先，根据案例资料信息"某玩具企业生产经营高、中、低三种价格档次的玩具，高档、中档玩具的价格分别为100元、60元"，可知该企业将同一产品线的产品分为高、中、低三档定价；其次，结合选项内容判断，四个选项的策略均属于产品组合定价策略的类型，但产品组合定价策略中仅有产品线定价策略是将同一产品线的产品分档定价以体现不同档次的质量，故C项正确。

2. [答案] D

   [解析] 本题考查成本加成定价法。根据公式，产品价格＝单位成本×（1＋加成率），计算如下：

   （1）单位成本：由案例资料已知生产低档玩具的固定成本为35万元，单位可变成本为15元，预计销售量5万个。根据公式，单位成本＝单位可变成本＋固定成本/销售量＝15＋350 000/50 000＝22（元）。

   （2）加成率：由题目已知为30%。

   （3）产品价格＝22×（1＋30%）＝28.6（元）。

3. [答案] A

   [解析] 本题考查成本导向定价法中的目标利润定价法。根据公式，目标价格＝（总成本＋目标利润）÷总销量＝（35＋15×5＋150×30%）÷5＝31（元）。

第四章　分销渠道管理

本章考情分析

年份	单项选择题	多项选择题	案例分析题	合计
2023 年	5 题 5 分	2 题 4 分	—	9 分
2022 年	6 题 6 分	2 题 4 分	—	10 分
2021 年	6 题 6 分	2 题 4 分	—	10 分
2020 年	6 题 6 分	2 题 4 分	—	10 分

本章学习提示

本章是 2020 年新增加的一章，共 3 节，考试所占分值为 10 分。主要题型为单项选择题和多项选择题。本章主要介绍渠道运营管理、分销渠道系统评估、分销渠道发展趋势，需要注意各知识点的理解与梳理记忆。

第一节 渠道运营管理

本节考点概览

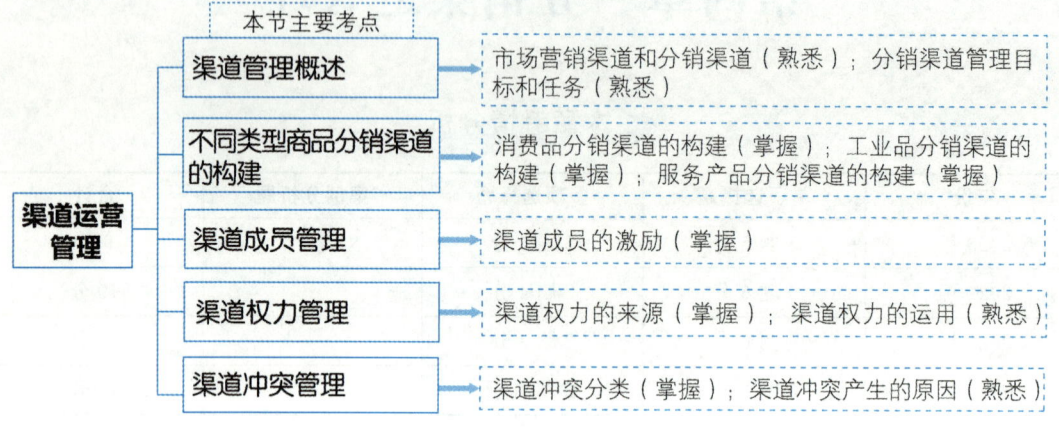

本节考点详解

考点1 渠道管理概述

一、市场营销渠道和分销渠道

市场营销渠道和分销渠道的具体内容如表4-1-1所示。

表4-1-1 市场营销渠道和分销渠道

渠道	含义	内容
市场营销渠道	指配合起来生产、分销和消费某一生产者的商品和服务的所有企业和个人	包括参与某种商品供产销过程的所有企业和个人，如供应商、生产者、各类中间商（批发商、零售商、代理商）、辅助商（支持分销活动的仓储、运输、金融、广告代理机构等）以及最终消费者
分销渠道	指促使某种商品和服务经由市场交换过程，顺利地转移给消费者（用户）消费使用的一整套相互依存的组织	其成员是指商品从生产者向消费者转移过程中，取得这种商品的所有权或帮助所有权转移的所有企业和个人，包括生产者、中间商（批发商、零售商、代理商）和最终消费者

【注意】市场营销渠道包含分销渠道，分销渠道只是市场营销渠道的一部分（本章研究的渠道均为分销渠道）。

经典例题

[2022年真题·单项选择题] 下列属于分销渠道成员的是（　　）。
A. 配送公司　　　　　　　　B. 消费者
C. 银行　　　　　　　　　　D. 保险公司

[解析] 分销渠道的成员有生产者、中间商、消费者。配送公司、银行、保险公司均属于辅助商，辅助商不属于分销渠道。
[答案] B

[例题·单项选择题] 下列组织或个人中，不属于分销渠道成员的是（　　）。
A. 物流企业　　　　　　　　B. 生产者
C. 中间商　　　　　　　　　D. 消费者

[解析] 本题考查渠道管理概述中市场营销渠道与分销渠道的区别。分销渠道的成员包括生产者、中间商（如批发商、零售商、代理商）、最终消费者。A 项，物流企业属于市场营销渠道成员中辅助商的类型。

[答案] A

二、分销渠道管理目标和任务

分销渠道管理目标一般包括市场占有率、利润额、销售增长额，这三个指标密切相关，反映企业经济实力和竞争力。三个指标的具体内容如表 4-1-2 所示。

表 4-1-2 分销渠道管理目标

目标	内容
市场占有率	反映企业营销能力
利润额	反映企业的经营状况，也是评价企业经营活动的重要指标之一
销售增长额	反映企业发展状况的基本指标

分销渠道管理是指根据分销渠道的基本职能和性质开展的活动。其主要任务有：提出并制定分销目标；监测分销效率；协调渠道成员关系，解决渠道冲突；促进商品销售；修改和重建分销渠道。

经典例题

[2022 年真题·多项选择题] 分销渠道管理的任务有（　　）。
A. 解决渠道冲突
B. 制定分销目标
C. 建设分销渠道
D. 确保利润额
E. 监测分销效率

[解析] 分销渠道管理的主要任务有：提出并制定分销目标；监测分销效率；协调渠道成员关系，解决渠道冲突；促进商品销售；修改和重建分销渠道。

[答案] ABE

考点2 不同类型商品分销渠道的构建

一、消费品分销渠道的构建

(一) 消费品的定义及分类

消费品是指消费者个人或家庭使用的产品。消费品按消费者购买习惯的不同，分为便利品、选购品、特殊品和非渴求品，具体内容如表 4-1-3 所示。

表 4-1-3 消费品分类

消费品类型	具体内容	举例
便利品	消费者购买频繁，不愿花时间和精力去比较品牌、价格，希望随时随地能买到的产品。便利品分为日用品、冲动购买品和应急物品	(1) 日用品，是指那些价格低，经常使用和购买的产品，如食盐、洗涤用品等 (2) 冲动购买品，是指消费者在视觉、嗅觉、听觉等感觉器官受到刺激的情况下购买的产品或服务，如玩具、水果等 (3) 应急物品，是指消费者在紧急需要的情况下购买的产品或服务，如急诊药品、应急的雨伞等

续表

消费品类型	具体内容	举例
选购品	消费者对产品或服务的质量、价格、款式、耐用性等进行比较之后才会购买的产品	如家用电器、服装、美容美发产品等
特殊品	具备独有特征和（或）品牌标志的产品	如特殊品牌和样式的服装、汽车等
非渴求品	那些消费者不知道或虽然知道但一般情况下不会主动购买的产品	如百科全书、人寿保险、工艺类陶瓷等，以及刚上市、消费者从未了解的新产品

（二）常见的消费品分销渠道模式

常见的消费品分销渠道模式的具体内容如表 4-1-4 所示。

表 4-1-4　常见的消费品分销渠道模式

模式	含义	优点	缺点
厂家直供模式	生产厂家直接将商品供应给终端渠道进行销售的渠道模式	信息反应快，渠道短，价格稳定，服务及时，促销到位，易于控制	受交通因素影响大，管理成本高，设立过程容易出现销售盲区
多家经销（代理）模式	生产厂家在建立渠道时选择多家经销商（代理商），通过建立庞大的销售网络实现分销目标	分销渠道市场覆盖面广，各级渠道成员职责分明，市场渗透力强	渠道环节多，管理困难，容易产生窜货和价格混乱的问题
独家经销（代理）模式	生产厂家在一定时期内，在某个地区只选择一家经销商（代理商），由该经销商（代理商）建立分销渠道系统的模式	生产厂家容易与中间商达成共识，最大限度地调动中间商的积极性，市场价格比较稳定	生产厂家在渠道控制方面存在风险，商品销售权完全交给中间商
平台式销售模式	生产厂家以商品的分装厂为核心，由分装厂建立经营部，负责向各个零售终端供应商品。该模式适用于交通便利、消费密集的大城市市场	服务半径小，送货及时，服务周到；责任区域明确；网络稳定；受窜货影响较小	必须经过厂家直达送货，受区域市场条件限制大，需要较多人员管理配合

> **经典例题**
>
> [2022年真题·单项选择题] 美容美发产品属于的消费品类型是（　　）。
> A. 冲动个购买品　　　　　　　　B. 非渴求品
> C. 特殊品　　　　　　　　　　　D. 选购品
> [解析] 选购品是指消费者对产品或服务的价格、质量、款式、耐用性等进行比较之后才会购买的产品，如家用电器、服装、美容美发产品等。
> [答案] D
>
> [2022年真题·单项选择题] 企业把代理权全权交给一家能力非常强的经销商，属于（　　）。
> A. 独家经销模式　　　　　　　　B. 多家经销模式
> C. 平台式销售模式　　　　　　　D. 厂家直供模式

[解析] 独家经销（代理）模式是指生产厂家在一定时期内，在某个地区只选择一家经销商（代理商），由该经销商（代理商）建立分销渠道系统的模式。
[答案] A

[例题·单项选择题] 消费品分销渠道模式有多种，（　　）是指生产厂家在一定时期内，在某个地区只选择一家经销商，由该经销商建立分销渠道系统的模式。
A. 厂家直供模式　　　　　　B. 独家经销模式
C. 多家代理模式　　　　　　D. 平台式销售模式
[解析] 根据题目关键信息"在某个地区只选择一家经销商"，可知此符合独家经销（代理）模式的概念，B项正确。
[答案] B

二、工业品分销渠道的构建

工业品是指购买者以社会再生产为目的而购买的产品。工业品市场的特点包括需求的派生性、需求弹性小、专业采购、一次购买量大、顾客集中稳定。

经典例题

[2023年真题·多项选择题] 与消费品市场相比，工业品市场的特点有（　　）。
A. 购买者对工业品的需求具有派生性
B. 工业品购买活动一般由专业采购人员或团队完成
C. 工业品的顾客集中稳定
D. 工业品需求受价格影响大，需求弹性大
E. 工业品市场一次采购量大
[解析] 需求弹性小，指工业品市场购买者对产品和劳务的需求受价格影响不大，即价格上涨，不会引发需求大幅度下降；反之，价格下降，也不会引发需求大幅度上升。故D项错误。
[答案] ABCE

三、服务产品分销渠道的构建

（一）服务产品特征

服务产品的特征包括无形性、不可分离性、差异性、不可储存性和所有权的不可转让性。

（二）服务产品分类

服务产品分类的具体内容如表4-1-5所示。

表4-1-5　服务产品分类

分类	具体内容
对"人"的服务	对"人体处理"的服务（人必须在场），如客运、医疗、美容、餐饮、手术等
对"人"的服务	对"脑刺激处理"的服务（顾客意识现场或远程参考其中），如娱乐、艺术、广播、教育、电视、广告、咨询、音乐会、宗教、心理治疗等
对"物"的服务	对"物体处理"的服务（实物必须在场），如货运、维修、零售、加油、保管等
对"物"的服务	对"信息处理"的服务（不一定要求顾客直接参与），如银行、法律服务、程序编写、科学研究、证券投资、会计等

经典例题

[2023年真题·单项选择题] 与看得见摸得着的产品（如手机、电脑等）相比，服务产品特质往往是看不见摸不着的，甚至使用服务后的利益也很难被察觉。这一服务产品特质是（　　）。
A. 无形性　　B. 不可分离性　　C. 差异性　　D. 不可储存性

[解析] 无形性，即与有形的消费品或产业用品相比，服务产品的特质及组成的元素往往是无形无质的，甚至使用服务产品后的利益也很难被察觉。 [答案] A

[2020年真题·单项选择题] 按服务对象和服务特征划分，客运、医疗、美容、餐饮等服务产品应归类为针对（　　）的服务。
A. 人的思想　　B. 无形资产　　C. 人的身体　　D. 物体

[解析] 本题考查服务的类型。针对人身体的服务（人体处理）属于顾客高卷入的服务，如客运、医疗、美容、餐饮、手术、旅游等。 [答案] C

（三）服务产品常用的分销渠道模式

服务产品常用的分销渠道模式有**直接分销模式**和**中介机构组建**的分销渠道。
（1）**直接分销**模式。采用该模式的根本原因在于服务产品的不可分离性。
（2）**中介机构**组建的分销渠道常见的形式有四种，如表4-1-6所示。

表4-1-6　中介机构组建的分销渠道

形式	适用
代理商	旅游、旅馆、运输、信贷、工商服务业等
经纪人	保险经纪人
批发商	以大批量方式提供服务的中间商
零售商	商业零售商、照相馆、干洗店等

考点3　渠道成员管理

为了确保渠道设计方案有效实施，企业需要对相关渠道成员进行激励，常用的激励方法如图4-1-1。

> **扶持激励**
> 实施优惠促销；培训销售人员；融资支持；提供广告津贴
>
> **沟通激励**
> 提供产品、技术动态信息；公关宴请；交流市场信息；让经销商发泄不满
>
> **业务激励**
> 佣金总额动态管理；灵活确定佣金比例；合作制订经营计划；安排经销商会议

图4-1-1　常用的激励方法

――――― 经典例题 ―――――

[2022年真题·单项选择题] 以下属于扶持激励的是（　　）。
A. 灵活确定佣金比例　　　　B. 交流市场信息
C. 合作制订经营计划　　　　D. 提供广告津贴

[解析] 扶持激励包括实施优惠促销、培训销售人员、融资支持、提供广告津贴。 [答案] D

[例题·单项选择题] 下列渠道成员的激励方法中，属于业务激励的是（　　）。
A. 公关宴请　　　　　　　　B. 提供广告津贴
C. 融资支持　　　　　　　　D. 佣金总额动态管理

[解析] 本题考查渠道成员管理中渠道成员的激励。业务激励的方法包括：①佣金总额动态管理；②灵活确定佣金比例；③安排经销商会议；④合作制订经营计划。A项属于沟通激励；B、C两项属于扶持激励。 [答案] D

考点4 渠道权力管理

一、渠道权力的来源

渠道权力来源的类型如表4-1-7所示。

表4-1-7 渠道权力来源的类型

类型	主要内容
奖励权（承诺策略）	承诺且能够对其他遵守其要求的渠道成员给予奖励
强迫权	影响者对受影响者施加惩罚的能力
法定权	受影响者认识到影响者有明确的权力对其施加影响，并由交易合同或契约式垂直分销体系形成的明确的权力。原则上，法定权来源于渠道成员之间签署的合同，可以称之为法律法定权。实践中，这一权力还经常来源于渠道关系中确定的行事标准以及交易中的规范、价值观和信仰等，可以称之为传统法定权
认同权（参照权）	当一个渠道成员在使用另一个渠道成员的品牌或者从事对对方有利的活动时，它对另一方成员所产生的影响
专长权	受影响的渠道成员认为，影响者具备其所不具备的某种特殊知识或有用的专长，如特许经营
信息权	渠道成员提供某类信息的能力

经典例题

[例题·单项选择题] 某成功企业将其先进的管理经验、品牌、技术等以特许经营的方式授予加盟店，并对加盟店进行统一管理，以此建立业务渠道。该企业进行渠道管理的权力来源是（　　）。

A. 强迫权　　　　B. 认同权　　　　C. 专长权　　　　D. 信息权

[解析] 根据题目信息"特许经营的方式"，可知此为专长权，特许经营是一种典型的租借授权人的专长建立自己业务的渠道管理方式。 [答案] C

二、渠道权力来源的区分

渠道权力来源的区分如表4-1-8所示。

表4-1-8 渠道权力来源的区分

渠道权力来源的区分	具体内容
强制性权力和非强制性权力	这种划分不需要区分专长权、信息权、法定权和认同权。例如，某零售商威胁放弃厂商某商品的销售时，零售商对厂商使用了强迫权；如果该零售商承诺增加该厂商某商品的销售量时，零售商使用的是非强制性权力
中介性权力和非中介性权力	当影响者向目标对象展示权力时就在使用中介性权力，即影响者可以迫使目标对象承认它的权力。中介性权力包括法律法定权、奖励权、强迫权；非中介性权力包括专长权、信息权、认同权、传统法定权

三、渠道权力的运用

与渠道权力运用相关的战略通常有六种，具体内容如表4-1-9。

表4-1-9 渠道权力战略的类型

类型	主要表现	权力来源
许诺战略	如果你按照我说的去做，我就会奖励你	奖励权

续表

类型	主要表现	权力来源
威胁战略	如果你不按照我说的去做，我会惩罚你	强迫权
法律战略	你必须按照我说的去做，因为从某种意义讲，你已经同意这样做了	法定权
请求战略	请按照我希望的去做	认同权、奖励权、强迫权
信息交换战略	无须说明我想要的是什么，我们来探讨什么对我的合作伙伴更有利	专长权、信息权、奖励权
建议战略	如果你按照我说的去做，你会有更多盈利	

经典例题

[例题·单项选择题] 渠道权力运用战略的设计和实施需要特定的权力来源。许诺战略的必要权力来源是（　　）。

A. 奖励权
B. 强迫权
C. 法定权
D. 信息权

[解析] 本题考查渠道权力的运用。许诺战略的必要权力来源是奖励权。

[答案] A

考点5 渠道冲突管理

一、渠道冲突分类

渠道冲突是指渠道成员之间因为利益关系产生的矛盾和不协调。渠道冲突的本质是渠道主体利益、行为和心理上的冲突。

渠道冲突的分类如表 4-1-10 所示。

表 4-1-10 渠道冲突的分类

分类标准	类型	主要内容
渠道成员的层级关系（传统的分类方法）	水平冲突	同一渠道中同一层次的中间商之间的冲突
	垂直冲突	同一渠道中不同层次的成员之间的冲突
	多渠道冲突	当某一厂商建立了两条或两条以上的渠道向同一市场出售产品或服务时，发生在这些渠道间的冲突
利益冲突与对抗性行为的关系（杜茨模型）	冲突	同时存在对抗性行为和利益冲突的情况（象限Ⅰ）
	潜伏性冲突	存在冲突的利益，但不存在对抗性行为（象限Ⅱ）
	虚假冲突	不存在利益冲突，但是双方有对抗性行为（象限Ⅲ）
	不冲突	对抗性行为和利益冲突都不存在（象限Ⅳ）
渠道冲突程度（瓦格瑞斯和汉迪提出）	低度冲突区	—
	中度冲突区	
	高度冲突区	

续表

分类标准	类型	主要内容
渠道冲突对企业发展的影响方向	功能性冲突	渠道成员把相互对抗作为消除渠道成员之间潜在的、有害的紧张气氛和不良动机的一种方法，通过提出和克服分歧，激励对方并相互挑战，从而提高共同的绩效（如生产厂商给予表现优秀的经销商的返利奖励和促销奖励）
	破坏性冲突	渠道成员间的不安心理和对抗动机外化成对抗性行为，并超过了一定的限度，对渠道绩效水平和渠道关系产生消极的、破坏性影响的一种冲突状态（如窜货、赖账、制假售假等）

【考点小贴士】按利益冲突与对抗性行为的关系划分，渠道冲突分为冲突、潜伏性冲突、虚假冲突、不冲突。这个分类是考试的常考点，四种类型的对比如表 4-1-11。

表 4-1-11　冲突、潜伏性冲突、虚假冲突、不冲突的对比

类型	利益冲突	对抗性行为
冲突	存在	存在
潜伏性冲突	存在	不存在
不冲突	不存在	不存在
虚假冲突	不存在	存在

对此知识点，在考试中常以单项选择题的形式考查，题干常给出利益冲突和对抗性行为的不同组合，让考生选择属于哪一种类型。此知识点可以巧妙的记忆，步骤如下：

（1）将这四类冲突分为两类：一类为冲突和潜伏性冲突，两者都存在利益冲突，可以理解为真正的冲突；另一类为不冲突和虚假冲突，两者都不存在利益冲突，可以理解为假的冲突。

（2）若是判断出题干叙述中存在利益冲突，就在冲突和潜伏性冲突中选择。若是存在利益冲突又存在对抗性行为，可以理解为特别强烈的冲突类型，即冲突；反之为潜伏性冲突。

（3）若是判断出题干叙述中不存在利益冲突，就在不冲突和虚假冲突中选择。若是不存在对抗性行为，那就是没有冲突，所以为不冲突，反之则为虚假冲突。

【经典例题】

[2023年真题·单项选择题] 分销渠道成员通过相互对抗消除渠道成员之间潜在的、有害的紧张气氛和不良动机的行为，或通过提出分歧并克服分歧，激励对方并相互挑战，从而提高共同的绩效，这种渠道冲突是（　　）。

A. 破坏性冲突　　　　　　　　B. 虚假性冲突
C. 功能性冲突　　　　　　　　D. 潜伏性冲突

[解析] 功能性冲突，即渠道成员把相互对抗作为消除渠道成员间潜在的、有害的紧张气氛和不良动机的一种方法，通过提出和克服分歧，激励对方并相互挑战，从而共同提高绩效。

[答案] C

二、渠道冲突产生的原因

渠道冲突产生的原因如表 4-1-12 所示。

表 4-1-12　渠道冲突产生的原因

原因	内容
角色错位	如果一个渠道成员的行为超出了其他渠道成员预期可接受的范围，就会出现角色错位
目标差异	如果同一渠道系统中的所有成员都有共同的目标，那么各自的效率和利益将会实现最大化。但事实上，渠道每个成员都有各自的利益和目标，有些可能会重叠，而有些则可能毫不相关，甚至背道而驰，这样就会引发冲突
观点差异	渠道成员对同一情景或同一刺激作出的不同反应
沟通困难	渠道成员之间缺乏沟通、沟通不畅或错误沟通等
决策权分歧	渠道成员对于其应当控制的特定领域的强烈感受
期望差异	不同的渠道成员对未来发展的不同估计和预期
资源稀缺	由于渠道资源分配不均而造成的冲突

【经典例题】

[例题·单项选择题] 渠道冲突产生的原因不包括（　　）。
A. 角色错位　　　　　　　　　　B. 目标差异
C. 观点差异　　　　　　　　　　D. 存货水平

[解析] 本题考查渠道冲突产生的原因。渠道冲突产生的原因包括角色错位、目标差异、观点差异、沟通困难、决策权分歧、期望差异、资源稀缺。

[答案] D

第二节　分销渠道系统评估

本节考点概览

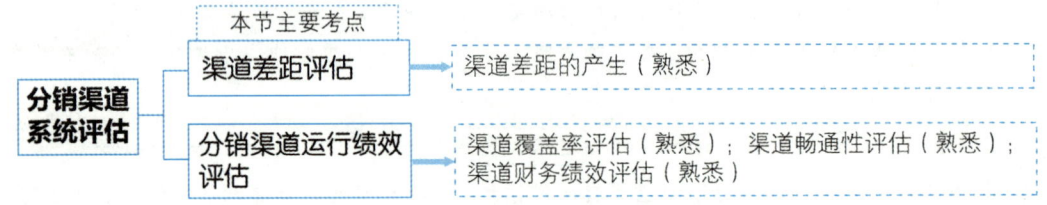

本节考点详解

考点1　渠道差距评估

质量差距及其产生的原因如表 4-2-1 所示。

表 4-2-1　质量差距及其产生的原因

质量差距	概念	产生原因
期望感知差距（差距1）	企业不能准确地感知顾客的服务期望	(1) 市场调查和信息分析不准确 (2) 不能准确了解顾客期望的服务 (3) 没有进行需求分析，顾客需求信息在传递中改变

续表

质量差距	概念	产生原因
质量标准差距（差距2）	服务提供者制定的服务标准与管理者所认知的顾客期望不一致导致的差距	（1）服务质量计划缺少高层管理者的有效支持 （2）计划程序有误或计划失误 （3）组织目标不明确 （4）计划管理水平较低
服务传递差距（差距3）	因为服务生产与传递过程未按照企业所设定的标准进行产生的差距	（1）服务技术和系统无法满足标准的要求 （2）服务质量标准过于复杂和僵硬，缺乏可操作性 （3）员工不赞成该标准，因此不执行 （4）服务质量标准与企业文化不能融合 （5）服务运营管理水平较低
市场沟通差距（差距4）	企业市场宣传中所承诺服务与企业实际提供的服务不同	（1）传统的外部营销和服务运营不协调 （2）市场沟通计划与实际服务运行融合性差 （3）企业沟通宣传中存在过度承诺问题 （4）组织未能执行宣传中的服务质量标准
服务感知差距（差距5）	顾客期望服务和顾客感知或实际体验的服务不一致	该差距与前述的四个差距有关，这是最主要的差距，是服务质量差距模型的核心

【考点小贴士】此知识点考查涉及概念理解型的题目，基本很少考查差距产生的原因。前四个层次是从企业的角度出发而产生的差距，最后一种服务感知差距（差距5）是从顾客的角度出发而产生的差距，所以是服务质量差距模型的核心，因为最终为产品买单的是顾客。学习的时候不用死记硬背每种差距的概念，每一个差距的名称都寓意着它的概念。具体分析如下：

（1）期望感知差距（差距1）：其概念存在"感知"二字。
（2）质量标准差距（差距2）：其概念存在"标准"二字。
（3）服务传递差距（差距3）：其概念存在"传递"二字。
（4）市场沟通差距（差距4）：其概念存在与"沟通"类似的词语，如宣传、承诺。
（5）服务感知差距（差距5）：其概念存在与"感知或实际体验"类似的词语。

经典例题

[2023年真题·单项选择题] 服务质量差距模型中，最主要的、需要通过弥合其他四种差距来弥合的差距是（　　）。
A. 市场沟通差距　　　　　　　　B. 服务感知差距
C. 服务传递差距　　　　　　　　D. 质量标准差距
[解析] 服务感知差距（差距5）是指顾客期望的服务和顾客感知或实际体验的服务不一致的情况。服务感知差距是服务质量差距模型的核心，要弥合这一差距，就要对以下四个差距进行弥合：差距1——期望感知差距；差距2——质量标准差距（未选择正确的服务设计和标准）；差距3——服务传递差距；差距4——市场沟通差距。
[答案] B

[例题·单项选择题] 服务质量差距模型的核心是（　　）。
A. 质量感知差距　　　　　　　　B. 服务感知差距
C. 市场沟通差距　　　　　　　　D. 服务传递差距
[解析] 质量差距中最主要的差距是服务感知差距（差距5），这是服务质量差距模型的核心，B项正确。
[答案] B

考点2 分销渠道运行绩效评估

分销渠道运行绩效评估主要考虑渠道覆盖率、渠道畅通性以及渠道财务绩效等方面。该评估是指厂商通过系统化的手段或措施,对分销渠道的运行效率和效果进行客观考核和评价的活动过程。

一、渠道覆盖率评估

渠道覆盖率是指渠道成员分销商品覆盖的地理区域。其衡量指标为**市场覆盖面**和**市场覆盖率**。渠道覆盖率的衡量指标具体如表4-2-2所示。

表 4-2-2 渠道覆盖率的衡量指标

衡量指标	概念	计算公式
市场覆盖面 (绝对指标)	指分销网络终端分销商品所覆盖的地理区域。覆盖的地理区域面积越大,渠道覆盖率越高,表示顾客购买商品的便利性越强	市场覆盖面=分销网络终端销售区域面积总和—相互重叠销售区域面积的总和
市场覆盖率 (相对指标)	指该渠道在一定区域的市场覆盖面积占市场总面积的比率。覆盖率越高,网络遍及的市场越广,空白点越少	$市场覆盖率 = \dfrac{渠道市场覆盖面积}{市场总面积} \times 100\%$

二、渠道畅通性评估

渠道畅通性主要评价产品流通速度,用商品传输时间来衡量。商品传输时间是指商品从企业流到最终消费者手中的时间,单位为"天"。其计算公式为:

$$商品传输时间 = 商品库存时间 + 各环节运输时间$$

商品传输时间越短,渠道的畅通性越好。常用的畅通性评价指标如表4-2-3所示。

表 4-2-3 常用的畅通性评价指标

评价指标	主要内容
商品周转速度	商品在渠道流通环节停留的时间。商品的周转时间越长,商品周转速度越慢,表明渠道可能不够畅通;商品周转时间越短,商品在流通领域停留的时间越短,渠道越畅通
货款回收速度	从资金的角度反映渠道畅通程度的指标,可用销售回款率表示。回款率越高,渠道越畅通
销售回款率	$销售回款率 = \dfrac{实际收到销售款}{销售总收入} \times 100\%$

三、渠道财务绩效评估

经济效益对企业而言是衡量渠道运行绩效的核心内容。它不仅涉及企业的发展前景,还涉及渠道本身的调整。

(一)分销渠道费用指标

分销渠道费用是指企业在组织商品销售过程中产生的各种流通费用,包括仓储费、促销费、运输管理费、包装费以及相关人工费等,其表示方式如表4-2-4所示。

表 4-2-4　分销渠道费用的表示方式

表示方式	主要内容
分销渠道费用额	一定时期内分销渠道所发生的各种费用的金额（判断分销渠道财务绩效的基础）
分销渠道费用率	一定时期内分销渠道费用额和商品销售额之间的对比关系。其计算公式为： 分销渠道费用率 = $\dfrac{\text{分销渠道费用额}}{\text{渠道商品销售额}} \times 100\%$
分销渠道费用率升降率	从动态角度反映渠道费用开支节约或者浪费情况的指标。其计算公式为： 分销渠道费用率升降率 = 本期分销渠道费用率 − 上期分销渠道费用率

（二）渠道占有率指标

渠道占有率是指在一定时期内某渠道分销商品的销售额占该商品同期销售总额的比例。该指标可以反映该渠道在整个分销网络中的地位和作用。

渠道占有率 = 某渠道分销商品销售额/该商品同期销售总额×100%

（三）渠道盈利能力指标

渠道盈利能力指标有四个。**渠道销售增长率**是评价渠道状况和发展能力的重要指标；**渠道销售利润率**是反映渠道盈利能力的主要指标，销售利润率越高，该渠道运行效率越高，经济效益越好；**渠道费用利润率**是指渠道销售利润额与分销渠道费用之间的比率；**渠道资产利润率**是从投资者的角度评价渠道效益。

渠道盈利能力指标的公式如表 4-2-5 所示。

表 4-2-5　渠道盈利能力指标的公式

渠道盈利能力指标	公式
渠道销售增长率	渠道销售增长率 = $\dfrac{\text{本年销售增长额}}{\text{上年销售总额}} \times 100\%$ = $\dfrac{\text{本年销售额} - \text{上年销售额}}{\text{上年销售总额}} \times 100\%$
渠道销售利润率	渠道销售利润率 = $\dfrac{\text{渠道利润额}}{\text{渠道商品销售额}} \times 100\%$
渠道费用利润率	渠道费用利润率 = $\dfrac{\text{渠道利润额}}{\text{分销渠道费用}} \times 100\%$
渠道资产利润率	渠道资产利润率 = $\dfrac{\text{渠道利润额}}{\text{渠道资产占用额}} \times 100\%$

【考点小贴士】渠道盈利能力指标中考查相对较多的是渠道销售增长率。需要熟悉这几个渠道盈利能力指标的公式，通过指标名称可轻松记忆，具体如下：

（1）渠道销售增长率，即增长额/销售额，增长率为：本年销售增长额（本年销售额 − 上年销售额）除以上年销售总额。

（2）渠道销售利润率，即利润额/销售额。

大家可以发现，这些指标的公式都隐藏在它的名称里，"后面的"除以"前面的"即可。这些技巧希望大家可以掌握，对学习有很大帮助。

经典例题

[2023 年真题·单项选择题] 某企业 2022 年商品销售额为 1 000 万元，其中，网络渠道销售额为 600 万元，网络渠道费用额为 250 万元，则该企业 2022 年的网络渠道费用率是（　　）。
A. 25.0%　　　B. 60.0%　　　C. 40.0%　　　D. 41.7%
[解析] 分销渠道费用率 = 分销渠道费用额/渠道商品销售额×100% = 250/600 ≈ 41.7%。

[答案] D

> **经典例题**
>
> [2023年真题·单项选择题] 某企业2022年商品销售总额为1 000万元，网络渠道销售额为600万元，网络渠道费用额为250万元，则该企业2022年网络渠道市场占有率是（　　）。
> A. 41.7% 　　　　　　　　　B. 60%
> C. 40% 　　　　　　　　　　D. 25%
> [解析] 网络渠道市场占有率＝网络渠道销售额/商品销售总额＝600/1 000×100%＝60%。
>
> [答案] B

第三节　分销渠道发展趋势

📦 本节考点概览

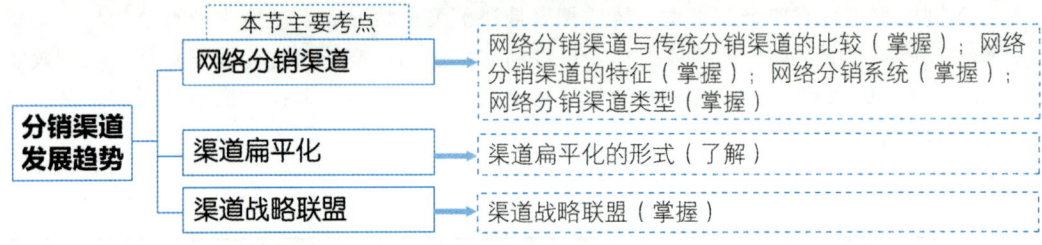

📦 本节考点详解

● 考点1　网络分销渠道

一、网络分销渠道与传统分销渠道的比较

网络分销渠道与传统分销渠道的差别体现在以下几个方面，具体内容如表4-3-1。

表4-3-1　网络分销渠道与传统分销渠道的比较

项目		网络分销渠道	传统分销渠道
共同点		（1）都是为企业的商品或服务的销售服务 （2）目的相同，都是为争夺市场，抢夺消费者，实现企业的各种市场经营目标 （3）直接分销渠道都是零级分销渠道	
不同点	作用方面	（1）网络渠道提供了双向的信息传播模式，方便了生产者和消费者的沟通 （2）网络渠道是企业销售商品、提供服务的快捷途径，它在实现商品所有权转移方面的作用较传统渠道有所加强 （3）通过网络渠道企业既可以开展商务活动，也可以对用户进行技术培训与售后服务	—
不同点	结构方面	结构是网状的，呈现出以互联网站点为中心，向周围发散的结构	结构是线性的，体现为一种有流动方向的线性通道
不同点	费用方面	（1）有效减少人员、场地等费用，提高营销活动的效率，缩短销售周期 （2）互联网具有双向信息传播功能，为企业开展促销活动提供了更方便的渠道，减少了广告宣传费用	—

二、网络分销渠道的特征

网络分销渠道的特征包括:

(1) 虚拟性。网络空间是一个虚拟的世界,在互联网上从事销售活动,企业和消费者之间一般不直接接触。

(2) 经济性。理论上可以有效降低分销成本,提高分销效率。

(3) 便利性。与传统分销渠道相比,网络分销更能节省时间与精力。

三、网络分销系统

网络分销功能的实现需要完善的网络分销系统来支持,主要包括订货系统、结算系统、配送系统。

【考点小贴士】该知识点考试中涉及内容较少,简单记忆名称即可。

四、网络分销渠道类型

网络分销渠道的类型包括网络直销渠道和网络间接分销渠道。

(一) 网络直销渠道

网络直销渠道指生产者通过互联网直接把商品销售给顾客的分销渠道,如戴尔公司的直销模式。

(二) 网络间接分销渠道

网络间接分销渠道是生产者通过网络中间商把商品销售给顾客的渠道。常见的中间商有以下几类,具体内容如表4-3-2。

表4-3-2 中间商的具体分类

中间商	主要内容
目录服务商	(1) 包括综合性目录服务商、商业性目录服务商、专业性目录服务商 (2) 收入来源:为客户提供的互联网广告服务
搜索引擎服务商	百度搜索、360搜索
虚拟商业街	(1) 新浪网的虚拟商业街提供专卖店店面出租服务 (2) 收入来源:包含商业站点的租金、销售收入的提成等
互联网内容供应商	(1) 包括搜索引擎、电子邮箱等 (2) 收入来源:广告费和销售提成等
网上零售商	包括:纯网络型零售商(如当当网);传统零售企业触网(如沃尔玛)
虚拟评估机构	根据预先制定的标准体系对网上商家进行评估的第三方评级机构
网络统计机构	为用户提供互联网统计数据
智能代理	根据用户偏好和要求预先为用户自动进行初次搜索
虚拟市场	用户可以在站点中任意选择和购买自己所需物品,站点从中收取一定的管理费用
网络金融机构	为网络交易提供专业性金融服务

> **经典例题**
>
> [例题·单项选择题] 目录服务商是网络间接分销渠道常见的网络中间商之一，其收入来源主要是（　　）。
> A. 每笔交易的佣金
> B. 为客户提供的互联网广告服务
> C. 商业站点的租金
> D. 管理费用
>
> [解析] 目录服务商的主要收入来源于为客户提供的互联网广告服务，B项正确。　[答案] B

● 考点2　渠道扁平化

渠道扁平化是指渠道设计中应尽量减少商品和顾客接触的中间环节，实现商品和顾客的直接接触，以便实现成本优势和减少中间环节的信息失真。渠道扁平化主要有三种形式，具体内容如表 4-3-3 所示。

表 4-3-3　渠道扁平化的形式

形式	表现模式	主要内容
直接渠道 （绝对扁平化渠道）	生产商—顾客	在网络环境下，这种传统的直接渠道形式呈现出新的形式（如网站订单、短信订单）
有一层中间商的扁平化渠道	生产商—中间商—顾客	目前，很多生产企业都将大型卖场之类的终端服务商作为其渠道扁平化构建的重要方面，很多大型卖场直接从厂商处进货，避免了代理商和其他分销商介入
有两层中间商的扁平化渠道	生产商—经销商（代理商）—零售商—顾客	(1) 目前最常用、最普遍的一种扁平化模式 (2) 该模式关键在于：商品由经销商直接到达零售商手中 (3) 特点：经销商综合实力小；经销商承担更多的物流任务；业务量的增长更多依赖于生产商自己的销售团队；业务员数量随业务覆盖面的扩大而增加

● 考点3　渠道战略联盟

渠道战略联盟的类型有三种，具体内容如表 4-3-4 所示。

表 4-3-4　渠道战略联盟的类型

类型	具体内容
经销商之间的战略联盟	经销商建立联盟的动机是通过联盟形成的垄断优势和规模优势与供应商竞争，以获得更大的利润空间
生产商之间的战略联盟	部分联盟在经过较长时期的合作之后最终发展成战略联盟，而更多的联盟却受外部环境条件变化的影响，其合作关系具有动态性。事实上，生产商之间形成联盟多为在一定利益驱动下的短期行为
生产商和经销商之间的战略联盟	目的在于通过供应链中的上下游联盟与合作，提高整条供应链的效益和效率，加快市场反应速度，为顾客提供更好更满意的服务。这种渠道联盟通常是由传统的交易关系演变而来，而在长期交易中建立起来的信任和相互依赖的关系是战略联盟的基础

本章易错易混考点

【易错易混考点一】认同权和专长权

此知识点在考试中常以概念理解性的形式考查，是历年考生容易混淆的考点，要注意分析其相同点和不同点。

（1）认同权。例如，一些企业选择与某些知名制造商合作，达到提高市场声誉的目的，被选择的制造商就具备了认同权。

（2）专长权。例如，特许经营就是一种典型的租借授权人的专长建立自己业务的渠道管理方式。

【易错易混考点二】信息权与专长权的异同点

（1）相同点：两者在提供后都不能再收回。

（2）区别：专长权是长期经验积累或者专业训练的结果，信息权是由于某渠道成员容易接触到某类信息而对某事物具有更多知识。

━━━━━━━━━━━━ 历年经典真题回顾 ━━━━━━━━━━━━

一、单项选择题（每题1分，每题备选项中，只有1个最符合题意）

1. 关于服务产品特征的说法，错误的是（　　）。[2022年真题]

    A. 不可储存性　　　　　　　B. 所有权不可转让性

    C. 分离性　　　　　　　　　D. 差异性

    [解析] 不可分离性，即一般情况下，服务产品的生产与消费过程是同时进行的，在服务人员向顾客提供服务产品的同时，顾客也完成了对服务产品的消费，两者在时间上不可分离。

    [答案] C

2. 某网络中间商为加入平台的厂商提供建设和开发网站的服务，收入来源包括服务器租金和销售收入提成等。该网络中间商属于（　　）。[2020年真题]

    A. 搜索引擎服务商

    B. 虚拟商业街

    C. 虚拟评估机构

    D. 互联网内容提供商

    [解析] 本题考查网络分销渠道中的网络中间商。网络中间商指包含两个以上商业站点链接的网站。其收入来源主要是服务器租金和销售收入提成，例如，新浪网的虚拟商业街就提供专卖店店面出租服务。

    [答案] B

3. 分销渠道管理中，法律战略是一种与渠道权力运用相关的战略，其必要的权力来源是（　　）。[2020年真题]

    A. 强迫权　　　　　　　　　B. 专长权

    C. 认同权　　　　　　　　　D. 法定权

    [解析] 本题考查渠道权力的来源。法律战略的权力来源是法定权。

    [答案] D

二、多项选择题（每题2分，每题备选项中，有2个或2个以上符合题意，至少有1个错项。错选，本题不得分；少选，所选的每个选项得0.5分）

1. 关于网络分销渠道的说法，正确的有（　　）。[2020年真题]

    A. 网络分销渠道可以降低交易费用

    B. 企业可以通过网络分销渠道开展商务活动

    C. 企业可以通过网络分销渠道对用户进行技术培训

    D. 网络分销渠道是直接分销渠道

E. 企业无法通过网络分销渠道为用户提供售后服务

[解析] 本题考查网络分销渠道。网络分销渠道包括网络直接分销渠道和网络间接分销渠道，D项错误；企业可以通过网络分销渠道为用户提供售后服务，E项错误。 [答案] ABC

本章同步练习

一、单项选择题（每题1分，每题备选项中，只有1个最符合题意）

1. （　　）是指促使某种商品和服务能顺利地经由市场交换过程，转移给消费者消费使用的一整套相互依存的组织。
   A. 市场营销渠道　　　　　　　　B. 分销渠道
   C. 物流渠道　　　　　　　　　　D. 商流渠道

2. （　　）既是企业分销渠道管理目标，也是企业经营活动的重要指标，反映企业的经营状况。
   A. 市场占有率　　　　　　　　　B. 净资产收益率
   C. 利润额　　　　　　　　　　　D. 销售增长额

3. 下列不属于分销渠道成员的是（　　）。
   A. 生产者　　　　　　　　　　　B. 供应商
   C. 中间商　　　　　　　　　　　D. 消费者

4. 下列商品中，属于非渴求品的是（　　）。
   A. 急诊药品　　　　　　　　　　B. 工艺陶瓷品
   C. 方便面　　　　　　　　　　　D. 家用电器

5. 某消费品生产厂家以商品的分装厂为核心，由分装厂建立经营部，负责向其各个零售终端供应商品。该企业采用的日用消费品分销渠道模式属于（　　）。
   A. 厂家直供模式
   B. 独家经销模式
   C. 多家代理模式
   D. 平台式销售模式

6. 渠道权力运用的战略有多种，（　　）表现为"如果你按照我说的去做，我就会奖励你"。
   A. 请求战略
   B. 建议战略
   C. 许诺战略
   D. 威胁战略

7. 渠道权力战略的运用需要必要的权力来源，如威胁战略必要的权力来源是（　　）。
   A. 强迫权　　　　　　　　　　　B. 奖励权
   C. 法定权　　　　　　　　　　　D. 认同权

8. 渠道冲突根据利益冲突与对抗性行为的关系可分为不同类型，如存在冲突的利益，但不存在对抗性的行为是指（　　）。
   A. 虚假冲突　　　　　　　　　　B. 潜伏性冲突
   C. 冲突　　　　　　　　　　　　D. 不冲突

9. 根据美国营销学家帕拉休拉曼、赞瑟母和贝利等人提出的服务质量差距模型，（　　）是指顾客期望服务和顾客感知或实际体验的服务不一致的情况，是服务质量差距模型的核心。
   A. 质量感知差距
   B. 感知服务差距

C. 质量标准差距

D. 市场沟通差距

10. 某分销渠道2014年实际销售额为100万元，2015年实际销售额为300万元。该渠道2015年销售增长率为（　　）。

A. 33.3%　　　　　　　　　　B. 66.7%

C. 200.0%　　　　　　　　　 D. 300.0%

11. 电子中间商提供的服务不同，其收入来源必然存在差异，将租金作为主要来源的网络服务是（　　）。

A. 目录服务商　　　　　　　　B. 虚拟商业街

C. 智能代理　　　　　　　　　D. 虚拟市场

二、多项选择题（每题2分，每题备选项中，有2个或2个以上符合题意，至少有1个错项。错选，本题不得分；少选，所选的每个选项得0.5分）

1. 分销渠道管理目标包括（　　）。

A. 市场覆盖率　　　　　　　　B. 市场占有率

C. 利润额　　　　　　　　　　D. 销售增长额

E. 分销渠道费用率

2. 服务产品按照服务对象和特征的不同，可分为不同类型。下列属于人体处理服务的有（　　）。

A. 电视服务　　　　　　　　　B. 理财服务

C. 理发　　　　　　　　　　　D. 家电维修

E. 外科手术

3. 渠道权力运用的战略中，信息交换战略的必要的权力来源有（　　）。

A. 奖励权　　　　　　　　　　B. 强迫权

C. 专长权　　　　　　　　　　D. 认同权

E. 信息权

本章同步练习参考答案及解析

一、单项选择题

1. [答案] B

    [解析] 本题考查分销渠道的概念。分销渠道是指促使某种商品和服务能顺利地经由市场交换过程，转移给消费者（用户）消费使用的一整套相互依存的组织，B项正确。

2. [答案] C

    [解析] 本题考查分销渠道管理目标。利润额的多少反映了企业的经营状况。利润额指标不仅是企业分销渠道管理目标，也是企业经营活动的重要指标，C项正确。

3. [答案] B

    [解析] 本题考查分销渠道与市场营销渠道的相关内容。分销渠道成员包括生产者、中间商和最终消费者。B项属于市场营销渠道的成员。

4. [答案] B

    [解析] 本题考查消费品及分类中非渴求品。非渴求品是指那些消费者不知道或虽然知道但一般情况下不会主动购买的产品，如人寿保险、工艺类陶瓷、百科全书，以及刚上市的、消费者从未了解的新产品等。A项属于便利品中的应急物品；C项属于便利品中的日用品；D项属于选购品。

5. [答案] D

    [解析] 本题考查常见的消费品分销渠道模式中平台式销售模式的概念。根据题目信息"以分装厂为核心，分装厂建立经营部，并负责供应商品"，可知此为平台式销售

模式。

6. [答案] C
   [解析] 本题考查渠道权力的运用。许诺战略表现为"如果你按照我说的去做，我就会奖励你"。A项，请求战略表现为"请按照我希望的去做"；B项，建议战略表现为"如果你按我说的去做，你会更加盈利"；D项，威胁战略表现为"如果你不按照我说的去做，我会惩罚你"。

7. [答案] A
   [解析] 本题考查权力运用与权力来源的关系。威胁战略必要的权力来源是强迫权。

8. [答案] B
   [解析] 本题考查渠道冲突的分类。潜伏性冲突是指存在冲突的利益，但不存在对抗性的行为。A项，不存在利益冲突，但双方有对抗性行为；C项，对抗性行为和利益冲突均存在；D项，对抗性行为和利益冲突均不存在。

9. [答案] B
   [解析] 本题考查服务质量差距模型。根据题目信息"服务质量差距模型的核心"，可知此应该是服务感知差距（差距5）。

10. [答案] C
    [解析] 根据公式，渠道销售增长率＝（本年销售额－上年销售额）/上年销售总额×100％＝（300－100）/100×100％＝200.0％。

11. [答案] B
    [解析] 本题考查网络分销渠道类型中的网络间接分销渠道。虚拟商业街的主要收入来源包含商家租用服务器的租金和销售收入的提成等，B项正确。

二、多项选择题

1. [答案] BCD
   [解析] 本题考查分销渠道管理目标。分销渠道管理目标包括市场占有率、利润额、销售增长额。

2. [答案] CE
   [解析] 本题考查服务产品的分类。人体处理服务属于顾客高卷入的服务，如航空、理发、外科手术、健身、旅游等。A项，电视服务属于脑刺激处理服务，服务过程中顾客意识必须在场，现场或远程均可；B项，理财服务属于信息处理的服务；D项，家电维修属于物体处理的服务。

3. [答案] ACE
   [解析] 本题考渠道权力的运用中权力运用与权力来源的关系。信息交换战略的必要的权力来源包括专长权、信息权、奖励权。

第五章　生产管理

📦 本章考情分析

年份	单项选择题	多项选择题	案例分析题	合计
2023 年	5 题 5 分	2 题 4 分	4 题 8 分	17 分
2022 年	5 题 5 分	1 题 2 分	5 题 10 分	17 分
2021 年	5 题 5 分	1 题 2 分	5 题 10 分	17 分
2020 年	4 题 4 分	1 题 2 分	4 题 8 分	14 分

📦 本章学习提示

本章共 5 节，主要介绍生产计划、生产作业计划及控制等生产方面的内容。本章较为重要，考试分值占比较高，需要加强重视。常考题型包括单项选择题、多项选择题、案例分析题。其中，单项选择题和多项选择题主要以记忆型的题目为主，需要巩固相关知识点。其中，案例分析题涉及本章的考点较多且容易出计算题，在学习过程中需要多理解、多练习。

第一节 生产计划

本节考点概览

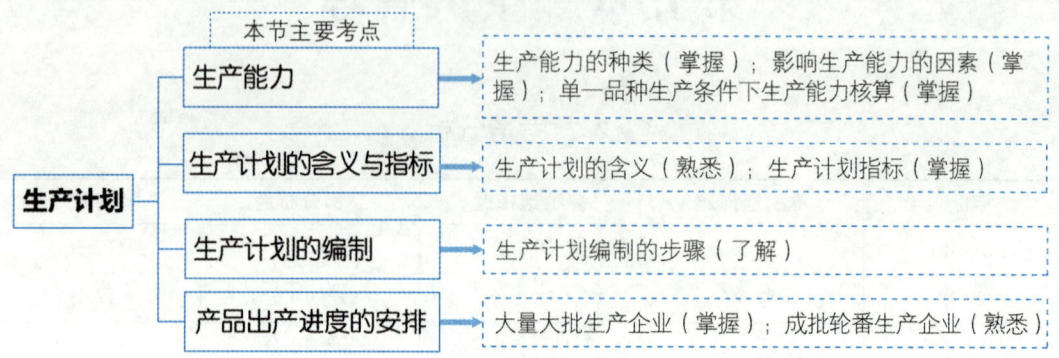

本节考点详解

考点1 生产能力

一、生产能力的概念

企业的生产能力有广义和狭义之分。

（一）广义的生产能力

广义的生产能力是指技术能力和管理能力的综合。

（1）技术能力包括人的能力和生产设备、面积的能力。人的能力是指人员数量、实际工作时间、出勤率、技术水平、思想觉悟等因素的组合；生产设备、面积的能力是指生产设备、面积的数量、水平、开动率、完好率等因素的组合。

（2）管理能力包括管理人员的管理经验与成熟程度、应用管理理论与方法的水平和提高效率的能力等。

（二）狭义的生产能力

狭义的生产能力主要是指技术能力中生产设备、面积的能力。

二、生产能力的种类

生产能力按其技术组织条件的不同可分为三种类型，具体如表5-1-1所示。

表 5-1-1 生产能力的种类

类型	概念要点	适用
设计生产能力	企业在进行基本建设时，在设计任务书和技术文件中所写明的生产能力	确定生产规模，编制长远规划，确定扩建、改建方案，采取重大技术措施时，以这两种生产能力为依据
查定生产能力	根据企业现有的生产组织条件和技术水平等因素，而重新审查核定的生产能力	
计划生产能力	也称现实生产能力，根据现有的生产组织条件和技术水平等因素所能够实现的生产能力	在编制企业年度、季度计划时，以计划生产能力为依据

【考点小贴士】生产能力的种类知识点考查常以单项选择题和案例分析题等题型出现，难

度较低。主要考查考生对三种类型概念的记忆，注意区分，不要混淆。另外，三种生产能力的适用情况也可能在考试中有所涉及。

> **经典例题**
>
> [2022真题·单项选择题]下列生产能力中反映企业现实生产能力的是（ ）。
> A. 计划生产能力　　　　　　B. 审查生产能力
> C. 核定生产能力　　　　　　D. 设计生产能力
> [解析] 计划生产能力也称现实生产能力，是企业根据现有生产组织条件和技术水平等因素能够实现的生产能力。
> [答案] A

三、影响生产能力的因素

影响企业生产能力的主要因素有以下三个：
(1) 固定资产的数量。
(2) 固定资产的工作时间。
(3) 固定资产的生产效率。

【考点小贴士】本考点从狭义的生产能力的角度理解，固定资产（如生产设备、面积）的数量、工作时间和生产效率会对企业一定时期内生产产品数量的多少会产生直接的影响，因此，这三个方面内容构成了影响企业生产能力的因素。历年常以多项选择题或案例分析题的形式考查本知识点，案例分析题也常涉及多项选择题的形式。

四、生产能力的核算

企业生产能力的核算，是根据影响生产能力的三个主要因素，在查清和采取措施的基础上，首先计算设备组的生产能力，平衡后确定小组、工段、车间的生产能力，然后各车间再进行平衡，确定企业的生产能力。本辅导书主要介绍考查频率较高的单一品种生产条件下生产能力的计算，主要涉及以下三种情况。

(一) 设备组生产能力的计算

$$\text{设备组的生产能力} = \text{单位设备有效工作时间} \times \text{设备数量} \times \text{产量定额} \quad \text{（公式1）}$$

$$\text{设备组的生产能力} = \frac{\text{单位设备有效工作时间} \times \text{设备数量}}{\text{时间定额}} \quad \text{（公式2）}$$

【考点小贴士】对设备组生产能力的计算常以单项选择题的形式考查，计算本身并不复杂，关键是要记住公式。上面两个公式表达的含义是一样的，都可能在考试中予以考查，它们均是计算出一定数量生产设备在一定的有效工作时间内能够生产的产品数量或完成的工作量，只是表达方式不同。其中的参数含义如下：单位设备有效工作时间，是指每台设备正常运转的时间；产量定额，也称工作定额，是指单位时间规定应生产产品的数量或完成的工作量；时间定额，是指在一定的条件下，生产一定产品或完成一定作业量所需消耗的时间；设备组的生产能力，是指所有设备在一定的有效工作时间内能够生产的产品数量或完成的工作量。

(二) 作业场地生产能力的计算

$$\text{作业场地的生产能力} = \frac{\text{单位面积有效工作时间} \times \text{作业场地的生产面积}}{\text{单位产品占用生产面积} \times \text{单位产品占用时间}}$$

【考点小贴士】对作业场地生产能力的计算常以单项选择题的形式考查。该公式类似于设备组生产能力计算中公式2的结构，计算本身并不复杂，关键是要记住公式。可从上下两部分内容理解：单位面积有效工作时间×作业场地的生产面积，可理解为作业场地总面积总的有效工作时间；单位产品占用生产面积×单位产品占用时间，可理解为生产1件产品所需耗用的时间和面积的量。因而可将公式的内容理解为用总量除以单位产品的耗用量，即可求出作业场地一定时间内能生产的产品数量或完成的工作量。另外，将资料中的数据代入公式计算时，注意不要出错，不要放错位置。

（三）流水线生产能力的计算

$$流水线的生产能力 = \frac{流水线有效工作时间}{流水线节拍}$$

【考点小贴士】对流水线生产能力的计算常以单项选择题的形式考查。该公式本身并不复杂，关键是要记住公式。本公式可从上下两部分内容理解记忆：流水线有效工作时间可理解为整条流水线总的工作时间；流水线节拍是指流水线上前后两件产品的时间间隔。因此，公式上下两个部分内容理解为用总量除以单位产品耗用量，即可求出该流水线一定时间内能够生产的产品数量或完成的工作量。另外，将资料中的数据代入公式计算时，注意不要出错，不要放错位置。

经典例题

[2020年真题·单项选择题] 某设备组单一生产一种零件，共有20台机器，每台机器一个工作日的有效工作时间是7.5小时，每小时生产12件产品。该设备组一个工作日的生产能力是（　　）件。

A. 2 150　　　　　　　　　B. 1 600

C. 1 500　　　　　　　　　D. 1 800

[解析] 本题考查设备组生产能力的计算。设备组的生产能力＝单位设备有效工作时间×设备数量×产量定额＝7.5×20×12＝1 800（件）。　　　　　　　[答案] D

[2018年真题·多项选择题] 下列因素中，影响设备组生产能力的有（　　）。

A. 时间定额

B. 订单数量

C. 产量定额

D. 单位设备有效工作时间

E. 设备数量

[解析] 本题考查单一品种生产能力的计算公式。设备组的生产能力的计算涉及两个公式，涉及的因素有设备数量、单位设备有效工作时间、时间定额、产量定额。　　　　[答案] ACDE

考点2　生产计划的含义与指标

一、生产计划的含义

企业的生产计划一般分为三个层次，具体如表5-1-2所示。

表5-1-2　生产计划的三个层次

层次	计划期	要点
中长期生产计划	3年或5年，或更长	—
年度生产计划	1年	企业年度经营计划的核心
生产作业计划	各月、各周、每天、每班（1年以内）	是执行性计划，年度生产计划的具体化

【考点小贴士】对生产计划的含义常以单项选择题的形式考查。生产计划的三个层次中，层次越高，计划期越长；反之，则越短。建议通过计划期的长短来记忆三种生产计划。企业一般

先制订整体的长远计划,然后层层分解,最后具体到短期的执行性计划。另外,要注意将其与本章其他节中的类型概念相区别。

> **经典例题**
>
> [例题·单项选择题]下列企业生产计划中,属于执行性计划的是(　　)。
> A. 企业的1周生产计划　　B. 企业的1年生产计划
> C. 企业的3年发展计划　　D. 企业的10年发展计划
> [解析]生产作业计划属于执行性计划,其计划期一般为各月、各周、每天、每班,根据计划期判断,可知A项正确。
> [答案]A

二、生产计划指标

制定生产计划指标是企业生产计划的重要内容。生产计划应建立包括产品品种、产品质量、产品产量及产品产值四类指标为主要内容的生产指标体系。

(一) 产品品种指标

产品品种指标是指企业在报告期内规定生产的产品的名称、型号、规格和种类。

(二) 产品质量指标

产品质量指标包括两大类:
(1) 反映产品本身内在质量的指标,如产品平均技术性能、产品质量分等。
(2) 反映产品生产过程中工作质量的指标,如质量损失率、废品率、成品返修率等。

(三) 产品产量指标

产品产量指标是指企业在一定时期内生产的,并符合产品质量要求的实物数量。确定产品产量指标主要采取盈亏平衡分析法、线性规划法等。在此主要介绍考试常考的盈亏平衡分析法。

1. 盈亏平衡分析法涉及的计算公式

$$利润 = 销售收入 - 总成本$$
$$= 单价 \times 产销量 - (固定成本 + 单位产品变动成本 \times 产销量)$$

$$盈亏平衡点产量 = \frac{固定成本}{单价 - 单位产品变动成本}$$

【注意】盈亏平衡分析法又称量本利法或保本点法。它是根据企业在一定的生产条件下,产品产销量、生产总成本和利润具有的一定关系分析判断的,与在第一章所学的盈亏平衡点销售量的公式一样。

2. 盈亏平衡分析

企业可根据图5-1-1进行盈亏平衡分析。

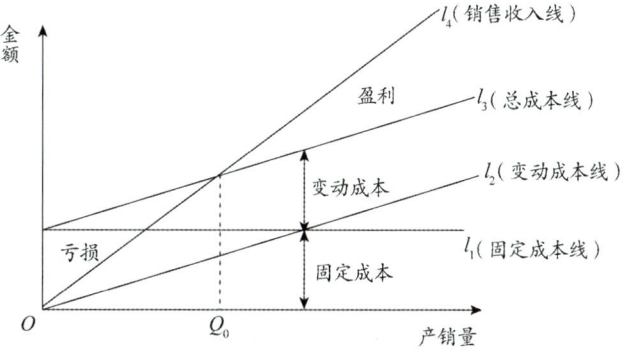

图 5-1-1　盈亏平衡分析

【考点小贴士】盈亏平衡分析考查在考试中较少出现，2011年案例分析题考查过其中两条线的名称。本知识点需要掌握图5-1-1中的销售收入线、总成本线、变动成本线、固定成本线的名称和位置。另外，还要学会利用盈亏平衡分析法进行扭亏为盈分析。图中销售收入线和总成本线的交叉点，即盈亏平衡点，对应的横坐标Q_0即为盈亏平衡点的产销量。

（四）产品产值指标

产品产值指标是<u>用货币表示的</u>产量指标，具体可分为下列三种形式：

（1）<u>工业总产值</u>是指以货币表现的工业企业在报告期内生产的工业产品总量。

（2）<u>工业商品产值</u>是工业企业在一定时期内生产的预定发售到企业外的工业产品的总价值，是企业可以获得的货币收入。

（3）<u>工业增加值</u>是企业在报告期内以货币表现的工业生产活动的最终成果。

经典例题

[2023年真题·多项选择题] 企业生产计划指标体系的主要内容有（　　）。

A. 产品产值　　　　　　　　B. 产品品种
C. 产品产量　　　　　　　　D. 产品质量
E. 产品周期

[解析] 生产计划的建立包括产品品种、产品质量、产品产量及产品产值四类指标为主要内容的生产指标体系。

[答案] ABCD

[2022年真题·单项选择题] 成品返修率属于（　　）。

A. 产品产值指标
B. 产品品种指标
C. 产品质量指标
D. 产品产量指标

[解析] 产品质量指标包括两大类：①反映产品本身内在质量的指标，如产品平均技术性能、产品质量分等；②反映产品生产过程中工作质量的指标，如质量损失率、废品率、成品返修率等。

[答案] C

[2017年真题·单项选择题] 计算工业增加值的依据是（　　）。

A. 员工最终成果　　　　　　B. 企业最终成果
C. 社会最终成果　　　　　　D. 消费者最终消费量

[解析] 本题考查工业增加值。工业增加值以社会最终成果作为计算依据，工业总产值将企业最终成果作为计算依据，C项正确。

[答案] C

● **考点3　生产计划的编制**

编制生产计划的主要步骤，大致可归纳如下：

（1）调查研究。
（2）统筹安排，初步提出生产计划指标。
（3）综合平衡，编制计划方案。
（4）生产计划大纲定稿与报批。

● **考点4　产品出产进度的安排**

生产计划指标确定后，需进一步将全年的总产量指标安排到各季、各月中去，制订出产品出产进度计划。产品出产进度的安排取决于企业的生产类型和产品的生产技术特点。在此，本辅导书主要介绍大量大批生产企业和成批轮番生产企业出产进度的安排。

(1) 大量大批生产企业安排出产进度的方法有三种类型，具体如表5-1-3所示。

表5-1-3　大量大批生产企业出产进度安排的方法

方法	特点	适用
各期产量年均分配法	将全年计划产量平均分配到各季、各月	社会对该产品需要比较稳定
各期产量均匀增长分配法	将全年计划产量均匀地安排到各季、各月	社会对该产品需要不断增加
各期产量抛物线形增长分配法	开始增长较快，以后增长较慢的要求安排各月任务，使产量增长的曲线呈抛物线形状	新产品的开发，且对该产品的需求不断增加

(2) 成批轮番生产的产品，由于各批的数量大小不一，企业在计划内生产的产品种类必然较多，因此安排产品出产进度更为复杂。通常有以下四种方法。

①将产量较大的产品，用"细水长流"的方式大致均匀地分配到各季、月生产。

②将产量较小的产品，用集中生产方式参照用户要求的交货期和产品结构工艺的相似程度及设备负荷情况，安排当月生产。

③安排旧产品，要考虑新旧产品的逐渐交替。

④精密产品和一般产品、高档产品和低档产品也要合理搭配，以充分利用企业各种设备和生产能力，为均衡生产创造条件。

第二节　生产作业计划

本节考点概览

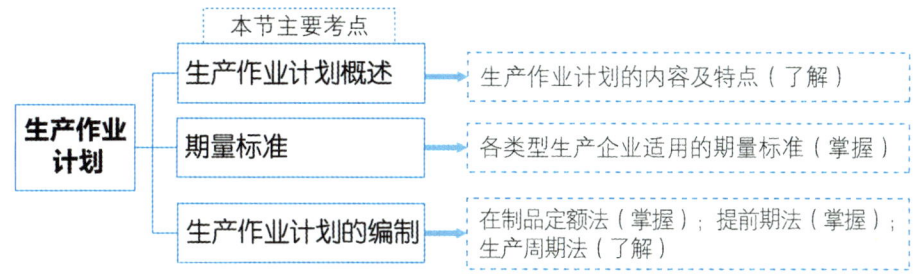

本节考点详解

考点1　生产作业计划概述

生产作业计划是生产计划工作的继续，是企业年度生产计划的具体执行计划。

一、生产作业计划的内容

(1) 编制企业各个层次的作业计划。

(2) 编制生产准备计划。

(3) 计算负荷率，进行生产任务和生产能力（生产设备、生产面积等）之间的细致平衡。

(4) 日常生产的派工、生产、调度、执行情况的统计分析与控制。

二、生产作业计划的特点

(1) 计划期短。生产计划的计划期常常表现为季、月，而生产作业计划详细规定周、日、时的工作任务。

(2) 计划内容具体。
(3) 计划单位小。

● 考点2　期量标准

期量标准，又称作业计划标准，是指为加工对象（零部件、产品等）在生产期限和生产数量方面规定的标准数据。各类型生产企业适用的期量标准具体如表 5-2-1 所示。

表 5-2-1　各类型生产企业适用的期量标准

生产企业的类型	适用的期量标准	
大量大批生产企业	节拍	是指大批量流水线上前后两个相邻加工对象投入或出产的时间间隔
	节奏	是指大批量流水线上前后两批相邻加工对象投入或出产的时间间隔
	流水线的标准工作指示图表	—
	在制品定额	是指在一定技术组织条件下，各生产环节为了保证数量上的衔接所必需的、最低限度的在制品储备量
成批轮番生产企业	批量	是指相同产品或零件一次投入或出产的数量
	生产周期	是指一批产品或零件从投入到出产的时间间隔
	生产间隔期	是指相邻两批产品或零件投入的时间间隔或出产的时间间隔
	生产提前期	是指产品或零件在各工艺阶段投入或出产时间与成品出产时间相比所要提前的时间
	[注意] 成批轮番生产下，批量、生产间隔期之间的相关关系： 批量＝生产间隔期×平均日产量 生产间隔期＝批量/平均日产量	
单件小批生产企业	生产周期、生产提前期等	

● 经典例题

[2023 年真题·单项选择题] 某公司成批轮番生产一种产品，生产批量为 400 件，平均日产量为 25 件。该公司这种产品的生产间隔期是（　　）天。
A. 15　　　　　　　　　　　B. 20
C. 16　　　　　　　　　　　D. 14
[解析] 生产间隔期＝批量/平均日产量＝400/25＝16（天）。　　　　　　　　[答案] C

[2022 年真题·单项选择题] 作业计划标准是指为加工对象在（　　）方面规定的标准数据。
A. 生产质量和生产数量　　　　　　B. 生产工艺和生产数量
C. 生产期限和生产质量　　　　　　D. 生产期限和生产数量
[解析] 期量标准又称作业计划标准，是指为加工对象（零部件、产品等）在生产期限和生产数量方面规定的标准数据。　　　　　　　　　　　　　　　　　　　　　　　　　[答案] D

● 考点3　生产作业计划的编制

生产作业计划通常分为许多层次，如厂级生产作业计划、车间级生产作业计划、工段生产作业计划和班组生产作业计划，甚至到每台机床和每个操作者。常用的生产作业计划编制的方法主要有在制品定额法、提前期法、生产周期法。

一、在制品定额法（连锁计算法）

在制品定额法的具体内容如表 5-2-2 所示。

表 5-2-2　在制品定额法

项目	具体内容
适用企业类型	适用大量大批生产类型企业的生产作业计划编制
特点	工艺反顺序
公式	(1) 本车间出产量＝后续车间投入量＋本车间半成品外售量＋（本车间期末库存半成品定额－本车间期初预计库存半成品结存量） (2) 本车间投入量＝本车间出产量＋本车间计划允许废品及损耗量＋（本车间期末在制品定额－本车间期初预计在制品结存量）

🔔【考点小贴士】本考点考查可以以任何一种题型出现，特别是可以出一道完整的案例分析题，属于重要考点。考试中主要涉及适用企业类型和特点，以及公式的计算。在计算题中，通常要求大家分别计算两个车间的投入量或出产量，考生根据题目资料找出相应的数据代入公式计算即可，但要注意资料中是否有干扰数据，不要选错。建议大家在理解公式及各项经济变量的基础上予以熟记。

二、提前期法（累计编号法）

提前期法的具体内容如表 5-2-3 所示。

表 5-2-3　提前期法

项目	具体内容
适用企业类型	适用成批轮番生产类型企业的生产作业计划编制
特点	同一时间上，越是处于生产完工阶段上的产品，其编号越小；越是处于生产开始阶段的产品，其编号越大
优点	(1) 各个车间可以平衡地编制生产作业计划 (2) 不需要预计当月任务完成情况 (3) 生产任务可以自动修改 (4) 可以用来检查零部件生产的成套性
公式	(1) 本车间出产累计号数＝最后车间出产累计号＋本车间出产提前期×最后车间平均日产量 式中：本车间出产提前期＝后续车间投入提前期＋保险期 (2) 本车间投入累计号数＝最后车间出产累计号＋本车间投入提前期×最后车间平均日产量 式中：本车间投入提前期＝本车间出产提前期＋本车间生产周期

🔔【考点小贴士】本考点考查可以以任何一种题型出现，特别是可以出一道完整的案例分析题。考试中主要涉及适用企业类型及其特点，另外计算题也是常考形式。案例分析题中的计算题通常要求分别计算某一车间的出产累计号数和投入累计号数或者是出产提前期和投入提前期，考生根据题目资料找出相应的数据代入公式计算即可。建议大家在理解公式含义的基础上予以记忆。

三、生产周期法

生产周期法适用于单件小批生产类型企业的生产作业计划编制。

─────── 经典例题 ───────

[2023年真题·单项选择题] 某企业小批量生产芯片抛光机，适合采用的生产作业计划编制方法是（　　）。
A. 累计编号法　　　　　　　　B. 准时制法
C. 生产周期法　　　　　　　　D. 在制品定额法

[解析] 单件小批生产企业一般是按订货来组织生产，因而生产的数量和时间都不稳定，所以不能用提前期法，更不能用在制品定额法。单件小批生产类型企业编制生产作业计划要解决的主要问题是各车间在生产时间上的联系，以保证如期交货。从这个特点出发，单件小批生产类型企业采用的方法是生产周期法，即用计算生产周期的方法来解决车间之间在生产时间上的联系。

[答案] C

第三节 生产控制

本节考点概览

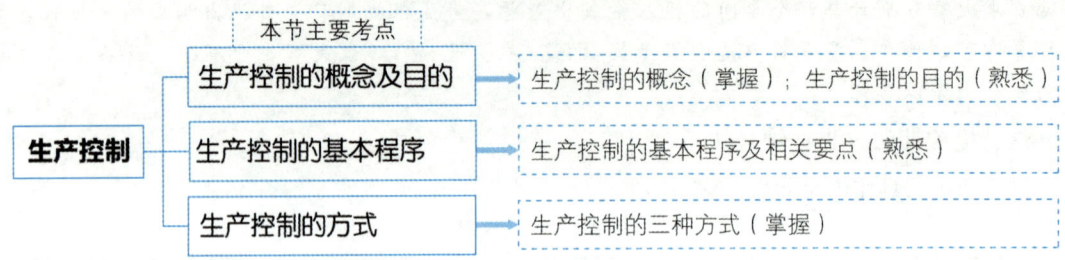

本节考点详解

◆ 考点1 生产控制的概念及目的

一、生产控制的概念

生产控制是指为保证生产计划目标的实现，按照生产计划的要求，对企业的生产活动全过程的检查、监督、分析偏差和合理调节的系列活动。

（1）广义的生产控制是指从生产准备开始到进行生产，直至成品出产入库为止的全过程的全面控制，包括计划安排、生产进度控制及调度、库存控制、质量控制、成本控制等内容。

（2）狭义的生产控制，又称生产作业控制，是指对生产活动中生产进度的控制。

经典例题

[2023年真题·单项选择题] 狭义的生产控制的核心是（　　）。

A. 进度管理　　B. 在制品管理　　C. 质量管理　　D. 工艺管理

[解析] 狭义的生产控制，又称生产作业控制，是指对生产活动中生产进度的控制。　　[答案] A

二、生产控制的目的

生产控制的目的是提高生产管理的有效性，既要保证生产过程协调地进行，又要保证以最少的人力和物力完成生产任务。

【考点小贴士】对生产控制的目的常以单项选择题或多项选择题的形式考查，难度不大。尽管生产控制的目的只有简单的一句话，但是在考试中经常是将其拆开，分别作为若干选项让大家进行选择。建议大家熟记。

经典例题

[2014年真题·单项选择题] 生产控制的目的是（　　）。

A. 提高产品价格　　　　　　B. 提高生产管理的有效性

C. 提高客户满意度　　　　　D. 提高生产产量

[解析] 生产控制的目的是提高生产管理的有效性，B项正确。　　　　　　　　　　[答案] B

● 考点2　生产控制的基本程序

生产控制的基本程序包括制定控制的标准、测量比较、控制决策、实施执行。具体的基本程序如下。

一、制定控制的标准

制定标准的方法一般有以下几种：

（1）类比法。参照本企业的历史水平制定标准，也可参照同行业的先进水平制定标准。

（2）分解法。把企业层的指标按部门和产品层层分解为一个个小指标，作为每个生产单元的控制目标。

（3）定额法。为生产过程中某些消耗规定标准，主要包括劳动消耗定额和材料消耗定额。

（4）标准化法。将权威机构制定的标准，如国际标准、国家标准、部颁标准、行业标准等，作为自己的控制标准。

二、测量比较

测量比较是以生产统计手段获取系统的输出值，与预定的控制标准作对比分析，发现偏差。偏差分为正偏差与负偏差，具体内容如表5-3-1所示。

表 5-3-1　偏差的类型

项目	正偏差（目标值＞实际值）	负偏差（目标值＜实际值）
产量、劳动生产率、利润	不达标，需要控制	达标
成本、工时消耗	达标	不达标，需要控制

三、控制决策

控制决策是根据产生偏差的原因提出用于纠正偏差的控制措施。其工作步骤为：分析原因→拟定措施→效果预期分析。

四、实施执行

实施执行是生产控制基本程序中的最后一个阶段，由一系列的具体操作组成。

------经典例题------

[2022年真题·单项选择题] 参照本企业的历史水平制定标准，属于（　　）。
A. 分解法　　　　　　　　　　B. 定额法
C. 类比法　　　　　　　　　　D. 标准化法
[解析] 类比法是参照本企业的历史水平制定标准，或参照同行业的先进水平制定标准。
[答案] C

[2019年真题·单项选择题] 下列生产指标中，当期实际成果与计划目标之间出现负偏差时，需要重点加以生产控制的是（　　）。
A. 利润　　　　　　　　　　　B. 成本
C. 劳动生产率　　　　　　　　D. 产量

[解析] 本题考查生产控制基本程序中的根据标准检验实际执行情况。成本、工时消耗达到了负偏差，即目标值＜实际值，表示不达标，需要控制。B项正确。

[答案] B

[2017年真题·多项选择题] 生产控制的基本程序主要包括（　　）。

A. 制定控制的标准　　　　　　B. 测量比较
C. 编制生产计划　　　　　　　D. 控制决策
E. 实施执行

[解析] 生产控制具体基本程序包括制定控制标准、测量比较、控制决策、实施执行。

[答案] ABDE

考点3 生产控制的方式

常用的三种生产控制方式如表 5-3-2 所示。

表 5-3-2　常用的三种生产控制方式

控制方式	概念要点
事前控制	前馈控制，在本期生产活动展开前进行
事中控制	对作业现场获取信息，实时地进行作业核算
事后控制	反馈控制，根据本期生产结果与期初所制订的计划相比较，找出差距，提出措施，在下一期的生产活动中实施控制的一种方式

【考点小贴士】本考点属于常考点。考生能够准确记忆三种控制方式的概念名称即可，学习及考查的难度都不大。三个名称中的"事"可理解为"生产活动"，三种方式依次是在生产活动过程的前、中、后三个阶段进行控制。

经典例题

[2019年真题·单项选择题] 下列生产控制方式中，将控制重点放在生产前的计划与执行中有关影响因素预测上面的是（　　）。

A. 事后控制方式　　　　　　B. 全员控制方式
C. 事前控制方式　　　　　　D. 事中控制方式

[解析] 本题考查事前控制。事前控制将控制重点放在生产前的计划与执行中有关影响因素的预测上面。

[答案] C

第四节　生产作业控制

本节考点概览

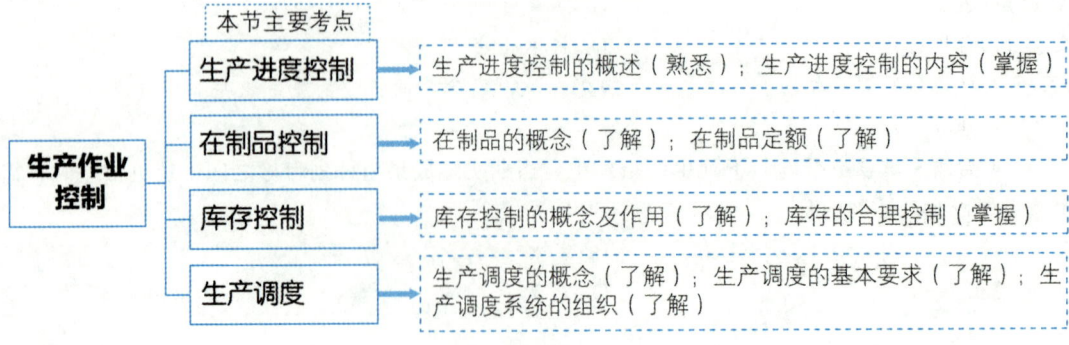

本节考点详解

考点1 生产进度控制

一、生产进度控制概述

(一) 生产进度管理的目标

生产进度管理的目标是准时生产，即在需要的时间，按需要的品种生产需要的数量，既要保证交货期，又要保持和调整生产速度。

(二) 生产进度控制的目的

生产进度控制的目的在于依据生产作业计划，检查零部件的投入和出产数量、出产时间和配套性，保证产品能准时装配出厂。

二、生产进度控制的内容

（1）投入进度控制。在产品生产过程中对产成品的投入日期、数量，及对原材料、零部件投入提前期的控制。

（2）工序进度控制。在生产过程中对每道工序上的加工进度控制。

（3）出产进度控制。对产成品的出产日期、出产数量的控制。

【考点小贴士】生产进度控制的内容即对生产过程的前（投入）、中（工序）、后（出产）三个阶段进行控制，以此保证产品能够准时装配出厂。

经典例题

[2017年真题·单项选择题] 生产进度管理的目标是（　　）。
A. 提前生产　　　　　　　　B. 准时生产
C. 在制品控制　　　　　　　D. 质量控制
[解析] 生产进度管理的目标是准时生产，B项正确。　　　　　　　　　　[答案] B

考点2 在制品控制

一、在制品的概念

在制品是指从原材料、外购件等投入生产起到经检验合格入库之前，存在于生产过程中各个环节的零部件和产品。通常根据所处的不同工艺阶段，把在制品分为毛坯、半成品、入库前成品和车间在制品。

二、在制品控制的工作内容

在制品控制是企业生产控制的基础工作，是对生产运作过程中各工序原材料、半成品等在制品所处位置、数量、车间之间的物料转运等进行的控制。在制品控制的工作内容具体包括：

（1）合理确定在制品管理任务和组织分工。

（2）认真确定在制品定额，加强在制品控制，做好统计与核查工作。

（3）建立、健全在制品的收、发与领用制度。

（4）合理存放和妥善保管在制品。

三、在制品定额

在制品定额是指在一定生产技术组织条件下，各生产环节为了保证数量上的衔接所必需的、最低限度的在制品储备量。一定数量的在制品储备，是保证生产连续进行的必要条件。

● 考点 3 库存控制

一、库存控制的概念及作用

(1) 广义的概念是指一切暂时闲置但可用于未来的资源储备，包括人、财、物、信息等。

(2) 狭义的概念是指用于保证生产顺利进行或满足顾客需求的物料储备。本辅导书讨论的是狭义的库存。

库存控制是对企业生产、经营全过程的各种半成品、产成品以及其他资源进行管理和控制，使其储备库存保持在经济合理的水平上。

库存控制的主要作用是：在保证企业生产、经营需求的前提下，使库存量经常保持在合理的水平上；掌握库存量动态，避免超储或缺货；减少库存空间占用，降低库存管理成本；控制库存资金占用，加速资金周转。

二、库存的合理控制

(一) 库存量不合理所产生的问题

1. 库存量过大所产生的问题

(1) 增加仓库面积和库存保管费用，从而提高了产品成本。

(2) 占用大量的流动资金，造成资金呆滞，既加重了贷款利息等负担，又会影响资金的时间价值和机会收益。

(3) 造成产成品和原材料的有形损耗和无形损耗。

(4) 造成企业资源的大量闲置，影响资源合理配置和优化。

(5) 掩盖了企业生产、经营全过程的各种矛盾和问题，不利于企业提高管理水平。

2. 库存量过小所产生的问题

(1) 造成服务水平下降，影响销售利润和企业信誉。

(2) 造成生产系统原材料或其他物料供应不足，影响生产过程的正常进行。

(3) 使订货间隔期缩短，订货次数增加，使订货（生产）成本提高。

(4) 影响生产过程的均衡性和装配时的成套性。

经典例题

[2020年真题·单项选择题] 企业库存量过大的后果是（　　）。

A. 生产系统原材料供应不足　　B. 订货次数增加
C. 企业资源大量闲置　　　　　D. 销售量下降

[解析] 企业库存量过大导致的问题之一是企业资源大量闲置，C项正确。A、B、D三项属于库存量过小导致的问题。

[答案] C

(二) 库存管理成本

(1) **仓储成本**，是指**维持库存物料本身所需**花费，包括存储成本、搬运和盘点成本、保险和税收以及库存物料由于变质、陈旧、损坏、丢失等造成损失及购置库存物料所占用资金的利息等。

(2) **订货成本**，是指**每次订购物料所需**联系、谈判、运输、检验等费用。它与订购次数有关。

(3) **机会成本**，是指企业为从事某项经营活动而放弃另一项经营活动的机会，或利用一定资源获得某种收入时所放弃的另一种收入。机会成本的大小等于企业所放弃的选择能产生的最大收益。包括两个方面内容：由**库存不够带来的缺货损失**；**物料本身占用一定资金**，企业会**失去将这部分资金改作他用的机会**，由此给企业造成损失。

> **经典例题**
>
> [2018年真题·单项选择题] 库存物料由变质所造成的损失属于（　　）。
> A. 订货成本　　　　　　　　B. 沉没成本
> C. 仓储成本　　　　　　　　D. 机会成本
> [解析] 仓储成本是指维持库存物料本身所需花费，包括存储成本、搬运和盘点成本、保险和税收以及库存物料由变质、陈旧、损坏、丢失等造成损失及购置库存物料所占用资金的利息等，因此，本题中的库存物料由变质所造成的损失属于仓储成本，C项正确。　　　　[答案] C

（三）库存控制基本方法

库存控制的基本方法有定量库存控制法、定期库存控制法和ABC库存分类法等，在此主要掌握ABC库存分类法即可。

（1）ABC库存分类法的基本原理。按照库存商品价值的不同或重要程度的不同对其分类，通常根据年占用金额（年存货数量×价格）将商品分为三类库存：A类品种种类占总品种数的10%左右，价值占库存总价值的70%左右；B类品种种类占总品种数的20%左右，价值占库存总价值的20%左右；C类品种种类占总品种数的70%左右，价值占库存总价值的10%左右。

（2）ABC库存分类法的库存控制策略。将商品进行ABC分类，其目的在于根据分类结果对每类商品采取适宜的库存控制措施，把"重要的少数""不重要的多数"区别开，使企业将库存管理工作的重点放在"重要的少数"上，既可以加强管理，又可以节约成本。不同类别的库存控制策略是不同的：严格控制A类商品库存，设立非常低的安全库存水平，高频率、小批量订货，高频率盘点，保证完整和精确的库存记录，给予最高的处理优先权等；较宽松地控制C类商品库存，建立大量安全库存，低频率、大批量订货，花费尽可能少的时间盘点库存；B类商品库存的控制程度介于A类和C类商品之间。

● **考点4　生产调度**

一、生产调度的概念

生产调度是组织执行生产进度计划的工作，是对生产计划的监督、检查和控制，发现偏差及时调整的过程。

【注意】生产调度以生产进度计划为依据。

二、生产调度工作的基本要求

（1）生产调度工作必须以生产进度计划为依据。这是生产调度工作的基本原则。
（2）生产调度工作必须高度集中和统一。
（3）生产调度工作要以预防为主。
（4）生产调度工作要从实际出发，贯彻群众路线。

三、生产调度系统的组织

（1）大型企业设厂部、车间、工段三级调度。
（2）中小型企业设厂部、车间二级调度。

四、调度工作制度

（1）调度值班制度。
（2）调度报告制度。

(3) 调度会议制度。

(4) 现场调度制度。

(5) 班前班后小组会制度。

> **经典例题**

[2023 年真题·单项选择题] 生产调度工作的基本原则是（　　）。

A. 以生产进度计划为依据

B. 以客户满意度为依据

C. 以原材料采购计划为依据

D. 以在制品计划为依据

[解析] 生产调度工作必须以生产进度计划为依据，这是生产调度工作的基本原则。　　[答案] A

第五节　现代生产管理方式

本节考点概览

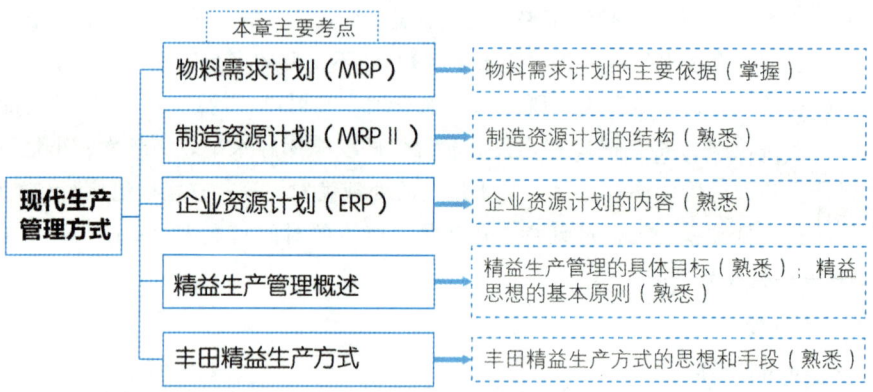

本节考点详解

考点 1　物料需求计划（MRP）

物料需求计划的主要依据是主生产计划、物料清单和库存处理信息三大部分，具体内容如表 5-5-1 所示。

表 5-5-1　物料需求计划的主要依据

MRP 主要输入信息/主要依据	概念要点
主生产计划 （最主要输入信息）	又称产品出产计划，表明企业向社会提供的最终产品数量。它由客户订单、销售预测和备件需求所决定
物料清单	又称产品结构文件，反映产品的组成结构层次及每一层次下组成部分本身的需求量
库存处理信息	又称库存状态文件，记载产品及所有组成部分的存在状况数据

> **经典例题**
>
> [2020年真题·单项选择题] 主生产计划是物料需求计划（MRP）的主要输入信息，主生产计划是指（　　）。
> A. 在制品生产计划　　　　　　B. 车间的生产作业计划
> C. 生产调度计划　　　　　　　D. 产品出产计划
> [解析] 本题考查物料需求计划。主生产计划又称产品出产计划，是物料需求计划的主要输入信息。
> [答案] D

考点2　制造资源计划（MRPⅡ）

一、制造资源计划的结构

（1）计划和控制的流程系统。

（2）基础数据系统。

（3）财务系统。

二、制造资源计划的特点

（1）计划的一贯性和可行性。

（2）数据的共享性。

（3）动态的应变性。

（4）模拟的预见性。

（5）物流和资金流的统一性。

考点3　企业资源计划（ERP）

企业资源计划主要包括四个部分，具体如表5-5-2所示。

表5-5-2　企业资源计划的内容

ERP的四个模块	主要内容
生产控制模块（核心模块）	主生产计划、物料需求计划、能力需求计划、生产现场控制、制造标准
物流管理模块	分销管理、库存控制、采购管理
财务管理模块	会计核算、财务管理
人力资源管理模块	人力资源规划的辅助决策、招聘管理、工时管理、工资管理、差旅核算

考点4　精益生产管理概述

精益思想的核心就是不断消除浪费，以最小的人力、设备、资金、材料、时间和空间等资源的投入，创造出尽可能多的价值，为顾客提供新产品和及时的服务。精益管理的目标为：企业在为顾客提供满意的产品与服务的同时，把浪费降到最低。

一、精益生产管理的具体目标

（1）效率。提高生产效率，是企业生产管理不断追求的目标。借助最有效的管理工具，实现生产作业标准化是提高生产效率的根本所在。

（2）质量。努力提高并稳定产品质量水平应该是企业生产管理持续追求的目标，质量就是企业的生命体现。质量管理关注的是产品的过程质量控制，尤其对于流水线产品。

（3）成本。合理控制和降低产品成本，是生产管理必须面对的现实。成本控制和成本降低都是企业在生产管理中需要考虑的事情。著名经济学家大卫·卡特勒说过"80%的成本决定在设计阶段做出，前期成本控制比后期成本降低更重要"。

(4) 交货期。交货期不仅需要理解为给客户交付产品的时间期限，还要理解为产品生产过程中各个工艺环节的时间管理。准时制就是在需要的时间、按需要的量、生产客户需要的产品，准时交货是精益生产的最终目的。

(5) 安全。安全主要是指人员的安全，而不是与机器故障、损坏相关的设备安全。安全生产可以保障生产持续有效进行，同时，保障员工安全也是企业社会使命感的重要体。对安全的重视是以人为本的基本体现。安全指标主要包括死亡人数、受伤人数、班组安全活动次数等。

(6) 士气。员工积极高涨的士气与团队和企业文化的建设，特别是精益生产管理的生产管理化建设息息相关。员工管理涉及 5S 现场管理法，"5S"即整理（seiri）、整顿（seiton）、清扫（seiso）、清洁（setketsu）、素养（shitsuke）。

二、精益思想的基本原则

(1) 正确定义价值。正确定义价值就是以客户的观点定义价值。价值由最终客户确定，是指从客户的角度感知企业提供产品和服务的价值。

(2) 识别价值流。价值流是指从原材料转变为产成品，并给它赋予价值的全部活动。识别价值流就是在价值流中找到真正增值的活动和不增值的活动。识别价值流的目的是发现浪费和消灭浪费。

(3) 流动。精益思想要求创造价值的各个活动流动起来，强调的是不间断地流动。精益思想是将所有的停滞视为企业的浪费，用持续改进、JIT、单件流等方法在任何批量生产条件下创造价值的连续流动。

(4) 拉动。拉动就是按客户的需求投入和产出，使客户在需要的时间得到需要的东西。用户或制造的下游根据自身需要获取他们所需要的东西，而不是把客户不太想要的产品强行推销给客户。拉动原则更深远的意义在于企业直接按客户的实际需要进行生产。

(5) 追求尽善尽美。价值流中存在浪费的步骤不可能通过一次改善就彻底消除，浪费是在生产过程中不断被发现和改进的。

> **经典例题**
>
> [2022 年真题·多项选择题] 精益思想强调的基本原则有（　　）。
> A. 系统思考　　　　　　　　B. 拉动
> C. 识别价值流　　　　　　　D. 正确定义价值
> E. 流动
> [解析] 精益思想强调以下五项基本原则：正确定义价值、识别价值流、流动、拉动、追求尽善尽美。
> [答案] BCDE

●考点5　丰田精益生产方式

(1) 准时制(JIT) 和自动化是贯穿丰田生产方式的两大支柱。JIT 本质是一个拉动式的生产系统，更有效率地响应了顾客所需，它的基本思想是"只在必要时刻，生产必要数量的必要产品"。

(2) 标准化作业。丰田公司的标准化作业主要是指每一位多技能作业员所操作的多种不同机床的作业程序，也指在标准周期时间内，把每一位多技能作业员所承担的一系列的多种作业标准化，主要包括标准周期时间、标准作业顺序、标准在制品存量。

(3) 多技能作业员，或称"多面手"，是指那些能够操作多种机床的生产作业工人。

(4) 看板管理系统，是对生产过程中各工序生产活动进行控制的信息系统。看板的功能包括：
①显示生产以及运送的工作指令。

②防止过量生产和过量运送。
③进行"目视管理"的工具。
④改善的工具。

(5) 全员参与的现场改善活动。

(6) 全面质量管理。

经典例题

[2023年真题·多项选择题] 在丰田生产方式中，看板的主要功能有（　　）。
A. 防止过量生产
B. 改善的工具
C. 进行"目视管理"的工具
D. 显示生产的工作指令
E. 现场整顿的工具

[解析] 看板的功能包括：①显示生产以及运送的工作指令；②防止过量生产和过量运送；③进行"目视管理"的工具；④改善的工具。

[答案] ABCD

本章易错易混考点

【易错易混考点】三种生产能力的类型

本章介绍了设计生产能力、查定生产能力和计划生产能力三种生产能力，主要应从三者的适用情况和各自的特点来区分，可以结合一些具体的实例来辅助理解，具体如表Ⅰ所示。

表Ⅰ　三种生产能力的区分

类型	适用情况	特点	举例
设计生产能力	长远规划，如确定生产规模，确定扩建、改建方案，采取重大技术措施	企业在搞基本建设时，在设计任务书和技术文件中所写明的生产能力	某电动凿岩机厂，其设计任务书和技术文件中规定年产电动凿岩机 2 000 台，这个"2 000 台的能力"就是设计能力
查定生产能力		根据企业现有的生产组织条件和技术水平等因素，而重新审查核定的生产能力	某电机制造厂根据自身技术水平检查车间、工段、小组的生产大纲，各种产品产量的比例构成资料
计划生产能力	近期的生产计划，如编制企业年度、季度计划	根据现有的生产组织条件和技术水平等因素所能够实现的生产能力	某企业有 3 种主要设备，其各自生产能力分别为：甲设备 120 件，乙设备 100 件，丙设备 95 件，这就是三种设备的计划生产能力

[2018年真题·单项选择题] 反映企业现实生产能力的是（　　）。
A. 查定生产能力　　　　　B. 计划生产能力
C. 设计生产能力　　　　　D. 审核生产能力

[解析] 本题考查生产能力的类型。计划生产能力也称现实生产能力，是企业在计划期内根据现有的生产组织条件和技术水平等因素所能够实现的生产能力，B 项正确。

[答案] B

历年经典真题回顾

一、单项选择题（每题1分，每题备选项中，只有1个最符合题意）

1. 下列因素中，不会影响固定资产有效工作时间的是（ ）。[2019年真题]
   A. 轮班工作时间
   B. 工作班次
   C. 全年工作日数
   D. 单位时间的产量定额

   [解析] 本题考查生产能力。固定资产的有效工作时间同企业现行制度、规定的工作班次、轮班工作时间、全年工作日数、设备计划修理时间有关。 [答案] D

2. 下列生产计划中，受企业现有条件的约束，且是确定企业生产水平的纲领性计划的是（ ）。[2019年真题]
   A. 年度生产计划
   B. 中期生产计划
   C. 生产作业计划
   D. 长期生产计划

   [解析] 本题考查生产计划的含义与指标。年度生产计划是以计划期现实的市场状况和充分利用现有生产能力为依据制定的企业生产纲领，是考核企业生产水平和经营状况的主要依据。中长期生产计划不受企业现有条件的约束，是为开创新局面所制定的生产发展规划。 [答案] A

3. 生产调度工作的基本原则是（ ）。[2019年真题]
   A. 以订单交货期为依据
   B. 以生产进度计划为依据
   C. 以生产库存计划为依据
   D. 以生产采购计划为依据

   [解析] 本题考查生产调度。生产调度工作的基本原则是以生产进度计划为依据。 [答案] B

4. 企业进行基本建设时，在技术文件中所写明的生产能力是（ ）。[2017年真题]
   A. 设计生产能力
   B. 查定生产能力
   C. 计划生产能力
   D. 现实生产能力

   [解析] 本题考查设计生产能力的概念。设计生产能力是在企业搞基本建设时，在设计任务书和技术文件中所写明的生产能力。 [答案] A

5. 下列生产控制方式中，能够"实时"控制，从而确保生产或者沿着当期计划目标展开，且控制的重点是当前生产过程中的是（ ）。[2017年真题]
   A. 事中控制方式
   B. 事后控制方式
   C. 事前控制方式
   D. 全员控制方式

   [解析] 本题考查生产控制的方式。根据题目信息"能够实时控制"，可知此为事中控制。 [答案] A

二、多项选择题（每题2分，每题备选项中，有2个或2个以上符合题意，至少有1个错项。错选，本题不得分；少选，所选的每个选项得0.5分）

1. 适用于成批轮番生产企业的期量标准有（ ）。[2020年真题]
   A. 批量
   B. 生产周期
   C. 生产提前期
   D. 节拍
   E. 生产间隔期

   [解析] 本题考查成批轮番生产企业的期量标准。成批轮番生产企业的期量标准包括批量、生产周期、生产提前期、生产间隔期。 [答案] ABCE

2. 下列因素中，影响企业生产能力的有（ ）。[2019年真题]
   A. 正在运转的设备
   B. 工作班次
   C. 单位机器设备的产量定额
   D. 正在安装的设备
   E. 封存待调的设备

[解析] 本题考查生产能力。影响企业生产能力的因素包括：①固定资产的数量。用于生产的全部机器设备的数量、厂房和其他生产性建筑的面积。设备的数量包括正在运转的和正在检修、安装和准备检修的设备，也包括暂时没有任务而停用的设备，但不包括已报废的、不配套的、封存待调的设备和企业备用的设备。②固定资产的工作时间。按照企业现行工作制度计算的机器设备的全部有效工作时间和生产面积的全部有效利用时间。固定资产的有效工作时间同企业现行制度、规定的工作班次、轮班工作时间、全年工作日数、设备计划修理时间有关。③固定资产的生产效率。单位机器设备的产量定额或单位产品的台时定额，单位时间、单位面积的产量定额或单位产品生产面积占用额。 [答案] ABCD

三、案例分析题（每题2分。由单项选择题和多项选择题组成。错选，本题不得分；少选，所选的每个正确选项得0.5分）

（一）

某企业生产甲、乙、丙、丁四种产品，各种产品在铣床组的台时定额分别为40小时、50小时、20小时、80小时。铣床组共有铣床12台，每台铣床的有效工作时间为4 400小时；甲、乙、丙、丁四种产品计划年产量分别为1 500台、1 200台、2 400台、900台，对应的总产量的比重分别为0.25、0.2、0.4、0.15。该企业采用假定产品法进行多品种生产条件下铣床组生产能力核算，得出年生产假定产品的能力为1 320台。[2019年真题]

根据以上资料，回答下列问题：

1. 假定产品的台时定额是（　　）小时。
   A. 55　　　　　　　　　　　B. 35
   C. 30　　　　　　　　　　　D. 40

[解析] 本题考查生产能力。根据假定产品法的公式 $t_j = \sum_{i=1}^{n} w_i \cdot t_i$，其中，$w_i$ 表示第 i 种产品占总产量比重；t_i 表示第 i 种产品的台时定额，即：$t_j = 0.25 \times 40 + 0.2 \times 50 + 0.4 \times 20 + 0.15 \times 80 = 40$（小时）。 [答案] D

2. 铣床组年生产甲产品的能力为（　　）台。
   A. 198　　　　　　　　　　　B. 330
   C. 264　　　　　　　　　　　D. 528

[解析] 本题考查生产能力。根据已知条件，该企业采用假定产品法进行多品种生产条件下铣床组生产能力核算，得出年生产假定产品的能力为1 320台。根据公式 $M_i = M_j \cdot w_i$，其中，M_i 为具体产品的生产能力，M_j 为以假定产品计算的生产能力，w_i 为第 i 种产品占产品总产量比重，则 $M_甲 = 1\,320 \times 0.25 = 330$（台）。 [答案] B

3. 该企业采用假定产品法计算生产能力，则推断该企业可能的生产特征是（　　）。
   A. 产品劳动量差别小
   B. 产品工艺差别小
   C. 产品结构差别大
   D. 产品订单量差别大

[解析] 本题考查生产能力。在企业产品品种比较复杂，各种产品在结构、工艺、劳动量差别比较大，不容易确定代表产品时，可以采用假定产品法计算生产能力。 [答案] C

4. 影响该铣床组生产能力的因素有（　　）。
   A. 铣床的体积
   B. 铣床组的台时定额
   C. 铣床组的有效工作时间
   D. 铣床组拥有铣床的数量

[解析] 本题考查生产能力。影响企业生产能力的因素包括固定资产的数量、工作时间和生产效率（产量定额或台时定额等）。

[答案] BCD

（二）

某机电生产企业生产单一机电产品，其生产计划部门运用提前期法来确定机电产品在各车间的生产任务。甲车间是生产该种机电产品的最后车间，2018年11月份应生产到3 000号，产品的平均日产量为100台。该种机电产品在乙车间的出产提前期为20天，生产周期为10天。假定各车间的生产保险期为0天。[2018年真题]

根据以上材料，回答下列问题：

1. 该企业运用提前期法编制生产作业计划，可以推测该企业属于（　　）类型企业。
   A. 单件生产　　　　　　　　B. 大量生产
   C. 成批轮番生产　　　　　　D. 小批量生产

   [解析] 本题考查提前期法。提前期法又称累计编号法，适用于成批轮番生产类型企业的生产作业计划编制。

   [答案] C

2. 乙车间2018年11月份出产产品的累计号是（　　）。
   A. 4 600号　　　　　　　　B. 5 000号
   C. 4 800号　　　　　　　　D. 5 500号

   [解析] 本题考查提前期法。根据公式，本车间出产累计号数＝最后车间出产累计号＋本车间出产提前期×最后车间平均日产量，计算如下：
   (1) 最后车间出产累计号：由案例资料已知为"3 000"号。
   (2) 本车间的出产提前期：由案例资料已知为"20"天。
   (3) 最后车间平均日产量：由案例资料已知为"100"台。
   (4) 乙车间出产累计号数＝3 000＋20×100＝3 000＋2 000＝5 000（号）。

   [答案] B

3. 乙车间2018年11月份投入生产的累计号是（　　）。
   A. 5 500号　　　　　　　　B. 5 600号
   C. 8 800号　　　　　　　　D. 6 000号

   [解析] 本题考查提前期法。根据公式，本车间投入累计号数＝最后车间出产累计号＋本车间投入提前期×最后车间平均日产量，计算如下：
   (1) 最后车间出产累计号：由案例资料已知为"3 000号"。
   (2) 本车间的投入提前期：即乙车间的投入提前期，由案例资料已知"乙车间的出产提前期为20天，生产周期为10天"，根据公式，投入提前期＝出产提前期＋生产周期＝20＋10＝30（天）。
   (3) 最后车间平均日产量：由案例资料已知为"100台"。
   (4) 乙车间投入累计号数＝3 000＋30×100＝3 000＋3 000＝6 000（号）。

   [答案] D

4. 该企业运用提前期法编制生产作业计划的优点是（　　）。
   A. 可以用来检查零部件生产的成套性
   B. 生产任务可以自动修改
   C. 提高生产质量
   D. 各个车间可以平衡地编制作业计划

   [解析] 本题考查提前期法。提前期法的优点包括：①各个车间可以平衡地编制作业计划；②不需要预计当月任务完成情况；③生产任务可以自动修改；④可以用来检查零部件生产的成套性。

   [答案] ABD

本章同步练习

一、单项选择题（每题1分，每题备选项中，只有1个最符合题意）

1. 下列不属于广义生产能力中的技术能力的是（　　）。
   A. 人的能力
   B. 管理的能力
   C. 生产面积的能力
   D. 生产设备的能力

2. 某设备组只生产一种产品，共有10台机器，每台机器一个工作日的有效工作时间为7.5小时，每小时生产10件产品，该设备组一个工作日的生产能力是（　　）件。
   A. 650
   B. 710
   C. 750
   D. 820

3. 提前期法适用于（　　）类型企业生产作业计划的编制。
   A. 大批大量生产
   B. 单件小批生产
   C. 成批轮番生产
   D. 多品种小批量生产

4. 下列关于累计编号法优点的说法，错误的是（　　）。
   A. 可以用来检查零部件生产的成套性
   B. 可提高生产产品的质量
   C. 各个车间可以平衡地编制作业计划
   D. 生产任务可以自动修改

5. 某车间单一生产某产品，车间共有车床10台，全年制度工作日设为250天，两班制，每班工作7.5小时，设备计划修理时间占有效工作时间的10%，单件产品的时间定额为0.5小时，则设备组的年生产能力为（　　）件。
   A. 33 250
   B. 33 750
   C. 62 500
   D. 67 500

6. 下列生产计划指标中，属于产品产值指标的是（　　）。
   A. 产品的名称
   B. 成品返修率
   C. 工业增加值
   D. 盈亏平衡点产销量

7. 生产控制的核心在于（　　）。
   A. 进度管理
   B. 分配作业
   C. 测定差距
   D. 制定修正措施

8. 某生产企业为了保证生产计划目标的实现，对生产过程进行监督，分析偏差并进行合理调节的活动属于（　　）。
   A. 生产监督
   B. 生产控制
   C. 生产调度
   D. 生产分析

9. 物料需求计划的主要输入信息中，（　　）反映了产品的组成结构层次及每一层次下组成部分本身的需求量。
   A. 主生产计划
   B. 库存处理信息
   C. 物料清单
   D. 产品生产计划

二、多项选择题（每题2分，每题备选项中，有2个或2个以上符合题意，至少有1个错项。错选，本题不得分；少选，所选的每个选项得0.5分）

1. 生产能力按其技术组织条件的不同，分为（　　）。
   A. 设计生产能力
   B. 查定生产能力
   C. 计划生产能力
   D. 评估生产能力
   E. 控制生产能力

2. 产品产值指标根据具体内容与作用的不同，分为（　　）。
   A. 工业总产值
   B. 工业商品产值
   C. 工业增加值
   D. 工业原材料值
   E. 工业零售产值

3. 适用于单件小批生产企业的期量标准有（　　）。
   A. 生产提前期
   B. 批量
   C. 生产间隔期
   D. 节奏
   E. 生产周期

4. 制定控制标准是对生产过程中的各项要素规定一个数量界限，可采用的方法包括（　　）。
   A. 类比法
   B. 分解法
   C. 定额法
   D. 标准化法
   E. 偏差法

5. 下列关于事后控制的说法，正确的有（　　）。
   A. 它属于前馈控制
   B. 它属于反馈控制
   C. 对本期的损失无法挽回
   D. 控制的重点是本期的生产活动
   E. 控制的重点是在事前的计划与执行中有关影响因素的预测上

6. 中小型企业的生产调度系统组织包括（　　）。
   A. 仓库调度
   B. 厂部调度
   C. 车间调度
   D. 工序调度
   E. 工时调度

7. 下列属于丰田生产方式的思想和手段的有（　　）。
   A. 标准化作业
   B. 自动化
   C. 规模化
   D. 准时制
   E. 看板管理系统

三、案例分析题（每题2分。由单项选择题和多项选择题组成。错选，本题不得分；少选，所选的每个正确选项得0.5分）

某企业的产品生产按照工艺顺序需连续经过甲车间、乙车间、丙车间、丁车间的生产才能完成。该企业运用在制品定额法来编制下一个生产周期的生产计划。在下一个生产周期，各车间生产计划如下：丁车间出产量为2 000件，计划允许废品及损耗量为50件，期末在制品定额为300件，期初预计在制品结存量为150件；丙车间投入量为2 000件；乙车间半成品外销量为1 000件，期末库存半成品定额为400件，期初预计库存半成品结存量为200件。

根据以上材料，回答下列问题：

1. 该企业运用在制品定额法编制生产作业计划，可以推测该企业的生产类型属于（　　）类型。
   A. 单件生产　　　　　　　　B. 小批量生产
   C. 成批生产　　　　　　　　D. 大量大批生产

2. 丁车间下一个生产周期的投入量是（　　）件。
   A. 1 600　　　　　　　　　B. 1 960
   C. 2 200　　　　　　　　　D. 2 300

3. 乙车间下一个生产周期的出产量是（　　）件。
   A. 3 000　　　　　　　　　B. 3 200
   C. 3 600　　　　　　　　　D. 4 500

4. 该企业应最后编制（　　）的生产作业计划。
   A. 甲车间　　　　　　　　　B. 乙车间
   C. 丙车间　　　　　　　　　D. 丁车间

本章同步练习参考答案及解析

一、单项选择题

1. [答案] B
   [解析] 本题考查生产能力。广义的生产能力是指技术能力和管理能力的综合。其中，技术能力包括人的能力和生产设备、面积的能力。

2. [答案] C
   [解析] 本题考查生产能力的核算。根据公式，设备组的生产能力＝单位设备有效工作时间×设备数量×产量定额＝7.5×10×10＝750（件）。

3. [答案] C
   [解析] 本题考查提前期法。提前期法适用于成批轮番生产类型企业的生产作业计划编制，是成批轮番生产作业计划的重要期量标准之一。

4. [答案] B
   [解析] 本题考查提前期法。提前期法又称为累计编号法，其优点包括：①各个车间可以平衡地编制作业计划；②不需要预计当月任务完成情况；③生产任务可以自动修改；④可以用来检查零部件生产的成套性。

5. [答案] D
   [解析] 本题考查单一品种生产条件下生产能力核算。题目给出的信息为"设备数量"及"时间定额"，因此根据公式，设备组的生产能力＝单位设备有效工作时间×设备数量/时间定额，计算如下：

   (1) 单位设备有效工作时间：题目已知"全年制度工作日设为250天，两班制，每班工作7.5小时，设备计划修理时间占有效时间的10%"，可知：单位设备有效工作时间＝250×7.5×2×（1－10%）＝3 375（小时）。

   (2) 设备数量：题目已知车间共有车床"10"台。

   (3) 时间定额：题目已知单件产品台时定额为"0.5"小时。

   (4) 该设备组的年生产能力＝3 375×10/0.5＝67 500（件）。

6. [答案] C
   [解析] 本题考查生产计划指标中的产品产值指标。产品产值指标包括工业总产值、工业商品产值、工业增加值。A项属于产品品种指标。B项属于产品质量指标。D项属于产品产量指标。

7. [答案] A
   [解析] 本题考查生产进度控制。生产控制的核心在于进度管理，A项正确。

8. [答案] B
   [解析] 本题考查生产控制的概念。生产控制是指为了保证生产计划目标的实现，按照生产计划的要求，对企业的生产活动全

过程的检查、监督、分析偏差和合理调节的系列活动。

9. [答案] C
[解析] 本题考查物料需求计划的结构。根据题目关键信息"反映产品组成结构层次",可知为物料清单。

二、多项选择题

1. [答案] ABC
[解析] 本题考查生产能力的种类。生产能力按技术组织条件不同可分为设计生产能力、查定生产能力、计划生产能力。

2. [答案] ABC
[解析] 本题考查生产计划指标中的产品产值指标。产品产值指标根据具体内容与作用的不同分为工业总产值、工业商品产值、工业增加值。

3. [答案] AE
[解析] 本题考查期量标准。单件小批生产企业的期量标准包括生产周期、生产提前期。批量和生产间隔期属于成批轮番生产企业的期量标准,B、C 两项错误。节奏属于大量大批生产企业的期量标准,D 项错误。

4. [答案] ABCD
[解析] 本题考查生产控制的基本程序。制定控制标准的方法包括类比法、分解法、定额法、标准化法。

5. [答案] BC
[解析] 本题考查生产控制的方式。A、E 两项均属于对事前控制的叙述。D 项,事后控制的重点是下一期的生产活动,而不是本期的生产活动,故错误。

6. [答案] BC
[解析] 本题考查生产调度系统的组织。中小型企业一般只设厂部、车间二级调度。

7. [答案] ABDE
[解析] 本题考查丰田生产方式。丰田生产方式的思想和手段包括准时制和自动化、标准化作业、多技能作业员、看板管理系统、全员参加的现场改善活动、全面质量管理。

三、案例分析题

1. [答案] D
[解析] 本题考查在制品定额法。在制品定额法适合大量大批生产类型企业的生产作业计划编制。

2. [答案] C
[解析] 本题考查在制品定额法。根据公式,本车间投入量=本车间出产量+本车间计划允许废品及损耗量+本车间期末在制品定额-本车间期初在制品预计结存量,计算如下:
(1) 本车间出产量:即丁车间出产量,案例资料已知为"2 000"件。
(2) 本车间计划允许废品及损耗量:即丁车间计划允许废品及损耗量,案例资料已知为"50"件。
(3) 本车间期末在制品定额:即丁车间期末在制品定额,案例资料已知为"300"件。
(4) 本车间期初在制品预计结存量:即丁车间期初预计在制品结存量,案例资料已知为"150"件。
(5) 丁车间投入量=2 000+50+300-150=2 200(件)。

3. [答案] B
[解析] 本题考查在制品定额法。根据公式,本车间出产量=后续车间投入量+本车间半成品外售量+本车间期末库存半成品定额-本车间期初预计库存半成品结存量,计算如下:
(1) 后续车间投入量:乙车间的后续车间为"丙车间",丙车间的投入量为"2 000"件。
(2) 本车间半成品外售量:即乙车间半成品外售量,案例资料已知为"1 000"件。
(3) 本车间期末库存半成品定额:即乙车间期末库存半成品定额,案例资料已知为"400"件。
(4) 本车间期初预计库存半成品结存量:即乙车间期初预计库存半成品结存量,案例资料已知为"200"件。
(5) 乙车间的出产量=2 000+1 000+400-

200＝3 200（件）。

4. ［答案］A

［解析］本题考查在制品定额法。在制品定额法是按照工艺反顺序计算方法，顺次确定各车间的生产任务。根据案例资料"某企业的产品生产按照工艺顺序续连续经过甲车间、乙车间、丙车间、丁车间的生产才能完成"，即工艺的顺序是经过甲、乙、丙、丁四个车间，而工艺反顺序是指反过来从最后车间往前进行计算编制，因此应首先编制丁车间的生产作业计划，最后编制的是甲车间的生产作业计划。

第六章　物流管理

本章考情分析

年份	单项选择题	多项选择题	案例分析题	合计
2023 年	5 题 5 分	2 题 4 分	—	9 分
2022 年	6 题 6 分	2 题 4 分	—	10 分
2021 年	6 题 6 分	2 题 4 分	—	10 分
2020 年	7 题 7 分	2 题 4 分	—	11 分

本章学习提示

本章共 4 节，主要介绍物流管理、包装、装卸搬运、流通加工、仓储、运输、配送管理等内容。2023 年，本章做了大幅度的调整，有 95% 的内容属于新增知识点，是整本教材中变动最明显的一章。但本章仍然是比较简单的一章，与现实生活联系比较紧密，容易理解和记忆。常考题型包括单项选择题、多项选择题，近年未考查案例分析题。本章考查难度不大，主要为记忆性内容。

第一节 物流与物流管理概述

本节考点概览

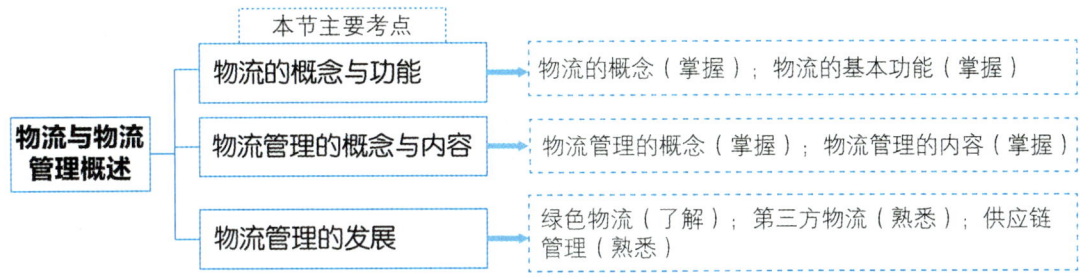

本节考点详解

考点1 物流的概念与功能

一、物流的概念

物流是指根据实际需要，将运输、储存、装卸、搬运、包装、流通加工、配送、信息处理等基本功能实施有机结合，使物品从供应地向接收地进行实体流动的过程。

物流包含以下三方面的含义：

（1）物流服务是商品。

（2）物流活动是生产性服务活动。

（3）物流活动创造价值。

二、物流的基本功能

物流的基本功能如表 6-1-1 所示。

表 6-1-1 物流的基本功能

基本功能	具体内容
运输	即使物品发生场所、空间转移的物流活动。运输实现了"物"由供应地向接收地的移动，实现资源的优化配置，在物流活动中占有重要地位
储存	也称仓储，即以改变"物"的时间状态为目的的物流活动，消除生产和消费之间的时间差。储存可以实现物流在时间上的优化配置，同样在物流活动中处于重要的地位
装卸搬运	是指在物流活动中出现频率高、根据物流运输和保管需要而进行的作业。只有通过装卸搬运作业，"物"的实体运动的各个阶段才能连接成为连续的"流"，物流活动才可以顺利进行
包装	是包装物及包装操作的总称，包装操作是指物品在运输、储存、交易、使用时，为保持物品价值、形状而使用恰当材料、容器进行保管的活动。包装是生产的终点，是物流的起点
流通加工	即物品在从生产领域向消费领域流动的过程中，为促进物品销售、维护物品质量和提高物流效率，对物品进行加工，使物品发生物理或化学变化的活动
配送	即在经济合理区域范围内根据客户要求，对物品进行拣选、加工、包装、分割、组配等作业，并按时送达指定地点的活动
信息处理	即通过收集和处理物流活动各环节生成的信息，使物流能有效、顺利进行的活动

【考点小贴士】物流的概念与功能可能会综合起来并以多项选择题的方式考查。这部分内容与2022年教材基本相同,但要注意个别地方的调整,考试中容易出错。

经典例题

[例题·单项选择题] 下列不属于物流基本功能的是（　　）。
A. 包装　　　　　　B. 生产加工　　　　　C. 储存　　　　　　D. 信息处理
[解析] 物流的基本功能包括运输、储存、装卸搬运、包装、流通加工、配送、信息处理。

[答案] B

考点2　物流管理的概念与内容

一、物流管理的概念

物流管理是指为达到既定的目标,从物流全过程出发,对相关物流活动进行的计划、组织、协调与控制。

物流管理的实质是通过使各项物流活动实现协调和配合,在保证物流服务水平的前提下,降低物流成本,提高物流效率和效益。可以从以下几个方面理解物流管理：

(1) 客户满意是物流管理的出发点。
(2) 物流管理以物流整体最优为目的。
(3) 经济效益和社会效益并重。
(4) 物流管理以信息为核心。

二、物流管理的内容

从不同的角度出发,物流管理的内容有所不同：

(1) 对各项物流活动的管理,即对运输、储存、装卸搬运、包装、配送、流通加工、信息处理等活动的管理,这是本章关注的内容。
(2) 对物流系统构成要素的管理,即对物流系统中的人、财、物、方法和信息等要素的管理。
(3) 对物流具体职能的管理,主要是对物流计划、质量、技术、经济等的管理。

【考点小贴士】该内容为高频考点。物流管理的概念中的四个方面属于2023年新增内容,既可以综合考查多项选择题,也可以单独考查单项选择题,需要准确记忆。

经典例题

[例题·单项选择题] 关于物流管理的说法,错误的是（　　）。
A. 物流管理以经济效益为优先考虑
B. 物流管理以信息为核心
C. 物流管理是对相关物流活动进行的计划、组织、协调与控制
D. 客户满意是物流管理的出发点
[解析] 经济效益和社会效益并重,A项错误。

[答案] A

考点3　物流管理的发展

一、绿色物流

绿色物流是指通过充分利用物流资源、采用先进的物流技术,合理规划和实施运输、储存、装卸搬运、包装、流通加工、配送、信息处理等物流活动,降低物流活动对环境影响的过程。

绿色物流包括集约资源、绿色运输、绿色仓储、绿色包装和逆向物流五方面含义。绿色物流的内涵还包括：绿色物流是共生型物流,注重从环境保护和可持续发展角度谋求环境与经济发展

共存；绿色物流是**循环型物流**，包括原材料、副产品再循环，包装废弃物再循环，废旧物品再循环，资源垃圾的收集和再资源化等。

二、第三方物流

第三方物流是一种由独立于物流服务供需双方之外且以物流服务为主营业务的组织提供物流服务的模式。

第三方物流模式的价值体现在以下几个方面：
(1) 降低成本。
(2) 提高顾客服务水平和质量。
(3) 规避风险。
(4) 提高竞争力。
(5) 提升社会价值。

经典例题

[2023年真题·多项选择题] 企业使用第三方物流模式的优点有（　　）。
A. 企业可以减少物流设施设备的投资
B. 企业可以高度掌控整个物流过程
C. 企业可以把资源集中于自己的核心业务上
D. 企业可以减少物流服务人员的数量
E. 企业可以实现物流活动的规模经济

[解析] 企业把物流业务的运作外包给专业的第三方物流企业，以支付服务费用的形式获得物流服务，不需要企业自己管理物流基础设施、设备和相关人员，从而使企业的固定成本转化为可变成本，对于那些业务量呈现季节性变化的企业，其影响更加明显。B项错误，外包给第三方物流企业，不需要企业相关人员，也不好高度掌控整个物流过程。E项错误，对于第三方物流服务企业而言，可以更好地实现各项物流活动的规模经济。[答案] ACD

三、供应链管理

(一) 供应链的概念和特征

供应链是指在生产及流通过程中，围绕核心企业的核心产品或服务，由所涉及的原材料供应商、制造商、分销商、零售商直到最终用户等形成的网链结构。供应链由核心企业、核心企业的供应商、供应商的供应商、核心企业的客户、客户的客户等组成，一个企业就是一个节点，节点企业与节点企业之间是一种供应和需求关系。

供应链的特征有：
(1) 供应链上的**每一个节点都是必不可少的参与者**。
(2) 供应链是一条**物流链、信息链、资金链、增值链**。
(3) 供应链是由**若干个供应链集成的网络结构**。

(二) 供应链中的"牛鞭效应"

"牛鞭效应"又称**需求放大效应**，即当供应链的各节点企业只根据来自相邻的下游企业的需求信息进行生产或供应决策时，需求信息的不真实性会沿着供应链逆流而上，产生逐级放大的现象，达到最源头的供应商时，其获得的需求信息和实际消费市场中的客户需求信息发生了很大的**偏差**。

(三) 供应链管理的基本理念

供应链管理是指从供应链整体目标出发，对供应链中采购、生产、销售各环节的商流、物流、信息流及资金流进行统一计划、组织、协调、控制的活动和过程。供应链管理的实质是深入供应链的各个增值环节,将客户所需的正确产品能够在正确的时间,按照正确的数量、正确的质量和正确的状态送到正确的地点,并使总成本最小。

供应链管理的基本理念包括以下几点。

(1) 供应链管理强调企业间的合作。

(2) 供应链管理是一种集成化的管理模式。

(3) 供应链管理以客户和最终消费者为中心。

(四) 供应链合作关系与传统企业关系的区别

供应链合作关系强调企业间直接的、长期的合作,强调共同努力实现共有的计划和解决共同的问题,强调相互之间的信任和合作,这与传统企业间的关系有很大的区别,主要包括相互交换的主体、供应商选择标准、稳定性、合同性质、供应批量、供应商数量、供应商规模、信息交流、质量控制和选择范围。

经典例题

[例题·多项选择题] 下列关于供应链的说法,错误的有( )。

A. 供应链是由若干个供应链集成的网络结构

B. 供应链是一条物流链、信息链,而不是资金链、增值链

C. 供应链上的每一个节点都是必不可少的参与者

D. 供应链管理强调企业间的合作

E. 供应链管理以最终消费者为中心

[解析] 供应链是一条物流链、信息链、资金链、增值链,B 项错误。供应链管理以客户和最终消费者为中心,E 项错误。

[答案] BE

第二节 包装、装卸搬运与流通加工

本节考点概览

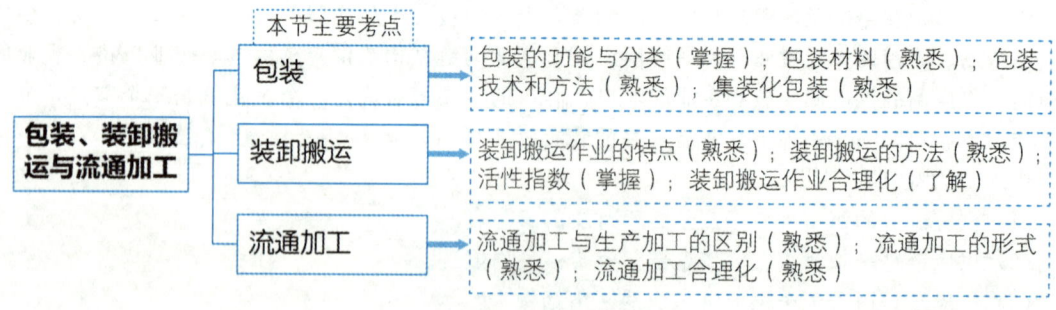

本节考点详解

● 考点1 包装

一、包装的功能与分类

包装是现代物流活动的基础,是指为在流通过程中保护产品、方便储运、促进销售,按一定技术方法而采用的容器、材料及辅助物等的总体名称,也指为了达到上述目的而采用容器、材料和辅助物的过程中施加一定技术方法等的操作活动。

包装的功能包括保护功能、方便功能和销售功能。

包装的分类如表 6-2-1 所示。

表 6-2-1　包装的分类

分类标准	类型
按包装目的不同分类	工业包装、商业包装
按包装使用范围不同分类	专用包装、通用包装
按照包装使用次数不同分类	一次用包装、多次用包装、周转用包装

【考点小贴士】该内容为新增知识点，包装的功能和分类均可能在考试中考查。注意分类中按使用次数的分类将包装分成了三种，不要与前面两种分类混淆。

经典例题

[2023 年真题·单项选择题] 商品包装上标有易碎品标记，这体现了包装的（　　）功能。
A. 保护　　　　B. 销售　　　　C. 美化　　　　D. 方便

[解析] 方便功能：包装使物品便于流通。包装便于保护物品本身的原有使用价值，包装物上的各种标志和标识便于管理者识别、存取、盘点，有特殊要求的物品引起注意。　　[答案] D

二、包装材料

各种包装材料的优缺点如表 6-2-2 所示。

表 6-2-2　各种包装材料的优缺点

包装材料	优点	缺点
纸包装	成型性和折叠性优良，易于加工，容易达到卫生要求，易于印刷，价格较低，本身重量轻，可以降低运输费用	纸包装材料受潮后强度下降，气密性、防潮性、透明性较差
塑料包装	塑料具有一定的强度、弹性、耐摩擦、抗震动、防潮和气体阻漏等性能，化学稳定性较好，防锈蚀；塑料属于轻质材料，加工成型简单，有优良的透明性和表面光泽，印刷和装饰性良好	容易产生公害，造成白色污染
金属包装	不易破碎、不透气、防潮、防光，能有效保护内装物；具有良好的延展性；其加工技术成熟，有特殊光泽，具有良好的装潢效果；易于再生使用	金属材料在包装上的应用成本高、能耗大，在流通中容易生锈
玻璃包装	不透气、不透湿，有一定强度，透明性较好，易于塑型和加工，具有特殊的真实展现商品的效果；玻璃包装容器易于复用、回收，便于洗刷、消毒、灭菌，一般不会造成公害；原材料资源丰富，价格便宜稳定	玻璃用作包装材料时存在耐冲击强度低、碰撞时易破碎，自身重量大，运输成本高、能耗大等缺点
木材包装	木材具有优良的强度/重量比，有一定的弹性，能承受冲击、振动、重压等；木材加工方便，不需要复杂的加工机械设备	木材容易吸收水分，容易变形开裂，容易被蛀蚀，容易腐朽等，加上受资源限制、价格高等因素影响，限制了木材在包装中的应用

【提示】复合包装材料是两种或者两种以上具有不同特性的材料，通过各种方法复合在一起以改进单一材料的性能，复合包装材料在包装领域有广泛应用。

三、包装技术和方法

（一）包装的一般技术和方法

（1）对内装物合理置放、固定和加固。
（2）对松泡产品进行体积压缩。
（3）合理选择包装的形状尺寸。
（4）包装外的捆扎。

（二）包装的特殊技术和方法

（1）缓冲包装技法，又称防震包装技法。
（2）防潮包装技法。
（3）防锈包装技法。
（4）防霉包装技法。

（三）包装操作

（1）充填。充填是将物品放入包装容器的操作，分为装放、填充和灌装三种形式。
（2）封口和捆扎。包装封口是包装操作的一道重要工序，直接关系包装作业的质量和包装密封性能。不同包装容器以及密封性能要求不同。封口方法不一，主要有黏合封口、胶带封口、热熔封口、压接封口、缝合封口、捆扎封口等。捆扎是指将物品或包装件用适当材料扎紧、固定或增强的操作，主要有直接捆扎、夹板捆扎、成件捆扎、密缠捆扎等方法。
（3）裹包。裹包是指用一层挠性材料包覆物品或包装件的操作，用于裹包的材料有纸张、织物、塑料薄膜等，可以使用直接裹包、多件裹包、压缩捆包等方法。
（4）加标和检重。加标是指将标签粘贴或拴挂在物品或包装件上，标签是包装装潢的标志。检重是检查包装内容物的重量。

四、集装化包装

（一）集装化包装的意义

集装化包装是指将一定数量的散装或者零星成件物品组合在一起，形成一个合适的单元，使其在装卸搬运、运输等物流环节中作为一个整件进行技术上和业务上处理的包装方式，又称组合化包装或单元化包装。集装化包装的意义在于便于采用机械化操作，可以提高装卸速度，减轻装卸搬运的劳动强度，降低运输成本和节省运杂费用，更好地保护商品的质量和数量，并促进包装实现标准化。

（二）集装化包装的形式

集装化包装的形式主要有集装箱、托盘、集装袋、货捆、框架集装等。其中，集装箱是集装化包装容器中最主要的形式。集装袋是用柔性材料制成的袋式包装容器，主要用于粉状、颗粒状如水泥、粮食、化肥、盐、糖、矿产品等物品。集装袋的特点是结构简单、自重轻、可折叠、成本低，比较常见的有橡胶集装袋、塑料集装袋、帆布集装袋，一般都可以重复使用。

> **经典例题**
>
> [2023年真题·单项选择题] 粮食适用的集装化包装形式是（　　）。
> A. 集装箱　　　　B. 集装袋　　　　C. 货捆　　　　D. 框架
> [解析] 集装袋是用柔性材料制成的袋式包装容器，主要用于粉状、颗粒状如水泥、粮食、化肥、盐、糖、矿产品等物品。集装袋的特点是结构简单、自重轻、可折叠、成本低，比较常见的有橡胶集装袋、塑料集装袋、帆布集装袋，一般都可以重复使用。
> [答案] B

考点2 装卸搬运

一、装卸搬运作业的特点

(1) 装卸搬运作业量大、对象复杂。
(2) 装卸搬运作业不均衡。
(3) 装卸搬运作业对安全性要求高。
(4) 装卸搬运作业具有伴生性和起讫性。

> **经典例题**
>
> [2023年真题·多项选择题] 装卸搬运作业的特点有（　　）。
> A. 具有伴生性　　　　　　　B. 对安全性要求高
> C. 作业量大、对象复杂　　　D. 各物流节点作业量均衡
> E. 具有起讫性
> [解析] 装卸搬运作业的特点有：①装卸搬运作业量大、对象复杂；②装卸搬运作业不均衡；③装卸搬运作业对安全性要求高；④装卸搬运作业具有伴生性和起讫性。　　[答案] ABCE

二、装卸搬运的方法

装卸搬运方法的分类如表6-2-3所示。

表6-2-3　装卸搬运方法的分类

分类标准	类型
按装卸搬运作业对象分类	(1) 单件作业法 (2) 集装作业法 (3) 散装作业法
按作业手段和组织水平分类	(1) 人工作业法 (2) 机械化作业法 (3) 综合机械化作业法
按装卸搬运设备作业的特点分类	(1) 间歇作业法 (2) 连续作业法

三、活性指数

装卸搬运活性是装卸搬运作业的专用术语，是指物流过程中的货物进行装卸搬运作业的方便或者难易程度。通常将各种存放状态下货物的装卸搬运活性用活性指数来表示。活性指数为自然数，指数越大，其装卸搬运活性越高，即货物越容易装卸搬运；指数越小，其装卸搬运活性越低，即货物越难装卸搬运。

根据货物搬运过程中产生的动作多少，将货物搬运的难易程度划分为5级，分别用0级、1级、2级、3级、4级表示，具体含义为：0级表示货物散堆在地面上的状态；1级表示货物装箱或经捆扎后的状态；2级表示装箱或被捆扎后的货物，下面放有枕木或其他衬垫，便于叉车或其他机械作业的状态；3级表示货物被放置在台车上或用起重机吊钩钩住，即刻可以移动的状态；4级表示被装卸搬运的货物已经被启动，处于直接作业的状态。

为了说明和分析物料搬运的灵活程度，通常采用平均活性指数这一指标。这一指标是对某一物流过程物料所具备的活性情况，累加后计算其平均值。平均活性指数用 σ 表示，其大小是确定改变搬运方式的信号。平均活性指数不同取值表示的含义如表6-2-4所示。

表 6-2-4　平均活性指数不同取值表示的含义

取值	含义
当 $\sigma<0.5$ 时	所分析的装卸搬运系统多数处于活性指数为 0 的状态，即大部分物料处于散放状态。这时，可以采用料箱、推车等存放物料的方式改善当前的状态
当 $0.5<\sigma<1.3$ 时	装卸搬运系统多数处于活性指数为 1 的状态，可以采用叉车或动力搬运车进行改善
当 $1.3<\sigma<2.3$ 时	装卸搬运系统多数处于活性指数为 2 的状态，可采用单元化的连续装卸和搬运加以改善
当 $\sigma>2.3$ 时	说明装卸搬运系统多数处于活性指数为 3 的状态，可以选用拖车或机车车头拖挂的装卸搬运方式

【考点小贴士】该内容属于考试中的重点和难点。难易程度划分的 5 级和平均活性指数的具体含义可能会综合考查，难度较大，记忆不准确则容易丢分。此外，该内容也是高频考点，单项选择题和多项选择题均可考查。

经典例题

[例题·单项选择题] 下列关于装卸搬运活性的说法，错误的是（　　）。
A. 活性指数为自然数，指数越小，其装卸搬运活性越高，即货物越容易装卸搬运
B. 当 $0.5<\sigma<1.3$ 时，表示大部分物料处于集装状态，其改进方式可采用叉车或动力搬动车
C. 当 $\sigma<0.5$ 时，所分析的装卸搬运系统半数以上处于活性指数为 0 的状态，这时可以采用料箱、推车等存放物料的方式改善当前的状态
D. 平均活性指数用 σ 表示，其大小是确定改变搬运方式的信号
[解析] 活性指数为自然数，指数越大，其装卸搬运活性越高，即货物越容易装卸搬运。

[答案] A

四、装卸搬运作业合理化

（1）防止和消除无效作业。
（2）提高货物的装卸搬运活性。
（3）实现装卸搬运作业省力化。
（4）合理利用装卸搬运机械设备。

考点 3　流通加工

一、流通加工与生产加工的区别

流通加工与生产加工的区别如表 6-2-5 所示。

表 6-2-5　流通加工与生产加工的区别

区别	具体内容
加工对象不同	流通加工的对象是进入流通领域的商品，具有商品性质；生产加工的对象是某种最终产品形成过程中的原材料、零部件或半成品
加工深度不同	流通加工一般是简单加工，其加工内容是浅层次，如板材的剪裁、玻璃开片等；生产加工的复杂程度以及加工深度要远远高于流通加工。不过，当前流通加工产业出现了不断向深加工发展的趋势

续表

区别	具体内容
责任人不同	流通加工是由流通企业负责和组织，以满足消费者要求为目的进行的加工活动组织；生产加工以生产企业为责任人和组织者，更多要符合产品设计和加工技术要求
附加价值不同	从价值观点看，生产加工在于创造商品的价值和使用价值，而流通加工在于完善商品的使用价值，一般在不对加工对象做大的改变的情况下提高商品价值

【经典例题】

[例题·多项选择题] 流通加工与生产加工的区别主要体现在（　　）。

A. 加工成果不同

B. 加工深度不同

C. 附加价值不同

D. 责任人不同

E. 加工工艺不同

[解析] 流通加工与生产加工的区别体现在以下方面：加工对象不同、加工深度不同、责任人不同、附加价值不同。

[答案] BCD

二、流通加工的形式

（1）以保存商品为目的的流通加工。

（2）为提高商品利用率的流通加工。

（3）为方便消费、满足用户需求的流通加工（例如，自行车在消费地装配后直接销售，可避免整体运输低效率和货物高损坏的情况）。

（4）为提高物流效率、降低物流损失的流通加工。

【考点小贴士】该内容在考试中的难度不大，主要在于四种形式的记忆，不涉及具体的解释性内容，考试题型可能为单项选择题和多项选择题，也可能与流通加工的其他内容综合考查。

【经典例题】

[2023年真题·单项选择题] 下列流通加工活动中，属于提高物流效率、降低物流损失的是（　　）。

A. 自行车消费地装配　　　　B. 丝制品的防虫加工

C. 钢材集中套裁下料　　　　D. 超市提供的净菜加工

[解析] 为提高物流效率、降低物流损失的流通加工：例如，自行车在消费地装配后直接销售，可避免整体运输低效率和货物高损坏的情况。

[答案] A

三、流通加工合理化

（1）加工和配送结合。

（2）加工和配套结合。

（3）加工和运输结合。

（4）加工和商流结合。

第三节 仓储与库存管理

本节考点概览

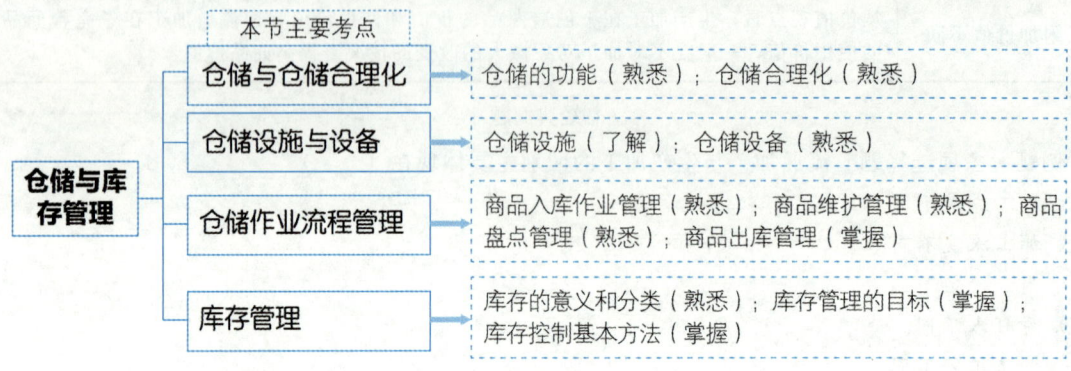

本节考点详解

考点1 仓储与仓储合理化

一、仓储的功能

（1）调节功能。

（2）保管检验功能。

（3）集散功能。

（4）客户服务功能。

（5）防范风险功能。

二、仓储合理化

仓储合理化是指用最经济的办法实现仓储的功能，实质是在保证仓储功能实现的前提下尽量少投入。仓储数量过多会造成物品积压，增加资金占用，仓储保管费用增加，可能造成浪费；如果仓储数量过少，又会影响消费，降低客户服务水平。仓储合理化的评判标准和实施要点如表 6-3-1 所示。

表 6-3-1 仓储合理化的评判标准和实施要点

项目	具体内容
仓储合理化的评判标准	（1）仓储质量 （2）仓储数量 （3）储存时间 （4）仓储结构 （5）仓储费用
仓储合理化的实施要点	（1）对储存物品进行分类管理，可采用 ABC 分类管理方法 （2）采用先进先出方式，提高货物周转率 （3）提高储存密度，有效利用仓容 （4）快进快出

> **经典例题**

[例题·多项选择题] 仓储合理化的评判标准包括（　　）。
A. 仓储质量 B. 储存地点
C. 仓储数量 D. 仓储结构
E. 仓储费用

[解析] 仓储合理化的评判标准包括仓储质量、仓储数量、储存时间、仓储结构和仓储费用。

[答案] ACDE

考点2 仓储设施与设备

一、仓储设施

仓库是最常见的仓储设施，是保管、储存商品的建筑物和场所的总称。仓库不仅具有存放和保护物品的功能，还是从事储存、包装、分拣、流通加工、配送等物流作业活动的物流节点设施。

根据不同的划分依据，仓库可以分为不同的类型。按保管条件不同，仓库可分为普通仓库，保温、冷藏、恒温恒湿仓库，特种仓库（危险品仓库、战备物资储备仓库）和气调仓库等。按封闭程度不同，仓库可分为封闭式库房、半封闭式货棚和露天式堆场。按作业方式不同，仓库可分为自动化仓库和非自动化仓库。按使用范围不同，仓库可分为自用仓库、营业仓库、公用仓库等。

【考点小贴士】这是本节一个重要的分类知识点，也是本章的新增知识点。其中，部分内容较专业，有些专业名词无须深究，记住即可。仓库分类的方法有多种，考试中考查最后一种分类的可能性比另外三种大。

二、仓储设备

（一）货架

货架需要量的计算公式为：

$$N = \frac{Q}{(l \cdot b \cdot h) \cdot k \cdot \gamma}$$

式中，N 为货架数量（个）；Q 为上架存放商品的最高储存量（吨）；l、b、h 分别为所选用货架的长、宽、高（米）；k 为货架存放该种商品时的容积充满系数；γ 为上架存放商品的单位质量（吨/立方米）。

（二）托盘

托盘需要量的计算公式为：

$$N = \frac{D \cdot T \cdot (1+X)}{C}$$

式中，N 为托盘的需要数量（个）；D 为单位时间进出商品的数量（件/小时）；T 为托盘的平均使用周期（包括移动、等待、卸空、返回、填补等的时间，小时）；X 为托盘的平均装载效率；C 为托盘的标准装载量（件/个）。

> **经典例题**

[例题·单项选择题] 某公司仓库B区为托盘存储区，每小时进出该库区的商品有1 500件，每个托盘的平均使用周期为8小时，托盘的标准装载量为15件，平均装载效率为50%，则需要（　　）个托盘。（计算结果保留整数）
A. 1 100 B. 1 000 C. 1 500 D. 1 200

[解析] 依据题干数据，$N = 1\,500 \times 8 \times (1+50\%) \div 15 = 1\,200$（个）。

[答案] D

考点3 仓储作业流程管理

一、商品入库作业管理

(一) 仓库储位规划

仓库储位规划即确定仓库货位的分配原则，形成储存策略。

(二) 货位分配原则

(1) 以周转率为基础的原则。
(2) 商品相关性原则。
(3) 商品同一性原则。
(4) 商品类似性原则。
(5) 商品替代性原则。
(6) 商品相容性原则。
(7) 先进先出原则。

经典例题

[例题·单项选择题] 将替代性高的商品存放在邻近位置，以便缺货时迅速替代，这体现了货位分配原则中的（　　）。
A. 商品相容性原则　　　　　　B. 商品替代性原则
C. 商品相关性原则　　　　　　D. 商品类似性原则

[解析] 商品替代性原则，即将替代性高的商品存放在邻近位置的原则，以便缺货时迅速替代。

[答案] B

(三) 储存策略

(1) 定位储存策略。
(2) 随机储存策略。
(3) 分类储存策略。
(4) 分类随机储存策略。

(四) 商品入库流程

(1) 入库验收。
(2) 入库堆码。

二、商品维护管理

(一) 商品储存损耗形式

商品储存损耗的形式主要有自然损耗和异常损耗。

(二) 商品储存维护方法

(1) 自然通风。
(2) 密封。
(3) 除潮。

三、商品盘点管理

(一) 商品盘点的目的和内容

商品盘点的目的主要是清查实际库存量，帮助企业计算资产损益和发现仓库中存在的问题。

通过盘点清查实际库存数量与账面库存数量，发现问题并查明原因，及时调整。商品盘点的内容主要包括数量检查、质量检查、安全检查、保管条件检查等。

（二）商品盘点的方法

盘点方法主要有账面盘点及现货盘点。

四、商品出库管理

（一）出库方式和基本要求

商品出库主要有送货、收货人自提、过户、取样、转仓等方式。出库作业要求做到"三不、三核、五检查"。"三不"，即未接单据不翻账，未经审单不备货，未经复核不出库；"三核"，即在发货时，要核实凭证、核对账卡、核对实物；"五检查"，即对单据和实物要进行品名检查、规格检查、包装检查、件数检查、重量检查。

（二）出库程序

出库程序主要包括核单备料、复核、包装、点交、登账、现场和档案的清理等环节。

【考点小贴士】该考点属于重要知识点。"三不、三核、五检查"和出库程序都是考试中的常考点，以考查多项选择题为主。

考点4 库存管理

一、库存的意义和分类

（一）库存的意义

企业保有一定水平的库存意义在于：可以保障生产过程的连续性，避免停产断货；应对涨价、政策的改变以及延迟交货等情形；大量购买可以获得一定的价格折扣；大量运输可以一定程度降低运输成本；提高客户服务水平。但是保有库存也有缺点，如占用企业大量资金，库存系统运行费用增加了企业的运营成本，掩盖了企业众多管理问题，如计划不周、采购不力、生产不平衡、产品质量不稳定及市场销售不力等。

（二）库存的分类

在实践活动中，经常从不同的角度对库存进行分类。库存的分类如表6-3-2所示。

表6-3-2　库存的分类

分类标准	类型
按库存的功能分类	（1）周转库存，又称周期库存 （2）安全库存，又称缓冲库存 （3）在途库存 （4）调节库存，又称季节性库存 （5）投机性库存，又称屏障库存
按库存的需求特性分类	（1）独立需求库存 （2）相关需求库存
按库存所处的生产阶段分类	（1）原材料库存 （2）在制品库存 （3）成品库存

> **经典例题**

[例题·单项选择题] 将库存分为原材料库存、在制品库存和成品库存的依据是（ ）。
A. 库存的功能　　　　　　　B. 库存的需求特性
C. 库存所处的生产阶段　　　D. 库存的目的
[解析] 按库存所处生产阶段的不同，库存可分为原材料库存、在制品库存和成品库存。

[答案] C

二、库存管理的目标

由于企业的类型和特点不同，库存管理的目标也不同。然而，下述两个目标对于所有企业基本是适用的：首先，应保证库存管理人员的安全。其次，促使企业获得更多的利润。在考虑库存成本、订货成本、库存设备设施及管理费用等因素的基础上，库存管理的总目标是追求在库存成本合理范围内达到满意的顾客服务水平。

【考点小贴士】总目标和基本目标是不同的，注意不要混淆。总目标一般以单项选择题的形式进行考查，基本目标一般以多项选择题的形式进行考查。

三、库存控制基本方法

（一）定量库存控制法

1. 定量库存控制系统及其特点

定量库存控制系统是指当库存量下降到一定水平（即订购点）时，就按固定的订购批量进行订购的库存控制方式。

该库存控制系统的特点有：
（1）盘点周期不确定。
（2）每次订购的批量通常固定不变。
（3）相邻两次订购的间隔时间变动。
（4）订购提前期基本不变。

2. 订购点与订购批量的计算

使用定量库存控制系统时，库存控制的关键因素是确定订购点和订购批量。
（1）订购点的计算。订购点即仓库进行补货时的库存量，计算公式为：

$$订购点＝平均日需求量×备运时间＋安全库存量$$

> **经典例题**

[例题·单项选择题] 某体育场矿泉水的平均日需求量为200箱，备运时间为2天，安全库存量为30箱，则该体育场矿泉水的订购点是（ ）箱。
A. 400　　　　　　　　　　B. 430
C. 460　　　　　　　　　　D. 480
[解析] 订购点＝平均日需求量×备运时间＋安全库存量＝200×2＋30＝430（箱）。

[答案] B

（2）订购批量的计算。库存总成本最小的订购批量称为经济订购批量（EOQ）。
EOQ模型的基本假设为：
①需求量确定并已知，整个周期内的需求是均衡的。
②供应周期固定并已知。
③集中到货，而不是陆续入库。

④无缺货或者延期交付。
⑤无数量折扣。
⑥存储费与库存量之间呈线性关系。
⑦只有一种商品,或虽有多种商品,需求独立。

EOQ 的计算公式为:

$$EOQ=\sqrt{\frac{2CD}{K}} \text{ 或 } EOQ=\sqrt{\frac{2CD}{PF}}$$

式中,C 为每次订购成本;D 为年需求量;K 为单位商品的年持有成本;P 为单位商品的价格;F 为单位商品的年持有成本占商品价值的百分比。

经典例题

[例题·单项选择题] 某公司是一家医用针头供应商。该公司为了减低库存成本,采用固定订购量系统控制库存。这种针头的年需求量为 20 000 件,商品订购单价为 20 000 元/件,订购成本为每次 1 000 元,每年每件商品的持有成本为 4 000 元,则该公司的经济订购批量为（　　）件。

A. 200　　　　　　　　　　　　　B. 300
C. 100　　　　　　　　　　　　　D. 400

[解析] 经济订购批量（EOQ）$=\sqrt{\frac{2\times 1\,000\times 20\,000}{4\,000}}=100$（件）。　　　　[答案] C

3. 定量库存控制系统的优缺点

定量库存控制系统的优点包括：管理简便，订购时间和订购量不受人为因素的影响，保证库存管理的准确性；由于每次订购量确定，便于安排仓库内的作业活动，节约理货费用；便于按经济订购批量订购，节约库存总成本。缺点有：不便于对库存进行严格的管理；订购之前的各项计划比较复杂。

【考点小贴士】该内容为重要知识点。其中经济订购批量的计算属于教材变动前就存在的内容，几乎每年都会考查。今年又新增了订购点的计算，需要掌握相关公式和运算。

（二）定期库存控制系统

1. 定期库存控制系统的特点

定期库存控制系统的特点在于每次的订货批量通常是变化的，而订货间隔期是固定的。即以固定周期间隔检查库存（包括在途库存），在每次检查后进行订货，使库存水平达到目标存储水平，订货量等于目标存储水平减去检查时库存。

2. 订购间隔期的计算

使库存总成本最低的订购间隔期称为经济订购间隔期，其计算公式为：

$$T_0=\sqrt{\frac{2C}{DK}} \text{ 或 } T_0=\sqrt{\frac{2C}{DPF}}$$

式中,C 为每次订购成本;D 为年需求量;K 为单位商品的年持有成本;P 为单位商品的价格;F 为单位商品的年持有成本占商品价值的百分比。

最佳年订购次数的计算公式为：

$$m_0=\sqrt{\frac{DK}{2C}}$$

3. 订购批量的计算

每次订购批量的计算公式为：

$$Q = E - Q_0 - Q_1$$

式中，Q 为每次订购批量；E 为最大库存量；Q_0 为订单发出时的库存余额；Q_1 为在途库存。最大库存量的计算公式为：

$$E = \frac{D(T+L)}{N} + S$$

式中，E 为最大库存量；D 为年需求量；T 为订购间隔期；L 为订购提前期；S 为安全库存量。

【考点小贴士】该内容的考查以计算题为主，涉及的公式较复杂，应注意与定量库存控制系统知识点中的公式相区别。建议考生结合具体的题目进行理解学习，搞懂一道题目基本就能应对一类题目了。

经典例题

[例题·单项选择题] 某公司经销家用清洗机，年销售量 6 000 台，采购单价 800 元/台，订购成本 300 元/次，每台清洗机的年持有成本为 10 元。若供应商要求的订购提前期为 10 天，年工作时间以 250 日计算，不设安全库存量，则该公司的最大库存量是（　　）台。

A. 580　　　　B. 660　　　　C. 840　　　　D. 1 080

[解析] $T_0 = \sqrt{\dfrac{2 \times 300}{6\,000 \times 10}} = 0.1$（年）$= 0.1 \times 250 = 25$（日）。$E = 6\,000 \times (25+10)/250 + 0 = 840$（台）。

[答案] C

4. 定期库存控制系统的优缺点

定期库存控制系统的优点主要有：一次办理多种商品的订购，订购费用低；一次订购的金额大，便于获得价格折扣；不必严格跟踪库存变化，减少了库存登记费用和盘点次数。缺点有：不论库存水平降低多少，都要按期发出订单，因而当某种商品的库存水平很高时，订购量会很小；对于每种商品而言，采用定期控制系统的安全库存量比定量控制系统的高。

第四节　运输与配送管理

本节考点概览

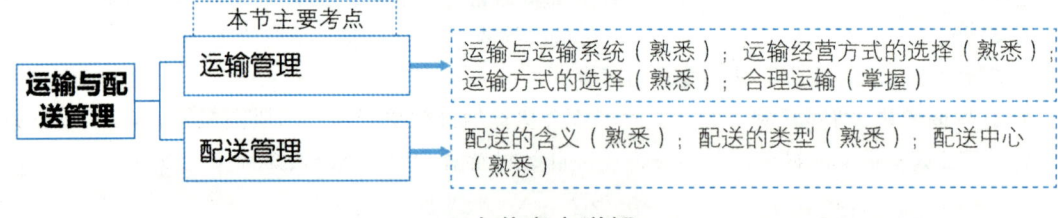

本节考点详解

考点 1　运输管理

一、运输与运输系统

（一）运输的效用

运输提供两大效用：

（1）**空间效用**。空间效用也称"场所效用"，是指物品在不同的地理位置，其使用价值实现的程度是不同的，即效用价值是不同的。通过运输活动，将物品从效用价值低的地方向效用价值高的地方转移，使物品的使用价值得到更好的实现，即创造物品的最佳效用价值。

(2) 时间效用。运输除创造空间效用外，还创造时间效用，即具有一定的存储功能。所谓时间效用，是指物品在不同的时刻，其使用价值的实现程度是不同的，即效用价值是不一样的。

(二) 运输系统的构成要素

运输系统的构成要素主要有运输线路、运输工具、运输参与者和运输节点。

二、运输经营方式的选择

根据企业经营方式的不同，运输主要分为自营运输和运输外包两种形式。

(一) 自营运输

自营运输是指货主自己承担货物的运输，即自备车辆、自行承担运输责任、自行从事货物运输的活动，自营运输中最普遍的形式是自有货车运输。

1. 自营运输的优点

(1) 提升服务。

(2) 降低成本。

2. 自营运输的缺点

(1) 空车回程率高。

(2) 对专业货运管理技术要求高。

(3) 资金占用较多。

(4) 承担风险较高。

(二) 运输外包

运输外包是指企业以合同的形式将其运输业务转移给第三方物流运输公司，并支付相应费用的经营方式。

1. 运输外包的优点

(1) 减少投资。

(2) 减少管理负担，降低风险。

2. 运输外包的缺点

(1) 运输控制力减弱。

(2) 连带经营风险。

(三) 自营运输与运输外包的选择

对于企业而言，当运量很大时，自营运输会比运输外包更经济；当资金短缺、缺乏合适的运输管理者时，适合选择运输外包。但是，当企业无法寻找到合适的承运人时，就不得不自营运输。

三、运输方式的选择

(一) 铁路运输

铁路运输的优点、缺点及适用场合如表 6-4-1 所示。

表 6-4-1　铁路运输的优点、缺点及适用场合

项目	具体内容
优点	运行速度快；运输能力大；运输过程受自然条件限制较小，连续性强，能保证全年运行；通用性能好，可以运输各类货物；运输到发时间准确性较高；运行比较平稳，安全可靠；运行成本较低，能耗少

续表

项目	具体内容
缺点	铁路专用线的建设周期长、耗资大；无法实现"门到门"运输等
适用场合	运送运量大、时间性强、可靠性要求高的一般货物和特种货物。从距离方面看，铁路适合中、长距离运输

（二）公路运输

公路运输的优点、缺点及适用场合如表6-4-2所示。

表6-4-2 公路运输的优点、缺点及适用场合

项目	具体内容
优点	机动灵活，货物损耗少，运行速度快，可以实现"门到门"运输；适应性强，可作为其他运输方式的衔接手段，易于衔接铁路运输、水路运输以及航空运输，有利于疏散商品，是物资集散的有效工具
缺点	运输能力小，运输成本较高；运输能耗高；不适宜大批量运输；由于汽车体积小，无法运送大件物资，所以不适宜运输大宗货物和远距离运输
适用场合	比较适宜在内陆地区进行短途运输，可以深入山区及偏僻的农村进行货物运输，在远离铁路的区域从事干线运输

（三）水路运输

水路运输的优点、缺点及适用场合如表6-4-3所示。

表6-4-3 水路运输的优点、缺点及适用场合

项目	具体内容
优点	运输能力大，在五种运输方式中，水路运输能力最大，条件良好的航道，通过能力几乎不受限制；通用性能较好，尤其适用大件货物的运输；运输成本低，只需利用江河湖海等自然水利资源；平均运距长
缺点	受自然条件影响较大，内河航道和某些港口受季节影响较大，冬季结冰、枯水期水位变低等，难以保证全年通航；运送速度慢，在途货物多，会增加货主的流动资金占用量
适用场合	综合优势较为突出，适宜运距长、运量大、时间性不太强的各种大宗物资运输，特别适用于国际远洋运输

（四）航空运输

航空运输的优点、缺点及适用场合如表6-4-4所示。

表6-4-4 航空运输的优点、缺点及适用场合

项目	具体内容
优点	运行速度快，可以大大缩短两地之间的运输时间；机动性能好，几乎可以飞越各种天然障碍，到达其他运输方式难以到达的地方
缺点	能耗大，运输能力小，成本很高
适用场合	只适宜运输体积小、价值高的物资，常用于国际贸易中贵重物品、鲜活货物和精密仪器的运输

（五）管道运输

管道运输的优点、缺点及适用场合如表6-4-5所示。

表 6-4-5　管道运输的优点、缺点及适用场合

项目	具体内容
优点	运输量大；费用低；安全可靠，连续性强；可以实现封闭运输，损耗小，由于石油、天然气等产品具有易燃、易爆、易挥发、易泄漏的特点，采用管道运输方式既安全，又可以大大减少损耗，同时由于泄漏导致的对空气、水和土壤的污染也可大大减少；不受气候影响，可以全天候运输，送达货物的可靠性高
缺点	专用性强，运输对象受到限制，承运的货物比较单一，只适合运输诸如石油、天然气、化学品、碎煤浆等气体和液体货物；管道运输常常要与铁路运输或公路运输、水路运输配合才能完成全程输送；管道运输属于专用运输，其产运销通常混为一体，一般不提供给其他发货人使用
适用场合	只适合运输诸如石油、天然气、化学品、碎煤浆等气体和液体货物

经典例题

[例题·单项选择题] 国际贸易中贵重物品、鲜活货物和精密仪器的运输非常重要，其应选择的运输方式为（　　）。
A. 水路运输　　　　　　　　　　B. 铁路运输
C. 航空运输　　　　　　　　　　D. 公路运输
[解析] 航空运输只适宜运输体积小、价值高的物资，常用于国际贸易中贵重物品、鲜活货物和精密仪器的运输。　　　　　　　　　　　　　　　　　　　　　　　　　[答案] C

四、合理运输

合理运输的意义具体表现为：减少流转环节，缩短在途时间，加快商品流转；有效利用运输工具，减少空驶浪费，节约社会劳动，防止商品损失，降低费用水平，提高经济效益。

（一）不合理运输的形式

商品的不合理运输是指在现有条件下可以达到的运输水平而未达到，从而造成了运力浪费、运输时间增加、运费超支等问题的运输形式。

不合理运输的形式主要有以下几种。

（1）空驶运输。不合理运输的最严重形式是空驶运输。因调运不当、货源计划不周，未采用运输社会化而形成的空驶，是不合理运输的表现。

（2）对流运输。对流运输也称"相向运输""交错运输"，是指同一种货物，或彼此间可以互相代用而又不影响管理、技术及效益的货物，在同一线路上或平行线路上作相对方向的运送，而与对方运程的全部或一部分发生重叠交错的运输。

（3）迂回运输。迂回运输属于舍近取远的一种运输，即可以选取短距离运输，却选择路程较长的路线进行运输的一种不合理形式。

（4）重复运输。本来可以直接将货物运到目的地，但是在未达目的地之处，或目的地之外的其他场所将货物卸下，再重复装运送达目的地，这是重复运输的一种形式。重复运输的另一种形式是，同品种货物在同一地点运进的同时又向外运出。

（5）倒流运输。货物从销地或中转地向产地或起运地回流的一种运输现象。

（6）过远运输。调运物资舍近求远，拉长了货物的运距。过远运输占用运力时间长，易出现货损，增加了费用支出。

（7）运力选择不当。未依据运输工具的优势选择运输方式造成的运输不合理现象。

（8）托运方式选择不当。本应选择整车未选择，反而采取零担托运；应当直达而选择了中转

运输；应当中转运输而选择了直达运输等都属于这一类型的不合理运输。

（9）**无效运输**。凡装运的货物中无使用价值的杂质（如煤炭中的矸石、原油中的水分、矿石中的泥土和沙石）含量过多或含量超过规定标准的运输都属于无效运输。

（二）合理运输的实施

(1) 合理选择运输模式。

(2) 正确选择运输工具。

(3) 确定合理的运输路线。

(4) 提高运输设备装载效率。

(5) 构建并完善运输网络系统。

📢【考点小贴士】不合理运输的形式主要有9种，其中几种形式比较相似，要注意区分。每一种不合理运输的形式都有其独特的概念，这里可能以单项选择题的形式考查。此外，不合理运输的形式和合理运输的实施这两个知识点可能进行综合出题，要注意题干中的关键词，比如"不属于的是""错误的是""属于的有"等。合理运输的实施也可能以多项选择题的形式独立考查。

经典例题

[2023年真题·单项选择题] 在商品运输中，同一品种货物在同一地点运进的同时又向外运出，这种情况属于（　）。

A. 对流运输　　　　　　　　　B. 迂回运输
C. 重复运输　　　　　　　　　D. 倒流运输

[解析] 重复运输指的是本来可以直接将货物运到目的地，但是在未达目的地之处，或目的地之外的其他场所将货物卸下，再重复装运送达目的地，这是重复运输的一种形式。另一种形式是，同品种货物在同一地点运进的同时又向外运出。 [答案] C

[2023年真题·单项选择题] 货物从销地或中转地向产地或起运地回流的运输现象属于（　）。

A. 迂回运输　　　　　　　　　B. 倒流运输
C. 对流运输　　　　　　　　　D. 重复运输

[解析] 倒流运输是指货物从销地或中转地向产地或起运地回流的一种运输现象。 [答案] B

考点2　配送管理

一、配送的含义

配送包含以下几层含义：

（1）配送是从物流据点至收货人的一种送货形式，物流据点可以是仓库、配送中心，也可以是商店或其他物资集散地，在将货物送交收货人后即告完成。

（2）配送是流通加工、整理、拣选、分类、配货、配装、末端运输等多种物流活动的组合体，是"配"与"送"的有机结合形式，是短距离的"末端运输""二次运输""支线运输"。

（3）配送以用户要求为根本出发点。用户对配送的要求包括数量、品种、规格、供货周期、供货时间等。

（4）配送要体现经济合理性，并以现代化的物流技术与装备为支撑。

二、配送的类型

配送的类型如表6-4-6所示。

表 6-4-6　配送的类型

分类标准	类型
按配送的组织形式分类	(1) 集中配送 (2) 共同配送 (3) 分散配送
按配送商品的种类和数量分类	(1) 单（少）品种大批量配送 (2) 多品种小批量多批次配送 (3) 成套配套配送
按配送的时间和数量分类	(1) 定时配送 (2) 定量配送 (3) 定时定量配送 (4) 定时定路线配送 (5) 即时配送

经典例题

[2023年真题·单项选择题] 一般由商业销售网点进行的距离近、品种多、批量小、临时需要的货物配送属于（　　）。

A. 集中配送　　　　　　　　　　B. 共同配送
C. 定量配送　　　　　　　　　　D. 分散配送

[解析] 分散配送：对小批量、零星货物或者临时需要的货物，一般由商业销售网点进行配送。商业销售网点具有分布广、数量多、服务面宽等特点，适宜开展距离近、品种多而用量小的货物配送。

[答案] D

三、配送中心

(一) 配送中心的概念

配送中心是指专门从事配送业务的物流场所或组织，具有完善的配送基础设施和信息网络，可便捷地连接对外交通运输网络，并向终端客户提供短距离、小批量、多批次配送服务的专业化配送场所。配送中心是从事货物配备（集货、加工、分货、拣选、配货）和组织送货，以高水平实现销售或供应的现代流通设施。

(二) 配送中心的分类

(1) 按物流设施的归属分类：自有型配送中心、公共型配送中心、合作型配送中心。

(2) 按配送中心的服务对象分类：面向最终消费者的配送中心、面向制造企业的配送中心、面向零售商的配送中心。

(3) 按运营主体分类：以制造商为运营主体的配送中心、以批发商为运营主体的配送中心、以零售商为运营主体的配送中心、以仓储运输企业为运营主体的配送中心。

经典例题

[例题·单项选择题] 面向最终消费者的配送中心、面向制造企业的配送中心、面向零售商的配送中心的分类依据是（　　）。

A. 物流设施的归属　　　　　　　B. 配送中心的服务对象
C. 物流设施的质量　　　　　　　D. 运营主体

[解析] 按配送中心的服务对象不同，配送中心可分为面向最终消费者的配送中心、面向制造企业的配送中心、面向零售商的配送中心。

[答案] B

(三)配送中心的作业流程

(1) 订单处理。

(2) 进货。

(3) 分类。

(4) 储存。

(5) 分拣。

(6) 配货分放。

(7) 配装。

(8) 送货。

经典例题

[例题·单项选择题] 配送中心的第一个作业环节是（　　）。

A. 配装　　　　　　　　B. 订单处理

C. 储存　　　　　　　　D. 分类

[解析] 配送中心的作业流程：订单处理、进货、分类、储存、分拣、配货分放、配装、送货。

[答案] B

(四)配送中心分拣策略

(1) 按订单分拣和批量分拣。

(2) 单人分拣和分区分拣。

本章易错易混考点

【易错易混考点一】物流与物流管理

物流与物流管理的含义属于重要知识点，且两者相似。考试中要注意审题，看清题干问的是物流还是物流管理。物流与物流管理的含义如表Ⅰ所示。

表Ⅰ　物流与物流管理的含义

项目	含 义
物流	(1) 物流服务是商品 (2) 物流活动是生产性服务活动 (3) 物流活动创造价值
物流管理	(1) 客户满意是物流管理的出发点 (2) 物流管理以物流整体最优为目的 (3) 经济效益和社会效益并重 (4) 物流管理以信息为核心

【易错易混考点二】五种运输方式的技术特点及其适用性比较

五种运输方式的技术特点及其适用性比较如表Ⅱ所示。

表Ⅱ　五种运输方式的技术特点及其适用性比较

运输方式	铁路	公路	水路	航空	管道
运载工具	火车	汽车	船舶	飞机	管道
运速	较快	较快	最慢	最快	—
运量	较大	较小	大	最小	大

续表

运价	较低	较低	最低	最高	—
最佳选择	长途大宗货物的运输	各种量小的短途货运	运输时间不受限制的大宗货物或较重的货物	轻型、贵重或急需的货物	运输液体和气体、粉末状和颗粒状的货物

【易错易混考点三】定量控制法和定期控制法

库存控制的基本方法主要介绍了定量控制法和定期控制法,这两种方法主要从订货量、订货间隔期、订货提前期三个方面进行区分,具体如表Ⅲ所示。

表Ⅲ 定量控制法和定期控制法的区别

项目	定量控制法（订货点法）	定期控制法（订货间隔期法）
概述	连续不断地监视库存余量的变化,库存量达到某一预定数值时订货	每隔一个固定的间隔周期去订货,每次订货量不固定
订货量	固定	不固定
订货间隔期	不固定	固定
订货提前期	固定	不固定

【提示】定期控制法管理简单,但与生产现实有时会脱节,明明已缺货了但未到期不能订货,当存货多时还要少量订货,很不经济。

历年经典真题回顾

一、单项选择题（每题1分,每题备选项中,只有1个最符合题意）

1. 大量无包装海盐最适合采取的装卸搬运方法是（ ）。[2017年真题]
   A. 货架堆放法   B. 散装作业法
   C. 单件作业法   D. 集装作业法
   [解析]煤炭、建材、海盐等大宗物资多采用散装装卸方式,B项正确。　　[答案]B

2. 企业库存管理的总目标是（ ）。[2017年真题]
   A. 促进企业的新产品开发
   B. 在库存成本合理范围内达到满意的顾客服务水平
   C. 改善企业内部与外部的工作关系
   D. 发展有竞争力的供应商
   [解析]在考虑库存成本、订货成本、库存设备设施及管理费用等因素的基础上,企业库存管理的总目标是追求在库存成本合理范围内达到满意的顾客服务水平。　　[答案]B

3. 能够使物品发生场所、空间转移、实现"物"由供应地向接收地移动的物流活动是（ ）。[2017年真题]
   A. 装卸搬运   B. 流通加工
   C. 配送   D. 运输
   [解析]运输是使物品发生场所、空间转移、实现"物"由供应地向接收地移动的物流活动。　　[答案]D

4. 某企业于每年九月至十月大量收购和储存玉米,由此产生的玉米库存属于（ ）。[2017年真题]
   A. 安全库存
   B. 季节性库存

C. 生产加工过程的库存

D. 运输过程的库存

[解析] 大米、棉花、水果等属于季节性产出的产品，夏季对空调机的需求等属于季节性变动的需求。

[答案] B

二、多项选择题（每题2分，每题备选项中，有2个或2个以上符合题意，至少有1个错项。错选，本题不得分；少选，所选的每个选项得0.5分）

1. 运输系统的构成要素包括（　　）。[2017年真题]

   A. 运输工具　　　　　　　　B. 运输参与者
   C. 运输节点　　　　　　　　D. 运输成本
   E. 运输服务

[解析] 运输系统的构成要素包括运输工具、运输参与者、运输节点。

[答案] ABC

本章同步练习

一、单项选择题（每题1分，每题备选项中，只有1个最符合题意）

1. 关于活性指数的说法，错误的是（　　）。

   A. 任何场景下，活性指数越大越好
   B. 3级表示货物被放置在台车上或用起重机吊钩钩住，即刻可以移动的状态
   C. 1级表示货物装箱或经捆扎后的状态
   D. 4级表示被装卸搬运的货物已经被启动，处于直接作业的状态

2. 下列包装的技法和方法中，不属于特殊包装技法的是（　　）。

   A. 压缩包装技法　　　　　　B. 缓冲包装技法
   C. 防潮包装技法　　　　　　D. 防霉包装技法

3. 将货物按客户订单要求对物品进行拣选、加工、包装、分割、组配等作业后按时送达指定地点的物流活动称为（　　）。

   A. 配送　　　　　　　　　　B. 分流
   C. 包装　　　　　　　　　　D. 分销

4. 下列不属于自营运输缺点的是（　　）。

   A. 空车回程率高　　　　　　B. 对专业货运公路技术要求高
   C. 运输控制力减弱　　　　　D. 承担风险较高

5. 最严重的不合理运输形式是（　　）。

   A. 空驶运输　　　　　　　　B. 运力选择不当
   C. 无效运输　　　　　　　　D. 重复运输

二、多项选择题（每题2分，每题备选项中，有2个或2个以上符合题意，至少有1个错项。错选，本题不得分；少选，所选的每个选项得0.5分）

1. 下列属于合理运输实施方式的有（　　）。

   A. 构建并完善运输网络系统　　B. 合理选择运输模式
   C. 维持运输设备装载效率　　　D. 确定合理的运输路线
   E. 正确选择运输工具

2. 为使装卸搬运作业合理化，可以采取的措施有（　　）。

   A. 防止和消除无效作业　　　　B. 提高物资的装卸搬运活性
   C. 实现装卸搬运作业省力化　　D. 合理利用装卸搬运机械设备

E. 确定合理的搬运路线
3. 在现代物流领域中，仓储的功能有（ ）。
   A. 调节功能　　　　　　　B. 保管检验功能
   C. 集散功能　　　　　　　D. 提高效率功能
   E. 客户服务功能

本章同步练习参考答案及解析

一、单项选择题

1. ［答案］A
   ［解析］从理论上讲，活性指数越大越好，但也必须考虑到实施的可能性。

2. ［答案］A
   ［解析］特殊包装技法包括缓冲包装技法、防潮包装技法、防锈包装技法、防霉包装技法。

3. ［答案］A
   ［解析］配送是将货物按客户订单要求对物品进行拣选、加工、包装、分割、组配等作业后按时送达指定地点的物流活动。

4. ［答案］C
   ［解析］运输控制力减弱是运输外包的缺点，不属于自营运输的缺点。

5. ［答案］A
   ［解析］不合理运输的最严重形式是空驶运输。

二、多项选择题

1. ［答案］ABDE
   ［解析］属于合理运输实施方式的有提高运输设备装载效率，而不是维持，C项错误。

2. ［答案］ABCD
   ［解析］确定合理的搬运路线不属于装卸搬运作业合理化采取的措施。

3. ［答案］ABCE
   ［解析］仓储的功能包括调节功能、保管检验功能、集散功能、客户服务功能和防范风险功能等。

第七章 技术创新管理

本章考情分析

年份	单项选择题	多项选择题	案例分析题	合计
2023 年	5 题 5 分	1 题 2 分	—	7 分
2022 年	6 题 6 分	2 题 4 分	5 题 10 分	20 分
2021 年	6 题 6 分	2 题 4 分	—	10 分
2020 年	6 题 6 分	2 题 4 分	—	10 分

本章学习提示

本章共 4 节，主要介绍技术创新战略、技术创新决策评估方法、技术创新组织与研发管理及企业管理创新等方面的内容。本章是比较重要的章节，且知识点离生活较远，需要加强重视。常考题型包括单项选择题、多项选择题、案例分析题。其中，单项选择题主要以灵活运用的题目为主，需要重点理解相关知识点；多项选择题以记忆型的题目为主；案例分析题考查考生对知识点的综合运用能力，要求考生掌握综合运用技术价值评估的方法。

第一节 技术创新的含义、分类与模式

本节考点概览

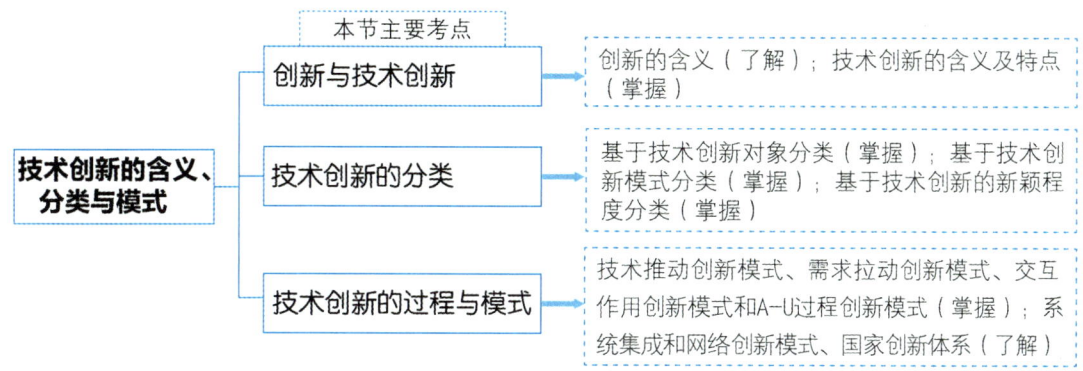

本节考点详解

考点1 创新与技术创新

一、创新的含义

"创新"是把生产要素和生产条件的新组合引入生产体系之中,"建立一种新的生产函数",其目的是<u>获取潜在的利润</u>。创新组合包括以下五种情况。

（1）引进新的产品,即<u>产品创新</u>。
（2）采用一种新的生产方法,即<u>工艺创新</u>或生产技术创新。
（3）开辟一个新的市场,即<u>市场创新</u>。
（4）获得一种原料或半成品新的供给来源,即<u>开发新的资源</u>。
（5）实行一种新的企业组织形式,即<u>组织管理创新</u>。

二、技术创新的含义及特点

技术创新是指<u>企业家</u>抓住市场潜在盈利机会,<u>以获取经济利益为目的</u>,重组生产条件和要素,不断研制推出新产品、新工艺、新技术,以获得市场认同的一个综合性过程。技术创新的主要特点如下：

（1）技术创新不是技术行为,而是一种<u>经济行为</u>。其<u>核心是企业家</u>。其<u>目的是获取潜在的利润</u>。
（2）技术创新是一项<u>高风险活动</u>。
（3）技术创新<u>时间的差异性</u>。
（4）<u>外部性</u>。技术创新具有较强的<u>正外部性</u>。
（5）<u>一体化与国际化</u>。

[经典例题]

[2023年真题·单项选择题] 技术的非自愿扩散促进了周围技术和生产力水平的提高，这表明技术创新具有（ ）。

A. 时间差异性　　　　　　　　B. 外部性
C. 国际性　　　　　　　　　　D. 风险性

[解析] 外部性是指一件事对他人产生有利（正外部性）或不利（负外部性）的影响，但不需要他人对此支付报酬或进行补偿。

[答案] B

● 考点2　**技术创新的分类**

技术创新的类型具体如表7-1-1所示。

表7-1-1　技术创新的类型

划分标准	类型	具体阐述
技术创新对象	产品创新	（1）重大（全新）产品创新，产品用途及原理有显著变化 （2）渐进（改进）产品创新，仅在功能上的扩展和技术上的改进
	工艺创新	也称"过程创新"，是产品的生产技术变革，包括新工艺、新设备和新组织管理方式，分为重大的工艺创新、渐进式的工艺创新
技术创新模式	原始创新	原始创新主要集中在基础科学和前沿技术领域，是为未来发展奠定坚实基础的创新，其本质属性是原创性和第一性
	集成创新	集成创新所应用的所有单项技术不是原创的，都是已经存在的，其主体是企业
	引进、消化吸收再创新	利用各种引进的技术资源，在消化吸收的基础上完成重大创新
技术创新的新颖程度	渐进性创新	技术原理上没有重大变化，只是根据市场需要对现有产品或生产工艺进行功能上的扩展和改进，如功能不断扩展的手机
	根本性创新	指技术有重大突破的创新，往往与科学上的重大发现相联系，如远程教育系统

【考点小贴士】 对本知识点常以单项选择题的形式考查，且常考查按创新对象划分的产品创新和工艺创新这两个类型。考试中，既可能直接考查技术创新的分类结果，也可能考查某个技术创新类型的概念，需要大家能够区分不同类型的技术创新。

[经典例题]

[2015年真题·单项选择题] 某公司通过改进生产流程，提高了产品质量，这种对生产流程的创新属于（ ）。

A. 原始创新　　　　　　　　　B. 工艺创新
C. 根本性创新　　　　　　　　D. 产品创新

[解析] 工艺创新与提高产品质量、降低原材料和能源的消耗、提高生产效率有着密切的关系，是技术创新中不可忽视的内容。B项正确。

[答案] B

[2013年真题·单项选择题] 根据技术创新对象的不同，技术创新分为（ ）。

A. 产品创新和工艺创新　　　　B. 原始创新和集成创新
C. 渐进性创新和根本性创新　　D. 局部创新和整体创新

[解析] 根据技术创新对象的不同，技术创新分为产品创新和工艺创新。

[答案] A

考点3 技术创新的过程与模式

一、技术推动创新模式

技术推动创新模式的基本观点是研究开发是创新构思的主要来源,这种观点也被称作创新的技术推动或发现创新模式,如图7-1-1所示。市场只是被动地接受研究开发成果。

图 7-1-1 技术推动创新模式

二、需求拉动创新模式

在需求拉动创新模式中,市场需求信息是技术创新活动的出发点。需求拉动创新模式如图7-1-2所示。

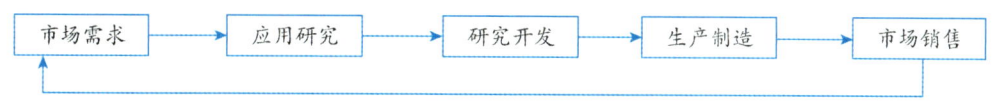

图 7-1-2 需求拉动创新模式

三、技术和市场交互作用创新模式

技术创新是<u>技术和市场交互作用</u>共同引发的,技术推动和需求拉动的相对重要性在产业及产品生命周期的不同阶段可能有着显著的不同。单纯的技术推动和需求拉动创新过程模式只是技术和市场交互作用创新模式的特例。

经典例题

[例题·单项选择题] 20世纪60年代以来,国际上出现了若干种具有代表性的技术创新过程模型,下图表示的是( )的技术创新过程模型。

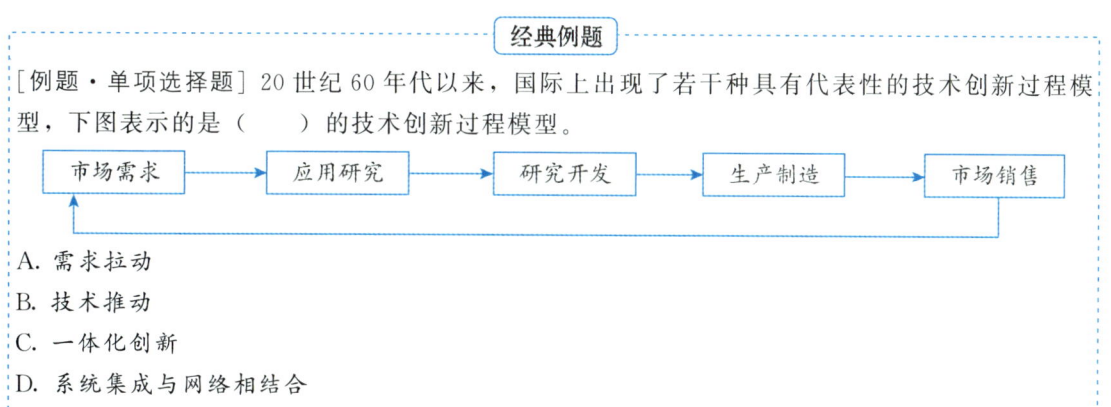

A. 需求拉动
B. 技术推动
C. 一体化创新
D. 系统集成与网络相结合

[解析] 此图代表的是需求拉动的创新过程模型,其特点是以市场需求信息为起点。 [答案] A

四、A—U 过程创新模式

A—U过程创新模式三个阶段产品创新与工艺创新的特点如表7-1-2所示。

表 7-1-2 A—U过程创新模式各阶段产品创新与工艺创新的特点

阶段	产品创新	工艺创新	其他特点
不稳定阶段	呈<u>上升</u>趋势	呈<u>上升</u>趋势	(1) <u>产品创新强于工艺创新</u>,创新的重点是进行新产品的设计与开发 (2) 研发经费支出较高,不易获得好的经济效益
过渡阶段	呈<u>下降</u>趋势	呈<u>上升</u>趋势	(1) <u>工艺创新超过产品创新</u>,主导设计被消费者市场接受和推崇 (2) 企业市场地位出现分化,不能向市场提供符合主导设计产品的企业将被挤出市场

续表

阶段	产品创新	工艺创新	其他特点
稳定阶段	呈下降趋势	呈下降趋势	(1) 工艺创新较产品创新仍有相对优势，产业发展进入成熟期 (2) 创新的重点是以质量和降低成本为目标的渐进性的工艺创新

五、系统集成和网络创新模式

系统集成和网络创新模式是第五代创新过程模式。该创新模式表明，在创新过程中，企业除了需要内部系统整合外，还需要与其他公司建立良好的网络关系，通过策略联盟或联合开发形式，达到快速且低成本的创新。系统集成和网络创新模式最为显著的特征是它代表了创新的电子化和信息化过程，更多地使用专家系统来辅助开发工作，使用仿真技术逐步取代实物原型。

六、国家创新体系

国家创新体系是指由公共部门和私人部门组成的网络系统，强调系统中各行为主体的制度安排及相互作用。

党的十九届五中全会通过的《中共中央关于制定国民经济和社会发展第十四个五年规划和二〇三五年远景目标的建议》指出，坚持创新在我国现代化建设全局中的核心地位，把科技自立自强作为国家发展的战略支撑，完善国家创新体系，加快建设科技强国。强化国家战略科技力量。制定科技强国行动纲要，健全社会主义市场经济条件下新型举国体制，打好关键核心技术攻坚战，提高创新链整体效能。提升企业技术创新能力。强化企业创新主体地位，促进各类创新要素向企业集聚。推进产学研深度融合，支持企业牵头组建创新联合体，承担国家重大科技项目。发挥企业家在技术创新中的重要作用，鼓励企业加大研发投入，对企业投入基础研究实行税收优惠。发挥大企业引领支撑作用，支持创新型中小微企业成长为创新重要发源地，加强共性技术平台建设，推动产业链上中下游、大中小企业融通创新。激发人才创新活力。完善科技创新体制机制。深入推进科技体制改革，完善国家科技治理体系，优化国家科技规划体系和运行机制。

根据党的二十大报告，要完善科技创新体系。坚持创新在我国现代化建设全局中的核心地位。完善党中央对科技工作统一领导的体制，健全新型举国体制，强化国家战略科技力量，提升国家创新体系整体效能。深化科技体制改革，深化科技评价改革，加大多元化科技投入，加强知识产权法治保障，形成支持全面创新的基础制度。加快实施创新驱动发展战略。坚持面向世界科技前沿、面向经济主战场、面向国家重大需求、面向人民生命健康，加快实现高水平科技自立自强。加强企业主导的产学研深度融合，强化目标导向，提高科技成果转化和产业化水平。强化企业科技创新主体地位，发挥科技型骨干企业引领支撑作用，营造有利于科技型中小微企业成长的良好环境，推动创新链产业链资金链人才链深度融合。

经典例题

[2022年真题·单项选择题] 在 A—U 过程创新模式中，产品创新逐步减少，工艺创新呈上升趋势并超越产品创新的阶段称为（ ）。

A. 成熟阶段　　　　　　　　　　B. 衰退阶段

C. 过渡阶段　　　　　　　　　　D. 不稳定阶段

[解析] 过渡阶段的产品创新逐渐减少，而工艺创新继续呈上升趋势，且超越产品创新。

[答案] C

> **经典例题**
>
> [2018年真题·单项选择题] 党的十九大报告提出的技术创新体系的主体是（　　）。
> A. 社会　　　　　　　　　　B. 政府
> C. 企业　　　　　　　　　　D. 市场
> [解析] 本题考查国家创新体系。党的十九大报告指出,深化科技体制改革,建设以"企业"为主体、市场为导向、产学研深度融合的技术创新体系。　　　　　　　　　　　[答案] C

第二节　技术创新战略与技术创新决策评估方法

本节考点概览

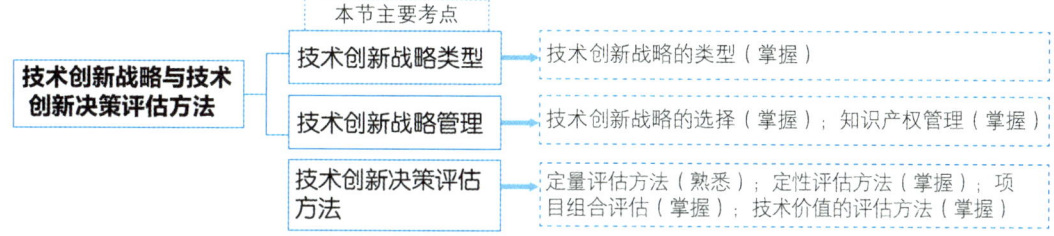

本节考点详解

考点1　技术创新战略类型

技术创新战略的类型具体如表7-2-1所示。

表7-2-1　技术创新战略的类型

划分标准	战略类型	概念要点
企业所期望的技术竞争地位	技术领先战略	在相关技术领域占据领导地位,在所有竞争者之前,率先采用新技术,并使新产品最早进入市场,成为同行业的"领头羊",获取较大的市场占有率和利润
	技术跟随战略	不图领先,在领先者的创新获得进展以后,学习领先者创造的知识,跟在领先者后面进行模仿
企业行为方式	进攻型战略	抢先在竞争对手之前不断推出新的产品和生产工艺来占领市场
	防御型战略	企业具有先进的技术,但在技术开发和国际市场上并不领先,采取积极的防御战略,以低成本、高性能、高质量来占领市场
	切入型战略	也叫游击型战略,在某个方面紧跟领先者,在市场中不断寻找出击的机会,及时从"缝隙"中切入,做好"切入面"的创新
技术来源	自主创新战略	企业通过自身的努力和探索实现技术突破,攻破技术难关
	模仿创新战略	企业通过学习模仿率先创新者的创新思路和创新行为
	合作创新战略	两个或两个以上的企业合作进行研发,共享技术创新成果

> **经典例题**
>
> [2023年真题·单项选择题] 某企业针对竞争者的弱项和自己的相对优势,推出新的技术来取代现有的主导技术。这种技术创新战略属于（　　）。
> A. 切入型战略　　　　　　　B. 自主型战略
> C. 进攻型战略　　　　　　　D. 防御型战略

[解析] 切入型战略也叫游击型战略，企业在某个方面紧跟领先者，在市场中不断寻找出击的机会，及时从"缝隙"中切入，做好"切入面"的创新。该战略要求企业密切关注，分析竞争者的弱项和自己的相对优势，有能力推出新的技术来取代现有的主导技术，打破现有的技术和市场竞争格局，以求重分市场。

[答案] A

[2020年真题·单项选择题] 某企业在新技术研发上投入大量资源，致力于在竞争对手之前开发新技术，抢先推出新产品占领市场。这种技术创新战略属于（ ）。

A. 切入型战略   B. 合作型战略   C. 进攻型战略   D. 防御型战略

[解析] 本题考查技术创新战略的类型。进攻型战略的特点是在新技术研发上投入大量资源，致力于在竞争对手之前不断推出新产品和生产工艺来占领市场。

[答案] C

考点2 技术创新战略管理

一、技术创新战略的选择

两种战略的基本特征如表7-2-2所示。

表7-2-2 领先战略与跟随战略的基本特征

战略类型	基本特征			
	技术来源	技术开发重点	市场开发	投资重点
领先战略	自主研发为主	产品基本原理和功能	开拓一个全新的市场	技术开发、市场开发
跟随战略	模仿、引进为主	改进工艺技术	开发细分市场或挤占他人市场	生产、销售

两种战略选择的重点考虑因素如表7-2-3所示。

表7-2-3 领先战略与跟随战略选择的重点考虑因素

战略类型	重点考虑因素	不同战略下重点考虑因素的特点
领先战略	优势能力	技术开发能力强
	风险与收益	风险大、收益大
	领先的持久性	不易被复制，后续开发速度快，领先的持久性好
跟随战略	优势能力	生产销售能力强
	风险与收益	风险小、收益小
	领先的持久性	争取超越领先者

二、知识产权管理

（一）知识产权的类型

知识产权是指人们对其智力劳动成果所享有的民事权利，分为工业产权和著作权两类。世界贸易组织（WTO）的《与贸易有关的知识产权协定》（简称TRIPS或《知识产权协定》）和世界知识产权组织（WIPO）都对知识产权进行了具体的界定，如表7-2-4所示。

表7-2-4 WTO的《知识产权协定》和WIPO对知识产权的界定

项目	对知识产权的界定
《知识产权协定》（TRIPS协定）适用的知识产权类型	版权和相关权利、商标、地理标识、工业设计、专利、集成电路布图设计（拓扑图）和未披露信息，并对协议许可中的反竞争行为的控制做出了规定
世界知识产权组织（WIPO）的知识产权界定	（1）关于文学、艺术和科学作品的权利 （2）关于表演艺术家的表演以及唱片和广播节目的权利 （3）关于人类一切活动领域的发明的权利 （4）关于科学发现的权利 （5）关于工业品外观设计的权利 （6）关于商标、服务标记以及商业名称和标志的权利 （7）关于制止不正当竞争的权利 （8）在工业、科学、文学艺术领域内由于智力创造活动而产生的一切其他权利

2020年颁布的《中华人民共和国民法典》中,列出了知识产权的8项内容,知识产权是权利人依法就下列客体享有的专有权利:

(1) 作品。

(2) 发明、实用新型、外观设计。

(3) 商标。

(4) 地理标志。

(5) 商业秘密。

(6) 集成电路布图设计。

(7) 植物新品种。

(8) 法律规定的其他客体。

(二) 知识产权的保护形式

我国法律形式保护的知识产权及其期限如表 7-2-5 所示。

表 7-2-5 我国法律形式保护的知识产权及其期限

形式	内容
著作权（版权）	(1) 作者的署名权、修改权、保护作品完整权，保护期不受限制 (2) 自然人的作品，除了署名权、修改权和保护作品完整权，剩余权利的保护期为作者终生及其死亡后 50 年，截止于作者死亡后第 50 年的 12 月 31 日
专利	我国《专利法》规定，专利权的期限自申请之日起计算，专利授予最先申请的人。发明专利权的期限为 20 年，实用新型专利权的期限为 10 年，外观设计专利权的期限为 15 年
商标	我国《商标法》规定，注册商标的有效期限为 10 年，自核准注册之日起计算。注册商标有效期满，需继续使用的，应在期满前 12 个月内申请续展注册，续展注册有效期为 10 年；在上述期间未能提出申请的，可以给予 6 个月的宽展期；宽展期满仍未办理续展的，注销其注册商标
商业机密	—

经典例题

[2023 年真题·单项选择题] 知识产权是权利人依法就特定客体享有的专有权利，根据我国《民法典》，这些客体不包括（ ）。

A. 动物新品种 B. 集成电路布图设计

C. 地理标志 D. 商业秘密

[解析] 2020 年颁布的《中华人民共和国民法典》中列出了关于知识产权的 8 项内容。知识产权是权利人依法就下列客体享有的专有权利：①作品；②发明、实用新型、外观设计；③商标；④地理标志；⑤商业秘密；⑥集成电路布图设计；⑦植物新品种；⑧法律规定的其他客体。

[答案] A

[2020 年真题·单项选择题] 我国某企业于 2019 年 11 月 15 日向我国专利部门提交外观设计专利申请，2020 年 10 月 15 日获得核准，该专利的有效期至（ ）。

A. 2030 年 10 月 14 日 B. 2039 年 1 月 14 日

C. 2040 年 10 月 14 日

D. 2034 年 11 月 14 日

[解析] 本题考查技术创新管理的专利的保护期限。外观设计专利申请的保护期限是 15 年，专利有限时期从申请之日算起，即在 2019 年 11 月 15 日的基础上加上 15 年的期限，D 项正确。

[答案] D

> **经典例题**
>
> [2017年真题·多项选择题] 世界贸易组织的《与贸易有关的知识产权协议》，所列举的知识产权包括（　　）。
> A. 版权　　　　B. 地理标识　　　　C. 工业设计　　　　D. 科学发现
> E. 未披露信息
> [解析] 本题考查知识产权的主要形式。其中，世界贸易组织的《与贸易有关的知识产权协议》，简称 TRIPS 或《知识产权协定》，所列举的范围包括版权和相关权利、商标、地理标识、工业设计、专利、集成电路布图设计（拓扑图）和未披露信息，并对协定许可中的反竞争行为的控制做出了规定。
> [答案] ABCE
>
> [例题·单项选择题] 根据我国相关法律，下列知识产权中，保护期限最短的是（　　）。
> A. 作者的署名权　　　　　　　　　B. 作品的发表权
> C. 实用新型专利权　　　　　　　　D. 发明专利权
> [解析] 作者的署名权、修改权、保护作品完整权的保护期不受限制；公民的作品，其发表权、复制权、发行权、出租权等保护期为作者终生及其死亡后 50 年；发明专利权的期限为 20 年，实用新型的期限为 10 年，外观设计专利的期限为 15 年。
> [答案] C

考点3　技术创新决策评估方法

一、定量评估方法

（一）折现现金流方法

在投资项目评估中最常用的一种方法就是利用折现现金流计算投资项目的净现值，通过判断项目净现值的正负来决定投资项目的取舍。若净现值大于0，即项目可行，否则不可行。

（二）风险分析

1. 敏感性分析

对项目的可能结果假设三种状态：

（1）最乐观的情况。

（2）最可能的情况。

（3）最悲观的情况。

计算并比较三种状态下的指标值，估计项目的风险大小。

2. 概率分析

假设项目周期内各年的现金流均为随机的变量，那么评价指标 NPV 也是一个随机的变量，则可通过计算它的一些统计参数来进行项目的风险分析。

二、定性评估方法

（一）轮廓图法

轮廓图法是一种评价创新项目的简单方法，即：首先确定一组影响项目成败的关键因素或评价标准，然后按照这些标准对每一候选项目的绩效做出定性判断（如评价为高、中、低）。将这些定性的评价连接起来，就好像一个轮廓图。

（二）检查清单法

检查清单法类似于轮廓图法，也是首先确定关键因素，再进行结果判断。区别在于检查清单法的结果只有两种（"满意为1，不满意为0"）。

（三）评分法

具体步骤：

(1) 确定影响项目成败的关键因素或评价标准。
(2) 根据评价标准的相对重要性,确定每个关键因素或标准的权重,权重总和为1。
(3) 综合专家意见对项目的各个因素进行评分,并计算项目所有因素的加权评分结果。

(四) 动态排序列表法

动态排序列表法可对不同的新产品开发项目进行比较和排序。这种方法对每一个项目按照不同的单一评价指标进行排序,然后再将同一项目按不同指标排序序号计算算术平均值,得到项目的排序分值。

例如,某汽车企业供应商在对新产品项目进行评价时考虑了四个方面的因素:①项目的战略重要性;②项目未来预期收益的净现值(NPV);③项目的预期内部收益率(IRR);④技术成功的概率或可能性(PTS)。具体数据如表7-2-6所示。

表 7-2-6 动态排序数据表

项目编号	IRR×PTS	NPV×PTS	战略重要性	排序分值
Ⅰ	15.0 (2)	10.0 (2)	5 (1)	1.67 (1)
Ⅱ	10.8 (4)	17.0 (1)	4 (2)	2.33 (2)
Ⅲ	11.1 (3)	7.8 (3)	2 (4)	3.33 (3)
Ⅳ	17.7 (1)	5.1 (4)	1 (6)	3.67 (4)
Ⅴ	9.0 (6)	4.5 (5)	3 (3)	4.67 (5)
Ⅵ	10.5 (5)	1.4 (6)	2 (4)	5.00 (6)

【注】前三列括号中的数值为每列指标单独排序的序号,最后一列的数值为前三列括号中序号的平均值,项目的最后排序结果根据该值从小到大排列。

根据排序结果,选择排序分值最小的项目Ⅰ。

三、项目组合评估

(一) 矩阵法

矩阵法具体步骤:
(1) 评估企业技术实力。
(2) 分析技术组合。
(3) 比较技术战略和商业战略(决策中优先考虑商业战略)。
(4) 确定技术项目优先次序。

分析技术组合中,对企业的每项重要技术从技术重要性和技术相对竞争地位两个维度进行分析,具体如图7-2-1所示。

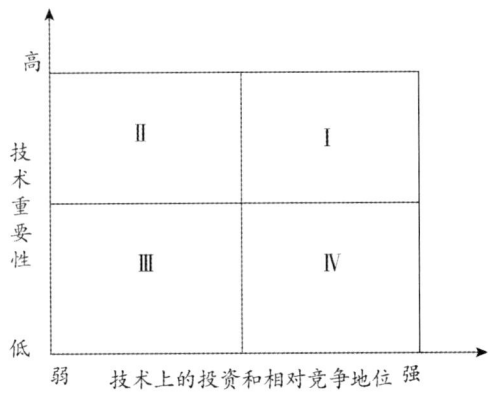

图 7-2-1 技术组合分析

对图7-2-1的说明如表7-2-7所示。

表 7-2-7 对图 7-2-1 的说明

象限	技术重要性	技术上的投资和相对竞争地位	采用策略
Ⅰ象限	高	强	企业重点投资
Ⅱ象限	高	弱	投资、竞争或放弃投资
Ⅲ象限	低	弱	撤出投资、终止进一步技术投资
Ⅳ象限	低	强	坐收渔翁之利，不需要重点投资

(二) 项目地图法

在对项目组合进行平衡分析时，通过直观的图形，管理人员更容易发现项目组合中存在的问题，并非常有针对性地对项目组合进行调整。其中，最为常见的一种图形为风险—收益气泡图，具体说明如表 7-2-8 所示。

表 7-2-8 风险—收益气泡图说明

象限	技术成功概率	风险	预期收益	具体策略
珍珠	高	小	高	明星项目，越多越好
牡蛎	低	大	高	想从此类项目中获得稳定的收益，需要有一定的技术突破
面包和黄油	高	小	低	较小的、技术简单的项目
白象	低	大	低	不值得投资和开发

【考点小贴士】对本知识点常以单项选择题的形式考查，考试中常考查四个区域的特点及分别采用的策略。该考点内容难度适中，但容易与其他矩阵图混淆，建议大家做好记忆与区分。比如，四个象限的名称可以分为两类：一类属于食物名称，另一类不属于食物名称；前一类的成功概率和预期收益一高一低，后一类的成功概率和预期收益是均高或均低。

经典例题

[2017年真题·单项选择题] 某技术项目预期收益高，开发成功概率低，根据项目地图法，该项目属于（ ）类型项目。

A. 珍珠　　　　　　　　　　B. 面包和黄油
C. 白象　　　　　　　　　　D. 牡蛎

[解析] 本题考查项目地图法。在项目地图法中，风险—收益气泡图的"牡蛎"象限的特征是潜在的收益很高，技术开发成功可能性较低，风险较大，D 项正确。　　　　　　[答案] D

[2016年真题·单项选择题] 某企业采用动态排序列表法，对四个备选项目进行评估，评估结果如下表所示。

各备选项目的评估结果

项目	IRR×PTS	NPV×PTS	战略重要性
甲	14 (3)	8.6 (2)	2 (3)
乙	15 (2)	7.8 (3)	4 (1)
丙	13 (4)	9.1 (1)	1 (4)
丁	16 (1)	6.5 (4)	3 (2)

注：IRR 为预期内部收益率，PTS 为技术成功的概率，NPV 为预期收益净现值，括号中数值为每列指标单独排序的序号。

该企业应该采用（　　）。

A. 项目甲　　B. 项目乙　　C. 项目丙　　D. 项目丁

[解析] 本题考查动态排序列表法。甲的排序分值＝（3＋2＋3）/3≈2.67；乙的排序分值＝（2＋3＋1）/3＝2；丙的排序分值＝（4＋1＋4）/3＝3；丁的排序分值＝（1＋4＋2）/3≈2.33。所以，该企业应采用排序分值最小的项目，即项目乙。

[答案] B

[2015年真题·多项选择题] 用矩阵法分析技术组合时采用的维度包括（　　）。
A. 技术先进性
B. 技术重要性
C. 技术复杂性
D. 技术上的投资和相对竞争地位
E. 技术兼容性

[解析] 矩阵法的步骤之一是分析技术组合，需要从两个维度进行分析，第一个维度代表某一具体技术对行业发展的重要性，另一个维度表示企业在此技术上的投资和相对竞争地位。

[答案] BD

四、技术价值的评估方法

（一）成本模型

（1）基本出发点：成本是价格的基本决定因素。

（2）公式：

$$技术商品的评估价格 = \frac{(技术开发中的物质消耗 + 技术开发中投入的人力消耗) \times 技术复杂系数}{1 - 研究开发的风险概率}$$

（二）市场模拟模型

市场模拟模型主要是模拟市场条件，假定在技术市场上交易时，估算可能的成交价格。

公式为：

$$P = P_0 \times a \times b \times c$$

式中，P 为技术商品的评估价格；P_0 为类似技术实际交易价格；a 为技术经济性能修正系数；b 为时间修正系数；c 为技术寿命修正系数。

其中，技术经济性能修正系数可通过比较被评估技术和实例交易技术的性能指标确定，比较时主要考虑技术的经济特性；时间修正系数是实例交易技术贸易时间至评估日期间内技术价格水平变动修正系数；技术寿命修正系数为被评估技术的寿命与实例交易技术从评估至停止使用的时间长度之比。

（三）效益模型

（1）基本思路：按技术所产生的经济效益来估算技术的价值。

（2）公式：

$$P = B_1 \times \frac{1}{(1+i)} + B_2 \times \frac{1}{(1+i)^2} + \cdots + B_t \times \frac{1}{(1+i)^t}$$

式中，P 表示技术商品的评估价格；B_1，B_2，$\cdots$，B_t 表示该技术各年产生的经济效益；i 表示折现率。

[考点小贴士] 考试时一般会直接给出复利现值系数的具体数值，这样会降低计算难度。计算过程中，只需要将复利现值系数与每年技术产生的经济效益相乘后，就可以求得各年经济效益现值的总和，即技术的评估价格。

经典例题

[2017年真题·单项选择题] 某企业拟投资开发一项新技术。经测算，技术开发中的物质消耗为300万元，人力资本消耗为600万元，技术复杂系数为1.5，研发失败的概率为40%，根据成本模型，研发成功后该项目技术的评估价格应为（　　）万元。
A. 950
B. 1 350
C. 2 250
D. 3 375

[解析]技术开发的物质消耗：题目已知为"300"万元。技术开发投入的人力消耗：题目已知为"600"万元。技术复杂系数：题目已知为"1.5"。研究开发的风险概率：研发开发的风险概率即研发失败的概率，题目已知为"40%"。技术商品的评估价格＝[（300＋600）×1.5]/（1－40%）＝1 350/0.6＝2 250（万元）。

[答案]C

[2013年真题·单项选择题]某企业拟购买一项新技术。经调查，2年前类似技术交易转让价格为20万元。经专家鉴定，该项新技术的效果比2年前类似交易技术提高15%，技术交易市场的价格水平比两年前提高10%，技术寿命修正系数为1.2。根据市场模拟模型，该企业购买该项新技术的评估价格为（　　）万元。

A. 21.08　　　　　　　　　　　B. 22.96
C. 25.09　　　　　　　　　　　D. 30.36

[解析]根据市场模拟模型公式，技术商品的价格＝类似技术实际交易价格×技术经济性能修正系数×时间修正系数×技术寿命修正系数＝20×（1＋15%）×（1＋10%）×1.2＝30.36（万元）。

[答案]D

第三节　技术创新组织与研发管理

本节考点概览

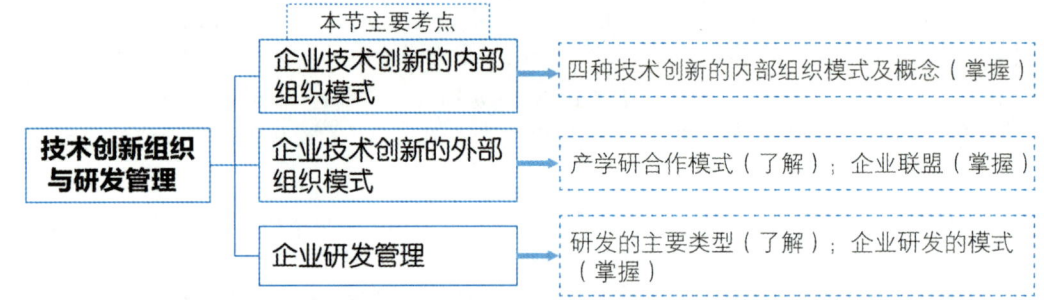

本节考点详解

● 考点1　企业技术创新的内部组织模式

企业技术创新的内部组织模式如表7-3-1所示。

表7-3-1　企业技术创新的内部组织模式

类型	内容	特点
内企业	（1）内企业家：为了鼓励创新，企业允许自己的员工在一定限度的时间内离开本岗位工作，从事自己感兴趣的创新活动，并且可以利用企业的现有条件 （2）内企业：由内企业家创建的企业	（1）内企业由少数几个人组成，基本上没有分工，自主开发，运作方式基本上是非正式的 （2）内企业家的活动局限在企业内部，行动受到企业的规定、政策和制度以及其他因素的限制

续表

类型	内容	特点
技术创新小组	为完成某一创新项目临时从各部门抽调若干专业人员而成立的一种创新组织	(1) 技术创新小组是针对复杂的技术创新项目中的技术难题或较简单小型的技术项目而成立的，组成人员少，但工作效率高，适合中小企业 (2) 技术创新小组可由企业研究开发、生产、营销和财务等部门人员组成，这些人员在一定时期内脱离原部门工作，组成小组，但是完成创新任务后就随之解散 (3) 技术创新小组是开放性组织，小组成员随技术项目的需要增加或减少 (4) 技术创新小组有明确的目标和任务，高层主管对创新小组充分授权，完全由其成员自主决定工作方式 (5) 技术创新小组成员同时接受原部门的领导和技术创新小组领导的管理，其组织形式是一种简单矩阵式结构 (6) 技术创新小组成员间没有严格的上下级关系，更多的是工作中的协作与合作关系，多为扁平型结构
新事业发展部	大企业为了开创全新事业而单独设立的组织形式，是独立于现有企业运行体系之外的分权组织	新事业发展部是一种固定性的组织，多数由若干部门抽调专人组成。组建新事业发展部是企业进入新的技术领域和产业领域的重要方式之一
企业技术中心	是企业（特别是大中型企业）实施高度集中管理的科技开发组织	企业技术中心（企业技术研发中心、企业科技中心）在本企业（行业）的科技开发活动中具有权威性，起着主导和牵头作用，处在核心地位

经典例题

[2016年真题·单项选择题] 某企业为开发新型产品，从市场部、生产部、研发中心等多个部门临时抽调10人组建创新组织，这种组织属于（　　）。

A. 内企业　　　　　　　　B. 企业技术中心
C. 新事业发展部　　　　　D. 技术创新小组

[解析] 技术创新小组是指为完成某一项创新项目临时从各部门抽调若干专业人员而成立的创新组织。根据题目信息"临时抽调10人组建创新组织"，可知此符合技术创新小组的概念，D项正确。
[答案] D

[例题·单项选择题] 企业允许员工在一定的时间内离开本职岗位，利用企业的资金、设备从事创新活动，这种技术创新组织模式称为（　　）。

A. 内企业
B. 技术创新小组
C. 新发展事业部
D. 企业技术中心

[解析] 本题主要考查内企业的概念。内企业家是指企业为了鼓励创新，允许自己的员工在一定限度的时间内离开本岗位工作，从事自己感兴趣的创新活动，并且可以利用企业的现有条件，如资金、设备等，由内企业家创建的企业称为"内企业"，A项正确。
[答案] A

考点2　企业技术创新的外部组织模式

一、产学研合作模式

产学研合作模式的类型具体如表7-3-2所示。

表 7-3-2　产学研合作模式的类型

模式类型	具体内容	优点	缺点
校内产学研合作模式	创办自主经营、自负盈亏的经济实体，并将该实体与教学实习基地合二为一，以兼顾人才培养、科研发展与实现经营效益	(1) 有利于学校有效统一地规划和管理 (2) 便于把学校的科技成果更好更快地转化为产品 (3) 能促进学校加强与社会的联系，主动进行市场定位 (4) 能快速地获得收益，为学校创造新就业岗位，缓解人力资源闲置的压力 (5) 可更好地协调教学、科研与产业间的关系	学校把精力用在合作的经营上，可能会偏离教学与科研的中心
双向联合体合作模式	高校与校外的企业结合	迅速直接，合作通常以单个项目或成果为主，优势互补明显，主要侧重一次性操作，转让或项目完成，合作终止，学校不用再投资，不承担什么风险	受限于直接利益双方，因行业差异导致各有不同的出发点，容易产生分歧难以调和，致使合作成功率不高
多向联合体合作模式	出资方（金融机构或社会资本投资者）、技术成果方（高校）与生产经营企业的联合	合作期限长、潜力大、风险低、合作紧凑规范、收益明显	投资需求大，出资方非常谨慎，合作前期的谈判颇费周折，涉及的高校多，且存在权益与利益的问题，故成功率较低
中介协调型合作模式	以中介为纽带的合作模式	中介协调型合作模式以中介人的身份协调各方分歧，负责信息真实性的调查与利益分割，并提供某种形式的担保等，能够降低供需多方的风险程度，促进合作成功	—

【考点小贴士】本考点内容较多，要抓住重点进行复习。产学研合作模式四种类型之间的主要区别在于参与的主体不同，其主体在类型名称中已经有所显示，需要大家掌握，不要混淆。

二、企业—政府模式

企业和政府联盟主要有三种模式：
(1) 政府承担大部分技术创新所需的资金，企业组织人才，技术创新成果归政府所有。
(2) 政府投资，企业组织人才，进行技术开发，开发出来的先进技术转卖给企业。
(3) 政府帮助企业技术创新、融资等。

三、企业联盟

（一）企业联盟的概念

企业联盟也称动态联盟或虚拟企业，是企业—企业模式的主要形式，是指两个或两个以上对等经济实体，为了共同的战略目标，通过各种协议而结成的利益共享、风险共担、要素双向或多向流动的松散型网络组织体。

（二）企业联盟的组织运行模式

企业联盟的三种组织运行模式具体如表 7-3-3 所示。

表 7-3-3　企业联盟的三种组织运行模式

模式类型	联盟核心	联盟伙伴	协调机制	适用情形
星形模式	盟主企业	相对固定的伙伴（如供应商）	由盟主企业负责关系协调和冲突仲裁	垂直供应链型的企业
平行模式	无盟主企业、无核心企业	伙伴地位平等、独立	自发性协调	某一市场机会的产品联合开发及长远战略合作
联邦模式	核心团队（由具备核心能力的企业联合组成）	外围层伙伴与核心层伙伴间的关系一般是技术外包或标准件供应关系	联盟协调委员会	高新技术产品的快速开发

【考点小贴士】本知识点属于历年考查重点，常以单项选择题的形式考查。对三种组织运行模式的联系与区别，可参照表 7-3-3 进行学习。

经典例题

[2017年真题·单项选择题] 某家电企业联盟，以甲、乙、丙三家企业为核心层，以这三家企业的供应商为外围层，成员企业间的协调和冲突仲裁由核心层企业组成的协调委员会负责，这种企业联盟模式属于（　　）。

A. 星形模式　　　　　　　　B. 联邦模式
C. 平行模式　　　　　　　　D. 扁平模式

[解析] 本题考查企业联盟的组织运行模式。根据题目信息"核心层、外围层""由协调委员会负责协调"，可知此属于联邦模式，B项正确。

[答案] B

[2016年真题·单项选择题] 采用自发性协调方式，无盟主、无核心的企业联盟模式属于（　　）。

A. 平行模式　　　　　　　　B. 扁平模式
C. 联邦模式　　　　　　　　D. 星形模式

[解析] 本题考查企业联盟的组织运行模式。根据题目信息"自发性协调""无盟主、无核心"，可知此属于平行模式，A项正确。

[答案] A

考点3　企业研发管理

一、研发的主要类型

研究与发展通常简称为研发，国际上常把研究与发展分为三类，具体如表 7-3-4 所示。

表 7-3-4　研究与发展的三种类型

类型	具体说明
基础研究	是指认识自然现象、揭示自然规律，获取新知识、新原理、新方法的研究活动，没有特定的商业目的
应用研究	是指为了获得某一具体领域的新知识而进行的创造性研究活动，具有特定的商业目的
开发研究	是指应用基础研究和应用研究的成果，开发新产品、新材料、新装置、新方法，或者为了对现有材料和中间生产做重大改进而进行的系统的创造性工作

二、企业研发的模式

（一）企业主要研发模式的概念

企业研发主要有以下三种模式，其概念如表 7-3-5 所示。

表 7-3-5　企业主要研发模式的概念

模式	概念要点
自主研发	是指企业自己出资出人进行研发，自担风险、独享成果
合作研发	合作各方共同出资、共同投入人员和技术进行研发，共担风险、共享成果，具体包括以下形式： (1) 联合开发：双方不组建实体，依据签署的协议共同开展研发。项目通常被细分成多项任务，合作者分别承担自己擅长的任务，最后对各方研制的成果进行集成，合作成员共享研发成果。 (2) 建立联盟：若干企业通过共享彼此的研发资源、分担成本和风险、实现共同的研发目标而建立的联盟组织。 (3) 共建机构：企业在大学、科研院所等建立研发机构，通常是大学出平台、提供人员，企业出资金，例如，微软公司在各高校建立的实验室。 (4) 项目合作：企业挑选有重要价值的科研项目与高校共同研发，或者一些企业与企业或企业与大学合作投标争取政府的科技计划支持。
委托研发	也称研发外包，是指企业将研发工作委托给外部的企业或机构来完成，在研发外包形式下，委托方与受托方就具体研发工作达成协议，其后委托方不参与研发的具体过程，但最后享用研发成果、实现创新目标

（二）企业主要研发模式的对比

企业主要研发模式的对比如表 7-3-6 所示。

表 7-3-6　企业主要研发模式的对比

研发模式	优点	缺点	商业化速度	所需资金
自主研发	企业可以形成自己独特的技术或产品优势，在市场上拥有竞争力，并对未来技术发展有很大的支持作用。如果商业化成功，可以获得较大的经济利益	资金负担大，必须投入大量的技术人员	商品化的速度慢，影响商业化开发进度	需要投入研究经费、人员费、材料费、实验设备等
合作研发	有助于迅速提高企业的技术能力，可分散风险，并在短期内取得经济效益	存在冲突、技术不相容、诚信等风险	商品化开发速度较快	与合作单位共同出资
委托研发	不需要企业投入太多的精力	对提高本企业的技术能力作用不大	依靠有研发优势的机构开发技术，故商品化的速度较快	支付给对方研究费用

> **经典例题**
>
> [2023 年真题·单项选择题] 某企业出资在当地一所大学建立人工智能实验室，开展工业机器人方面的研发，这种研发模式属于（　　）。
> A. 合作研发
> B. 委托研发
> C. 自主研发
> D. 基础研发
> [解析] 合作研发是指企业、科研院所、高等学校、行业基金会和政府等组织机构，为了克服研发中的高额投入和不确定性，规避风险，缩短产品的研发周期，应对紧急事件的威胁，节约交易成本而结成伙伴关系共同研发。
> [答案] A

> **经典例题**
>
> [2015年真题·单项选择题] 某企业与大学研究所签订协议开发新型材料,双方分别承担相应的任务,最后对研究成果进行集成,双方共享研究成果,这种研发模式属于(   )。
> A. 自主研发
> B. 合作研发
> C. 委托研发
> D. 基础研发
> [解析] 本题的考点为合作研发。根据题目关键信息"双方分别承担相应的任务,最后对研究成果进行集成,双方共享研究成果",可知此符合合作研发形式中联合开发的概念,B项正确。
> [答案] B

第四节　企业管理创新

本节考点概览

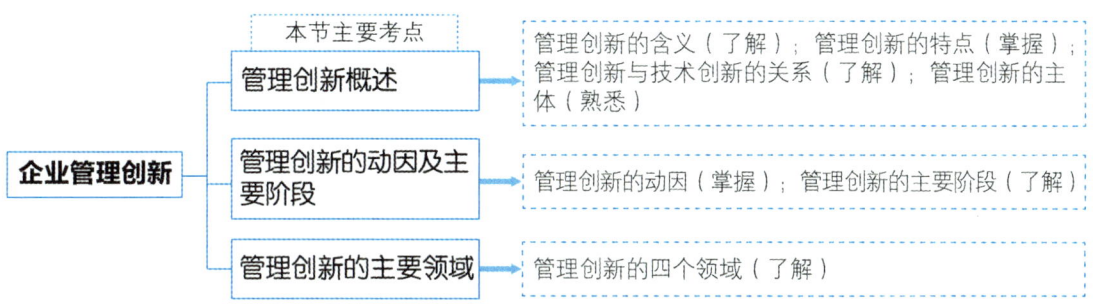

本节考点详解

考点1　管理创新概述

一、管理创新的含义

管理创新这一概念的五种情况:
(1) 提出一种新的经营思路并加以有效实施,如果经营思路可行就是一种管理创新。
(2) 设计一个新的组织机构并使之有效运作。
(3) 提出一个新的管理方式、方法,它能提高生产效率,协调人际关系或能更好地激励员工。
(4) 设计一种新的管理模式。
(5) 进行一项制度创新。

企业为更加有效地利用资源和提升组织绩效,实现组织系统预定目标而对企业原有管理活动或过程进行有效的变革,其范畴几乎涵盖所有非技术创新。

二、管理创新的特点

(一) 基础性

管理创新是企业整个创新体系的重要组成部分,是企业其他创新的基础。在从事各类创新的过程中,若不进行相应的管理创新,技术创新或营销创新等就难以取得良好的效果。

(二) 风险性

风险性是企业各类创新的共同特征,创新是基于对未来的预测而做出的改变,其中包含着许多不确定性因素，这种不确定性使得管理创新必然具有风险。

（三）全员性

企业管理创新的主体不仅仅是管理人员，普通员工也是管理创新的重要参与者，他们处在企业的基层，直接与企业的顾客接触。

（四）动态性

创新是一个不断变化的过程，具有动态性的特征。动态性是企业掌握主动性，进而在竞争中取得优势的必然要求，也是管理创新的重要特点。

（五）系统性

企业的系统性决定了管理创新的系统性。因此企业在进行创新时，要把管理创新看成一个复杂的系统工程。

经典例题

[2022年真题·多项选择题] 管理创新的特点有（　　）。
A. 静态性　　　　　　　　　B. 经济性
C. 基础性　　　　　　　　　D. 全员性
E. 系统性

[解析] 管理创新的特点有：基础性、风险性、全员性、动态性、系统性。　　　　[答案] CDE

三、管理创新与技术创新的关系

一方面，管理创新是技术创新的前提，没有高效的管理，就不可能产生技术创新，而技术创新为管理开辟了新的领域和局面，对管理提出了更多的要求，促进了新一轮管理创新的出现，没有技术创新就没有企业的发展，就没有管理创新，技术创新与管理创新相互依存。另一方面，对企业而言，所有的技术创新都是在管理下实现的，落后的管理系统中很难产生先进的技术，先进的管理促进技术创新，管理系统从体制、组织、战略、领导、环境、运作方式和资源配置效率等方面为技术创新提供保证。从这个意义上讲，技术创新与管理创新又相互制约。

经典例题

[2023年真题·多项选择题] 关于管理创新和技术创新关系的说法，正确的有（　　）。
A. 管理创新决定技术创新的方向
B. 技术创新为管理创新提供了新的领域
C. 没有技术创新就没有管理创新
D. 管理创新有助于推动技术创新
E. 管理创新和技术创新相互制约

[解析] 管理创新为技术创新提供了一个平台，使技术创新过程中的资源配置更有效率，对技术创新的方向和目标提出来具体要求，但管理创新并不能决定技术创新的方向，只能对技术创新的方向和目标提出要求，A项错误。　　　　[答案] BCDE

四、管理创新的主体

（1）企业家。企业家精神主要表现在四个方面，即创新意识、实干精神、机会意识、奉献精神。

（2）管理者。如果每个管理者都在力图进行管理创新，把事情做得更好，**企业就拥有更好的发展前景**。同时，企业家应发掘和培养本企业的管理者，建立一支强有力的管理创新队伍。

(3) 员工。

考点2 管理创新的动因及主要阶段

一、管理创新的动因

(一) 内部动因

(1) 自我价值实现。

(2) 责任感。

(3) 经济性动机。

(二) 外部动因

(1) 社会文化环境的变迁。

(2) 经济的发展变化。

(3) 自然条件的约束。

(4) 科学技术的发展。

> **经典例题**
>
> [例题·多项选择题] 管理创新的外部动因包括（　　）。
> A. 社会文化环境的变迁　　　B. 自我价值实现
> C. 自然条件的约束　　　　　D. 经济性动机
> E. 科学技术的发展
> [解析] 自我价值实现、经济性动机均属于管理创新的内部动因。　　[答案] ACE

二、管理创新的主要阶段

(1) 发现及界定问题。

(2) 寻求创新方案。

(3) 评估和决策创新方案。

(4) 实施及评价。

考点3 管理创新的主要领域

一般说来，比较重要且易于取得创新成效的管理创新领域主要有以下四个方面：

(1) 管理理念创新。管理理念创新是企业进行管理创新的灵魂和基石。管理理念是企业从事经营管理活动的指导思想。企业要想在复杂多变的市场竞争中生存和发展，就必须首先在管理观念上不断创新。

(2) 管理组织创新。管理组织创新包括组织体制、职能结构、机构设置、横向协调等方面的创新。例如，某电商集团主营业务是服装，该公司把科层制的管理结构转变成赋能型的管理结构，创立了以小组制为核心的"单品全程运营体系"。

(3) 管理方式方法创新。管理方式方法创新既是进行管理创新的重要手段，也是管理创新的直接成果。例如，线性规划、目标管理、企业资源计划（ERP）、制造资源计划（MRP II）、全面质量管理（TQC）等。

(4) 管理制度创新。其是管理创新的最高层次，是管理创新实现的根本保证。企业进行管理制度创新的目的是建立一种更优的制度安排，调整企业中所有者、经营者、劳动者的关系，使企业具有更高的效率。

本章易错易混考点

【易错易混考点一】产品创新和工艺创新的区别

根据技术创新对象的不同,技术创新可以分为产品创新和工艺创新,关于两者的区别具体如表Ⅰ所示。

表Ⅰ 产品创新和工艺创新的区别

类型	分类	利润或效用来源	是否投放市场	举例
产品创新	重大(全新)产品创新	销售产品获取利润	是	英特尔芯片、IBM个人计算机
	渐进(改进)产品创新			由火柴盒包装箱发展起来的集装箱、由收音机发展起来的组合音响
工艺创新	重大的工艺创新	提高生产效率,降低成本,改进产品质量等	否	早期福特公司采用的流水作业生产方式、现代的计算机集成制造系统
	渐进式的工艺创新			对产品生产工艺的某些改进、提高生产效率的一些措施

两者关系:企业创新一般始于产品创新,进而引发对工艺创新的需求

【易错易混考点二】技术推动创新模式和需求拉动创新模式的区别

(1)技术推动创新模式如图Ⅰ所示。

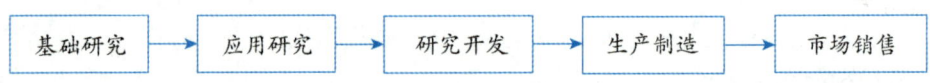

图Ⅰ 技术推动创新模式

(2)需求拉动创新模式如图Ⅱ所示。

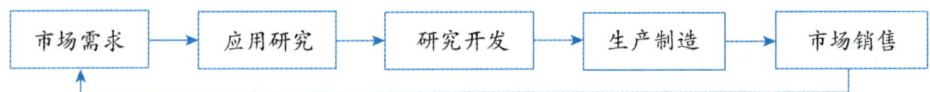

图Ⅱ 需求拉动创新模式

【提示】技术推动创新模式的"最左端"是基础研究,需求拉动创新模式的"最左端"是市场需求,要注意区分。

【易错易混考点三】项目地图法中的风险—收益气泡图

根据技术成功的概率和收益两个方面,可以将风险—收益气泡图划分成四个区域。对考生来说,需要掌握每一个区域的特点并能够灵活运用,具体如表Ⅱ所示。

表Ⅱ 风险—收益气泡图的四个区域

区域	技术成功概率	预期收益	助记
珍珠	高	高	体积小,价值高(双高)
牡蛎	低	高	营养价值高(收益高),不容易买到(成功概率低)
面包和黄油	高	低	营养价值低(收益低),容易买到(成功概率高)
白象	低	低	笨重无用(双低)

【易错易混考点四】企业联盟的三种组织运行模式的区别

企业联盟的组织运行模式主要有三种类型,即星形模式、平行模式和联邦模式,具体区别如表Ⅲ所示。

表Ⅲ 星形模式、平行模式和联邦模式的区别

模式类型	联盟核心	联盟伙伴	协调机制	适用情形
星形模式	盟主企业	相对固定的伙伴（如供应商）	由盟主企业负责协调和冲突仲裁	垂直供应链型的企业（如耐克模式）
平行模式	无盟主企业、无核心企业	伙伴地位平等、独立	自发性协调	某一市场机会的产品联合开发及长远战略合作
联邦模式	核心团队（由具备核心能力的企业联合组成）	外围层伙伴与核心层伙伴间的关系一般是技术外包或标准件供应关系	联盟协调委员会	高新技术产品的快速联合开发

【举例】

(1) 星形模式：耐克公司的很多产品都不是自己生产的，而是外包给其他生产厂家。

(2) 平行模式：微信中有京东、拼多多等商城的入口，这就是微信与这些电商平台共同组建的平行联盟，各成员共同参与，发挥各自的优势。

(3) 联邦模式：海尔和其他冰箱制造行业的龙头厂商为了对冰箱进行相应的技术改进，组成企业联盟，以海尔冰箱生产线的供应商企业为外围层，海尔和其他龙头厂商是核心层。

历年经典真题回顾

一、单项选择题（每题1分，每题备选项中，只有1个最符合题意）

1. 某企业开发一项技术，物质消耗300万元，人力消耗600万元，技术复杂系数1.3，风险概率60%。根据技术价值评估的成本模型，该技术成果的价格为（　　）万元。[2022年真题]

    A. 1 170　　　　　　　　　　B. 1 950

    C. 2 925　　　　　　　　　　D. 900

    [解析] 该技术成果的价格=（技术开发的物质消耗+技术开发中投入的人力消耗）×技术复杂系数/（1-研究开发的风险概率）=（300+600）×1.3/（1-60%）=2 925（万元）。 [答案] C

2. 关于技术领先战略和跟随战略的说法，错误的是（　　）。[2020年真题]

    A. 领先战略技术开发的重点是产品技术

    B. 领先战略技术来源以自主研发为主

    C. 跟随战略投资的重点是技术开发

    D. 跟随战略市场开发的重点是细分市场开发

    [解析] 本题考查技术领先战略和跟随战略的区别。跟随战略投资的重点是生产、销售，C项错误。 [答案] C

3. 为提高产品质量，某公司进行生产技术变革，这属于技术创新中的（　　）。[2019年真题]

    A. 工艺创新　　　　　　　　B. 原始创新

    C. 根本性创新　　　　　　　D. 产品创新

    [解析] 本题考查工艺创新的概念。工艺创新也称过程创新，是产品的生产技术变革。 [答案] A

4. 某企业与30多家生产商组成联盟，该企业为联盟盟主，负责协调和冲突仲裁，统一计划、管理、调度联盟内的各种资源，这种企业模式属于（　　）。[2019年真题]

    A. 星形模式　　　　　　　　B. 扁平模式

    C. 联邦模式　　　　　　　　D. 平行模式

    [解析] 本题考查企业技术创新的外部组织模式。星形模式有盟主企业，盟主企业负责协调和冲突仲裁。 [答案] A

5. 某企业的商标有效期至 2018 年 8 月 16 日，该企业于 2018 年 10 月 11 日办理了续展手续，国家主管部门予以注册，则该商标的有效期至（　　）。[2018 年真题]
   A. 2028 年 10 月 10 日　　　　　　B. 2028 年 10 月 11 日
   C. 2028 年 8 月 15 日　　　　　　D. 2028 年 8 月 16 日

[解析] 本题考查商标权。注册商标有效期期满，可以办理延续，每次续展注册的有效期为 10 年，自该商标"上一届有效期满次日"起计算。题目已知，该商标上一届有效期满为 2018 年 8 月 16 日，从该日期次日起算，延展 10 年，因此有效期应至 2028 年 8 月 16 日。

[答案] D

二、多项选择题（每题 2 分，每题备选项中，有 2 个或 2 个以上符合题意，至少有 1 个错项。错选，本题不得分；少选，所选的每个选项得 0.5 分）

1. 关于技术创新的说法，错误的有（　　）。[2019 年真题]
   A. 技术创新具有一体化趋势
   B. 技术创新是高风险活动
   C. 技术创新只是一种技术行为
   D. 技术创新不具有外部性
   E. 技术创新时间具有差异性

[解析] 本题考查技术创新的含义。技术创新是一种经济行为，C 项错误；技术创新具有外部性特征，D 项错误。

[答案] CD

2. 世界知识产权组织界定的知识产权包括（　　）。[2019 年真题]
   A. 关于文学、艺术和科学作品的权利
   B. 关于科学发现的权利
   C. 关于同工同酬的权利
   D. 关于股利收益的权利
   E. 关于工业品外观设计的权利

[解析] 本题考查知识产权管理。世界知识产权组织对知识产权的界定包括：①关于文学、艺术和科学作品的权利；②关于表演艺术家的表演以及唱片和广播节目的权利；③关于人类一切活动领域的发明的权利；④关于科学发现的权利；⑤关于工业品外观设计的权利；⑥关于商标、服务标记及商业名称和标志的权利；⑦关于制止不正当竞争的权利；⑧在工业、科学、文学艺术领域内由于智力创造活动而产生的一切其他权利。

[答案] ABE

3. 关于委托研发与合作研发的说法，正确的有（　　）。[2019 年真题]
   A. 合作研发时，合作各方共同投入资金和技术
   B. 委托研发时，受托方投入资金，委托方投入技术
   C. 合作研发时，研发的成本风险是共担的
   D. 委托研发时，研发的成本风险是由委托方承担的
   E. 委托研发时，研发的失败风险是共担的

[解析] 本题考查企业研究与发展管理。在委托研发中，受托方投入研发的知识和技术，委托方投入资金，研发的失败风险和成本风险不是共担的。B、E 两项错误。

[答案] ACD

4. 与技术跟随战略相比，技术领先战略的特征有（　　）。[2018 年真题]
   A. 风险和收益相对较小
   B. 技术来源以自主开发为主
   C. 市场开发重点是挤占他人市场

D. 技术开发的重点是工艺技术

E. 投资重点是技术及市场开发

[解析] 本题考查技术创新战略的类型。根据企业所期望的技术竞争地位的不同，可将企业技术创新战略分为技术领先战略和技术跟随战略。其中，技术领先战略即企业致力于在相关技术领域占据领导地位，要在所有竞争者之前，率先采用新技术，并使新产品最早进入市场，成为同行业的"领头羊"，获取较大的市场占有率和利润。B、E 两项均属于技术领先战略的特征。A、C、D 三项均属于技术跟随战略的特征。 [答案] BE

三、案例分析题（每题 2 分。由单项选择题和多项选择题组成。错选、本题不得分；少选，所选的每个选项得 0.5 分）

甲企业拟引进乙企业的专利技术。经专家评估，该技术能够将甲企业的技术能力大幅提高，该技术的技术性能修正系数为 1.15，时间修正系数为 1.1，技术寿命修正系数为 1.2。经调查，2 年前类似技术交易转让价格为 50 万元。甲企业与乙企业签订合同约定，甲企业支付款项后可以使用该项技术。甲企业使用该技术后，发现对技术能力的提高不及预期，于是同丙企业签订合作协议，将相关技术研发委托给丙企业。技术开发成功后，甲企业于 2015 年 9 月 17 日向国家专利部门提交了发明专利申请，2017 年 7 月 20 日国家知识产权局授予甲企业该项技术发明专利权。

[2017 年真题]

根据以上资料，回答下列问题：

1. 采用市场模拟模型计算，甲企业购买该技术的评估价格为（　　）万元。

   A. 58.6　　　　　　　　B. 63.7

   C. 69.8　　　　　　　　D. 75.9

   [解析] 本题考查市场模拟模型。技术商品的评估价格＝类似技术实际交易价格×技术经济性能修正系数×时间修正系数×技术寿命修正系数＝50×1.15×1.1×1.2＝75.9（万元）。 [答案] D

2. 甲企业将技术研发委托给丙企业的研发模式称为（　　）。

   A. 自主研发　　　　　　B. 项目合作

   C. 研发外包　　　　　　D. 联合开发

   [解析] 本题考查委托研发的概念。根据案例资料信息"甲企业同丙企业签订合作协议，将相关技术研发委托给丙企业"，可知此符合委托研发的概念，委托研发又称"研发外包"。 [答案] C

3. 关于甲企业该项技术发明专利权有效期的说法，正确的是（　　）。

   A. 有效期至 2035 年 9 月 16 日

   B. 有效期至 2037 年 7 月 19 日

   C. 有效期至 2027 年 7 月 19 日

   D. 有效期满后专利权终止

   [解析] 本题考查企业知识产权保护策略。我国《专利法》规定，发明专利的期限为 20 年，自申请之日起计算，到期后专利权终止，将不再受《专利法》保护。根据案例资料可知，甲企业于 2015 年 9 月 17 日向国家专利部门提交了发明专利申请，有效期 20 年，即有效期至 2035 年 9 月 16 日，且到期后专利权终止，不再受《专利法》保护。 [答案] AD

本章同步练习

一、单项选择题（每题 1 分，每题备选项中，只有 1 个最符合题意）

1. 技术创新是一种经济行为，其核心是（　　）。

   A. 科学家　　　　　　　B. 工程师

C. 企业家	D. 发明家

2. 技术创新根据创新模式不同可划分为不同类型，其中，（　　）活动主要集中在基础科学和前沿技术领域。

A. 原始创新	B. 集成创新
C. 工艺创新	D. 引进、消化吸收再创新

3. 相对于需求拉动创新模式，技术推动创新模式的特征是（　　）。

A. 创新周期更长
B. 易于商品化
C. 很快产生效益
D. 创新难度低

4. 下列企业技术创新的内部组织模式中，（　　）是企业为了完成某一创新项目临时从各部门抽调若干专业人员而成立的组织，在任务完成后就随之解散。

A. 新事业发展部	B. 内企业
C. 企业技术中心	D. 技术创新小组

5. 在技术创新企业联盟的组织运行模式中，（　　）适用于垂直供应链型的企业。

A. 联邦模式	B. 星形模式
C. 交叉模式	D. 平行模式

6. （　　）是指在实践中已使用过了的没有专门的法律保护的具有秘密性质的技术知识、经验和技巧。

A. 专利	B. 商标
C. 工业产权	D. 专有技术

7. 关于技术创新战略的说法，正确的是（　　）。

A. 技术领先战略的开发重点是产品技术
B. 技术领先战略的技术来源是以模仿、引进为主的
C. 技术跟随战略要开拓一个全新的市场
D. 技术跟随战略风险大、收益大

二、**多项选择题**（每题2分，每题备选项中，有2个或2个以上符合题意，至少有1个错项。错选，本题不得分；少选，所选的每个选项得0.5分）

1. 下列关于技术创新的表述，正确的有（　　）。

A. 正外部性	B. 是一种纯技术行为
C. 是一项高风险活动	D. 一体化和国际化
E. 时间的趋同性

2. 下列技术创新的过程与模式中，（　　）是最常见的，也是企业愿意采用的技术创新模式。

A. 国家创新体系
B. 系统集成和网络创新模式
C. 交互作用创新模式
D. 技术推动创新模式
E. 需求拉动创新模式

3. 矩阵法对企业的每一项重要技术从（　　）两个维度进行分析。

A. 技术的价格
B. 技术上的投资和相对竞争地位

C. 技术的新颖程度

D. 技术的重要性

E. 技术的复杂程度

4. 下列属于企业技术创新内部组织模式的有（　　）。

A. 内企业　　　　　　　　B. 产学研合作模式

C. 新事业发展部　　　　　D. 技术创新小组

E. 企业联盟

5. 技术价值的评估方法有（　　）。

A. 赫夫模型

B. 效益模型

C. 五力模型

D. 成本模型

E. 市场模拟模型

三、案例分析题（每题2分，由单项选择题和多项选择题组成。错选、本题不得分；少选，所选的每个选项得0.5分）

甲企业与某研究所签订合同，委托该研究所对一项技术进行提供可行性论证、技术预测、专题技术调查。经预测，该技术可再使用5年。采用该项新技术后，预计未来5年产品的收入分别为120万元、120万元、140万元、100万元、100万元。根据行业投资收益率，折现率确定为10%，复利现值系数见下表：

N	1	2	3	4	5
10%	0.909	0.826	0.751	0.683	0.621

经评估后，甲企业决定立项开发该技术，并从各个部门抽调10人组建新的部门负责攻关。3年后，技术开发成功。甲企业于2019年3月15日向国家专利部门提交了发明专利申请，2020年6月20日国家知识产权局授予甲企业该项技术发明专利权。

根据以上资料，回答下列问题：

1. 根据效益模型计算，该项新技术的价格为（　　）万元。

A. 396.58　　　　　　　　B. 32.62

C. 443.74　　　　　　　　D. 460.2

2. 甲企业为开发该项新技术设立的创新组织属于（　　）。

A. 企业联盟　　　　　　　B. 内企业

C. 产学研合作模式　　　　D. 技术创新小组

3. 关于甲企业获得的该项技术专利权有效期的说法，正确的是（　　）。

A. 有效期限为10年

B. 有效期限自2020年6月20日起计算

C. 有效期限自2019年3月15日起计算

D. 有效期限为20年

本章同步练习参考答案及解析

一、单项选择题

1. ［答案］C

［解析］本题考查技术创新的特点。技术创新是一种经济行为，其核心是企业家。

2. [答案] A

[解析] 本题考查原始创新的概念。技术创新根据创新模式不同可划分为原始创新，集成创新和引进、消化吸收再创新。其中，原始创新活动主要集中在基础科学和前沿技术领域。

3. [答案] A

[解析] 本题考查技术推动、需求拉动和交互作用模式的特点。B、C 两项均为需求拉动创新模式的特点；技术推动创新模式相较于需求拉动创新模式来说，创新难度高，D 项错误。

4. [答案] D

[解析] 本题考查技术创新小组的概念。根据题目关键信息"临时从各部门抽调若干专业人员而成立的组织"分析，可知此符合技术创新小组的概念。

5. [答案] B

[解析] 本题考查企业联盟的组织运行模式。星形模式适用于垂直供应链型的企业。

6. [答案] D

[解析] 本题考查专有技术的概念。所谓专有技术，是指在实践中已使用过了的没有专门的法律保护的具有秘密性质的技术知识、经验和技巧。

7. [答案] A

[解析] 技术领先战略的技术来源是以自主研发为主的，B 项错误。C、D 两项描述的是技术领先战略。

二、多项选择题

1. [答案] ACD

[解析] 本题考查技术创新的特点。A、C、D 三项均属于技术创新的特点。B 项，技术创新是一种经济行为，而不是纯技术行为；E 项，技术创新时间上存在差异性，而不是趋同性。

2. [答案] CDE

[解析] 本题考查技术创新的过程与模式。技术推动创新模式、需求拉动创新模式和交互作用创新模式是最常见的，也是企业愿意采用的技术创新模式。

3. [答案] BD

[解析] 本题考查矩阵法。该方法对企业的每一项重要技术从两个维度进行分析，即技术的重要性、技术上的投资和相对竞争地位。

4. [答案] ACD

[解析] 本题考查企业技术创新的内部组织模式。企业技术创新的内部组织模式包括内企业、技术创新小组、新事业发展部、企业技术中心。B、E 两项属于企业技术创新的外部组织模式。

5. [答案] BDE

[解析] 本题考查技术价值的评估方法。技术价值的评估方法包括成本模型、市场模拟模型、效益模型。

三、案例分析题

1. [答案] C

[解析] 本题考查效益模型。根据效益模型公式，将题目的已知条件代入效益模型公式可得，$P = 120 \times 0.909 + 120 \times 0.826 + 140 \times 0.751 + 100 \times 0.683 + 100 \times 0.621 = 443.74$（万元）。

2. [答案] D

[解析] 甲企业决定立项开发该技术，并从各个部门抽调 10 人组建新的部门负责攻关，具有临时性的特征，属于技术创新小组。

3. [答案] CD

[解析] 根据《专利法》规定，发明专利保护期限是 20 年，自申请之日算起。故 C、D 两项正确。

第八章　人力资源规划与薪酬管理

本章考情分析

年份	单项选择题	多项选择题	案例分析题	合计
2023 年	5 题 5 分	1 题 2 分	4 题 8 分	15 分
2022 年	5 题 5 分	3 题 6 分	—	11 分
2021 年	5 题 5 分	2 题 4 分	—	9 分
2020 年	5 题 5 分	2 题 4 分	4 题 8 分	17 分

本章学习提示

本章共 3 节，主要介绍人力资源规划、绩效考核及薪酬管理等人力资源管理方面的内容。本章是比较重要的章节，考试分值占比较高，但本章的题目比较简单。常考题型包括单项选择题、多项选择题、案例分析题。案例分析题考点相对来说少且固定，比较容易掌握，建议加强练习。

第一节 人力资源规划

📖 本节考点概览

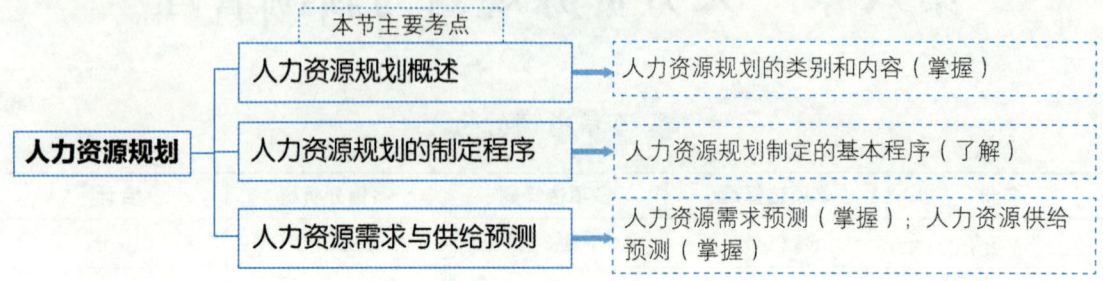

📖 本节考点详解

考点1 人力资源规划概述

一、人力资源规划的含义

人力资源规划是指企业根据发展战略、目标和任务的要求,科学地预测与分析企业在不断变化的环境中人力资源的需求和供给状况,并据此制定必要的人力资源政策和措施,以确保企业的人力资源与企业的发展战略、目标和任务在数量、质量、结构等方面保持动态平衡的过程。

二、人力资源规划的内容

（一）人力资源规划的类型

人力资源规划的类型如表 8-1-1 所示。

表 8-1-1 人力资源规划的类型

划分标准	类型	具体内容
规划时间长短	短期规划	时间跨度≤1 年的规划
	中期规划	时间跨度为 1～5 年的规划
	长期规划	时间跨度≥5 年的规划
规划的性质	总体规划	根据企业发展战略、目标和任务,对规划期内企业人力资源开发和利用的总目标和配套政策的总体谋划与安排
	具体计划	为实现人力资源的总体规划,对人力资源各方面具体工作制定工作方案与措施,具体包括人员补充计划、人员使用计划、人员接续及升迁计划、人员培训开发计划、薪酬激励计划、劳动关系计划和退休解聘计划等

（二）企业人力资源规划的目标

企业人力资源规划的目标具体如表 8-1-2 所示。

表 8-1-2 企业人力资源规划的目标

规划类别	目标
总体规划	提升企业绩效、增减人员数量、改善人员结构及素质、促进员工个人发展

续表

规划类别		目标
具体规划	人员补充计划	明确补充人员的数量、类型、层次，优化人员结构
	人员使用计划	优化部门编制和人员结构、改善绩效、合理配置、加强职务轮换
	人员接续及升迁计划	确定后备人员数量，优化人员结构，提高绩效目标
	人员培训开发计划	提高人员知识技能、明确培训数量及类别、提高绩效、改善工作作风和企业文化
	薪酬激励计划	增加人力资源供给、提高士气、改善绩效
	劳动关系计划	降低非期望离职率、改善劳动关系、减少投诉和争议
	退休解聘计划	降低人工成本、维护企业规范、改善人力资源结构

经典例题

[2022年真题·单项选择题] 以下属于以优化人员结构为目标的是（　　）。
A. 劳动关系计划　　　　　　　　B. 薪酬激励计划
C. 人员培训计划　　　　　　　　D. 人员补充计划
[解析] 人员补充计划的目标：明确补充人员的数量、类型、层次，优化人员结构等。[答案] D

[例题·单项选择题] 人力资源计划按照规划时间长短可划分为短期规划、中期规划和长期规划，其中，中期规划的时间跨度为（　　）。
A. 半年　　　　　　　　　　　　B. 1年
C. 1~3年　　　　　　　　　　　D. 1~5年
[解析] 本题考查人力资源规划的内容。短期规划是指时间跨度≤1年的规划；中期规划是指时间跨度为1~5年的规划；长期规划是指时间跨度≥5年的规划。[答案] D

考点2　人力资源规划的制定程序

（1）收集信息，分析企业经营战略对人力资源的要求。人力资源信息可分为企业内部信息和企业外部环境信息两种，具体如表8-1-3所示。

表8-1-3　人力资源信息的类型

类型	具体内容
企业内部信息	①企业发展战略 ②经营计划 ③人力资源现状（包括员工数量和构成、员工使用情况、教育培训情况、离职率和流动性等）
企业外部环境信息	①宏观经济形势和行业经济形势 ②技术发展趋势 ③产品市场竞争状况 ④劳动力市场供求状况 ⑤人口和社会发展趋势 ⑥政府政策

（2）进行人力资源需求与供给预测。
（3）制定人力资源总体规划并制订各项具体计划。
（4）人力资源规划实施与效果评价。

> **经典例题**
>
> [2023年真题·多项选择题] 下列属于人力资源规划时企业外部信息的有（　　）。
> A. 员工数量　　　　　　　　B. 员工使用情况
> C. 员工教育培训情况　　　　D. 技术发展趋势
> E. 劳动力供求状况
> [解析] A、B、C三项均属于企业内部信息。　　　　　　　　　　　[答案] DE

考点3　人力资源需求与供给预测

人力资源需求预测是指以企业的战略目标和工作任务为出发点，综合考虑各种因素的影响，从而对企业未来某个时期人力资源的数量、质量和结构等进行估计的活动。

一、人力资源需求预测

（一）影响人力资源需求预测的因素

（1）企业未来某个时期的生产经营任务及其对人力资源的需求。
（2）预期的员工流动率及由此引起的职位空缺规模。
（3）企业生产技术水平的提高和组织管理方式的变革对人力资源需求的影响。
（4）企业提高产品或服务质量或进入新市场的决策对人力资源需求的影响。
（5）企业的财务资源对人力资源需求的约束。

【考点小贴士】在考试中，本考点常与影响人力资源外部供给的因素混合出题，难度适中。建议把两个人力资源影响因素放在一起学习，对比记忆，避免混淆，效果更好。

（二）人力资源需求预测方法

1. 管理人员判断法

管理人员判断法是由企业的各级管理人员，根据自己工作中的经验和对企业未来业务量增减情况的直觉考虑，自下而上地确定未来所需人员的方法。这是一种粗略的、简便易行的人力资源需求预测方法，主要适用于短期预测。

2. 德尔菲法

德尔菲法是由有经验的专家依赖自己的知识、经验和分析判断能力，对企业的人力资源需求进行直觉判断与预测的方法。该方法是在每位专家均不知除自己以外的其他专家的任何情况下进行的，因而避免了彼此身份地位的差别、人际关系以及群体压力等因素对意见表达的影响，充分发挥了各位专家的作用，集思广益，预测的准确度相对较高，应用比较广泛。

3. 转换比率分析法

转换比率分析法是根据历史数据，把企业未来的业务活动量转化为人力资源需求的预测方法。使用转换比率分析法的关键是先找出企业业务增量与人力资源增量以及企业主体人员与辅助人员的比例关系，再推断企业各类人员的需求量。

【举例】某大型组织每增加1 000万元的销售额，经理人员、营销人员和售后服务人员就需要增加20人。预计1年后该组织的销售额会增加4 000万元，如果这三类人员的数量比例是1∶4∶3，试求1年后该组织需要增加的经理人员、营销人员和售后服务人员各多少？

【分析】

首先，找出业务量与人员数量之间的关系。根据题意"每增加1 000万元销售额，经理人员、营销人员和售后服务人员就需要增加20人"，能够判断出业务量与人数之间的关系。1年后销售额增加4 000万元,是原来的4倍,所以人数也是原来的4倍,即人数为80人(20×4)。

其次,计算各类人员的比例关系。由题可知,这三类人员的数量比例是1∶4∶3,即新增人员总数一共分成了8份(1+4+3),经理人员占1/8、营销人员占4/8、售后服务人员占3/8。

最后,根据人数和所占比例计算结果:

新增经理人员:80×1/8＝10(人)。

新增营销人员:80×4/8＝40(人)。

新增售后服务人员:80×3/8＝30(人)。

4. 一元回归分析法

一元回归分析法根据数学中的回归原理对企业的人力资源需求进行预测,这种方法有一元回归分析和多元回归分析两种情况。其中,一元线性回归方程为:

$$y = a + bx$$

式中,x为自变量,y为因变量(即要预测的变量),a、b为回归系数。

【考点小贴士】 本考点属于常考点,难度适中。人力资源需求预测的四种方法中,管理人员判断法和德尔菲法属于定性预测方法,常以单项选择题考查。两者概念的主要区别在于实施人力资源预测的主体不同:管理人员判断法即由<u>管理人员</u>来实施人力资源需求预测;德尔菲法也称专家意见法,是由<u>专家或专家小组</u>来实施人力资源需求预测。转换比率分析法和一元回归分析法属于定量预测方法,在考试中常以单项选择题或案例分析题中计算题的方式考查,考查重点在于记忆,计算本身没有难度。

经典例题

[2023年真题·单项选择题] 下列人力资源预测方法中,由适当数量的有经验的专家依赖自己的知识、经验和分析判断能力,对企业的人力资源需求进行判断与预测的方法是(　　)。

A. 人员核查法　　　　　　　　　　B. 德尔菲法
C. 转换比率分析法　　　　　　　　D. 一元回归分析法

[解析] 根据题目信息可知,该人力资源需求预测是依赖于专家的知识、经验和分析判断能力来进行的预测,可知此为德尔菲法,B项正确。　　[答案] B

[2016年真题·单项选择题] 下列方法中,简便易行且主要适用于短期预测的人力资源需求预测方法是(　　)。

A. 人员核查法　　　　　　　　　　B. 德尔菲法
C. 管理人员接续计划法　　　　　　D. 管理人员判断法

[解析] 在人力需求预测方法中,管理人员判断法是一种粗略的、简便易行的人力资源预测方法,主要适用于短期预测,D项正确。　　[答案] D

[例题·单项选择题] 某企业通过统计分析发现,本企业的销售额与所需销售人员数成正相关关系,并根据过去10年的统计资料建立了一元线性回归预测模型 $y = a + bx$,x代表销售额(单位:万元),y代表销售人员数(单位:人),回归系数 a＝15,b＝0.04。同时该企业预计新的一年销售额将达到1 000万元,则该企业新的一年需要销售人员(　　)人。

A. 15　　　　　　　　　　　　　　B. 40
C. 55　　　　　　　　　　　　　　D. 68

[解析] 根据一元回归分析法的公式计算,销售人员数＝a+bx＝15+0.04×1 000＝15+40＝55(人)。　　[答案] C

二、人力资源供给预测

人力资源供给预测包括内部供给预测和外部供给预测两方面。

(一) 人力资源内部供给预测的方法

1. 人员核查法

人员核查法是通过对现有企业内部人力资源数量、质量、结构和在各职位上的分布状况进行核查，确切掌握人力资源拥有量及其利用潜力，在此基础上，评价当前不同种类员工的供应状况，确定晋升和岗位轮换的人选，确定员工特定的培训或发展项目的需求，帮助员工确定职业开发计划与职业设计。这种方法多用于短期的人力资源拥有量预测。

2. 管理人员接续计划法

管理人员接续计划法主要对某一职务可能的人员流入量和流出量进行估计。这种方法主要适用于对管理人员和工程技术人员的供给预测。常用公式如下：

某职位内部人力资源供给量＝现职人员数量＋本部门提升为本职位人员数量＋外部门提升上来人员＋招聘人员数量－提升/降职为其他职位人员数量－退休人员数量－辞职人员数量

【考点小贴士】本考点常以单项选择题出现，涉及公式计算，但难度不大，且公式无须死记硬背。答题时从题干中找到该职位的初始人员数量、离开这个职位的人员数量、来到这个职位就职的人员数量，代入公式计算即可。

3. 马尔可夫模型法

马尔可夫模型法是用来预测具有时间间隔（如一年）的时间点上，各类人员分布状况的方法。

【举例】某企业采用马尔可夫模型法进行人力资源供给预测，现有销售代表400人，生产管理100人，生产操作40人，行政事务20人，该企业人员变动情况如表8-1-4所示。

表8-1-4　某企业人员变动情况

职务	人员调动概率				离职率
	销售总监	生产管理	生产操作	行政事务	
销售代表	0.80				0.20
生产管理	0.10	0.70			0.20
生产操作		0.20	0.70		0.10
行政事务			0.05	0.75	0.20

注：表中数据为员工调动概率的年平均百分比。

试求该企业一年后生产操作人员内部供给量为多少人？如一年后生产操作的需求量仍为40人，则需对外招聘多少人？

【分析】

第一步：根据表8-1-4，计算出一年以后生产操作的人员数量。生产操作一列的数据是0.70和0.05，表明一年后仍有70%的人留在本职位上，即 $40 \times 70\% = 28$（人）；还有5%的人员是从行政事务岗位转化来的，即 $20 \times 5\% = 1$（人）；则一年以后生产操作的人员内部供给数量是 $28 + 1 = 29$（人）。

第二步：将需要的人数和内部供给人数进行对比，差额即为招聘人数。一年后需求还是40人，根据第一步的结论可知内部已经有29人，则需要从外部招聘11人（$40 - 29$）。

(二) 影响企业外部人力资源供给的因素

(1) 本地区的人口总量与人力资源供给率。本地人口总量越大，供给率越高。

（2）本地区的人力资源的总体构成。该指标决定了本地区可提供的人力资源的数量与质量。

（3）宏观经济形势和失业率预期。一般而言，经济低迷，失业率上升，劳动力供给比较充裕；反之，劳动力供给紧张。

（4）本地区劳动力市场的供求状况。

（5）本行业劳动力市场供求状况（包括本行业劳动力的平均价格、与外地市场比较的相对价格、当地的物价指数等）。

（6）职业市场状况。职业市场中劳动力的择业心理、工作价值观、同行业其他企业对人力资源的需求等因素，会直接影响到企业人力资源的外部供给。

【考点小贴士】在考试中，本考点常与影响人力资源需求的因素混合出题，难度适中。建议把两个人力资源影响因素放在一起学习，对比记忆，避免混淆。

第二节　绩效考核

本节考点概览

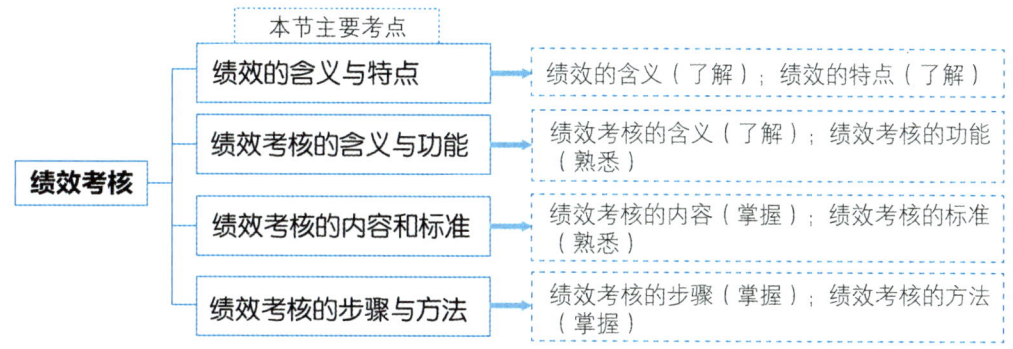

本节考点详解

考点1　绩效的含义与特点

一、绩效的含义

绩效就其范围而言，可以分为企业绩效、部门绩效和员工个人绩效三种，这里主要研究的是员工个人绩效及其相关的问题。员工个人绩效是指员工个人从事其本职工作后所产生的成绩和成果。

二、绩效的特点

（1）多因性。影响绩效的因素主要包括员工个人所拥有的与工作相关的知识与能力，受到的激励与所处的环境等。其中，知识与能力是主观因素，激励与环境是客观因素。

（2）多维性。多维性是指员工个人的绩效往往是从多方面体现的。

（3）变动性。变动性是指员工个人的绩效不是固定不变的，随着时间的推移和主客观条件的变化，绩效也会发生变化。

经典例题

[例题·单项选择题] 影响员工绩效的客观因素是（　　）。

A. 员工受到的激励　　　　　　B. 员工的能力

C. 员工的知识　　　　　　　　D. 员工的工作意愿

[解析] 本题考查影响员工绩效的客观因素。激励与环境是影响员工绩效的客观因素，知识与能力是影响员工绩效的主观因素。

[答案] A

●考点2 绩效考核的含义与功能

一、绩效考核的含义

绩效考核是指企业根据既定的员工绩效目标，收集与员工绩效相关的各种信息，借助一定的方法，定期对员工完成绩效目标的情况进行考查、评价和反馈，从而促进员工绩效目标的实现，并促进组织整体绩效目标的实现的管理活动。

二、绩效考核的功能

(1) 管理功能。绩效考核既要解决考核的内容和方式，又要根据绩效考核结果对员工进行奖惩、职位升降、工作转换、培训等。

(2) 激励功能。绩效考核的根本目的在于促进员工完成绩效目标，增进绩效，使员工积极、主动、规范地完成任务。

(3) 学习和导向功能。绩效目标对员工工作业绩和工作行为提供了导向。

(4) 沟通功能。通过考核，一方面可以表达管理层对员工的工作要求和绩效期望，另一方面也可以了解员工管理层和绩效目标的看法、建议以及他们的要求。

(5) 监控功能。企业要了解和掌握其员工完成任务的数量、质量和效率等信息，并据此制定相应的人事决策和措施，以提高工作绩效。

(6) 增进绩效的功能。绩效考核增进绩效的功能主要表现在两个方面：

①绩效考核在企业内创造了一种优胜劣汰的压力环境，这可以强化企业员工的竞争意识，促使其设法提高自己的知识、技能及综合素质，努力工作，从而提高工作效率。

②绩效考核将员工个人的发展目标和企业的发展目标结合并统一，这可以对企业整体绩效的提高发挥积极的作用。

经典例题

[2023年真题·单项选择题] 客观公正的绩效考核可以促使员工更加积极、主动、规范地完成绩效目标，这体现了绩效考核的（　　）功能。

A. 激励　　　　　　B. 监控　　　　　　C. 管理　　　　　　D. 沟通

[解析] 激励功能：绩效考核的根本目的在于促进员工完成绩效目标，增进绩效，使员工积极、主动、规范地完成任务。

[答案] A

●考点3 绩效考核的内容和标准

一、绩效考核的内容

绩效考核的内容包括两个部分：

(1) 绩效考核项目，指绩效考核的维度，即要从哪些方面对企业员工进行考核，主要包括**工作业绩、工作能力、工作态度**三个考核项目。

(2) 绩效考核指标，指绩效考核项目的具体内容，是对绩效考核项目的细化和分解。

经典例题

[2014年真题·多项选择题] 企业对于员工绩效考核的项目主要包括（　　）。

A. 工作目标　　　B. 工作业绩　　　C. 工作职能　　　D. 工作能力

E. 工作态度

[解析] 企业对员工的绩效考核主要包括工作业绩、工作能力和工作态度三个考核项目。

[答案] BDE

二、绩效考核标准

（1）绩效考核标准必须明确、具体、清楚，不能含混不清，应尽量使用量化标准。

（2）绩效考核标准必须适度。

（3）绩效考核标准必须具有可变性。

● 考点 4　绩效考核的步骤与方法

一、绩效考核的步骤

绩效考核各阶段的主要任务具体如表 8-2-1 所示。

表 8-2-1　绩效考核各阶段的主要任务

阶段	主要任务
准备阶段	（1）制订绩效考核计划，包括绩效考核的目的、对象、内容和时间 （2）做好技术准备工作，包括选择考核者、明确考核标准、确定考核方法
实施阶段	（1）绩效沟通，围绕员工工作绩效问题进行的上下级交流、讨论和协商，贯穿于绩效考核的整个周期内和整个过程中 （2）绩效考核评价，对组织成员完成绩效目标的情况做出整体考核和综合评价的过程。绩效考核评价主体一般包括被考核者的上级、同事、下级、客户和被考核者本人五类。导致绩效考核评价出现误差和错误的原因包括晕轮效应、从众心理、优先与近期效应、逻辑推理效应、偏见效应
绩效考核结果的反馈	上级领导就绩效考核的结果与考核对象沟通，具体指出员工在绩效方面存在的问题，指导员工制订绩效改进的计划，对该计划的执行效果进行跟踪并给予指导
绩效考核结果的运用	这一阶段的主要任务是将考核结果反映的信息、资料进行分析整理，并合理地运用到人力资源开发与管理工作的各个环节，使之成为重要的工作依据，而这也正是绩效考核工作的"归宿"

经典例题

[2020年真题·多项选择题] 下列绩效考核活动中，属于绩效考核准备阶段的工作有（　　）。

A. 选择考核者　　　　　　　　B. 绩效考核评价

C. 反馈考核结果　　　　　　　D. 确定考核方法

E. 明确考核标准

[解析] 本题考查绩效考核的步骤。准备阶段包括制订绩效考核计划和做好技术准备工作（选择考核者、确定考核方法和明确考核标准）。B项属于实施阶段的内容。C项属于反馈阶段的内容。

[答案] ADE

二、绩效考核的方法

绩效考核的方法具体如表 8-2-2 所示。

表 8-2-2　绩效考核的方法

方法	概念及要点
民主评议法	（1）常用于对企业中层和基层管理人员的绩效考核 （2）在听取考核对象个人的述职报告的基础上，由考核对象的上级主管、同事、下级以及与其有工作关系的人员，对其工作绩效做出评价，综合分析得出考核结果 （1）优点：民主性强、操作简单、容易控制 （2）缺点：人为因素的影响造成评价偏差

续表

方法		概念及要点
书面鉴定法		(1) 常用于对企业中初、中级专业技术人员和职能管理人员的绩效考核 (2) 考核者以书面文字的形式对考核对象做出评价的方法
		(1) 优点：明确灵活、反馈简洁 (2) 缺点：缺乏精确的维度和衡量标准，只有定性分析没有量化的数据，所以可比性较差
关键事件法		通过观察，用描述性的文字记录下企业员工在工作中发生的直接影响工作绩效的重大和关键性的事件和行为
		(1) 优点：以事实为依据，说服力强；可以使被考核者看到自己的不足并明确今后的改进方向 (2) 缺点：缺少唯一的考核标准，难以横向比较
比较法		是将一名员工的工作绩效与其他员工进行比较，进而确定其绩效水平的考核方法。这类方法只适用于被考核者人数较少的情况。常用的形式有三种：直接排序法、交替排序法、一一对比法
量表法	评级量表法	也叫评价量表法或图表评价尺度法，是指在量表中列出需要考核的绩效项目和绩效指标，然后将每个指标的评价尺度划分为若干等级
	行为锚定评价法	是把评级量表法与关键事件法结合起来的一种方法，即为每一职位的各个考核维度都设计出一个评分量表，量表上的每个分数刻度都对应一些典型行为的描述性文字说明，供考核者在对考核对象进行评价打分时参考

【考点小贴士】本考点常以单项选择题考查。考试中常考查民主评议法、书面鉴定法、关键事件法、一一对比法、行为锚定评价法等绩效考核方法。该知识点内容较多，需花费些时间来学习。其中，一一对比法考试概率相对较高，根据如下举例理解。

某企业采用一一对比法对员工进行绩效考查的情况如表8-2-3所示。

表8-2-3 一一对比法列表

比较对象	考核对象			
	张××	王××	李××	赵××
张××	0	＋	＋	＋
王××	－	0	－	－
李××	－	＋	0	＋
赵××	－	＋	－	0
获高次数	0	3	1	2

表中，"0"表示两者绩效水平一致，"＋"表示考核对象比比较对象绩效水平高，"－"的含义与"＋"相反。考核对象一行有四个员工，表中最后一行分别为每个员工所得"＋"的数量，所得"＋"越多，绩效越好。因此，绩效最好的是王××，其次是赵××，再次是李××，绩效最差的是张××。

第二篇 考点精讲及同步练习

经典例题

[2018年真题·单项选择题] 在绩效考核时,为每一职位的各个考核维度设计出评分量表,量表上的每个分数刻度都对应典型行为的描述性文字,供考核者在对考核对象进行评价打分时参考。这种方法称为( )。

A. 评级量表法
B. 书面鉴定法
C. 关键事件法
D. 行为锚定评价法

[解析] 根据关键词"设计出评分量表""对应典型行为的描述性文字",即把评级量表法与关键事件法结合起来,可知为行为锚定评价法。 [答案] D

[2017年真题·单项选择题] 某企业对一名生产主管进行绩效考核。首先由该生产主管做个人述职报告,然后由生产部经理、其他生产主管以及该生产主管所管理的员工对该主管的工作绩效做出评价,最后综合分析各方面意见得出该主管的绩效考核结果。这种绩效考核方法是( )。

A. 民主评议法
B. 关键事件法
C. 目标管理法
D. 行为锚定法

[解析] 本题考查绩效考核方法中民主评议法的概念。民主评议法是指在听取考核对象个人的述职报告的基础上,由考核对象的上级主管、同事、下级以及与其有工作关系的人员,对其工作绩效作出评价,然后综合分析各方面的意见得出该考核对象的绩效考核结果。 [答案] A

[2015年真题·单项选择题] 某企业用文字长期记录员工在工作中发生的直接影响工作绩效的重要行为,以对员工的工作绩效进行评价,该企业采取的绩效考核方法是( )。

A. 民主评议法
B. 书面鉴定法
C. 关键事件法
D. 关键绩效指标法

[解析] 关键事件法是指通过观察用描述性的文字记录下企业员工在工作中发生的直接影响工作绩效的重大和关键性的事件和行为。 [答案] C

第三节 薪酬管理

本节考点概览

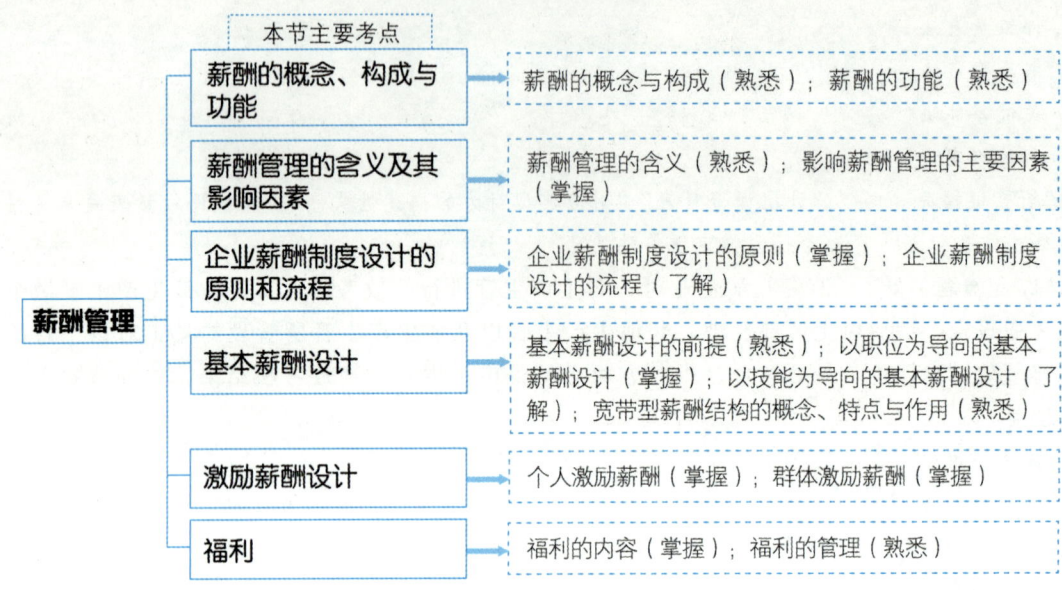

本节考点详解

考点1 薪酬的概念、构成与功能

一、薪酬的概念与构成

薪酬是指员工从事企业所需要的劳动而得到的各种直接的和间接的经济收入。其具体构成如下：

（1）基本薪酬，即企业根据员工所承担的工作或者所具备的技能而支付给员工的比较稳定的薪酬。

（2）激励薪酬，即企业根据员工、团队或者企业自身的绩效而支付给员工的具有变动性质的薪酬。

（3）间接薪酬，即企业给员工提供的各种福利。与基本薪酬和激励薪酬不同，间接薪酬的支付与员工个人的工作和绩效并没有直接的关系，往往具有普遍性。

经典例题

[例题·单项选择题] 公司为员工提供的免费体检服务属于（　　）。

A. 基本薪酬
B. 补偿薪酬
C. 间接薪酬
D. 激励薪酬

[解析] 本题考查薪酬的概念与构成。间接薪酬指企业给员工提供的各种福利，和员工个人的工作和绩效没有直接的关系，往往都具有普遍性，通俗地讲就是"人人有份"，如企业为员工缴纳的各种社会保险、免费工作午餐、班车接送、免费体检、工费进修、带薪休假、集体组织旅游等。

[答案] C

二、薪酬的功能

薪酬的功能具体如表 8-3-1 所示。

表 8-3-1　薪酬的功能

角度	具体功能
对员工的功能	（1）保障功能。保障员工基本生存需要 （2）激励功能。薪酬是个人和企业之间的一种心理契约，这种契约通过对员工薪酬状况的感知而影响员工的行为、工作态度以及工作绩效 （3）调节功能。薪酬作为一种经济杠杆，调节劳动力在各地区、各部门和各企业之间的流动
对企业的功能	（1）增值功能。薪酬是企业购买劳动力的成本，能够给企业带来大于成本的预期收益 （2）改善用人活动功效的功能 （3）协调企业内部关系、塑造企业文化的功能 （4）促进企业变革和发展的功能
对社会的功能	影响国民经济的正常运行、人民的生活质量、社会稳定

> **经典例题**
>
> [例题·单项选择题] 薪酬是企业购买劳动力的成本，它能够给企业带来大于成本的预期收益，这体现了薪酬的（　　）。
> A. 保障功能
> B. 增值功能
> C. 调节功能
> D. 改善用人活动功效的功能
> [解析] 本题考查薪酬的功能。根据题目信息"它能够给企业带来大于成本的预期收益"可知，体现了薪酬的增值功能。　　　　　　　　　　　　　　　　　　　　　　　　　　　　　　[答案] B

考点2　薪酬管理的含义及其影响因素

一、薪酬管理的含义

薪酬管理是指企业在经营战略和发展规划的指导下，综合考虑内外部各种因素的影响，确定自身的薪酬水平、薪酬结构和薪酬形式，并进行薪酬调整和薪酬控制的整个过程。具体如下：

（1）薪酬水平，指企业内部各类职位以及企业整体平均薪酬的高低状况，它反映了企业支付薪酬的外部竞争性。

（2）薪酬结构，指企业内部各个职位之间薪酬的相互关系，它反映了企业支付薪酬的内部一致性。

（3）薪酬形式，是指薪酬的支付方式或不同类型薪酬的组合方式。

（4）薪酬调整，指企业根据内外部各种因素的变化，对薪酬水平、薪酬结构和薪酬形式进行相应的调整。

（5）薪酬控制，指企业对支付的薪酬总额进行测算和监控，以维持正常的薪酬成本开支，避免给企业带来过重的财务负担。

> **经典例题**
>
> [例题·单项选择题] 下列关于薪酬管理的说法,不正确的是( )。
> A. 薪酬水平反映了企业支付的薪酬的内部一致性
> B. 薪酬调整是指企业根据内外部变化,对薪酬水平、薪酬结构和薪酬形式进行相应的调整
> C. 薪酬结构指企业内部各个职位之间薪酬的相互关系,它反映了企业支付薪酬的内部一致性
> D. 薪酬形式指在员工和企业总体的薪酬中,不同类型薪酬的组合方式
> [解析] 本题考查薪酬管理的含义。薪酬水平是指企业内部各类职位以及企业整体平均薪酬的高低状况,它反映了企业支付的薪酬的外部竞争性,A项错误。 [答案] A

二、影响薪酬管理的主要因素

影响薪酬管理的主要因素具体如表8-3-2所示。

表8-3-2 影响薪酬管理的主要因素

因素	具体内容
企业外部因素	(1) 法律法规:规定了企业薪酬管理的最低标准,比如最低工资立法 (2) 物价水平:对员工的实际工资水平有重要意义 (3) 劳动力市场的供求状况:劳动力的供给水平会影响劳动者的价格,即工资水平 (4) 其他企业的薪酬状况:是员工进行横向比较的一个重要参考系
企业内部因素	(1) 企业的经营战略:不同的经营战略下的薪酬管理不同 (2) 企业的发展阶段:发展阶段经营重点及面临的内外部环境不同,薪酬体系也不同 (3) 企业的财务状况:是薪酬管理各项决策得以实现的物质基础
员工个人因素	(1) 员工所处的职位:决定员工基本薪酬以及企业薪酬结构的重要基础 (2) 员工的绩效表现:决定员工激励薪酬的重要基础 (3) 员工的工作年限:一般而言,工龄和企龄越长,工资水平也越高

● **考点3 企业薪酬制度设计的原则和流程**

一、企业薪酬制度设计的原则

企业薪酬制度设计的原则具体如表8-3-3所示。

表8-3-3 企业薪酬制度设计的原则

原则	具体内容
公平原则	企业向员工提供的薪酬应与员工对企业的贡献保持平衡,具体包括三种: (1) 外部公平,即同一行业或同一地区或同等规模企业中类似职务的薪酬水平应当基本相同 (2) 内部公平,即指同一企业不同职务之间的薪酬水平应相互协调,即各种职务的薪酬都要与其贡献相一致 (3) 员工个人公平,即同一企业中从事相同工作的员工的报酬要与其绩效相匹配
竞争原则	企业向某些重要职位上工作的员工提供的薪酬应高于同一地区或同一行业其他企业同种职位的薪酬标准
激励原则	企业内部各类、各级职位之间的薪酬标准要适当拉开距离,避免平均化,利用薪酬的激励功能提高员工的工作积极性
量力而行原则	企业在设计薪酬制度时必须考虑自身的经济实力,避免薪酬过高或薪酬过低的情况出现
合法原则	企业进行薪酬制度设计应遵循国家有关法律法规和政策的要求

二、企业薪酬制度设计的流程

(1) 明确现状和需求。通过访谈与问卷调查,了解企业薪酬制度存在的问题及原因,了解员

工对薪酬的需求。

（2）确定薪酬策略。包括对员工需求结构、员工激励的重点、本企业在本地区或同行业中的地位与实力的分析论证，确定薪酬发放的原则、差距和比例。

（3）进行工作分析。根据工作分析编制出每一职位的说明书。

（4）进行职位评价。为实现各类职位员工薪酬的内部公平奠定坚实的基础。

（5）进行等级划分。经过职位评价得出职位价值序列后，可以按照一定的规则来划分职位等级。

（6）建立健全配套制度。薪酬水平的确定要依据绩效或能力考核和评价情况。配套制度具体包括绩效考核制度、技术评价标准、能力评价标准等。

（7）进行市场薪酬调查。最好选择与自己有竞争关系的企业或同行业的类似企业。

（8）确定薪酬结构与水平。可以先确定不同职等、职级的薪酬差距、薪酬幅度和薪酬水平，在确定了薪酬总水平和结构之后，再确定每一个职位的薪酬水平。薪酬结构和薪酬水平的确定是企业激励目的和薪酬定位的表现。

（9）薪酬制度的实施与修正。为了保证薪酬制度的合理性和适用性，企业需要对薪酬制度进行适当调整。

经典例题

[2022年真题·单项选择题] 企业进行薪酬制度设计时，应遵循国家有关法律法规的要求，做好合法合理付酬，属于（　　）原则。

A. 外部公平　　　B. 量力而行　　　C. 合法　　　D. 公平

[解析] 合法原则是指企业在进行薪酬制度设计时，应遵循国家有关法律法规和政策的要求，做到合法合理付酬。

[答案] C

[例题·单项选择题] 企业制定薪酬制度的过程中，当工作分析完成后，紧接着应进行（　　）。

A. 职位评价　　　　　　　　　B. 等级划分

C. 市场薪酬调查　　　　　　　D. 确定薪酬策略

[解析] 本题考查企业薪酬制度设计的流程。工作分析完成后是进行职位评价，A项正确。

[答案] A

考点4　基本薪酬设计

一、基本薪酬设计的前提

（一）薪酬调查的实施

薪酬调查的具体步骤如图 8-3-1 所示。

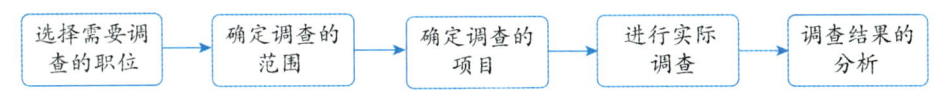

图 8-3-1　薪酬调查的步骤

（二）薪酬等级的建立

薪酬等级建立的具体步骤如下：

首先，根据职位评价的结果，将职位划分为不同的等级。

其次，确定各个等级的薪酬区间。薪酬区间是指某一薪酬等级内部允许薪酬变动的最大幅度。最高值、最低值的公式如下：

薪酬区间的最高值＝薪酬区间中值×（1＋薪酬浮动率）

薪酬区间的最低值＝薪酬区间中值×（1－薪酬浮动率）

确定薪酬浮动率时要考虑的主要因素包括企业的薪酬支付能力、各薪酬等级自身的价值、各薪酬等级之间的价值差异、各薪酬等级的重叠比率等。

最后，将每一个薪酬等级分成若干个不同的薪酬级别，每个薪酬级别对应一个具体的薪酬数值。

二、以职位为导向的基本薪酬设计

以职位为导向的基本薪酬设计具体包括四种方法，如表 8-3-4 所示。

表 8-3-4　以职位为导向的基本薪酬设计方法

方法	操作要点	优点	缺点
职位等级法	将员工的职位划分为若干级别，按所处级别确定薪酬水平	简单易行、成本低	不能有效地激励员工
职位分类法	将企业中的所有职位划分为若干类型，根据各类职位确定薪酬水平	简单易行，可做到同工同酬	将各职位划分到某一类职位中时，有的科学依据不足，容易造成内部不公平
计点法	将各种职位划分为若干种职位类型，找出各类职位中所包含的共同的"付酬因素"，并对每一"付酬因素"指派分数	可以进行科学的分级，更好的体现内部公平	操作复杂，成本高
因素比较法	找出各类职位共同的"付酬因素"，直接用相应的具体薪金值来表示各职务的价值	具有较强的灵活性，较为完善	复杂、难度大、成本高、公平性受质疑

【考点小贴士】对以职位为导向的基本薪酬设计方法的类型及概念，常以单项选择题的形式考查。考查比较直接，难度不大。但在区分四个方法的概念时非常容易出错，建议大家结合四种方法概念中的关键词加以巩固记忆。例如，见到"按所处级别确定"即可知是职位等级法；见到"根据各类职位确定薪酬"即可知是职位分类法等。

三、以技能为导向的基本薪酬设计

（1）以知识为基础的基本薪酬制度设计方法。这种方法确定基本薪酬数额根据的是员工掌握的完成工作所需要的知识深度，适用于企业**职能管理人员**基本薪酬的确定。

（2）以技能为基础的基本薪酬制度设计方法。这种方法确定基本薪酬数额根据的是员工能够胜任工作种类的数目，适用于工作在**生产和业务一线员工**基本薪酬的确定。

四、宽带型薪酬结构的概念、特点与作用

（一）宽带型薪酬结构的概念与特点

宽带型薪酬结构是指对多个薪酬等级以及薪酬变动范围进行重新组合，使之变成只有相当少的薪酬等级以及相应比较宽的薪酬变动范围。宽带型薪酬结构最大的特点是扩大了员工通过技术和能力的提升而增加薪酬的可能性，使员工薪酬的增长更多地依赖于本人技能和能力的提高以及对企业贡献的增加，而不是地位的提高，从而也进一步减少了员工进行横向调动时所遇到的阻力。

（二）宽带型薪酬结构的作用

（1）支撑扁平型组织结构的运行。

（2）引导员工重视个人能力的提高。

（3）促进职位轮换与调整。

（4）有利于管理人员及人力资源专业人员的角色转变。

(5) 促进薪酬管理水平的提高。

> **经典例题**
>
> [2022 年真题·多项选择题] 企业进行基本薪酬制度设计时，常用的方法有（　　）。
> A. 关键绩效指标法　　　　　　　　B. 目标管理法
> C. 职位分类法　　　　　　　　　　D. 职位等级法
> E. 计点法
> [解析] 以职位为导向的基本薪酬设计包括职位等级法、职位分类法、计点法和因素比较法四种。以技能为导向的基本薪酬设计包括以知识为基础的基本薪酬制度设计方法、以技能为基础的基本薪酬制度设计方法。　　　　　　　　　　　　　　　　　　　　　　[答案] CDE
>
> [2017 年真题·多项选择题] 企业确定薪酬浮动率时要考虑的因素主要有（　　）。
> A. 本企业的薪酬支付能力　　　　　B. 同一行业其他企业同种职位的薪酬标准
> C. 本企业各薪酬等级自身的价值　　D. 本企业各薪酬等级之间的价值差异
> E. 本企业各薪酬等级的重叠比率
> [解析] 确定薪酬浮动率时要考虑以下几个方面因素：企业的薪酬支付能力、各薪酬等级自身的价值、各薪酬等级之间的价值差异、各薪酬等级的重叠比率。　　　　　　　[答案] ACDE

考点 5　激励薪酬设计

激励薪酬可分为个人激励薪酬和群体激励薪酬两种类型，具体如表 8-3-5 所示。

表 8-3-5　激励薪酬的类型

类型	具体形式		具体内容
个人激励薪酬	计件制		根据员工产出水平和工资率支付薪酬，更多使用差额计件制
	工时制		根据员工完成工作的时间支付薪酬，最基本的工时制是标准工时制
	绩效工资（根据员工绩效考核结果支付薪酬）	绩效调薪	对基本薪酬调整，可加薪也可减薪，调薪周期一般是一年
		绩效奖金	一次性的奖励，对绩效好的员工的奖励，对绩效不好的并不罚款
		月/季度浮动薪酬	一次性的月绩效奖金/季度绩效奖金。实践中，往往会考查部门绩效和个人绩效
		特殊绩效认可计划	个人或部门特别努力或做出重大贡献时，给予的额外奖励和认可，如奖励一次度假的机会或大额的奖金
群体激励薪酬	利润分享计划		把超出目标利润的部分在企业全体员工之间分配，大多时候是一种延期支付，所以会减弱工作绩效和激励之间的关系
	收益分享计划		与员工分享因生产效率提高、成本节约和质量提高等而带来的收益的绩效奖励，通常情况下是按照本部门的总体绩效进行核算
	员工持股计划		向内部员工提供公司股票所有权的计划，将年终分享利润以股票形式发放给员工，员工在一定年限后可以转让这些股票获取价差或继续持有并参与分红

考点 6　福利

福利是指企业支付给员工的间接薪酬。

福利具有两个重要特点：一是多采取实物支付或延期支付的形式；二是福利具有准固定成本的性质。

福利与直接薪酬相比具有的**优势**包括：

首先，形式灵活多样，可以满足员工不同的需要；

其次，具有典型的保健性质，可以减少员工的不满意，有助于吸引和保留员工，增强企业的凝聚力；

再次，还具有税收方面的优惠，可以使员工得到更多的实际收入；

最后，由企业来集体购买某种福利产品，具有规模效应，可以为员工节省一定的支出。

一、福利的内容

福利主要分为国家法定福利和企业自主福利两大类，具体内容如下。

（一）国家法定福利

（1）法定的社会保险（五险），包括基本养老保险、基本医疗保险、失业保险、工伤保险、生育保险，企业要按照员工工资的一定比例为员工缴纳。

（2）住房公积金（一金），按国家规定的缴存比例缴纳。

（3）公休假日，每周休息两天。

（4）法定休假日，如元旦、春节、清明节、国际劳动节、端午节、中秋节、国庆节和法律、法规规定的其他休假节日。

（5）带薪休假，如我国实行的带薪年休假制度，劳动者连续工作**1年以上**的，享受带薪年休假。

（二）企业自主福利

如除法定外的各种**假期、休假**外，为员工及家属提供的各种服务项目（如**儿童看护、老人护理**等），灵活的**员工退休计划**等。

经典例题

[2023年真题·单项选择题] 下列薪酬形式中，属于福利的是（　　）。

A. 绩效奖金　　　　　　　　B. 出差补贴

C. 加班费　　　　　　　　　D. 带薪休假

[解析] 福利分为国家法定福利和企业自主福利。国家法定福利包括法定的社会保险、住房公积金、公休假日、法定休假日和带薪休假。法定福利之外的各种假期、带薪休假，为员工及其家属提供的各种服务项目（如儿童看护、老人护理等），以及灵活多样的员工退休计划等，这类福利称为企业自主福利。

[答案] D

[2022年真题·单项选择题] 以下属于企业自主福利的是（　　）。

A. 老人护理

B. 公休假日

C. 住房公积金

D. 基本社会保险

[解析] 除了法定福利，许多企业也自愿地向员工提供其他种类的福利，如出于某种原因而为员工另外提供的各种假期、休假，为员工及其家属提供的各种服务项目（如儿童看护、老人护理等），以及灵活多样的员工退休计划等，这类福利成为企业自主的福利。

[答案] A

二、福利的管理

实施福利管理的步骤：

(1) 调查阶段。

(2) 规划阶段。

(3) 实施阶段。

(4) 反馈阶段。

本章易错易混考点

【易错易混考点一】人力资源需求预测方法和内部供给预测方法的对比

人力资源需求预测方法和内部供给预测方法的对比如表Ⅰ所示。

表Ⅰ 人力资源需求预测方法和内部供给预测方法的对比

类型	方法	方法概述	适用范围
人力资源需求预测	管理人员判断法	根据管理人员的经验和直觉确定	定性、短期预测
	德尔菲法	依据专家的知识、经验和分析判断能力确定	定性预测
	转换比率分析法	找出企业业务增量与人力资源增量以及企业主体人员与辅助人员的比例关系	定量预测
	一元回归分析法	根据公式 $y = a + bx$ 来计算	定量预测
人力资源内部供给预测	人员核查法	核查人员，评价供应状况	短期的人力资源拥有量预测
	管理人员接续计划法	对职务可能的人员流入量和流出量进行估计	对管理人员和工程技术人员的供给预测
	马尔可夫模型法	具有时间间隔（一年）的时间点上，各类人员分布状况	应用广泛

【易错易混考点二】以职位为导向的基本薪酬设计方法

以职位为导向的基本薪酬设计方法如表Ⅱ所示。

表Ⅱ 以职位为导向的基本薪酬设计方法

设计方法	是否涉及"付酬因素"	方法概述
职位等级法	不涉及	将职位划分为若干级别确定薪酬
职位分类法		将职位划分为若干类型确定薪酬
计点法	涉及	对"付酬因素"指派分数确定薪酬
因素比较法		对"付酬因素"用具体薪金值表示职务价值

[2018年真题·多项选择题] 某企业以职位为导向设计基本薪酬制度，可采用的方法有（ ）。

A. 量表法　　　　　　　　　　B. 目标管理法

C. 因素比较法　　　　　　　　D. 计点法

E. 关键绩效指标法

[解析] 以职位为导向的基本薪酬设计方法包括职位等级法、职位分类法、计点法和因素比较法。A、B、E 三项均属于绩效考核的方法。

[答案] CD

零基础过经济师·工商管理专业知识与实务（中级）

历年经典真题回顾

一、单项选择题（每题1分，每题备选项中，只有1个最符合题意）

1. 某企业每增加1 000万元销售额，管理人员、销售人员、后勤人员增加比例为1∶6∶2，共计9人。2022年销售额增加4 000万元，管理人员需要增加（　　）人。[2022年真题]

   A. 8　　　　　　　　　　　　　　B. 4
   C. 12　　　　　　　　　　　　　 D. 10

   [解析] 每增加1 000万元的销售额，需增加9人。现增加4 000万元的销售额，需要增加9×4＝36（人），管理人员占比为1/9，所以需要增加管理人员的数量＝36×1/9＝4（人）。

   [答案] B

2. 某企业统计研究发现，年销售额每增加1 000万元，需增加管理人员、销售人员和客服人员共20名，新增人员中管理人员、销售人员和客服人员的比例是1∶6∶3，该企业预计2021年销售额比2020年销售额增加3 000万元。根据转换比率分析法，该企业2021年需要新增销售人员（　　）人。[2022年真题]

   A. 40　　　　　　　　　　　　　 B. 60
   C. 36　　　　　　　　　　　　　 D. 6

   [解析] 每1 000万元销售额新增20人，其中销售人员占比为：6/(1+6+3)＝0.6，所以新增销售人员0.6×20＝12（人），预计2021年新增3 000万元销售额，所以新增销售人员12×3＝36（人）。

   [答案] C

3. 企业提供给员工的各种福利属于（　　）。[2022年真题]

   A. 补偿薪酬　　　　　　　　　　 B. 激励薪酬
   C. 基本薪酬　　　　　　　　　　 D. 间接薪酬

   [解析] 本题考查薪酬的概念、构成与功能。间接薪酬是指企业给员工提供的各种福利，所以福利属于间接薪酬。

   [答案] D

4. 某企业现有业务主管15人，预计明年将有2人提升为部门经理，退休1人，辞职2人，此外，该企业明年将从外部招聘3名业务主管，从业务员中提升2人为业务主管，采用管理人员接续计划法预测该企业明年业务主管的供给量为（　　）人。[2020年真题]

   A. 10　　　　　　　　　　　　　 B. 15
   C. 12　　　　　　　　　　　　　 D. 17

   [解析] 本题考查管理人员接续法。内部人力资源业务主管供给量＝该职位现有人员＋流入量－流出量＝15－2－1－2＋3＋2＝15（人）。

   [答案] B

5. 下列人力资源预测方法中，能集思广益，充分发挥专家作用，且预测准确度相对较高的是（　　）。[2019年真题]

   A. 人员核查法　　　　　　　　　 B. 转换比率分析法
   C. 德尔菲法　　　　　　　　　　 D. 一元回归分析法

   [解析] 本题考查人力资源需求预测。德尔菲法能集思广益，充分发挥专家作用，且预测准确度相对较高。人员核查法属于人力资源供给预测方法，排除。转换比率分析法：根据历史数据，把企业未来的业务活动量转化为人力资源需求的预测方法。一元回归分析法：根据数学中的回归原理对企业的人力资源需求进行预测。

   [答案] C

6. 某企业进行基本薪酬设计时，第三薪酬等级的薪酬区间中值为3 000元，薪酬浮动率为20%，则该薪酬等级的区间最高值为（　　）元。[2018年真题]

   A. 4 800　　　　　　　　　　　　B. 3 600

C. 3 000　　　　　　　　　　　　D. 2 400

[解析] 本题考查基本薪酬设计中薪酬等级的建立。区间的最高值＝区间中值×（1＋薪酬浮动率）＝3 000×（1＋20%）＝3 600（元）。
[答案] B

7. 企业内部各类、各级职位之间的薪酬标准要适当拉开距离，以提高员工的工作积极性。这体现了薪酬制度设计的（　　）。[2017年真题]

A. 公平原则　　　　　　　　　　B. 合法原则
C. 激励原则　　　　　　　　　　D. 量力而行原则

[解析] 本题考查企业薪酬制度设计的原则。企业薪酬制度设计的原则中，激励原则是指企业内部各类、各级职位之间的薪酬标准要适当拉开距离，避免平均化，利用薪酬的激励功能提高员工的工作积极性。
[答案] C

8. 某企业进行薪酬制度设计时，将各种职位划分为若干种职位类型，找出各种职位中包含的共同"付酬因素"，然后把各"付酬因素"划分为若干等级，并对每一因素及其等级予以界定和说明，接着对每一"付酬因素"指派分数以及其在该因素各等级间的分配数值；最后，利用一张转换表将处于不同职级上的职位所得的"付酬因素"数值转换成具体的薪酬金额。该企业采用的薪酬制度设计方法是（　　）。[2017年真题]

A. 职位分类法　　　　　　　　　B. 职位等级法
C. 计点法　　　　　　　　　　　D. 因素比较法

[解析] 本题考查以职位为导向的基本薪酬制度设计方法。首先，题目提及了"付酬因素"，因此考虑计点法或因素比较法；其次，根据关键信息"接着对每一付酬因素指派分数"，可知为计点法。
[答案] C

9. 下列绩效考核方法中，以外部导向为基础的是（　　）。[2016年真题]

A. 平衡计分卡
B. 基于标杆超越的目标管理法
C. 行为锚定评价法
D. 关键绩效指标法

[解析] 本题考查目标管理法中基于标杆超越的目标管理法。标杆超越法为企业设计绩效指标体系提供了一个以外部导向为基础的全新思路。
[答案] B

二、多项选择题（每题2分，每题备选项中，有2个或2个以上符合题意，至少有1个错项。错选，本题不得分；少选，所选的每个选项得0.5分）

1. 下列绩效考核内容中，属于绩效考核项目的有（　　）。[2019年真题]

A. 开拓创新能力　　　　　　　　B. 组织指挥能力
C. 沟通协调能力　　　　　　　　D. 工作业绩
E. 工作态度

[解析] 本题考查绩效考核的内容和标准。绩效考核的项目包括工作业绩、工作能力和工作态度。A、B、C三项属于绩效考核的指标。
[答案] DE

2. 下列绩效考核工作中，属于绩效考核技术准备工作的有（　　）。[2017年真题]

A. 选择考核者　　　　　　　　　B. 明确考核标准
C. 进行绩效沟通　　　　　　　　D. 确定考核方法
E. 绩效考核评价

[解析] 本题考查绩效考核的步骤。在绩效考核准备阶段中，做好技术准备工作包括选择考核者、明确考核标准、确定考核方法。C、E两项均属于绩效考核实施阶段的工作。
[答案] ABD

三、案例分析题（每题2分。由单项选择题和多项选择题组成。错选，本题不得分；少选，所选的每个正确选项得0.5分）

（一）

某企业为了加强薪酬管理，决定对现有的薪酬制度进行改革，探索在研发部等专业技术人员较为集中的部门建立宽带薪酬结构，以更好地调动专业技术人员的工作积极性。根据职位评价的结果，该企业共划分了6个薪酬等级；每一薪酬等级又分别划分了若干薪酬级别。各薪酬级别之间的差距是相等的。其中，第四薪酬等级分为4个薪酬级别，第四薪酬等级的薪酬区间中值为5万元/年，薪酬浮动率为10%。[2019年真题]

根据以上资料，回答下列问题：

1. 该企业第四薪酬等级的薪酬区间最高值为（　　）万元/年。
   A. 5.50   B. 5.00
   C. 6.52   D. 6.12

   [解析] 本题考查基本薪酬设计。最高值＝薪酬中值×（1+薪酬浮动率）＝5×（1+10%）＝5.50（万元）。
   [答案] A

2. 该企业第四薪酬等级中的第二薪酬级别的薪酬值为（　　）万元/年。
   A. 4.83   B. 4.67
   C. 5.16   D. 4.52

   [解析] 本题考查基本薪酬设计。区间最低值＝区间中值×（1-薪酬浮动率）＝5×（1-10%）＝4.5（万元）；该薪酬等级内部第1级别（最低）的薪酬值＝区间最低值＝4.5万元；第2级别的薪酬值＝4.5+（5.5-4.5）/3≈4.83（万元）。
   [答案] A

3. 薪酬浮动率对于调整薪酬水平具有一定的作用，确定薪酬浮动率时要考虑的因素有（　　）。
   A. 本企业各薪酬等级之间的价值差异
   B. 本企业各薪酬等级自身的价值
   C. 同一行业其他企业同种职位的薪酬标准
   D. 本企业的薪酬支付能力

   [解析] 本题考查基本薪酬设计。一般来说，确定薪酬浮动率时可以考虑以下几个主要因素：企业的薪酬支付能力、各薪酬等级自身的价值、各薪酬等级之间的价值差异、各等级的重叠比率等。
   [答案] ABD

4. 宽带薪酬结构的最大的特点是（　　）。
   A. 体现了员工职位评价的结果
   B. 职位等级能够反映出职位的价值差异
   C. 充分考虑了员工在本单位工作的时间
   D. 扩大了员工通过技术和能力的提升而增加薪酬的可能性

   [解析] 本题考查基本薪酬设计。典型的宽带型薪酬结构的最大特点是扩大了员工通过技术和能力的提升而增加薪酬的可能性，使员工薪酬的增长更多地依赖于本人技能和能力的提高以及对企业的贡献的增加，而不是地位的提高，从而也进一步减少了对员工进行横向甚至向下调动时所遇到的阻力。
   [答案] D

（二）

某企业进行人力资源需求与供给预测。通过统计研究发现，销售额每增加500万元，需增加管理人员、销售人员和客服人员共20人。新增人员中，管理人员、销售人员和客服人员的比例是1∶7∶2。该企业预计2014年销售额将比2013年销售额增加1 000万元。根据人力资源需求与供

给情况,该企业制订了总体规划和人员补充计划。[2013年真题]

根据以上资料,回答下列问题:

1. 根据转换比率分析法计算,该企业2014年需要增加管理人员（　　）人。

   A. 4　　　　　　　　　　　B. 8
   C. 12　　　　　　　　　　　D. 28

   [解析] 本题考查人力资源需求预测方法中的转换比率分析法。根据转换比率分析法的内容,其计算如下:

   (1) 找到业务增加量与人力资源增加量的关系。由资料已知"销售额每增加500万元,需增加管理人员、销售人员和客服人员共20人；该企业预计2014年销售额将比2013年销售额增加1 000万元（500万元的2倍）",因此2014年需同比例增加人员总数为40人（20人的2倍）。

   (2) 确定管理人员所占比例:根据资料信息"管理人员、销售人员和客服人员的比例是1：7：2",可知管理人员占1/10。

   (3) 管理人员需要增加的数量＝40×1/10＝4（人）。

   [答案] A

2. 该企业对工程技术人员供给状况进行预测时,可采用的方法是（　　）。

   A. 人员核查法　　　　　　B. 马尔可夫模型法
   C. 关键事件法　　　　　　D. 管理人员接续计划法

   [解析] 本题考查人力资源内部供给预测方法。管理人员接续计划法适用于对管理人员和工程技术人员的供给预测。

   [答案] D

3. 影响该企业人力资源外部供给量的因素有（　　）。

   A. 企业人员调动率
   B. 企业人才流失率
   C. 本地区人力资源总体构成
   D. 行业劳动力市场供求状况

   [解析] 本题考查企业人力资源外部供给量的影响因素。企业人力资源外部供给量的影响因素包括:①本地区的人口总量与人力资源供给率；②本地区的人力资源的总体构成；③宏观经济形势和失业率预期；④本地区劳动力市场的供求状况；⑤行业劳动力市场供求状况；⑥职业市场状况。A、B两项均属于企业内部自身的因素,是影响企业人力资源需求预测的因素。

   [答案] CD

4. 该企业制订人员补充计划时主要应考虑（　　）。

   A. 补充人员的数量
   B. 职务轮换幅度
   C. 改善人员知识技能
   D. 补充人员的类型

   [解析] 本题考查人力资源规划内容一览表。人员补充计划的目标包括明确补充人员的数量、类型、层次、优化人员结构等。B项属于人员使用计划的目标；C项属于人员培训开发计划的目标。

   [答案] AD

本章同步练习

一、**单项选择题**（每题1分,每题备选项中,只有1个最符合题意）

1. 制订人力资源规划的第一个步骤是（　　）。

   A. 进行人力资源需求与供给预测

B. 制订人力资源总体规划和各项具体计划

C. 收集信息，分析企业经营战略对人力资源的要求

D. 人力资源规划实施与效果评价

2. 下列人力资源需求预测方法中能够避免参加预测的专家因身体地位的差别、人际关系及群体压力等因素对意见表达的影响的定性方法是（　　）。

A. 德尔菲法

B. 一元回归分析法

C. 人员核查法

D. 转换比率分析法

3. 某企业统计研究发现，年销售额每增加1 000万元需增加管理人员、销售人员和客服人员共36名，管理人员、销售人员和客服人员的比例是1∶5∶3。该企业预计2019年销售额比2018年销售额增加2 000万元。根据转换比率分析法，该企业2019年需要新增销售人员（　　）人。

A. 40
B. 15
C. 36
D. 24

4. （　　）是企业根据既定的员工绩效目标，收集与员工绩效相关的各种信息，借助一定的方法，定期对员工完成绩效目标的情况进行考查、评价和反馈，从而促进员工绩效目标的实现，并促进组织整体绩效目标实现的管理活动。

A. 绩效调查
B. 绩效辅导
C. 绩效考核
D. 绩效计划

5. 绩效考核内容是对企业员工工作任务的界定，具体包括绩效考核项目和（　　）。

A. 绩效考核方法
B. 绩效考核指标
C. 绩效考核周期
D. 绩效考核反馈

6. 薪酬影响到员工的工作效率、出勤率、归属感和忠诚度，从而直接影响到企业的生产能力和效率，体现了薪酬的（　　）功能。

A. 增值
B. 促进企业变革
C. 协调企业内部关系
D. 改善用人活动功效

7. 影响企业薪酬管理的主要因素不包括（　　）。

A. 企业外部因素
B. 企业内部因素
C. 员工个人因素
D. 市场因素

8. 某企业第三个薪酬等级的薪酬区间中值为2 000元，薪酬浮动率为15%，该薪酬等级内部由低到高划分为4个薪酬级别，各薪酬级别之间的差距是等差的，则第2级别的薪酬值为（　　）元。

A. 2 300
B. 2 000
C. 1 700
D. 1 900

二、**多项选择题**（每题2分，每题备选项中，有2个或2个以上符合题意，至少有1个错项。错选，本题不得分；少选，所选的每个选项得0.5分）

1. 下列薪酬形式中，适用于群体激励的有（　　）。
   A. 住房公积金　　　　　　B. 月/季度浮动薪酬
   C. 计件工资　　　　　　　D. 员工持股制度
   E. 利润分享计划

2. 下列福利类型中，属于国家法定福利的有（　　）。
   A. 基本养老保险　　　　　B. 企业为员工家属提供的老人护理
   C. 住房公积金　　　　　　D. 公休假日
   E. 带薪休假

3. 企业确定薪酬浮动率时要考虑的因素主要有（　　）。
   A. 本企业各薪酬等级的重叠比率
   B. 同一行业其他企业同种职位的薪酬标准
   C. 本企业各薪酬等级自身的价值
   D. 本企业各薪酬等级之间的价值差异
   E. 本企业的薪酬支付能力

4. 从员工的角度，薪酬具有的功能有（　　）。
   A. 增值功能　　　　　　　B. 保障功能
   C. 激励功能　　　　　　　D. 调节功能
   E. 改善用人活动功效的功能

5. 企业对员工绩效考核的项目主要包括（　　）。
   A. 工作目标　　　　　　　B. 工作业绩
   C. 工作职能　　　　　　　D. 工作能力
   E. 工作态度

三、**案例分析题**（每题2分。由单项选择题和多项选择题组成。错选，本题不得分；少选，所选的每个正确选项得0.5分）

某企业为了满足业务拓展的需要和充分调动员工的积极性，进行人力资源需求与供给预测，同时修订本企业的薪酬制度。经过调查研究与分析，确认该企业的销售额和所需销售人员数量呈正相关关系。根据过去10年的统计资料，建立一元线性回归预测模型，$y=a+bx$；x代表销售额（单位：万元），y代表销售人员数量（单位：人），参数$a=20$，$b=0.03$。同时，该企业预计2015年销售额将达到1 500万元。

根据以上资料，回答下列问题：

1. 根据一元回归分析法计算，该企业2015年需要销售人员（　　）人。
   A. 50　　　　　　　　　　B. 65
   C. 70　　　　　　　　　　D. 100

2. 该企业预测人力资源需求时可采用（　　）。
   A. 杜邦分析法　　　　　　B. 管理人员判断法
   C. 行为锚定法　　　　　　D. 管理人员接续计划法

3. 影响该企业人力资源外部供给量的因素是（　　）。
   A. 企业人员调动率
   B. 企业人才流失率
   C. 企业所在地区人力资源总体构成
   D. 企业所处行业劳动力市场供求状况

4. 影响该企业修订薪酬制度的内在因素是（　　）。
   A. 企业的业务性质与内容
   B. 企业的经营状况与财力
   C. 企业所处行业的惯例
   D. 企业所在地区的生活水平

本章同步练习参考答案及解析

一、单项选择题

1. [答案] C
   [解析] 本题考查人力资源规划的制定程序。企业人力资源规划的制定包括以下几个步骤：①收集信息，分析企业经营战略对人力资源的要求；②进行人力资源需求与供给预测；③制订人力资源总体规划和各项具体计划；④人力资源规划实施与效果评价。

2. [答案] A
   [解析] 本题考查人力资源需求预测。人力资源需求预测方法包括管理人员判断法、德尔菲法、转换比率分析法、一元回归分析法；人力资源供给预测方法包括人员核查法、管理人员接续计划法、马尔可夫模型法。在人力资源需求预测方法中，属于定性预测方法的是德尔菲法和管理人员判断法，而一元回归分析法和转换比率分析法属于定量预测方法。

3. [答案] A
   [解析] 本题考查人力资源需求预测。具体计算如下：
   （1）找出业务的增加量和人员增加量的关系。题目已知"年销售额每增加1 000万元需增加管理人员、销售人员和客服人员共36名"，且"预计2019年销售额比2018年销售额增加2 000万元"，可知销售额增加2 000万元（1 000万元的2倍），管理人员、销售人员和客服人员应同比例增加72人（36人的2倍）。
   （2）找出企业主体人员与辅助人员的比例关系。题目已知"管理人员、销售人员和客服人员的比例是1∶5∶3"，即将新增人员总数分为9份（1＋5＋3），其中，销售人员占5/9，则2019年需新增销售人员＝72×5/9＝40（人），A项正确。

4. [答案] C
   [解析] 本题考查绩效考核的含义。绩效调查属于前期调查阶段，不包括对员工完成绩效目标的反馈，A项错误；绩效辅导旨在帮助员工进步，不包含前期对于员工绩效信息的收集，B项错误；D项是指员工前期订立的目标，与题目不符。

5. [答案] B
   [解析] 本题考查绩效考核内容。绩效考核的内容是对企业员工工作任务的界定，它明确地回答了企业员工在绩效考核期内应该完成什么样的工作，具体包括绩效考核项目和绩效考核指标两个部分。

6. [答案] D
   [解析] 本题考查薪酬的功能。改善用人活动功效的功能是指薪酬影响到员工的工作效率、出勤率、归属感和忠诚度，从而直接影响到企业的生产能力和效率。

7. [答案] D
   [解析] 本题考查影响薪酬管理的主要因素。影响薪酬管理的因素主要有三类：企业外部因素、企业内部因素、员工个人

因素。

8. [答案] D

[解析] 本题考查基本薪酬设计的前提。区间最高值为：2 000×（1＋15％）＝2 300（元）；区间最低值为：2 000×（1－15％）＝1 700（元），则本区间的级差就是：2 300－1 700＝600（元），由于内部划分为4级，则第1级为：1 700（元），第2级为：1 700＋（2 300－1 700）/3＝1 900（元），第3级为：1 900＋（2 300－1 700）/3＝2 100（元），第4级是2 300（元）。

二、多项选择题

1. [答案] DE

[解析] 本题考查激励薪酬的设计。群体激励薪酬的主要形式包括利润分享计划、收益分享计划、员工持股制度。A项，住房公积金属于福利；B、C两项，月/季度浮动薪酬和计件工资均属于个人激励薪酬。

2. [答案] ACDE

[解析] 本题考查福利的内容与管理。法定福利主要包括：①法定社会保险，如基本养老保险、基本医疗保险、失业保险、工伤保险和生育保险；②住房公积金；③公休假日；④法定休假日；⑤带薪休假。B项属于企业自主的福利。

3. [答案] ACDE

[解析] 本题考查基本薪酬设计的前提。确定薪酬浮动率时要考虑的主要因素包括企业的薪酬支付能力、各薪酬等级自身的价值、各薪酬等级之间的价值差异、各等级的重叠比率等。

4. [答案] BCD

[解析] 本题考查薪酬的功能。薪酬对员工的功能包括保障功能、激励功能、调节功能；薪酬对企业的功能包括增值功能、改善用人活动功效的功能、协调企业内部关系和塑造企业文化的功能、促进企业变革和发展的功能。

5. [答案] BDE

[解析] 本题考查绩效考核内容。企业对员工绩效考核主要包括工作业绩、工作能力、和工作态度三个考核项目。

三、案例分析题

1. [答案] B

[解析] 本题考查人力资源需求预测。根据 $y=a+bx$，$a=20$，$b=0.03$，则 $y=20+0.03x$，x 代表销售额，y 代表销售人员数量，当2015年销售额达到1 500万元时，即 $x=1\ 500$，代入计算得 $y=20+0.03\times 1\ 500=65$（人）。

2. [答案] B

[解析] 本题考查人力资源需求预测。人力资源需求预测方法包括管理人员判断法、德尔菲法、转换比率分析法、一元回归分析法。A项杜邦分析法属于战略控制的方法，C项行为锚定法属于绩效考核的方法，D项管理人员接续计划法属于人力资源供给预测方法。

3. [答案] CD

[解析] 本题考查人力资源供给预测。影响人力资源外部供给的因素包括：①本地区的人口总量与人力资源供给率；②本地区的人力资源的总体构成；③宏观经济形势和失业率预期；④本地区劳动力市场供给的供求状况；⑤行业劳动力市场供求状况；⑥职业市场状况。

4. [答案] AB

[解析] 本题考查影响薪酬管理的主要因素。影响企业薪酬制度的内在因素包括：①企业的业务性质与内容；②企业的经营状况与财力；③企业的管理哲学与企业文化；④企业员工自身的差别。C、D两项属于外部因素。

第九章　企业投融资决策及并购重组

本章考情分析

年份	单项选择题	多项选择题	案例分析题	合计
2023 年	5 题 5 分	1 题 2 分	4 题 8 分	15 分
2022 年	5 题 5 分	1 题 2 分	5 题 10 分	17 分
2021 年	5 题 5 分	1 题 2 分	5 题 10 分	17 分
2020 年	5 题 5 分	1 题 2 分	4 题 8 分	15 分

本章学习提示

本章共4节，主要介绍财务管理的基本价值观念、筹资、投资及并购重组的相关知识。本章是考查的难点，也是重点，考试分值占比较高，需加强重视。常考题型包括单项选择题、多项选择题、案例分析题。案例分析题考查综合运用能力，且考点时常变化，需要多加练习计算题，建议考生学习课程后反复练习，重点掌握。

第一节　财务管理的基本价值观念

本节考点概览

财务管理的基本价值观念
- 货币时间价值观念：货币时间价值概念（熟悉）；一次性收付款项的复利终值与现值的计算（了解）；后付年金的终值与现值的计算（掌握）；先付年金终值与现值的计算、递延年金的概念、永续年金的概念及计算（熟悉）
- 风险价值观念：风险价值的相关概念（熟悉）；单项资产的风险衡量（熟悉）；风险报酬估计（熟悉）

本节考点详解

考点1　货币时间价值观念

一、货币时间价值概念

货币的时间价值又称资金时间价值，是指货币经历一定时间的投资和再投资所增加的价值。货币的时间价值原理正确地揭示了不同时点上的资金之间的换算关系，是财务决策的基础。一般情况下可以用利息和利率代表货币的时间价值。例如，存入银行 1 000 元，约定年利率为 10%，则一年后本利和为 1 100 元，其中的差额（利息额）100 元就是 1 000 元本金在这一年期间的时间价值。

经典例题

[2013 年真题·单项选择题] 下列理论中，能够正确揭示不同时点上的资金之间换算关系的是（　　）。
A. 财务杠杆　　　　　　　B. 风险价值
C. 资本成本　　　　　　　D. 货币的时间价值

[解析] 本题考查货币的时间价值概念。根据关键语句"揭示不同时点上的资金之间换算关系"，可知是货币的时间价值。
[答案] D

二、货币时间价值计算

（一）一次性收付款项的复利终值与现值

1. 一次性收付款项的终值与现值的概念

（1）**一次性收付款项**，是指在某一特定时间点上一次性支付（或收取），经过一段时间后再相应地一次性收取（或支付）的款项。例如，某公司向银行一次性借款 50 万元，期限为 5 年，5 年后一次性还本付息。

（2）**现值**，是指将来一定时间点发生的特定资金按复利计算的现在价值，即为取得将来一定本利和（终值）现在所需的本金。

（3）**终值**，又称将来值，是指现在一定量现金在未来某一时点上的价值，也称本利和。

例如，存入银行 1 000 元，年利率为 10%，一年之后得到本利和（终值）1 100 元。在此情形下，1 000 元则为现值，1 100 元则为一年后的终值。

【注意】货币的时间价值通常是按复利计算的。复利，俗称"利滚利"，是指在每经过一个计息期后，都要将所生利息加入本金，以计算下期的利息。

【举例】初始本金为1 000元,利率10%,复利计息,3年后本利和应为多少?

第1年结束:利息=1 000×10%=100(元);本利和=1 000+100=1 100(元);

第2年结束:利息=1 100×10%=110(元);本利和=1 100+110=1 210(元);

第3年结束:利息=1 210×10%=121(元);本利和=1 210+121=1 331(元)。

也可用另一种方式计算本利和:1 000+100+110+121=1 331(元)。

这种计算方法可以直接用公式"复利终值(本利和)=本金×(1+利率)^n"计算,其中n为计息期数。

2. 一次性收付款项的终值与现值的计算

终值和现值是两个相对的概念,可以通过系数进行相互的换算。

(1)终值的计算公式为:

$$终值=现值×(1+利率)^n$$

式中,终值和现值分别指一次性收付款项的复利终值和现值;$(1+利率)^n$为复利终值系数,记为$(F/P, i, n)$。其中,P为现值,F为终值,i为即期利率,n为计息周期数。终值系数可通过查复利终值系数表获得。

【举例】某公司向银行借款2 000万元,期限为5年,年利率为10%,按复利计息,试计算到期时企业应偿还金额。

【分析】根据一次性收付款项的复利终值计算公式进行计算。此例中现值即借款的本金2 000万元,利率为10%,计息周期数n为5。因此,终值=现值×(1+利率)^n=2 000×(1+10%)^5≈3 221(万元)。

(2)现值的计算公式为:

$$现值=终值×\frac{1}{(1+利率)^n}$$

式中,$\frac{1}{(1+利率)^n}$为复利现值系数,记为$(P/F, i, n)$。现值系数可通过查复利现值系数表获得。

【举例】某公司投资项目,预计在5年后可获得的收益为800万元,假定年收益率为10%,试计算该公司投资收益的复利现值。

【分析】根据一次性收付款项的复利现值计算公式进行计算。此例中终值即5年后的预期收益800万元,利率为10%,计息周期数n为5。因此,现值=终值×$\frac{1}{(1+利率)^n}$=800×$\frac{1}{(1+10\%)^5}$≈496.74(万元)。

(二)年金的终值与现值

年金是指每隔一定相等的时间,收到或支付的相同数量的系列款项,是一种资金收付方式。它与一次性收付款项的资金收付方式不同,年金是分期等额支付或收取款项。例如,某企业为建设新项目,约定期限3年,每年向银行借款100万元。这3笔100万元的支付款项就是年金形式。

年金按照每次收付发生的时点不同,又可分为后付年金、先付年金、递延年金、永续年金四种类型,以每年支付4 000单元的年金为例,四种年金支付方式如图9-1-1所示。

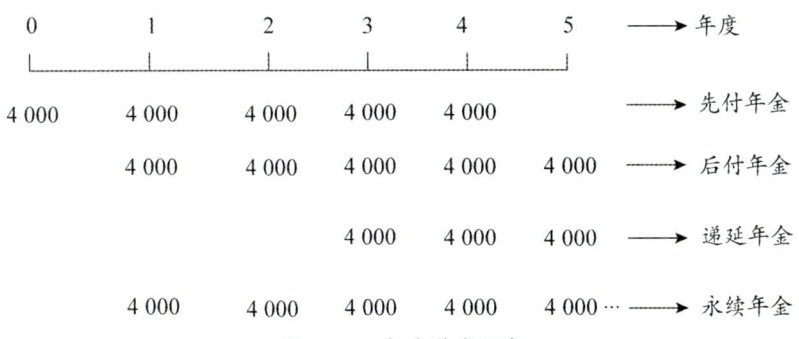

图 9-1-1 年金种类示意

1. 后付年金的终值与现值

后付年金,又称普通年金,即在<u>各期期末</u>发生的年金,如在每年年末从银行借款 100 万元。

(1) 后付年金的终值计算。例如,某公司为建设新项目,每年向银行借款 100 万元,期限为 3 年,年复利率为 10%,计算预计到期时企业应偿还金额。

第 1 年年末借入的 100 万元至第 3 年年末需计息 2 期,在第 3 年年末的终值 $=100\times(1+10\%)^2=121$(万元)。

第 2 年年末借入的 100 万元至第 3 年年末需计息 1 期,在第 3 年年末的终值 $=100\times(1+10\%)=110$(万元)。

第 3 年年末借入的 100 万元没有经过任何时间期间,未产生利息,因此在第 3 年年末的终值仍为 100 万元。

因此,在第 3 年年末应偿还的金额 $=121+110+100=331$(万元)。

由此得出,后付年金的终值计算即各期期末的系列收付款项的复利终值之和。计算公式为:

后付年金终值 = 每年支付金额 $\times(1+利率)^0$ + 每年支付金额 $\times(1+利率)^1+\cdots+$ 每年支付金额 $\times(1+利率)^{n-1}$

整理上式可得:

$$后付年金终值 = 每年支付金额 \times \frac{(1+利率)^n - 1}{利率}$$

式中,$\frac{(1+利率)^n - 1}{利率}$ 为年金终值系数,记为 $(F/A, i, n)$,A 为每年支付金额。

(2) 后付年金现值的计算。由后付年金终值的计算原理,同理可得出,后付年金的现值即每期期末的等额的系列收付款项的复利现值之和。例如,某公司租入某设备,每年年末需要支付租金 20 万元,年复利率为 10%,计算 3 年内应支付租金总额的现值。

第 1 年年末支付的 20 万元的现值 $=20\times\dfrac{1}{(1+10\%)^1}\approx 18.182$(万元)

第 2 年年末支付的 20 万元的现值 $=20\times\dfrac{1}{(1+10\%)^2}\approx 16.529$(万元)

第 3 年年末支付的 20 万元的现值 $=20\times\dfrac{1}{(1+10\%)^3}\approx 15.026$(万元)

因此,3 年内应支付租金总额的现值 $=18.182+16.529+15.026=49.737$(万元)。总结得出后付年金现值的计算公式如下:

后付年金现值 = 每年支付金额 $\times\dfrac{1}{(1+利率)^1}$ + 每年支付金额 $\times\dfrac{1}{(1+利率)^2}+\cdots+$ 每年支付金额 $\times\dfrac{1}{(1+利率)^n}$

整理上式可得：

$$后付年金现值 = 每年支付金额 \times \frac{1-(1+利率)^{-n}}{利率}$$

式中，$\frac{1-(1+利率)^{-n}}{利率}$ 为年金现值系数，记为 $(P/A, i, n)$。

【注意】$(1+利率)^{-n}$ 即为 $\frac{1}{(1+利率)^n}$。

2. 先付年金的终值与现值

(1) 先付年金的概念。先付年金，又称即付年金，是指从第一期起，在一定时期内**每期期初**等额收付的系列款项。如企业 3 年内每年年初存入 150 万元作为住房基金。

(2) 先付年金的终值与现值的计算。先付年金与后付年金收付方式如图 9-1-2 所示。

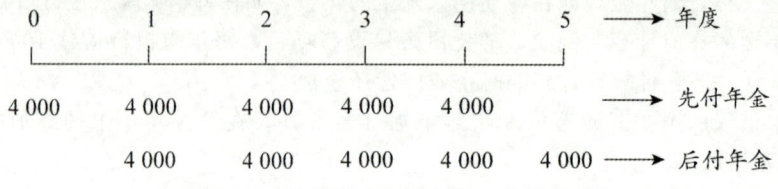

图 9-1-2　先付年金与后付年金收付方式

由图 9-1-2 可知，n 期先付年金与 n 期后付年金的付款次数相同，但由于其付款时间不同，n 期先付年金终值比 n 期后付年金的终值多计算一期利息。因此，在 n 期后付年金终值的基础上乘以 $(1+i)$ 就是 n 期先付年金的终值。

n 期先付年金现值与 n 期后付年金现值的期限相同，但由于其付款时间不同，n 期先付年金现值比 n 期后付年金现值少折现一期。因此，在 n 期后付年金现值的基础上乘以 $(1+i)$，便可求出 n 期先付年金的现值。

综上，可得出下列公式：

$$先付年金终值 = 后付年金终值 \times (1+利率)$$
$$先付年金现值 = 后付年金现值 \times (1+利率)$$

3. 递延年金与永续年金

(1) 递延年金。**递延年金**是指在最初若干期没有收付款项，后面若干期才有等额收付的年金形式。如某企业贷入一笔款项，期限 6 年，前两年不用还款，要求从第 3 年年末开始等额支付 10 万元，至第 6 年还清。其中，年金的递延期为 2 年，发生期为 4 年。

(2) 永续年金。永续年金是指限期趋于无穷的普通年金。如无期限债券的利息、优先股股利均可视为永续年金。以优先股为例，永续年金的现值计算公式如下：

优先股的现值 = 每股股息 / 利率

【举例】某优先股，每年股息为 5 元，利率（或投资者必要报酬率）为每年 6%，则该优先股的现值为 5/6% ≈ 83.33（元）。

> **经典例题**
>
> [2023 年真题·单项选择题] 某优先股每年股息为 0.9 元，利率为每年 5%，则优先股的现值为（　　）元。
> A. 14　　　　　　　　　　　　B. 16
> C. 18　　　　　　　　　　　　D. 20
> [解析] 优先股的现值 = 每股股息/利率 = 0.9/5% = 18（元）。
> [答案] C

经典例题

[2023年真题·单项选择题] 某科技公司与某物业公司签署办公场所租赁协议，租期10年，约定3年后每年年末支付租金80万元，共支付7年。这种租金形式为（　　）。

A. 递延年金　　　　　　　　　B. 先付年金
C. 永续年金　　　　　　　　　D. 后付年金

[解析] 递延年金是指在最初若干期没有收付款项，后面若干期才有等额收付的年金形式。

[答案] A

[2017年真题·单项选择题] 假设 i 为折现率，n 期先付年金的终值可以用 n 期后付年金的终值乘以（　　）求得。

A. $(1+i)$　　　　　　　　　　B. $(1+i)^{-1}$
C. $(1+i)^{-n}$　　　　　　　　D. $(1+i)^n$

[解析] 根据先付年金的终值公式，先付年金终值＝后付年金终值×（1＋利率），利率也可视为折现率，A项正确。

[答案] A

[2016年真题·单项选择题] M公司从N公司租入数控机床一台，合同约定租期为2年，M公司每年年末支付给N公司租金10万元，假定年复利率为6%，则M公司支付的租金现值总计是（　　）万元。

A. 9.43　　　　　B. 18.33　　　　　C. 20.00　　　　　D. 20.12

[解析] 根据题目信息"每年年末支付"，可判断为后付年金的支付形式。题目要求计算现值，因此本题可采用后付年金现值计算的两个公式的任何一个计算均可：

（1）运用基本公式计算：后付年金现值＝每年支付金额×$\dfrac{1}{(1+利率)^1}$＋每年支付金额×$\dfrac{1}{(1+利率)^2}$＋…＋每年支付金额×$\dfrac{1}{(1+利率)^n}$＝$10\times\dfrac{1}{(1+6\%)^1}+10\times\dfrac{1}{(1+6\%)^2}\approx 9.43+8.90=18.33$（万元），B项正确。

（2）运用变形公式计算：后付年金现值＝每年支付金额×$\dfrac{1-(1+利率)^{-n}}{利率}$＝$10\times\dfrac{1-(1+6\%)^{-2}}{6\%}$＝$10\times\dfrac{1-\dfrac{1}{(1+6\%)^2}}{6\%}\approx 10\times 1.833=18.33$（万元），B项正确。

[答案] B

考点2　风险价值观念

一、风险价值的相关概念

风险价值又称风险收益、风险报酬，是指投资者由于冒着风险进行投资而获得的超过资金的时间价值的额外收益。风险报酬有两种表示方式：风险报酬额和风险报酬率。在不考虑通货膨胀的情况下，投资必要报酬率包括两个部分：一是资金的时间价值，可通过无风险报酬率来体现。一般情况下，可将购买国债的收益率看成是无风险报酬率。二是风险价值，可通过风险报酬率来体现，其高低与风险大小有关，风险越大，风险报酬率越大，投资者冒着较大风险进行投资的目的是获得较高的风险报酬。由此可得出投资必要报酬率的公式如下：

投资必要报酬率＝无风险报酬率＋风险报酬率

二、单项资产（或单项投资项目）的风险衡量

对单项资产的风险衡量通常会有以下几个环节：

（1）确定概率分布。例如，预测市场状况发生概率如表9-1-1所示。

表 9-1-1 预测市场状况发生概率

经济状况	发生概率
繁荣	0.3
一般	0.5
萧条	0.2
合计	1.0

(2) 计算期望报酬率。

期望报酬率＝第 1 种可能结果的报酬率×第 1 种可能结果发生的概率＋第 2 种可能结果的报酬率×第 2 种可能结果发生的概率＋…＋第 i 种可能结果的报酬率×第 i 种可能结果发生的概率

【注意】第一章期望损益值的计算公式与本公式的区别在于,前者各方案的收益用具体金额表示,后者各项目的收益用百分比表示。考试中直接将相应数据代入公式即可。

【举例】某企业准备用自有资金投资一个项目,据预测,未来市场状况存在繁荣、一般、衰退三种可能性,概率分别为 0.2、0.5 和 0.3,预计年报酬率分别为 40%、20% 和 10%,计算该项目的期望报酬率。

【分析】本题考查单项资产的风险衡量中期望报酬率的计算。项目期望报酬率＝0.2×40%＋0.5×20%＋0.3×10%＝8%＋10%＋3%＝21%。

(3) 计算标准离差和标准离差率。

标准离差是用绝对数来衡量决策方案的风险,在期望值相同的情况下,标准离差越小,说明离散程度小,风险也就越小;反之,则越大。即标准离差与风险同向变动。

标准离差率是标准离差和期望报酬率的比值。在期望报酬率不同的情况下,标准离差率越大,风险越大;反之,则越小,即标准离差率与风险同方向变动。

【考点小贴士】本考点有些难度,但在考试中不会很深入,不涉及标准离差的计算。因此,大家掌握标准离差率的公式、标准离差率和标准离差之间的区别以及与风险大小变化的关系等即可。

三、风险报酬估计

风险报酬率的计算公式如下:

风险报酬率＝风险报酬系数×标准离差率×100%

【举例】假设 M 产品项目的风险报酬系数为 10%,标准离差率为 30%;N 产品项目的风险报酬系数为 20%,标准离差率为 60%。如果无风险报酬率为 5%,计算两个项目的风险报酬率和投资必要报酬率。

【分析】风险报酬率＝风险报酬系数×标准离差率×100%,所以 M 产品的风险报酬率＝10%×30%×100%＝3%,N 产品的风险报酬率＝20%×60%×100%＝12%。投资必要报酬率＝无风险报酬率＋风险报酬率,所以 M 产品项目的投资必要报酬率＝5%＋3%＝8%,N 产品项目的投资必要报酬率＝5%＋12%＝17%。

经典例题

[2023 年真题·单项选择题] 某公司计划投资生产 A 产品,经过资料收集、分析和测算得知,投资 A 产品的期望报酬率为 30%,标准离差为 10%,则投资 A 产品的标准离差率是（　　）。

A. 38.28%　　　　　　　　　　　B. 18.00%
C. 30.00%　　　　　　　　　　　D. 33.33%

[解析] 标准离差率＝标准离差/期望报酬率＝10％/30％≈33.33％。 [答案] D

[2018年真题·单项选择题] 甲公司计划开发生产A产品，经测算，投资A产品的标准离差率为40％，风险报酬系数为40％，则甲公司开发生产A产品的风险报酬率是（   ）。
A. 15％　　　　B. 40％　　　　C. 16％　　　　D. 80％

[解析] 本题的考点为风险报酬估计。根据公式，风险报酬率＝风险报酬系数×标准离差率＝40％×40％＝16％，C项正确。 [答案] C

第二节　筹资决策

本节考点概览

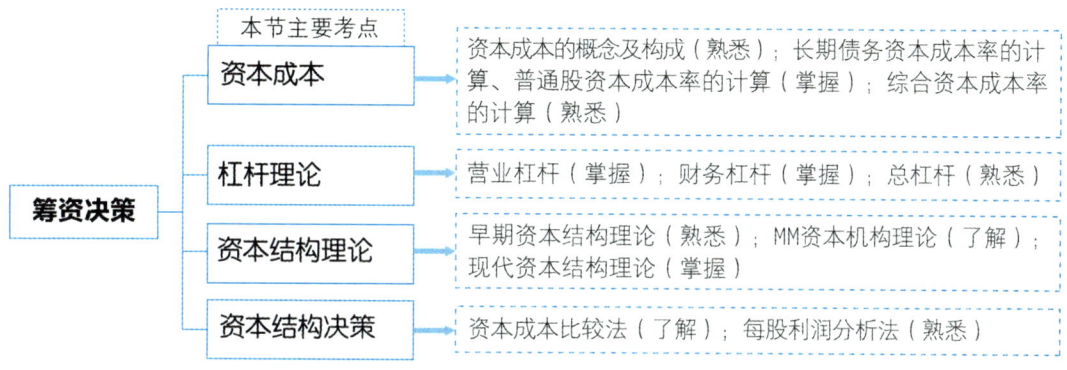

本节考点详解

考点1　资本成本

资本成本是企业筹资和使用资本而承付的代价。这里的资本是指企业所筹集的长期资本，包括股权资本和长期债务资本。从投资者的角度看，资本成本是投资者要求的必要报酬或最低报酬。资本成本从绝对量的构成来看，包括用资费用和筹资费用两部分。用资费用是经常性的，如向股东支付的股利或向债权人支付的利息等；筹资费用是一次性支付，如办理银行贷款的手续费等。

资本成本分为个别资本成本和综合资本成本，一般用相对数表示，称为个别资本成本率和综合资本成本率。

经典例题

[2013年真题·多项选择题] 企业的资本成本包括（   ）。
A. 用资费用　　　　　　　　　　B. 营业费用
C. 销售费用　　　　　　　　　　D. 筹资费用
E. 制造费用

[解析] 资本成本包括筹资费用和用资费用，A、D两项正确。 [答案] AD

一、个别资本成本率

个别资本成本率是指某种特定筹资方式下的资本成本率。企业在比较各种筹资方式时，需要使用个别资本成本率。其一般公式为：

$$资本成本率 = \frac{用资费用额}{筹资额 - 筹资费用额}$$

或，

$$资本成本率=\frac{用资费用额}{筹资额\times(1-筹资费用率)}$$

式中，筹资费用率为筹资费用与筹资额的比率。

(一) 长期债务资本成本率的测算

长期债务资本成本主要包括长期借款（银行借款）资本成本和长期债券（发行债券）资本成本两种形式。

1. 长期借款资本成本率的测算

$$长期借款资本成本率=\frac{长期借款年利息额\times(1-企业所得税税率)}{长期借款筹资额\times(1-长期借款筹资费用率)}$$

式中，长期借款筹资额表示借款本金；长期借款年利息额＝长期借款筹资额×年利率。

相对而言，企业借款的筹资费用很少，可以忽略不计。此时，长期借款资本成本率的公式为：

$$长期借款资本成本率=借款利息率\times(1-企业所得税税率)$$

【注意】当借款合同附加补偿性余额条款的情况下，企业可动用的借款筹资额应扣除补偿性余额，此时借款的实际利率和资本成本率将会上升。

【考点小贴士】本考点常以单项选择题出现，考查公式的计算。在考试中，一般会直接给出长期借款筹资额、利率、企业所得税税率、筹资费用率的数据，需要大家先计算出长期借款年利息额，再将数据代入上面公式进行计算。公式较复杂，建议大家牢记。

【举例】某公司从银行借款1 000万元，借款期限为10年，年利率为11%，每年付息一次，到期一次性还本，筹资费用率为0.5%，企业所得税税率为25%。计算该笔借款的资本成本率。

$$长期借款资本成本率=\frac{长期借款年利息额\times(1-企业所得税税率)}{长期借款筹资额\times(1-长期借款筹资费用率)}=\frac{1\,000\times11\%\times(1-25\%)}{1\,000\times(1-0.5\%)}\approx 8.29\%$$

2. 长期债券资本成本率测算

$$债券资本成本率=\frac{债券每年支付利息\times(1-企业所得税税率)}{债券筹资额\times(1-债券筹资费用率)}$$

式中，债券每年支付利息＝债券票面总金额×票面利率；债券筹资额按发行价格确定。

【考点小贴士】本考点常以单项选择题出现，考查公式的计算。两种长期债务资本成本率的测算公式其实就是体现实际用资费用占筹资净额的比重，公式的分子均体现实际的用资费用。记住上述规律可帮助大家更好地记住完整的公式。

【举例】某公司发行面值为100元，期限为5年，票面利率为11%的长期债券。债券的票面金额是3 000万元，企业按溢价发行，发行价为3 500万元，筹资费用率为2%，企业所得税税率为25%，计算公司发行该债券的资本成本率。

$$债券资本成本率=\frac{债券每年支付利息\times(1-企业所得税税率)}{债券筹资额\times(1-债券筹资费用率)}=\frac{3\,000\times11\%\times(1-25\%)}{3\,500\times(1-2\%)}\approx 7.22\%$$

(二) 股权资本成本率的测算

1. 普通股资本成本率的测算

普通股的资本成本率的测算主要有两种方法：股利折现模型和资本资产定价模型。

(1) 股利折现模型下普通股资本成本率的测算。不同的股利政策决定了股利水平的高低，因此不同的股利政策计算普通股资本成本率的方式有所不同。

①固定股利政策下普通股资本成本率的测算。

$$普通股资本成本率=\frac{每年每股分派的现金股利}{普通股每股融资净额}$$

式中，普通股融资净额，即扣除筹资费用的融资额。

【举例】某公司采用固定股利政策，每年每股分派现金股利2元，普通股每股融资净额18元，计算该公司的普通股资本成本率。

$$普通股资本成本率=\frac{每年每股分派的现金股利}{普通股每股融资净额}=\frac{2}{18}\approx 11.11\%。$$

②固定增长股利政策下普通股资本成本率的测算。

$$普通股资本成本率=\frac{第1年每股股利}{普通股每股融资净额}+每年股利增长率$$

【举例】某公司采用固定增长股利政策，第1年的每股股利为2元，每年股利增长率为2%，普通股每股融资净额为20元，计算该公司的普通股资本成本率。

$$普通股资本成本率=\frac{第1年每股股利}{普通股每股融资净额}+每年股利增长率=\frac{2}{20}+2\%=12\%。$$

【注意】在股利折现模型下，影响普通股资本成本率的因素包括股利水平、股利政策、普通股融资净额或普通股每股融资净额、发行价格、发行费用等。

（2）资本资产定价模型下普通股资本成本率的测算。普通股的资本成本率即为普通股投资的必要报酬率，而普通股投资的必要报酬率等于无风险报酬率加上风险报酬率。

普通股资本成本率＝无风险报酬率＋风险系数×（市场平均报酬率－无风险报酬率）

【举例】某公司股票的风险系数为1.2，假设无风险报酬率为5%，市场平均报酬率为10%，计算其资本成本率。

普通股资本成本率＝无风险报酬率＋风险系数×（市场平均报酬率－无风险报酬率）＝5%＋1.2×（10%－5%）＝11%。

【考点小贴士】本考点常以单项选择题和案例分析题出现，考查方式为计算题，难度一般。资本资产定价模型下普通股资本成本率的测算在最近几年的考试中经常考到，属于重要考点，需要大家格外重视。考试中会给出计算所需的各项数据，大家直接将其代入公式计算即可。

2. 优先股资本成本率的测算

优先股每年支付的股利相等，在持续经营假设下，优先股的资本成本视为求永续年金现值，其计算公式如下：

$$优先股资本成本率=\frac{优先股每股支付的股息}{优先股筹资净额}$$

式中，优先股筹资净额＝发行价格－发行费用。

3. 留用利润资本成本率的测算

公司的留用利润（或留存收益）是由公司税后利润形成的，属于股权资本。留用利润的资本成本，实际是一种机会成本，其测算方法与普通股基本相同，只是不考虑筹资费用。

经典例题

[2022年真题·单项选择题] 假设无风险报酬率为3.8%，某公司股票的风险系数为1.4，市场平均报酬率为10.8%，则该公司发行股票的资本成本率为（　　）。

A. 16%　　　　　　　　　　　　B. 13.6%
C. 14.6%　　　　　　　　　　　D. 7.0%

[解析] 股票的资本成本率＝无风险报酬率＋风险系数×（市场平均报酬率－无风险报酬率）＝3.8%＋1.4×（10.8%－3.8%）＝13.6%。
[答案] B

[2016年真题·单项选择题] 某公司从银行获得贷款2亿元，期限3年，贷款年利率为6.5%，约定每年付息一次，到期一次性还本。假设筹资费用率为0.5%，公司所得税税率为25%，则该公司该笔贷款的资本成本率是（　　）。

A. 4.90%　　　　　　　　　　　B. 5.65%
C. 6.50%　　　　　　　　　　　D. 9.00%

[解析] 本题的考点为长期借款资本成本率的测算。根据公式，长期借款资本成本率＝$\dfrac{长期借款年利息额×（1-所得税税率）}{长期借款筹资额×（1-筹资费用率）}$＝$\dfrac{2×6.5\%×（1-25\%）}{2×（1-0.5\%）}$≈4.90%，A项正确。
[答案] A

二、综合资本成本率

综合资本成本率，又称<u>加权平均资本成本率</u>，是指一个企业全部长期资本的成本率，通常是以各种长期资本的比例为权重，对个别资本成本率进行加权平均测算。其计算公式如下：

综合资本成本率＝第1种筹资方式资本成本率×$\dfrac{第1种筹资方式筹资金额}{资本总额}$＋第2种筹资方式资本成本率×$\dfrac{第2种筹资方式筹资金额}{资本总额}$＋…＋第$n$种筹资方式资本成本率×$\dfrac{第n种筹资方式筹资金额}{资本总额}$

式中，各种筹资方式的资本成本率即个别资本成本率；各种方式的筹资金额/资本总额则会形成各种不同的资本结构。因此，个别资本成本率和各种资本结构两个因素决定综合资本成本率。

【举例】某公司投资一项目需要筹资5 000万元。公司采取三种筹资方式：向银行借入1 000万元，资本成本率为10%；发行债券融资1 000万元，资本成本率为13%；发行普通股3 000万元，资本成本率为16%。计算该笔投资的资本成本率。

综合资本成本率＝10%×$\dfrac{1\,000}{5\,000}$＋13%×$\dfrac{1\,000}{5\,000}$＋16%×$\dfrac{3\,000}{5\,000}$＝14.2%。

资本成本的作用：
(1) 是选择筹资方式、进行资本结构选择和选择追加筹资方案的依据。
(2) 是评价投资项目、比较投资方案、进行投资决策的经济标准。
(3) 可以作为评价企业整个经营业绩的基准。

【考点小贴士】对综合资本成本率的计算一般以案例分析题考查，难度适中。本考点主要考查加权平均的计算，因此均以计算题的形式出现，但考试中所用公式不会过于复杂。

经典例题

[例题·单项选择题] 综合资本成本率的高低由个别资本成本率和（　　）决定。

A. 所得税率　　B. 筹资总量　　C. 筹资费用　　D. 资本结构

[解析] 决定综合资本成本率的两个因素为个别资本成本率和各种资本结构，D项正确。
[答案] D

考点2　杠杆理论

一、营业杠杆

营业杠杆，又称经营杠杆或营运杠杆，是指企业生产经营中，由于固定成本存在，当销售额（营业额）增减时，息税前盈余会有更大幅度的增减。

营业杠杆系数（DOL），也称营业杠杆程度，是指息税前盈余（息税前盈余额＝税前利润＋利息＝净利润总额＋所得税额＋利息额）的变动率相对于销售额（营业额）变动率的倍数。其公式为：

$$营业杠杆系数 = \frac{息税前盈余额的变动额/息税前盈余额}{营业额的变动额/营业额}$$

该公式可变换如下：

（1）按销售数量计算：

$$营业杠杆系数 = \frac{销售数量 \times (销售单价 - 单位销量的变动成本额)}{销售数量 \times (销售单价 - 单位销量的变动成本额) - 固定成本总额}$$

（2）按销售金额计算：

$$营业杠杆系数 = \frac{销售金额 - 变动成本总额}{销售金额 - 变动成本总额 - 固定成本总额}$$

式中，变动成本总额＝变动成本率×销售总额。

【注意】营业杠杆系数的意义：营业杠杆系数越大，表示企业息税前盈余对销售量变化的敏感程度越高，经营风险也越大；营业杠杆系数越小，表示企业息税前盈余受销售量变化的影响越小，经营风险也越小。

二、财务杠杆

财务杠杆，也称融资杠杆，是指由于债务利息等固定性融资成本的存在，普通股每股收益（EPS）变动幅度大于息税前盈余变动幅度的现象。

财务杠杆系数（DFL），是指普通股每股收益变动率与息税前盈余变动率的比值，用公式表达如下：

$$财务杠杆系数（DFL） = \frac{普通股每股收益变动额 / 普通股每股收益}{息税前盈余变动额 / 息税前盈余}$$

该公式可变形为：

$$财务杠杆系数（DFL） = \frac{息税前盈余}{息税前盈余 - 债务年利息额}$$

式中，债务年利息额＝负债总额×债务利率；负债总额＝资产总额×资产负债率；资产负债率＝负债总额/资产总额。

【举例】某公司全部资产为800万元，负债占资产比率为35%，债务利率为11%，企业所得税税率为25%，息税前盈余额为80万元。假设公司无优先股，计算财务杠杆系数并说明其代表的意义。

$$财务杠杆系数 = \frac{息税前盈余}{息税前盈余 - 债务年利息额} = \frac{80}{80 - (800 \times 35\% \times 11\%)} \approx 1.63$$

根据结果可知：当销售利润（息税前盈余）增长1倍时，普通股每股收益将增长1.63倍。

【注意】财务杠杆的意义：财务杠杆系数越大，财务杠杆收益越大，财务风险越大。

【考点小贴士】财务杠杆常以单项选择题或案例分析题出现。单项选择题主要考查财务杠杆的概念；案例分析题主要考查财务杠杆系数的计算，但难度不大，一般会直接给出息税前盈余、债务年利息额的数据，将其代入公式计算即可。

三、总杠杆

总杠杆，也称**联合杠杆**，是指营业杠杆和财务杠杆的联合作用。

总杠杆系数（DTL），是指营业杠杆系数和财务杠杆系数的乘积，用公式表达如下：

总杠杆系数（DTL）＝营业杠杆系数（DOL）×财务杠杆系数（DFL）

经典例题

[2017年真题·多项选择题] 影响企业财务杠杆系数的因素有（ ）。

A. 息税前盈余
B. 债务年利息额
C. 股权集中度
D. 金融资产比重
E. 无形资产比重

[解析] 本题实则考查的是财务杠杆系数的变形公式。根据公式，财务杠杆系（DFL）＝ $\dfrac{息税前盈余}{息税前盈余-债务年利息额}$，可知影响财务杠杆系数的因素有息税前盈余和债务年利息额，A、B两项正确。

[答案] AB

[2014年真题·单项选择题] 财务杠杆系数是指（ ）的变动率与息税前盈余变动率的比值。

A. 普通股每股收益
B. 营业额
C. 营业利润
D. 产销量

[解析] 财务杠杆系数是指普通股每股收益变动率与息税前盈余变动率的比值，A项正确。

[答案] A

[例题·单项选择题] 某公司的营业杠杆系数和财务杠杆系数为1.2，则该公司总杠杆系数为（ ）。

A. 1.00
B. 1.20
C. 1.44
D. 2.40

[解析] 总杠杆系数＝营业杠杆系数×财务杠杆系数＝1.2×1.2＝1.44，C项正确。

[答案] C

考点3 资本结构理论

资本结构是指企业各种资金来源的构成及其比例关系，其中最重要的比例是负债比率。

一、早期资本结构理论

（一）净收益观点

该观点认为：债务资本成本率一般低于股权资本成本率，因此，公司的债务资本越多，债务资本比例就越高，综合资本成本率就越低，公司的价值就越大。这种观点的不足是忽略了财务风险。

（二）净营业收益观点

该观点认为：在公司的资本结构中，债务资本的多少、比例的高低，与公司的价值没有关系。决定公司价值的真正因素应该是公司的净营业收益。

（三）传统观点

按照该观点，增加债务资本对提高公司价值是有利的，但债务资本规模必须适度。如果公司负债过度,综合资本成本率就会升高,并使公司价值下降。

二、MM 资本结构理论

该理论的两个重要命题如下。

命题Ⅰ——无论公司有无债权资本,其价值(普通股资本与长期债权资本的市场价值之和)等于公司所有资产的预期收益额(息税前盈余)按适合该公司风险等级的必要报酬率(综合资本成本率)予以折现。

命题Ⅱ——利用财务杠杆的公司,其股权资本成本率随筹资额的增加而增加,因此公司的市场价值不会随股权资本比例的上升而增加。资本成本较低的债务给公司带来的财务杠杆利益会被股权资本成本率的上升而抵销。

三、现代资本结构理论

(一)代理成本理论

公司债务的违约风险是财务杠杆系数的增函数,随着公司债权资本的增加,债权人的监督成本随之提升,债权人会要求更高的利率。这种代理成本最终由股东承担,公司资本结构中债权比率过高会导致股东价值的降低。根据代理成本理论,债权资本适度的资本结构会增加股东的价值。

(二)啄序理论

公司倾向于首先采用内部筹资,因而不会传递任何可能对股价不利的信息;如果需要外部筹资,公司将先选择债权筹资,再选择其他外部股权筹资,这种筹资顺序的选择也不会传递对公司股价产生不利影响的信息。

(三)动态权衡理论

将调整成本纳入模型之中。当成本调整小于次优资本结构所带来的公司价值损失时,公司的实际资本结构就会向其最优资本结构状态进行调整;否则,公司将不进行这种调整。

(四)市场择时理论

(1)在股票市场非理性、公司股价被高估时,理性的决策者应该选择增发股票。
(2)当股票被过分低估时,理性的决策者应该回购股票。

经典例题

[2017年真题·单项选择题] 资金来源构成及其比例关系称为( )。
A. 债务结构
B. 资金结构
C. 股本结构
D. 资本结构

[解析] 本题的考点为资本结构的概念。资本结构是指企业各种资金来源的构成及其比例关系,D项正确。

[答案] D

[2017年真题·单项选择题] 将调整成本纳入最优资本结构分析的理论是( )。
A. 代理成本理论 B. 啄序理论
C. 动态权衡理论 D. 市场择时理论

[解析] 在各资本结构理论中,动态权衡理论将调整成本纳入了最优资本结构的分析中,C项正确。

[答案] C

> **经典例题**

[2016年真题·单项选择题] 根据资本结构理论中的啄序理论，公司倾向于首先选择的筹资方式是（　　）。
A. 发行股票　　　　　　　B. 银行借款
C. 发行债券　　　　　　　D. 内部筹资
[解析] 啄序理论认为，公司倾向于首先采用内部筹资，D项正确。
[答案] D

考点4 资本结构决策

企业资本结构决策即确定最佳资本结构。最佳资本结构是指企业在适度财务风险的条件下，使其预期的综合资本成本率最低，同时使企业价值最大的资本结构。下面介绍两种资本结构定量决策方法。

一、资本成本比较法

资本成本比较法是指在财务风险的适度条件下，测算可供选择的不同资本结构或筹资组合方案的综合资本成本率，并以此为标准相互比较确定最佳资本结构的方法。在适度的财务风险下，综合资本成本率最低的方案可确定为最佳资本结构。

二、每股利润分析法

每股利润分析法是利用每股利润无差别点进行资本结构决策的方法。每股利润无差别点是指两种或两种以上筹资方案下普通股每股利润相等时的息税前盈余点。测算公式如下：

$$\frac{(\overline{EBIT}-I_1)(1-T)-D_{P_1}}{N_1}=\frac{(\overline{EBIT}-I_2)(1-T)-D_{P_2}}{N_2}$$

式中，$\overline{EBIT}$ 为息税前盈余平衡点，即每股利润无差别点；I_1、I_2 为两种增资方式下的长期债务年利息；D_{P_1}、D_{P_2} 为两种增资方式下的优先股年股利；N_1、N_2 为两种增资方式下的普通股股数。

每股利润分析法决策规则：

首先计算出每股利润无差别点，然后与息税前盈余（EBIT）比较。

(1) 当企业的实际 EBIT 大于无差别点时，选择资本成本固定型的筹资方式（银行贷款、发行债券或优先股）较为有利。

(2) 当企业的实际 EBIT 小于无差别点时，选择资本成本非固定型筹资方式（发行普通股）较为有利。

> **经典例题**

[2015年真题·单项选择题] 使用每股利润分析法选择筹资方式时，计算得到的每股利润无差别点是指两种或两种以上筹资方案普通股每股利润相等时的（　　）水平。
A. 营业利润　　　　　　　B. 息税前盈余
C. 净利润　　　　　　　　D. 利润
[解析] 每股利润无差别点是指两种或两种以上筹资方案下普通股每股利润相等时的息税前盈余点，B项正确。
[答案] B

[2013年真题·单项选择题] 根据每股利润分析法，当公司实际的息税前利润大于息税前利润平衡点时，公司宜选择（　　）筹资方式。
A. 资本成本波动型　　　　B. 资本成本固定型
C. 资本成本递增型　　　　D. 资本成本递减型
[解析] 根据每股利润分析法的决策原则，当实际息税前盈余（EBIT）大于无差别点时，选择资本成本固定型的筹资方式，B项正确。
[答案] B

第三节 投资决策

本节考点概览

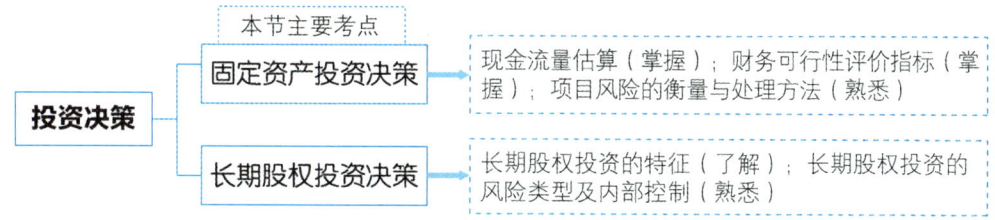

本节考点详解

考点1 固定资产投资决策

一、现金流量的估算

投资中的现金流量是指一定时间内由投资引起的各项现金流入量、现金流出量及现金净流量的统称。通常按项目期间，将现金流量分为初始现金流量、营业现金流量和终结现金流量。

（一）初始现金流量

初始现金流量，是指开始投资时发生的现金流量，总体是现金流出量，用负数或带括号的数字表示，包括：

（1）固定资产投资额（现金流出量），包括固定资产的购入或建造成本、运输成本和安装成本等。

（2）流动资产投资额（现金流出量），包括对原材料、在产品、产成品和现金等流动资产的投资。

（3）其他投资费用（现金流出量），指与长期投资有关的职工培训费、谈判费、注册费用等。

（4）原有固定资产的变价收入（现金流入量），指固定资产更新时原固定资产的变卖所得的现金收入。

（二）营业现金流量

营业现金流量，是指投资项目投入使用后，在其寿命期内由于生产经营所产生的现金流入和现金流出，生产经营活动产生的净现金流量是指现金流入量和现金流出量的差额。

一般设定如下：

（1）营业现金流入量＝投资项目的每年销售收入。

（2）营业现金流出量＝付现成本（需要当期支付现金的成本，包括固定成本与变动成本，不包括折旧）。

每年净营业现金流量的公式为：

每年净营业现金流量（NCF）＝每年营业收入－付现成本－所得税＝净利润＋折旧

式中，净利润＝利润总额－企业所得税税额＝利润总额×（1－企业所得税税率）；利润总额＝营业收入－（付现成本＋折旧）；企业所得税税额＝利润总额×企业所得税税率。直线折旧法下，固定资产折旧额＝（固定资产原值－固定资产残值）/使用年限。

（三）终结现金流量

终结现金流量，是指投资项目完结时所发生的现金流量，包括：

(1) 固定资产的残值收入或变价收入。

(2) 原来垫支的在各种流动资产上的资金的收回。

(3) 停止使用的土地的变价收入等。

【注意】 估算现金流量遵循的基本原则是：只有**增量现金流量**才是与项目相关的现金流量。增量现金流量是指接受或拒绝某个投资方案后，企业总现金流量因此发生的**变动**（不一定是增加）。

经典例题

[2023年真题·单项选择题] 某企业每年的利润总额为800万元，所得税税率为25%，折旧为45万元，则该企业的每年净现金流量为（　　）万元。

A. 620　　　　　　　　　　　　　B. 645

C. 800　　　　　　　　　　　　　D. 845

[解析] 根据公式，每年净营业现金流量＝净利润＋折旧，净利润＝利润总额×（1－企业所得税税率），计算如下：①净利润＝800×（1－25%）＝600（万元）；②折旧：题目已知为45万元；③每年净营业现金流量＝600＋45＝645（万元）。　　　　　　[答案] B

[2023年真题·单项选择题] G公司正在论证新建一条生产线项目的可行性。项目固定资产投资包括新建厂房投资100万元，购置设备投资800万元，固定资产折旧采用直线折旧法，折旧期10年，假设无残值。项目建成投产后，每年可实现净利润180万元，该项目的年净营业现金流量为（　　）万元。

A. 280　　　　　　　　　　　　　B. 100

C. 270　　　　　　　　　　　　　D. 150

[解析] 年净营业现金流量＝净利润＋折旧＝180＋（100＋800）/10＝270（万元）。　[答案] C

[2016年真题·多项选择题] 估算投资项目的初始现金流量对应计算的数据有（　　）。

A. 固定资产投资额

B. 流动资产投资额

C. 折旧

D. 非付现成本

E. 营业收入

[解析] 初始现金流量包括固定资产投资额、流动资产投资额、其他投资费用、原有固定资产的变价收入，A、B两项正确。　　　　　　　　　　　　　　　　　　　[答案] AB

[例题·单项选择题] 某企业计划2020年投资建设一条新生产线。经测算，项目厂房投资为400万元，设备投资额为500万元，流动资产投资额为200万元，与该投资相关的其他费用为50万元，企业所得税税率为25%，该项目初始现金流量为（　　）万元。

A. 863　　　　　　　　　　　　　B. 900

C. 1 150　　　　　　　　　　　　D. 1 100

[解析] 本题考查初始现金流量。初始现金流量包括固定资产投资额、流动资产投资额、其他投资费用、原有固定资产的变价收入。该企业的初始现金流量为：400＋500＋200＋50＝1 150（万元）。　　　　　　　　　　　　　　　　　　　　　　　　　　　　[答案] C

二、财务可行性评价指标

财务可行性评价指标分为非贴现现金流量指标和贴现现金流量指标。

(一) 非贴现现金流量指标

非贴现现金流量指标是指不考虑货币时间价值的指标，一般包括投资回收期（静态）和平均报酬率。

1. 投资回收期（静态）

投资回收期，是指回收初始投资所需要的时间，一般以年为单位。其计算方法有两种情况：

(1) 每年的净营业现金流量相等的情形。

$$投资回收期 = 原始投资额 / 每年净营业现金流量$$

例如，每年净营业现金流量均为40万元，原始投资额为120万元，那么，投资回收期＝120/40＝3（年）。

(2) 每年的净营业现金流量不相等的情形。

计算投资回收期要根据每年年末尚未回收的投资额加以确定。

【举例】某公司建设一个项目，该项目初始投资500万元，项目周期为5年，每年净营业现金流量分别为50万元、50万元、100万元、200万元、230万元。则投资回收期计算如表9-3-1所示。

表 9-3-1 项目投资回收期计算表

年份	0	1	2	3	4	5
每年净现金流量（万元）	500	50	50	100	200	230
每年年末投资回收额（万元）		50	50	100	200	
每年年末尚未回收的资金（万元）		450	400	300	100	
投资回收期（年）	投资回收期＝4＋100÷230≈4.43（年）					

500万元的投资回收期实际只经过了第1年、第2年、第3年、第4年和第5年的部分时间，第5年的部分时间通过当年的回收额占当年现金流量的比重来表示，所以该项目的投资回收期为：4＋100÷230≈4.43（年）。

投资回收期没有考虑货币时间价值，没有考虑回收期满后的现金流量。

2. 平均报酬率

平均报酬率的计算公式如下：

$$平均报酬率 = \frac{平均年现金流量}{初始投资额} \times 100\%$$

式中，平均年现金流量即各年净现金流量的平均数。

采用平均报酬率时，只有高于必要平均报酬率的方案才可选。而在有多个方案的互斥选择中，则选用平均报酬率最高的方案。

【举例】某公司建设的项目初始投资额为200万元，项目寿命期为3年，每年的净现金流量为60万元、80万元、100万元，计算该项目的平均报酬率。

【分析】平均年现金流量＝（60＋80＋100）÷3＝80（万元）；平均报酬率＝80÷200×100％＝40％。

【注意】平均报酬率没有考虑货币时间价值。

(二) 贴现现金流量指标

贴现现金流量指标是指考虑货币时间价值的指标，包括净现值、内部报酬率、获利指数等。

1. 净现值

净现值（NPV），是指投资项目投入使用后的净现金流量，按资本成本率或企业要求达到的报酬率折算为现值，加总后减去初始投资以后的余额。其计算公式为：

净现值＝投资项目未来报酬总现值－初始投资额＝（投资项目第 1 年的净现金流量×第 1 年复利现值系数＋投资项目第 2 年的净现金流量×第 2 年复利现值系数＋…＋投资项目第 t 年的净现金流量×第 t 年复利现值系数）－初始投资额

式中，每年的复利现值系数＝$\dfrac{1}{(1+贴现率)^t}$，t 的取值随着年份增加，计算第 1 年复利现值系数，则 t 取值 1，第 2 年取值 2，以此类推；贴现率即资本成本率或企业要求的报酬率。

项目决策原则：在只有一个备选方案的采纳与否决策中，采纳净现值为正（大于 0）的方案；在有多个备选方案的互斥选择决策中，在可选方案中选择净现值最大的方案。

【考点小贴士】对本知识点常以单项选择题考查，难度适中。主要考查净现值的计算，建议大家在深入理解净现值概念的基础上记忆公式，效果会更好。在某些情况下，题目中会直接给出每年的复利现值系数的数值，不要求大家自己去计算现值系数，只需从复利现值系数表内查找各年的复利现值即可。

2. 内部报酬率

内部报酬率（IRR）是使投资项目的净现值等于零的贴现率。内部报酬率反映投资项目的真实报酬率。

项目决策原则：在只有一个备选方案的采纳与否决策中，如果计算出的内部报酬率大于或等于企业的资本成本率或必要报酬率，则采纳方案；在多个备选方案的互斥选择决策中，应选择内部报酬率超过资本成本率或必要报酬率最多的投资项目。

内部报酬率的计算过程如下：

（1）如果每年的 NCF（净营业现金流量）相等，按下列步骤计算：

第一步：计算年金现值系数。

年金现值系数＝初始投资额/每年的净营业现金流量

第二步：查年金现值系数表，在相同的期数内，找出与上述年金现值系数相邻近的较大和较小的两个贴现率。

第三步：根据上述两个邻近的贴现率和已求得的年金现值系数，采用插值法计算出该投资方案的内部报酬率。

（2）如果每年的 NCF（净营业现金流量）不相等，按下列步骤计算：

第一步：先预估一个贴现率，并按此贴现率计算净现值。

第二步：根据上述两个邻近的贴现率使用插值法，计算出方案的实际内部报酬率。

内部报酬率法考虑了货币时间价值，反映了投资项目的真实报酬率，容易理解，但是计算过程比较复杂。

3. 获利指数

获利指数，又称利润指数（PI），是投资项目未来报酬的总现值与初始投资额的现值之比。用公式表达如下：

获利指数＝投资项目的未来报酬总现值÷初始投资额

项目决策原则：在只有一个备选方案的采纳与否决策中，获利指数大于或等于 1，则采纳；在有多个方案的互斥选择决策中，在可选方案中选择获利指数最大的投资项目。

获利指数法考虑了货币的时间价值，能够真实地反映投资项目的盈亏程度。并且获利指数是用相对数的表示方法，有利于在初始投资额不同的投资方案之间进行对比。

【考点小贴士】本考点的公式容易与净现值的公式混淆，应注意区分。两者的区别在于公式的计算符号不同，其经济含义也不同。净现值是一个绝对数指标，是投资项目的未来报酬总现值与初始投资额的差额，因此计算时用的是减法；而获利指数是一个相对数指标，是计算投资项目的未来报酬总现值占初始投资额的比重，因此计算时用的是除法。运算符号可以帮助大家记忆两个公式。

在进行投资决策时，主要的依据是贴现指标。如有多个互斥方案，使用三个贴现指标得出的结论不一致时，在无资本限量的情况下，以净现值为选择标准。

经典例题

[2023年真题·单项选择题] 公司在多个互斥的投资方案选择决策中，当使用不同的决策指标所选的方案不一致时，在无资本限量的情况下，应以（　　）为选择标准。

A. 动态投资回收期　　　　　　　　B. 获利指数
C. 净现值　　　　　　　　　　　　D. 静态投资回收期

[解析] 在进行投资决策时，主要的依据是贴现指标。如有多个互斥方案，使用三个贴现指标得出的结论不一致时，在无资本限量的情况下，以净现值为选择标准。　　　　　　[答案] C

三、项目风险的衡量与处理方法

项目风险的衡量和处理一般使用调整现金流量法和调整折现率法。

（一）调整现金流量法

调整现金流量法把不确定的现金流量调整为确定的现金流量，然后用无风险报酬率作为折现率计算净现值。

肯定当量系数指不确定的 1 元现金流量相当于使投资者肯定满意的金额系数，数值在 0~1，越远期的现金流量，其肯定当量系数越小。

（二）调整折现率法

调整折现率法对高风险项目采用较高的折现率计算净现值。

经典例题

[2013年真题·多项选择题] 在投资决策中，项目风险的衡量与处理方法有（　　）。
A. 调整资本成本法
B. 调整资产结构法
C. 调整营业杠杆法
D. 调整折现率法
E. 调整现金流量法

[解析] 项目风险的衡量与处理方法包括调整现金流量法和调整折现率法，D、E 两项正确。
[答案] DE

考点2　长期股权投资决策

一、长期股权投资的特征

长期股权投资是以股东名义将资产投资于被投资单位，并取得相应的股份，按所持股份比例享有被投资单位的权益以及承担相应的风险的一种长期投资。长期股权投资反映一种交换行为，是企业将资产让渡给被投资单位所获得的另一项资产。企业所取得的是伴随表决权甚至控制权的资产（股权），所获得的经济利益不同于其他资产为企业带来的经济利益，主要是通过被投资单位分配来增加财富、分散风险或谋求其他利益。

二、长期股权投资的风险及内部控制

(一) 长期股权投资的风险

1. 投资决策风险

(1) 违反国家法律法规风险、未经审批或超越授权审批风险、被投资单位所处行业和环境的风险及其本身的技术和市场风险。

(2) 投资项目的尽职调查及可行性论证风险。

(3) 决策程序不完善和程序执行不严的风险等。

2. 投资运营管理风险

(1) 股东选择风险、公司治理结构风险、投资协议风险、道德风险。

(2) 被投资企业存在的经营风险和财务风险。

(3) 项目小组和外派人员风险。

(4) 信息披露风险等。

3. 投资清理风险

投资清理风险是指退出风险,具体包括投资退出时机与方式选择的风险等。

(二) 长期股权投资的内部控制

(1) 明确职责分工与授权批准。企业应当建立投资业务的岗位责任制,明确相关部门和岗位的职责权限,确保办理投资业务的不相容岗位相互分离、制约和监督。

(2) 可行性研究、评估与决策控制。

(3) 投资执行控制。

(4) 投资处置控制。

> **经典例题**
>
> [2017年真题·单项选择题] 甲公司出资1亿元对乙公司进行股权投资,该项投资应计入( )。
> A. 甲公司资产负债表上的资产 B. 乙公司资产负债表上的负债
> C. 甲公司资产负债表上的负债 D. 甲公司资产负债表上的股东权益
> [解析] 长期股权投资反映一种交换行为,是企业将资产让渡给被投资单位所获得的另一项资产。甲公司出资1亿元获得乙公司的股权,可理解为现金类资产与股权类资产互换,因此该项投资应计入甲公司资产负债表的资产。   [答案] A

第四节　并购重组

本节考点概览

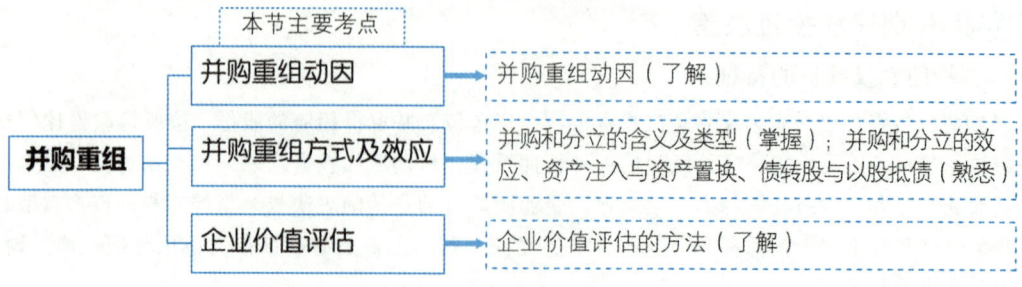

本节考点详解

考点1 并购重组动因

并购重组动因概括起来包括两种：

（1）客观动因，指从企业发展本身出发考虑的动因，如多元化经营、谋求更长远发展、提高市场占有率等。

（2）主观动因，指企业管理者、所有者等从自身利益出发考虑的动因，如扩大管理者职权、自我实现层次需要等。

考点2 并购重组方式及效应

一、收购与兼并

（一）企业收购与企业兼并的含义

收购和兼并是企业实施加速扩展战略的主要形式，两者统称为并购。

（1）收购，是指一个企业用现金、有价证券等方式购买另一家企业的资产或股权，以获得对该企业控制权的一种经济行为。

（2）兼并，是指一个企业购买其他企业的产权，并使其他企业失去法人资格的一种经济行为。狭义的兼并也称吸收合并，吸收合并与新设合并统称为合并。

【考点小贴士】本考点常以单项选择题出现，难度不大。主要考查收购、兼并在概念上的区分与运用。题目当中可能会提供一个简短的材料，要求根据材料判断属于收购还是兼并。

（二）企业并购的类型

企业并购按照不同的标准可进行不同的分类，具体如表9-4-1所示。

表9-4-1 企业并购的类型

划分标准	类型	概念
双方的业务性质	纵向并购	处于同类产品且不同产销阶段的两个或多个企业所进行的并购，如某汽车生产企业和汽车配件供应企业的并购
	横向并购	处于同一行业的两个或多个企业所进行的并购，如两家航空公司的并购
	混合并购	处于不相关行业的企业所进行的并购，即实现非相关多元化的发展，如某传媒娱乐公司和某电商公司的并购
双方是否友好协商	善意并购	双方通过友好协商的形式进行并购
	敌意并购	在友好协商遭到拒绝时，并购企业不顾被并购企业的意愿而采用非协商性的手段，强行并购被并购企业的并购
并购的支付方式	承担债务式并购	在被并购企业资不抵债或资产与债务相等的情况下，并购企业以承担被并购企业全部或部分债务为条件，取得被并购企业的资产所有权和经营权
	现金购买式并购	并购企业用现金购买被并购企业的资产或股权（股票），这种方式不会稀释并购企业大股东股权
	股权交易式并购	并购企业用其股权换取被并购企业的股权或资产，这种方式会稀释并购企业的大股东股权

续表

划分标准	类型	概念
是否利用被并购企业本身资产支付并购资金	杠杆并购	并购企业利用被并购企业资产的经营收入，来支付并购价款或作为此种支付的担保
	非杠杆并购	并购企业不利用被并购企业的自有资金及营运所得来支付或担保支付并购价款
并购的实现方式	协议并购	双方经过一系列谈判后达成共识，通过签署股权转让、受让协议实现并购的方式
	要约并购	买方向目标公司的股东就收购股票的数量、价格、期限、支付方式等发布公开要约（公告），以实现并购目标公司的形式
	二级市场并购	买方通过股票二级市场并购目标公司的股权，从而实现并购目标公司的并购方式

经典例题

[2022年真题·单项选择题] 某电动汽车生产商用自有资金并购了一家电动汽车电池生产企业，该并购属于（　　）。

A. 杠杆并购　　　　　　　　　　B. 横向并购
C. 纵向并购　　　　　　　　　　D. 混合并购

[解析] 横向并购即处于同一行业的两个或多个企业所进行的并购。纵向并购即处于同类产品的不同产销阶段的两个或多个企业所进行的并购。　　　　　　　　　　　　　　　[答案] C

[例题·单项选择题] 甲公司作为买方，将收购股票的数量、价格、期限、支付方式等收购事项以发布公告的方式告知给目标公司的股东，此种并购方式称为（　　）。

A. 要约并购　　　　　　　　　　B. 协议并购
C. 二级市场并购　　　　　　　　D. 杠杆并购

[解析] 本题的考点为要约并购的概念。根据题目信息"将收购股票的数量、价格、期限、支付方式等收购事项以发布公告的方式告知"，即以要约的形式将收购的条件发送给目标公司的股东，可知为要约并购，A项正确。　　　　　　　　　　　　　　　[答案] A

二、分立与分拆

（一）分立与分拆的概念

1. 分立

分立是指一家公司依照法律规定、行政命令或公司自行决策，分解为两家或两家以上的相互独立的新公司。标准的分立是指一个母公司将其在某子公司中所拥有的股份，按母公司股东在母公司中的持股比例分配给现有母公司的股东，从而在法律上和组织上将子公司的经营从母公司的经营中分离出去。这会形成一个与母公司有着相同股东和持股结构的新公司。

公司分立有存续分立和解散分立两种方式。存续分立也称派生分立，是指一个公司分离成两个以上公司，本公司继续存在并设立一个以上新的公司；解散分立也称新设分立，是指一个公司分成两个以上公司，本公司解散并设立两个以上新的公司。

2. 分拆

分拆是指将公司的一部分设立为一个独立的新公司，原公司会持有新公司的部分股票，这一新设的分拆公司公开发行新股并上市就称分拆上市。上市公司分拆是指上市公司将部分业务或资产，以其直接或间接控制的子公司的形式，在境内或境外证券市场首次公开发行股票并上市或者实现重组上市的行为。

上市公司分拆原则上应当同时满足以下条件：

(1) 上市公司股票境内上市已满 3 年。

(2) 上市公司最近 3 个会计年度连续盈利。

(3) 上市公司最近 3 个会计年度扣除按权益享有的拟分拆所属子公司的净利润后，归属于上市公司股东的净利润累计不低于人民币 6 亿元（净利润的计算，以扣除非经常性损益前后孰低值为依据）。

(4) 上市公司最近一个会计年度合并报表中按权益享有的拟分拆所属子公司的净利润不得超过归属于上市公司股东的净利润的 50%；上市公司最近一个会计年度合并报表中按权益享有的拟分拆所属子公司的净资产不得超过归属于上市公司股东的净资产的 30%。

上市公司存在以下情形之一的，不得分拆：

(1) 资金、资产被控股股东、实际控制人及其关联方占用或者上市公司权益被控股股东、实际控制人及其关联方严重损害。

(2) 上市公司或其控股股东、实际控制人最近 36 个月内受到过我国证监会的行政处罚。

(3) 上市公司或其控股股东、实际控制人最近 12 个月内受到过证券交易所的公开谴责。

(4) 上市公司最近一年或一期财务会计报告被注册会计师出具保留意见、否定意见或者无法表示意见的审计报告。

(5) 上市公司董事、高级管理人员及其关联方持有拟分拆所属子公司股份，合计超过所属子公司分拆上市前总股本的 10%，但董事、高级管理人员及其关联方通过该上市公司间接持有的除外。

(二) 并购与分立的效应

并购与分立的效应具体如表 9-4-2 所示。

表 9-4-2 并购与分立的效应

重组的类型	效应
并购	(1) 实现协同效应，包括管理协同、经营协同、财务协同 (2) 实现战略重组，开展多元化经营 (3) 获得特殊资产和渠道，包括土地、优秀管理队伍、优秀研究人员或专门人才以及专有技术、商标、品牌等无形资产，国外市场和技术 (4) 降低代理成本，包括契约成本、监督成本和剩余损失
分立	(1) 适应战略调整 (2) 减轻负担 (3) 筹集资金 (4) 清晰主业 (5) 化解内部竞争性冲突

经典例题

[2013 年真题·单项选择题] 并购机制使企业管理层面临接管威胁，有利于企业降低（　　）。

A. 沉没成本

B. 资本成本

C. 机会成本

D. 代理成本

[解析] 并购的效应之一是有利于降低代理成本，可知 D 项正确。　　　　　　　　　　　　[答案] D

> **经典例题**
>
> [例题·多项选择题]企业通过重组实施加速扩张战略，开展多元化经营，可采用的方式有（　　）。
> A. 收购
> B. 吸收合并
> C. 标准分立
> D. 以股抵债
> E. 换股分立
> [解析]并购的效应之一是实现战略重组，开展多元化经营，而选项中只有收购和吸收合并（兼并）属于并购的形式，故A、B两项正确。
> [答案] AB

三、资产注入与资产置换

资产置换，指交易者双方（有时可由多方）按某种约定价格，在某一时期内相互交换资产的交易。资产置换的双方均出资产，通常意味着业务的互换。

资产注入，指交易双方中的一方将公司账面上的资产（流动资产、固定资产、无形资产、股权中的某一项或某几项），按评估价或协议价注入对方公司。

（1）如果对方（资产接受方）支付现金，则意味着资产注入方的资产变现。
（2）如果对方（资产接受方）出股权，则意味资产注入方以资产出资进行投资或并购。

四、债转股与以股抵债

债转股与以股抵债的具体内容如表9-4-3所示。

表9-4-3　债转股与以股抵债

形式	概念	积极效应
债转股	公司债权人将其对公司享有的合法债权转为出资（认购股份），增加公司注册资本的行为	（1）使被投资公司降低债务负担 （2）使债权人获得通过债务企业上市、股权交易或股票回购方式收回全部投资的机会
以股抵债	债务人以其持有的股权抵偿其所欠债务的行为	有效提升债权公司的资产质量，使每股收益和净资产收益率水平提高

> **经典例题**
>
> [2018年真题·单项选择题]B公司将其持有的对A公司的债权转成持有A公司的股权，此次重组会增加（　　）。
> A. B公司的注册资本
> B. A公司的负债总额
> C. A公司的注册资本
> D. B公司的负债总额
> [解析]债转股是指公司债权人将其对公司享有的合法债权转为出资（认购股份），增加公司注册资本的行为，这里的"公司"指的是被投资公司（债务人）。根据此概念可知本题的重组方式即债转股，而B公司是债权人，A公司是被投资公司（债务人），故债转股可增加A公司的注册资本。
> [答案] C

经典例题

[2015年真题·单项选择题] 甲公司以其持有的乙公司的全部股权，与丙公司的除现金以外的全部资产进行交易，甲公司与丙公司之间的这项资产重组方式是（ ）。
A. 以资抵债
B. 资产置换
C. 股权置换
D. 以股抵债

[解析] 根据题目信息分析，这项重组是甲公司以股权类资产与丙公司的除现金以外的全部资产进行交易，即相互交换资产的交易，可知此为资产置换，B项正确。

[答案] B

- 考点3 **企业价值评估**

价值评估，是指买卖双方对标的（企业或股权或资产）做出的价值判断，是并购重组的重要环节。价值评估的主要方法具体如表9-4-4所示。

表9-4-4 价值评估的方法

方法	具体内容
收益法	将预期收益资本化或者折现，确定评估对象价值的评估方法
	包括股利折现法、现金流量折现法
市盈率法	市盈率是某种股票普通股每股市价（或市值）与每股盈利（或净利润总额）的比率
	目标企业价值=企业净利润总额×标准市盈率
市净率法	市净率是每股市价与每股净资产的比率
	目标企业价值=企业净资产总额×标准市净率
市盈率相对盈利增长比率法	市盈率相对盈利增长比率，也称PEG指标，是用公司的市盈率除以公司未来3或5年的每股收益复合增长率
市销率法	又称价格营收比，是股票市值与销售收入（营业收入）的比率
	目标企业价值=销售收入（营业收入）×标准市销率

经典例题

[2022年真题·单项选择题] 企业价值评估法中需要确定贴现率的是（ ）。
A. 收益法
B. 市销率估值法
C. 市净率法
D. 市盈率法

[解析] 企业价值评估中的收益法，是指将预期收益资本化或者折现，确定评估对象价值的评估方法。

[答案] A

本章易错易混考点

【易错易混考点一】长期债务筹资与股权筹资的区别

长期债务筹资与股权筹资的区别具体如表Ⅰ所示。

表Ⅰ 长期债务筹资与股权筹资的区别

项目	类型	优缺点
长期债务筹资	长期借款、长期债券	(1) 优点：资本成本较低、筹资弹性最大、筹资速度快 (2) 缺点：风险大、限制条件多、筹资数额有限、使企业资产负债率提高
股权筹资	普通股、优先股、留用利润	(1) 优点：风险小 (2) 缺点：资本成本高、大股东利益被稀释、信息披露风险

[例题·多项选择题] 下列各种筹资方式中，属于股权筹资的有（ ）。

A. 长期借款
B. 长期债券
C. 留用利润
D. 优先股
E. 普通股

[解析] 长期债务筹资的类型主要有长期借款和长期债券；股权筹资的类型主要有普通股、优先股、留用利润。

[答案] CDE

【易错易混考点二】财务可行性评价指标

本章涉及的财务可行性评价指标，根据是否考虑资金的时间价值，分为贴现现金流量指标和非贴现现金流量指标两大类，具体区别如表Ⅱ所示。

表Ⅱ 贴现现金流量指标和非贴现现金流量指标的区别

分类	是否考虑资金的时间价值	指标名称	决策原则	优缺点
贴现现金流量指标	考虑	净现值	单方案，净现值大于0则采纳；多方案比选，选择净现值最大的方案	(1) 优点：能反映各种投资方案的净收益 (2) 缺点：不能揭示各方案本身可能达到的实际报酬率
		内部报酬率	大于或等于企业的资本成本率或必要报酬率则采纳方案；反之，则拒绝	(1) 优点：反映了真实报酬率，容易理解 (2) 缺点：计算复杂
		获利指数	获利指数大于或等于1，则采纳；反之，则拒绝	优点：能真实反映投资项目的盈亏程度
非贴现现金流量指标	不考虑	投资回收期	—	(1) 优点：容易理解、计算简单 (2) 缺点：没考虑资金时间价值，无法反映真实收益
		平均报酬率	高于必要平均报酬率的方案入选；多方案比选，选择最高的	(1) 优点：简单、易懂 (2) 缺点：没有考虑资金时间价值

[例题·多项选择题] 下列财务可行性评价指标中，属于贴现现金流量指标的有（ ）。

A. 获利指数
B. 投资回收期
C. 平均报酬率
D. 内部报酬率
E. 净现值

[解题思路] 贴现现金流量指标包括净现值、内部报酬率和获利指数；非贴现现金流量指标包括投

资回收期和平均报酬率。B、C两项属于非贴现现金流量指标。 [答案] ADE

【易错易混考点三】收购、兼并（吸收合并）和新设合并的区别

收购、兼并（吸收合并）和新设合并主要是通过双方的存续情况进行区分的，具体如表Ⅲ所示。

表Ⅲ 收购、兼并（吸收合并）和新设合并的区别

类型	概述	两家公司的存续情况
收购	一家公司收购另一家公司的股权	原有两家企业均存在
兼并（吸收合并）	一家公司吸收其他公司	被吸收的公司解散
新设合并	两家以上公司合并设立一家新的公司	合并各方解散

[2016年真题·单项选择题] 甲公司和乙公司合并设立新公司，则（ ）。
A. 甲、乙公司均存续
B. 甲、乙公司均解散
C. 仅甲公司解散
D. 仅乙公司解散

[解题思路] 两家以上公司合并设立一个新的公司为新设合并，合并双方解散。 [答案] B

历年经典真题回顾

一、单项选择题（每题1分，每题备选项中，只有1个最符合题意）

1. 可以化解公司内部竞争性冲突的重组方式是（ ）。[2019年真题]
   A. 新设合并   B. 收购
   C. 分立   D. 吸收合并

   [解析] 本题考查并购重组方式及效应。分立可以化解公司内部竞争性冲突。 [答案] C

2. 某公司计划开发A产品。经测算，开发生产A产品的投资期望报酬率的标准离差率为50%，风险报酬系数为40%，则该公司开发A产品的风险报酬率是（ ）。[2019年真题]
   A. 12.5%   B. 9.0%
   C. 45.0%   D. 20.0%

   [解析] 本题考查风险价值观念。风险报酬率＝风险报酬系数×标准离差率×100%＝50%×40%×100%＝20.0%。 [答案] D

3. 在估算项目营业现金流量时，营业现金流出量不包括（ ）。[2019年真题]
   A. 水电费   B. 直接材料费
   C. 直接工资费   D. 折旧费

   [解析] 本题考查固定资产投资决策。营业现金流出量不包括折旧费。 [答案] D

4. 普通股每股市价与每股盈利的比率称为（ ）。[2019年真题]
   A. 市盈率   B. 权益比率
   C. 权益乘数   D. 市净率

   [解析] 本题考查企业价值评估。市盈率是指普通股每股市价与每股盈利的比率。 [答案] A

二、多项选择题（每题2分，每题备选项中，有2个或2个以上符合题意，至少有1个错项。错选，本题不得分；少选，所选的每个选项得0.5分）

1. 企业衡量单个投资项目风险的指标有（ ）。[2019年真题]
   A. 获利指数   B. 标准离差
   C. 标准离差率   D. 年金系数

E. 资金时间价值率

[解析] 本题考查风险价值观念。企业衡量单个投资项目风险的指标与期望值、标准离差、标准离差率有关。

[答案] BC

2. 甲公司的控股股东以其持有的甲公司的股权抵偿其对甲公司的债务，这种做法对甲公司产生的积极效应有（　　）。[2019 年真题]

A. 净资产收益率提高　　　　　B. 股本增加
C. 长期股权投资减少　　　　　D. 资产负债率降低
E. 每股收益提高

[解析] 本题考查并购重组方式及效应。甲公司的股东用股权抵偿债务，属于以股抵债。以股抵债的积极效应体现在提升债权公司的资产质量，使每股收益和净资产收益率水平提高。

[答案] AE

3. 在进行项目的现金流量估算时，影响每年净营业现金流量的因素有（　　）。[2018 年真题]

A. 资本成本　　　　　　　　　B. 企业所得税
C. 营业收入　　　　　　　　　D. 付现成本
E. 资本结构

[解析] 本题考查每年净营业现金流量的计算。每年现金净流量的两个公式均可以解释本题：①每年净营业现金流量＝每年营业收入－付现成本－企业所得税税额；②每年净营业现金流量＝净利润＋折旧。其中，净利润＝利润总额－企业所得税税额，利润总额＝营业收入－付现成本－折旧。所以，上述公式中涉及的变量均可做选择。

[答案] BCD

4. 根据股利折现模型，影响普通股资本成本率的因素有（　　）。[2015 年真题]

A. 股票发行价格
B. 股票发行费用
C. 股利水平
D. 普通股股数
E. 企业所得税税率

[解析] 本题考查普通股资本成本率的测算。根据股利折现模型，影响普通股资本成本率的因素包括普通股融资净额或普通股每股融资净额、发行价格、发行费用、股利水平、股利政策。

[答案] ABC

三、案例分析题（每题 2 分。由单项选择题和多项选择题组成。错选，本题不得分；少选，所选的每个正确选项得 0.5 分）

（一）

M 上市公司是著名半导体材料生产企业。公司 2020 年度报告期末资产总额为 20 亿元，负债总额为 10 亿元。M 公司拟新建一条生产线，总投资 8 亿元，资金来源为公开增发普通股筹集 7 亿元，利用留存收益筹集 1 亿元，同时，M 公司还计划通过定向发行普通股给 N 公司股东的方式收购 N 公司或吸收合并 N 公司。经测算，M 公司债务资本成本率为 6%，公司普通股风险系数为 1.2，无风险报酬率为 5.8%，市场平均报酬率为 13.8%。[2021 年真题]

根据以上资料，回答下列问题：

1. 根据资本资产定价模型，M 公司此次增发普通股筹资的资本成本率为（　　）。

A. 19.9%　　　　　　　　　　B. 19.8%
C. 13.4%　　　　　　　　　　D. 15.4%

[解析] 本题考查资本资产定价模型。根据资本资产定价模型，普通股资本成本率＝无风险报

酬率＋风险系数×（市场平均报酬率－无风险报酬率）＝5.8%＋1.2×（13.8%－5.8%）＝15.4%。

[答案] D

2. M公司还可以采用（　　）估算普通股筹资资本成本率。
   A. 每股利润无差别点模型
   B. 盈亏平衡点模型
   C. 自由现金流折现模型
   D. 股利折现模型

   [解析] 本题考查普通股资本成本率的测算方法。普通股资本成本率的测算主要有两种方法，即股利折现模型、资本资产定价模型。

   [答案] D

3. M公司用留存收益筹资1亿元，这种筹资方式的资本成本的特点是（　　）。
   A. 估算留存收益资本成本不考虑筹资费用
   B. 留存收益资本成本率低于债务资本成本率
   C. 估算留存收益资本成本率需要考虑所得税
   D. 留存收益资本成本率为零

   [解析] 本题考查筹资方式。公司的留用利润（或留存收益）是由公司税后利润形成的，属于股权资本。留用利润的资本成本是一种机会成本。留用利润资本成本率的测算方法与普通股基本相同，只是不考虑筹资费用。

   [答案] A

4. 若M公司定向发行普通股给N公司股东收购N公司，带来的财务影响为（　　）。
   A. M公司大股东的股份被稀释
   B. N公司股东股本增加
   C. M公司资本公积减少
   D. N公司长期股权投资增加

   [解析] 本题考查资产负债表。M公司发行普通股给N公司股东，股份增加，故M公司大股东的股份被稀释。

   [答案] A

5. 若M公司并购N公司的方式是吸收合并，则吸收合并后N公司（　　）。
   A. 继续存在　　　　　　　　B. 解散
   C. 成为M公司的子公司　　　D. 以上都不对

   [解析] 本题考查公司并购。吸收合并会导致被吸收的公司解散。

   [答案] B

（二）

G公司拟建一条生产线，经调研和测算，该生产线的经济寿命为10年，新建厂房投资额为200万元，设备投资额为600万元，流动资产投资额为120万元，公司决定，该投资形成的固定资产采用直线法计提折旧，无残值。该生产线建成投产后的第2年至第10年，每年可实现200万元净利润。公司总经理要求在进行项目可行性分析时，要根据风险评估来调整现金流量，以体现谨慎原则。[2015年真题]

根据以上资料，回答下列问题：

1. 该生产线的每年净营业现金流量为（　　）万元。
   A. 100　　　　　　　　　　B. 150
   C. 240　　　　　　　　　　D. 280

   [解析] 本题考查现金流量估算。根据公式，每年净营业现金流量＝净利润＋折旧，计算如下：
   （1）净利润：由资料已知"每年可实现200万元净利润"；
   （2）折旧：由资料已知"新建厂房投资额为200万元，设备投资额为600万元""经济寿命期为

10年"该投资形成的固定资产采用直线法计提折旧,无残值",因此,折旧=(200+600)/10=80(万元);

(3)每年净营业现金流量=200+80=280(万元)。

[答案] D

2. 评估该生产线项目财务可行性时,该公司可采用的贴现现金流量指标是( )。

A. 净现值　　　　　　　　B. 内部报酬率

C. 标准离差率　　　　　　D. 年金现值系统

[解析] 本题考查财务可行性评价指标。贴现现金流量指标包括净现值、内部报酬率、获利指数。

[答案] AB

3. 估算该生产与投资现金流量时,该生产线的流动资产投资额应计入( )。[2011年考过类似的单项选择题]

A. 初始现金流量　　　　　B. 营业现金流量

C. 终结现金流量　　　　　D. 自由现金流量

[解析] 本题考查现金流量估算。初始现金流量和终结现金流量均包括流动资产投资。

[答案] AC

4. 若该公司引入肯定当量系数调整现金流量,肯定当量系数的数值应在( )范围。

A. −1~0　　　　　　　　B. −1~1

C. 0~1　　　　　　　　　D. 1~100

[解析] 本题考查项目风险的衡量和处理方法中调整现金流量法。肯定当量系数是指不确定的1元现金流量相当于使投资者肯定满意的金额系数,数值在0~1。

[答案] C

本章同步练习

一、单项选择题(每题1分,每题备选项中,只有1个最符合题意)

1. 货币的时间价值是扣除风险报酬和通货膨胀因素后的( )。

   A. 风险报酬率

   B. 平均资金利润率

   C. 标准离差率

   D. 内部报酬率

2. 某企业向银行借入一笔款项,银行贷款的年利息率为8%,银行规定前3年不用还本付息,但从第4年至第15年每年年末偿还本息20 000元,这种还款形式属于( )。

   A. 后付年金　　　　　　B. 先付年金

   C. 永续年金　　　　　　D. 递延年金

3. ( )是企业筹资和使用资本而承付的代价。

   A. 销售成本　　　　　　B. 物流成本

   C. 资本成本　　　　　　D. 生产成本

4. 某公司向银行贷款5 000万元,期限3年,年利率为7%。每年付息,到期一次还本,企业所得税税率为25%,筹资费用忽略不计,则该笔资金的资本成本率为( )。

   A. 5.20%　　　　　　　B. 5.25%

   C. 6.55%　　　　　　　D. 7.00%

5. 下列个别资本成本中,( )的测算方法与普通股基本相同,只是不考虑筹资费用。

   A. 优先股资本成本率

   B. 留用利润资本成本率

C. 长期借款资本成本率
D. 长期债券资本成本率

6. 某企业计划今年投资一个新的生产线项目，经测算，该项目厂房投资为50万元，设备投资为10万元，流动资产投资额为20万元，企业所得税税率为25%，则该项目初始现金流量为（　　）万元。
   A. 10　　　　　　　　　　　　B. 30
   C. 60　　　　　　　　　　　　D. 80

7. 某项目初始投资额为500万元，每年营业净现金流量分别为80万元、120万元、200万元、220万元、250万元，则该项目的投资回收期是（　　）年。
   A. 3.00　　　　　　　　　　　B. 3.45
   C. 4.00　　　　　　　　　　　D. 5.00

8. 一个企业购买其他企业的产权，并使其他企业失去法人资格的一种经济行为，称为（　　）。
   A. 企业兼并　　　　　　　　　B. 企业收购
   C. 新设合并　　　　　　　　　D. 资产注入

9. A医药公司利用自有资金收购了B医药公司，A公司进行的并购类型属于（　　）。
   A. 杠杆并购　　　　　　　　　B. 横向并购
   C. 纵向并购　　　　　　　　　D. 混合并购

10. 某集团公司将旗下旅游部的资产作为出资，新组建一个有限责任公司，集团公司股东拥有新公司40%的股权，此项重组属于（　　）。
    A. 分拆　　　　　　　　　　　B. 出售
    C. 分立　　　　　　　　　　　D. 资产置换

二、多项选择题（每题2分，每题备选项中，有2个或2个以上符合题意，至少有1个错项。错选，本题不得分；少选，所选的每个选项得0.5分）

1. 在不考虑风险和通货膨胀的情况下，（　　）可以代表货币的时间价值。
   A. 资产负债率　　　　　　　　B. 利率
   C. 风险报酬率　　　　　　　　D. 利息
   E. 利润

2. 下列属于现代资本结构理论的有（　　）。
   A. MM资本结构理论
   B. 代理成本理论
   C. 市场择时理论
   D. 啄序理论
   E. 动态权衡理论

3. 项目风险的衡量与处理方法包括（　　）。
   A. 市销率法　　　　　　　　　B. 调整现金流量法
   C. 调整销售收入法　　　　　　D. 调整折现率法
   E. 每股利润分析法

4. 并购的效应包括（　　）。
   A. 实现战略重组，开展多元化经营
   B. 降低代理成本
   C. 清晰主业

D. 化解内部竞争性冲突
E. 实现协同效应

三、案例分析题（每题2分。由单项选择题和多项选择题组成。错选，本题不得分；少选，所选的每个正确选项得0.5分）

某企业准备用自有资金2亿元投资一个项目，现在有A、B两个项目可供选择。据预测，未来市场状况存在繁荣、一般、衰退三种可能性，概率分别为0.2、0.5和0.3，两项投资在不同市场状况的预计年报酬率如下表所示。为了做出正确决定，公司需进行风险评价。

市场状况	发生概率	预计年报酬率	
		A项目	B项目
繁荣	0.2	20%	40%
一般	0.5	10%	10%
衰退	0.3	0	−10%

根据以上资料，回答下列问题：

1. A项目的期望报酬率为（　　）。
   A. 7%　　　　　　　　　B. 9%
   C. 10%　　　　　　　　D. 20%

2. 如果A、B两个项目的期望报酬率相同，则标准离差大的项目（　　）。
   A. 风险大　　　　　　　B. 风险小
   C. 报酬离散程度小　　　D. 报酬离散程度大

3. 如果A、B两个项目的期望报酬率不同，则需通过计算（　　）比较两个项目的风险。
   A. 资本成本率　　　　　B. 风险报酬系数
   C. 风险报酬率　　　　　D. 标准离差率

4. 公司选择风险大的项目进行投资，是为了获取（　　）。
   A. 更高的风险报酬
   B. 更高的货币时间价值
   C. 更低的债务资本成本
   D. 更低的营业成本

本章同步练习参考答案及解析

一、单项选择题

1. [答案] B
   [解析] 本题考查时间价值概念。货币的时间价值的两种表现形式中，一种是相对数的表现形式，即时间价值率，是扣除风险报酬和通货膨胀因素后的平均资金利润率或平均报酬率。

2. [答案] D
   [解析] 本题考查递延年金的概念。递延年金是指在最初若干期没有收付款项，后面若干期时等额支付的年金形式。题目已知"银行规定前3年不用还本付息，但从第4年至第15年每年年末偿还"，可知此符合递延年金的概念。

3. [答案] C
   [解析] 本题考查资本成本。资本成本是企业筹资和使用资本而应付的代价。

4. [答案] B
   [解析] 本题考查长期借款资本成本率的计算。根据公式：长期借款资本成本率＝[长期借款年利息额×（1－所得税税率）]/[长期借款筹资额×（1－长期借

款筹资费用率）]，计算如下：
(1) 长期借款年利息额：题目中给出"年利率为 7％，贷款 5 000 万元"，因此，长期借款年利息额为"5 000×7％"；
(2) 企业所得税税率：题目已知"25％"；
(3) 长期借款筹资额：即借款本金"5 000 万元"；
(4) 长期借款筹资费用率：题目已知忽略不计，即视为"0"；
(5) 长期借款资本成本率＝5 000×7％×（1－25％）/[5 000×（1－0）]＝5.25％。

5. [答案] B
[解析] 本题考查留存利润资本成本率的测算。留用利润资本成本率的测算方法与普通股基本相同，只是不考虑筹资费用。

6. [答案] D
[解析] 本题考查现金流量的估算中初始现金流量的内容。该项目初始现金流量包括：①厂房投资 50 万元，设备投资 10 万元，即固定资产投资额，应计入初始现金流量；②流动资产投资额 20 万元，应计入初始现金流量。由此可知，初始现金流量＝50＋10＋20＝80（万元）。

7. [答案] B
[解析] 本题考查投资回收期的计算。根据题目信息，可知每年的现金流量不相等，计算如下表所示：

年份	0	1	2	3	4	5
年净现金流量（万元）	初始投资(500)	80	120	200	220	250
年末投资回收额（万元）		80	120	200	100	
年末尚未收回的资金（万元）		420	300	100	0	

由上述表格信息，可知投资回收期＝3＋100/220≈3.45（年）。

8. [答案] A
[解析] 本题考查企业兼并的概念。企业兼并是指一个企业购买其他企业的产权，并使其他企业失去法人资格的一种经济行为。

9. [答案] B
[解析] 本题考查并购的类型。首先，根据题目信息"利用自有资金"，可知没有利用被并购企业的资产，即非杠杆并购，故 A 项错误。其次，两家公司均为医药公司，即同类产品，可知属于横向并购，B 项正确，C、D 两项错误。

10. [答案] A
[解析] 本题考查分拆的概念。根据题目信息可知新成立的公司是从该集团公司分离出去的，且集团公司持有新公司的股权，可知此属于分拆。

二、多项选择题

1. [答案] BD
[解析] 本题考查货币的时间价值概念。在不考虑风险和通货膨胀的情况下，利率和利息可以代表货币的时间价值。

2. [答案] BCDE
[解析] 本题考查现代资本结构理论。现代资本结构理论包括代理成本理论、啄序理论、动态权衡理论、市场择时理论。

3. [答案] BD
[解析] 本题考查项目风险的衡量与处理方法。项目风险的衡量与处理方法包括调整现金流量法、调整折现率法。

4. [答案] ABE
[解析] 本题考查并购的效应。并购的效应主要包括：①实现协同效应；②实现战略重组，开展多元化经营；③获得特殊资产和渠道；④降低代理成本。C、D 两项属于分立的效应。

三、案例分析题

1. [答案] B
[解析] 本题考查单项资产的风险衡量中期望值的计算。根据公式，计算如下：A 项目的期望报酬率＝20％×0.2＋10％×0.5＋0×0.3＝9％。

2. [答案] AD
[解析] 本题考查单项资产的风险衡量。在

期望值相同的情况下,标准离差越小,说明离散程度小,风险也就越小;反之,则离散程度大,风险越大。

3. [答案] D

[解析] 本题考查单项资产的风险衡量。标准离差是一个绝对值,它只能比较期望报酬率相同的各项投资的风险程度,而不能用来比较不同期望报酬率的各项投资的风险程度,因此需要进一步引入标准离差率对比不同期望报酬率的各项投资的风险程度。

4. [答案] A

[解析] 本题考查风险价值概念。风险报酬率高低与风险大小有关,风险越大,要求的报酬率越大。

第十章　电子商务

本章考情分析

年份	单项选择题	多项选择题	案例分析题	合计
2023 年	6 题 6 分	2 题 4 分	—	10 分
2022 年	5 题 5 分	2 题 4 分	—	9 分
2021 年	5 题 5 分	2 题 4 分	—	9 分
2020 年	5 题 5 分	2 题 4 分	—	9 分

本章学习提示

本章共 4 节，主要介绍电子商务的类型、电子商务框架、电子支付和网络营销等内容。本章是比较简单的章节，和日常生活联系紧密，容易理解和记忆。常考题型包括单项选择题、多项选择题。学习本章时，建议多联系生活实际加强记忆。

第一节 电子商务概述

本节考点概览

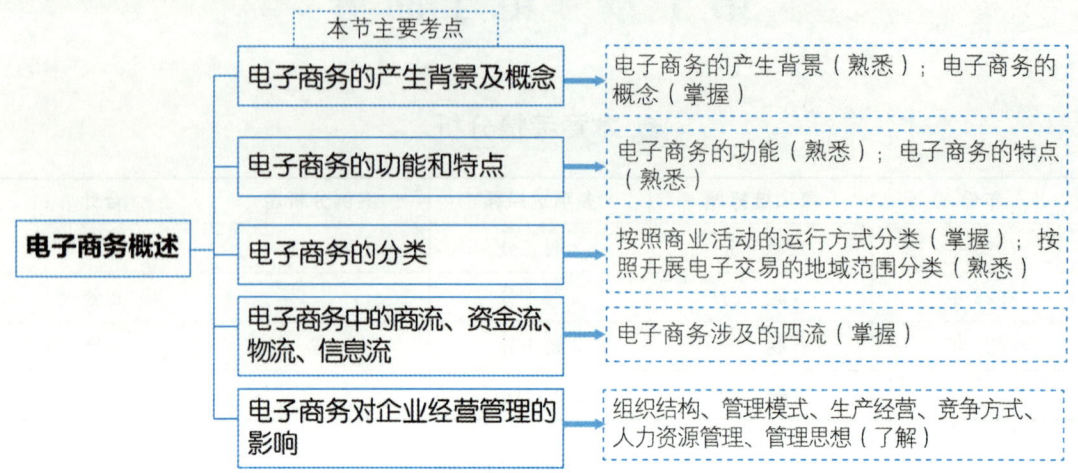

本节考点详解

● 考点1 电子商务的产生背景及概念

一、促使电子商务产生的主要因素

（1）经济全球化。经济全球化是指世界经济活动超越国界，商品、信息、货币、人员等生产要素跨国、跨地区流动，通过对外贸易、资本流动、技术转移、提供服务、相互依存、相互联系而形成的全球范围的有机经济整体。

（2）信息技术革命。信息技术革命是指由于信息产生、处理手段的高度发展而导致的社会生产力、生产关系的变革。它使在互联网开放的网络环境下，商业贸易活动买卖双方不谋面地进行各种商贸活动成为可能，为电子商务的产生奠定了技术基础。

二、电子商务的概念

（一）狭义的概念

电子商务是指通过互联网等电子手段所进行的商务活动，包括商品和服务的提供者、广告商、消费者、中介商等各方行为的总和。

（二）广义的概念

电子商务是指企业通过电子手段进行的所有运营管理活动，即通过互联网等电子手段，使企业内部、供应商、客户和合作伙伴之间，利用电子业务共享信息，实现企业间业务流程的电子化，配合企业内部的电子化生产管理系统，提高企业的生产、库存、流通和资金等各个环节的效率。

从根本上来说，电子商务是以商务活动为主体，以计算机网络为基础，以电子化方式为手段的一种商务模式。

● 考点2 电子商务的功能和特点

一、电子商务的功能

（1）广告宣传。电子商务可以凭借企业的网站服务器和客户的浏览器，在互联网发布各类商业信息。与传统的广告类型相比，网上的广告成本较为低廉，而给客户的信息量却较为丰富。

（2）咨询洽谈。电子商务可借助互联网上的网站、电子邮件、新闻组和讨论组等手段来了解市场和商品信息，洽谈交易事务，如有进一步的需求，还可利用网上的白板会议来交流即时的图形信息。

（3）网上订购。

（4）电子支付。

（5）线上服务。某些适合在网上直接传递的货物，能直接通过电子商务从电子仓库中被发送到用户端，如软件、电子读物、信息服务等信息产品。

（6）网络调研。电子商务可以十分便捷地以网络调查问卷的方式收集用户对商品、服务的意见，这样不仅可以提高企业的服务水平，更能使企业的产品得到改进，充分发掘市场上的商机。

（7）交易管理。涉及人、财、物多个方面，也涉及企业和企业、企业和客户及企业内部等各方面的协调和管理。因此，交易管理是涉及商务活动全过程的管理。

二、电子商务的特点

（1）市场全球化。电子商务的全球市场由计算机网络连接而成，网络的不间断特性使之成为一个与地域及时间无关的全球化市场，世界任何地方的任何人都可以通过计算机和互联网进行商务活动。

（2）跨时空限制。电子商务能在世界各地瞬间完成传递与计算机自动处理，只要有互联网的地方，人们就可以随时、随地进行商务活动。

（3）交易虚拟化。通过以互联网为代表的计算机网络进行贸易，交易双方从开始洽谈、签约到订货、支付等，无须当面进行，均通过网络完成，整个交易完全虚拟化。

（4）成本低廉化。减少了交易的有关环节，避免了做广告、发印刷品等大量费用；可以缩短时间及减少重复的数据录入，降低了信息成本和库存成本；减少了贸易平台的地面店铺，大大降低了店面租金成本。

（5）交易透明化。电子商务中双方的洽谈、签约，以及货款的支付、交货的通知等整个交易过程都在电子屏幕上显示，交易显得更加透明，减少了信息不对称的现象。

（6）操作方便化。互联网的网页可以实现24小时服务，任何人都可以在任何时间在互联网上查询感兴趣的信息。

（7）服务个性化。追求个性化和定制化是电子商务的重要特点。企业可利用网络追踪、数据挖掘等技术分析消费者的偏好、需求和购物习惯，同时将消费者的需求及时反馈到决策层，促进企业针对消费者而进行商品和服务研究和开发活动，更好地为他们提供个性化服务。

（8）运作高效化。由于互联网将贸易中的商业报文标准化，使商业报文能在世界各地瞬间完成传递与计算机自动处理，使原材料采购、产品生产、需求与销售、银行汇兑、保险办理、货物托运及申报等过程无须人员干预，在最短的时间内完成。

经典例题

[2016年真题·单项选择题] 交易双方通过计算机网络进行贸易，从洽谈、签约到订货、支付等事项，均通过网络完成，无须当面进行，这体现电子商务的（　　）特点。

A. 运输全球化　　　　　　　　B. 资本虚拟化
C. 经济全球化　　　　　　　　D. 交易虚拟化

[解析] 本题的题干为电子商务特点中交易虚拟化的叙述，D项正确。　　[答案] D

经典例题

[例题·单项选择题] 企业通过电子商务从电子仓库中将电子读物、软件等信息产品发送到用户端，这些活动体现了电子商务（　　）的功能。
A. 广告宣传　　　　　　　　　　B. 网上服务
C. 电子支付　　　　　　　　　　D. 网络调研

[解析] 由题干信息"通过电子商务从电子仓库中将信息产品发给用户端"可知，此为网上服务的功能。

[答案] B

考点3　电子商务的分类

按照不同的分类标准，电子商务可分为不同的类型，具体如表10-1-1所示。

表10-1-1　电子商务的分类

划分标准	分类	概念要点
商业活动的运行方式	完全电子商务	整个商务过程都可以在网络上实现，其对象主要包括无形货物和服务，如某些计算机软件、娱乐产品的联机订购、付款和交付、全球规模的信息服务。完全电子商务是电子商务发展的高级阶段
	非完全电子商务	无法完全依靠电子商务方式实现和完成整个交易过程，这些交易过程主要包括有形商品的物流配送、线下支付、现场服务等
开展电子交易的地域范围	区域化电子商务	本地区或本城的电子商务活动
	远程国内电子商务	本国范围内的电子交易活动
	全球电子商务	全世界范围内的电子交易活动
交易的主体	B2B、B2C、C2C、B2G、C2G	

经典例题

[2023年真题·单项选择题] 下列产品中，可以实现完全电子商务的是（　　）。
A. 共享单车　　　　　　　　　　B. 网络电影
C. 新能源汽车　　　　　　　　　D. 智能手机

[解析] 完全电子商务指在交易过程中的商流、资金流、物流、信息流等都能够在网上完成，商品或服务的整个商务过程都可以在网络上实现的电子商务。完全电子商务是电子商务发展的高级阶段。

[答案] B

考点4　电子商务中的商流、资金流、物流、信息流

电子商务涉及的四流的主要考点如表10-1-2所示。

表10-1-2　电子商务的四流

电子商务的四流	相互关系	概念
商流	动机和目的	指物品在流通中发生形态变化的过程，即由货币形态转化为商品形态，以及由商品形态转化为货币形态，随着买卖关系的发生，商品所有权发生转移的过程
资金流	条件	在买卖双方间随着商品实物及其所有权的转移而发生的资金往来流程，包括支付结算等活动。商务活动的经济效益是通过资金的流动来体现的

续表

电子商务的四流	相互关系	概念
物流	终结和归宿	商品从供应地向接收地的实体物流过程,包括运输、储存、装卸搬运、包装、流通加工、配送、信息处理等
信息流（双向传递）	手段	是电子商务交易各个主体之间的信息传递与交流的过程,它伴随整个交易过程

经典例题

[2023年真题·多项选择题] 电子商务的"四流"中呈现单向流动的有（　　）。
A. 能量流
B. 资金流
C. 人流
D. 物流
E. 信息流

[解析] "四流"包括商流、资金流、物流、信息流,A、C两项错误。信息流具有双向传递的特征,E项错误。

[答案] BD

● 考点5　电子商务对企业经营管理的影响

电子商务对企业经营管理的影响具体如表10-1-3所示。

表10-1-3　电子商务对企业经营管理的影响

企业经营管理要点	具体影响
组织结构	由金字塔形向扁平形转变,出现了一种类似于无边界的新型企业——虚拟企业
管理模式	企业组织信息传递方式由单向的"一对多"到双向的"多对多"转换
生产经营	降低企业的交易成本；减少企业库存；缩短企业的生产周期；增加企业交易机会
竞争方式	意味着大小企业之间的竞争机会均等,速度、质量、服务、信用等成为企业竞争的核心要素
人力资源管理	使人力资源管理者从烦琐的行政事务中脱离出来,还使人力资源管理者能够站在战略的高度来思考问题,提高了工作效率,增强了企业的竞争力,有利于企业长期目标的实现
管理思想	企业需要树立全球化、标准化、快速创新和注重知识的观念

经典例题

[2022年真题·多项选择题] 电子商务影响企业经营管理的领域有（　　）。
A. 生产经营
B. 产品生产工艺
C. 竞争方式
D. 产品装配
E. 组织结构

[解析] 电子商务必然对企业经营管理产生深远的影响,包括企业的组织结构、管理模式、生产经营、竞争方式、人力资源管理、管理思想等领域。

[答案] ACE

第二节 电子商务的运作系统

本节考点概览

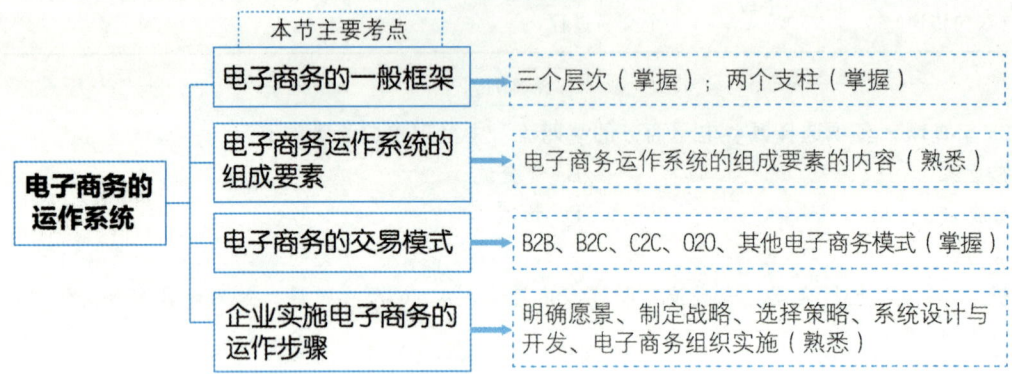

本节考点详解

考点1 电子商务的一般框架

电子商务系统框架结构是由三个层次和四个支柱组成的，具体如表10-2-1所示。

表10-2-1 电子商务的一般框架的组成

组成		具体内容
三个层次	网络层	指基础设施，即"信息高速公路"，包括远程通信网、有线电视网、无线通信网、互联网
	信息发布与传输层	解决如何在网上传输各种信息的问题
	一般业务服务层	为了交易而提供的通用业务服务，是所有的企业、个人从事贸易活动都会用到的服务，如电子支付、客户服务、电子认证（CA认证）、商业信息安全传递等
两个支柱	公共政策和法律规范	公共政策是指政府制定的促进电子商务发展的宏观政策。法律维系着商务活动的正常运作，对市场的稳定发展起到了制约和规范作用
	技术标准和网络协议	技术标准定义了用户接口、传输协议、信息发布标准等技术细节。它是信息发布、传输的基础，是网络信息一致性的保证。网络协议是指计算机网络中互相通信的对等实体之间交换信息时所必须遵守的规则

经典例题

[2017年真题·多项选择题] 实现电子商务的最基层网络硬件基础设施包括（　　）。

A. 远程通信网
B. 有线电视网
C. 无线通信网
D. 电网
E. 互联网

[解析] 电子商务的最基层网络硬件基础设施即电子商务系统中网络层的基础设施,包括远程通信网、有线电视网、无线通信网、互联网。

[解题思路] 本题为送分题,根据生活常识分析选项也可做题,五个选项中,A、B、C、E四项的内容均与互联网有关,而D项的电网是供电用的,与互联网无关。 [答案] ABCE

[2016年真题·单项选择题] 实现电子商务的基础设施层是（　　）。

A. 网络层　　　　　　　　　B. 信息传输层
C. 业务服务层　　　　　　　D. 数据库层

[解析] 电子商务系统中的基础设施层即网络层,A项正确。 [答案] A

考点2 电子商务运作系统的组成要素

（1）消费者。消费者构成了商务活动的核心要素。

（2）企业。企业是电子商务中的重要主体,它既是产品和服务的提供者,又是信息的提供者,是推动电子商务发展的根本力量。

（3）网络支付体系。在电子商务中起着不可替代的货币流通中介作用。

（4）物流配送体系。若没有高效的物流配送体系支撑,难以维系交易顺利进行。

（5）认证中心。电子商务是一种在虚拟互联网空间进行的商务模式,为了保证相关主体身份的真实性和交易的安全性,这就需要一个具有权威性和公正性的第三方信任机构,即认证中心(CA),专门提供网络身份认证服务,即电子认证,负责签发和管理数字证书,鉴别交易伙伴,确保合同、契约、单据的可靠性。

（6）其他要素。在一个完整的电子商务系统中,还需要市场监管、税务和海关等部门的协作,来完成相应的功能。

经典例题

[2023年真题·单项选择题] 下列电子商务运作系统的组成要素中,（　　）是推动电子商务发展的根本力量。

A. 消费者　　　　　　　　　B. 企业
C. CA认证中心　　　　　　　D. 银行

[解析] 在电子商务运作系统的组成要素中,推动电子商务发展的根本力量是企业,B项正确。 [答案] B

考点3 电子商务的交易模式

一、B2B

B2B电子商务是企业与企业之间的电子商务,即以企业为主体,企业与企业之间通过互联网进行产品、服务及信息交换的电子商务活动,针对企业内部以及企业与上下游协作厂商之间的信息整合,并在互联网上进行企业与企业间的交易。按市场战略的不同,B2B电子商务模式分为卖方控制型市场战略、买方控制型市场战略和中介控制型市场战略。

二、B2C

B2C电子商务是企业与消费者之间的电子商务,由网上商店、物流系统和电子支付系统三个基本部分组成,按交易商品的范围可分为以下两种类型:

（1）综合型B2C。中间商或零售商通过电子商务平台向消费者提供多种类型的商品。

（2）垂直型B2C。其专注于某一特定的细分市场而不是综合的商品。

三、C2C

C2C 电子商务是指消费者与消费者之间的电子商务。

四、O2O

O2O 电子商务是指线上与线下协调集成的电子商务，是 B2C 的一种特殊形式。O2O 把互联网与线下实体店完美对接，实现互联网落地，让消费者在体验线上交易优点的同时，又可享受线下贴心的服务。O2O 电子商务具体有两种模式：

(1) 自建官方商城＋连锁店铺的形式。

(2) 借助第三方平台。

五、其他电子商务模式

(一)"新零售"

"新零售"是指企业以互联网为依托，通过运用大数据、人工智能等先进技术手段，对商品的生产、流通与销售过程进行升级改造，进而重塑业态结构与生态圈，并对线上服务、线下体验以及现代物流进行深度融合的零售新模式。

"新零售"具有以下主要特点：

(1) 全渠道。

(2) 数智化。

(3) 低库存。

(二)社交电商

社交电商（社会化电子商务的简称）是指利用社交媒体平台进行商品销售和推广的电子商务模式。在社交电商中，商家可以通过社交媒体平台发布商品信息、与消费者进行互动，甚至直接销售商品。

(三)直播电商

直播电商是指通过网络直播平台进行商品销售和推广的电子商务模式。直播电商的特点是实时性和互动性强，能够为用户提供更直观、真实的购物体验。

经典例题

[2023 年真题·单项选择题] 张先生工作之余通过网约车平台提供网约车服务，这种商务活动模式属于（　　）电子商务。

A. B2C　　　　　　　　　　B. C2C
C. B2G　　　　　　　　　　D. B2B

[解析] C2C 是指消费者与消费者之间的电子商务。C2C 为买卖双方提供一个在线交易平台，使卖方可以主动提供商品上网拍卖，而买方可以自行选择商品进行竞价，张先生工作之余通过网约车平台提供网约车服务属于 C2C 电子商务。　　　　　　　　　　　　　　　　　　　　　　　　　[答案] B

● 考点 4　企业实施电子商务的运作步骤

(1) 明确愿景。电子商务愿景是指企业开展电子商务的长期愿望及未来状况，是电子商务发展的蓝图，体现企业发展电子商务的永恒追求。

(2) 制定战略。企业电子商务战略是关于企业电子商务作为整体该如何运行的根本指导思想，它是对处于动态变化的内外部环境之中的企业电子商务当前及未来将如何行动的一种总体表述。

（3）选择策略。一般而言，包括：运营模式确定；渠道建设；营销策略。其中，营销策略包括产品策略、价格策略、促销策略等。

（4）系统设计与开发。

①功能设计。依据电子商务系统功能层次图，分析企业电子商务的所有功能和子功能，对企业电子商务的各项活动进行整体设计。

②流程设计。它包括以供应商为核心的流程设计、以客户为核心的流程设计、内部流程设计。

③网站设计。它可分为三个方面：整体设计，包括提出系统架构的建议、选择技术组合、决定项目建设方式（外包还是自建）等；网站功能与结构设计，包括绘制网站结构功能图，进行网站的主要信息内容与导航的策划；网站艺术设计，具体而言就是确定网站结构、栏目设置、网站风格、颜色搭配、版面布局以及文字图片的应用等。

④数据库设计。它主要包括程序设计和结构设计，针对模块、代码对象等进行设计。

⑤网页开发。

（5）电子商务组织实施。

前四步的问题解决后，企业就开始实施电子商务活动，具体包括电子商务网站推广、试运行、评估反馈、完善、全面实施等。

> **经典例题**
>
> [2023年真题·单项选择题] 企业实施电子商务的首要步骤是（　　）。
> A. 系统设计　　　　　　　　B. 选择策略
> C. 明确愿景　　　　　　　　D. 确定业务模式
> [解析] 企业实施电子商务的运作步骤：明确愿景、制定战略、选择策略、系统设计与开发、电子商务组织实施。
> [答案] C
>
> [2023年真题·多项选择题] 某公司正在组织力量开发设计其电子商务系统，则要进行的主要任务有（　　）。
> A. 网站设计　　　　　　　　B. 公司治理结构设计
> C. 数据库设计　　　　　　　D. 流程设计
> E. 功能设计
> [解析] 系统设计与开发包括功能设计、流程设计、网站设计、数据库设计和网页开发。
> [答案] ACDE

第三节　电子支付

📚 **本节考点概览**

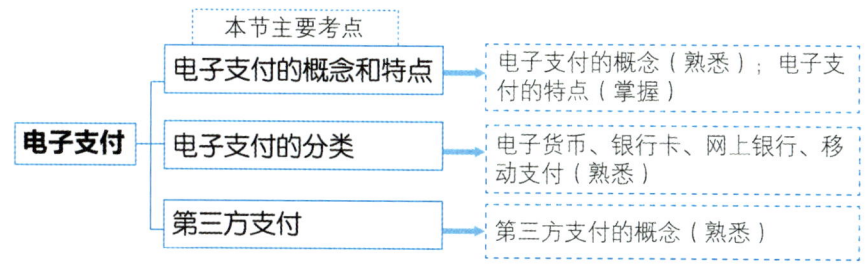

本节考点详解

考点1 电子支付的概念和特点

一、电子支付的概念

电子支付是指单位、个人直接或授权他人通过电子终端发出支付指令,实现货币支付与资金转移的行为。

二、电子支付的特点

与传统的支付方式相比,电子支付具有的特点如表10-3-1所示。

表10-3-1 电子支付与传统支付的比较

项目	电子支付	传统支付
支付方式	数字流转、数字化方式	现金的流转、票据的转让、银行的汇兑
工作环境	开放的系统平台(互联网)	在较为封闭的系统中运作
通信手段	使用最先进的通信手段,对软、硬件设施要求很高	传统的通信媒介,对软、硬件要求不高
优势	方便、快捷、高效、经济	—

> **经典例题**
>
> [2016年真题·多项选择题] 与传统支付方式相比,电子支付的优势主要包括( )。
> A. 无风险　　　　　　　　B. 方便
> C. 快捷　　　　　　　　　D. 高效
> E. 经济
> [解析] 与传统的支付方式相比,电子支付具有方便、快捷、高效、经济的优势,B、C、D、E四项正确。
> [答案] BCDE

考点2 电子支付的分类

一、电子支付的类型

电子支付的类型具体如表10-3-2所示。

表10-3-2 电子支付的类型

划分标准	具体类型
电子支付指令发起方式	网上支付、电话支付、移动支付、销售点终端交易、自动柜员机交易、其他电子支付
电子支付具体的工具方式	(1)电子货币类:电子现金、电子钱包 (2)银行卡类:信用卡、借记卡 (3)电子支票类:电子汇款、电子划款

二、常见的电子支付方式

(一)电子货币

1. 电子货币的概念

电子货币是指以金融电子化网络为基础,以电子计算机技术和通信技术为手段,以电子数据(二进制数据)形式存储在银行的计算机系统中,并通过计算机网络系统以电子信息传递形式实现流通和支付功能的货币。

2. 电子货币的主要功能

(1)转账结算功能,如直接消费结算,代替现金转账。

(2) 储蓄功能，如使用电子货币存款和取款。
(3) 兑现功能，如异地使用货币时，进行货币汇兑。
(4) 消费贷款功能，如先向银行贷款，提前使用货币。

(二) 银行卡

银行卡是商业银行等金融机构及邮政机构向社会发行的，具有消费信用、转账结算、存取现金等全部或部分功能的信用支付工具，包括信用卡和借记卡两种。

(三) 网上银行

1. 网上银行的概念

网上银行，又称网络银行、在线银行，是指银行利用互联网技术，通过互联网向用户提供开户、查询、对账、行内转账、跨行转账、信贷、网上证券、投资理财等传统服务项目，使客户可以足不出户就能够安全便捷地管理活期和定期存款、支票、信用卡及个人投资等。

2. 网上银行的主要优势

(1) 全面实现无纸化交易。
(2) 服务方便、快捷、高效、可靠。
(3) 经营成本低廉。
(4) 简单易用。

(四) 移动支付

1. 移动支付的概念

移动支付是指用户使用其移动终端对所消费的商品或服务进行资金支付的一种支付方式。移动支付所使用的移动终端包括智能手机、平板电脑等。

2. 移动支付的特点

移动支付的特点包括移动性、及时性、定制化、集成性。

经典例题

[2017年真题·单项选择题] 下列电子支付工具中，属于电子货币的是（　　）。
A. 电子现金　　　　　　B. 电子支票
C. 借记卡　　　　　　　D. 电子汇款
[解析] 电子支付按照电子支付的具体工具方式可分为电子货币类、电子信用卡类和电子支票类。其中，电子货币类包括电子现金、电子钱包等，A项正确。B、D两项，电子支票、电子汇款属于电子支票类。C项，借记卡属于电子信用卡类。
[答案] A

[例题·多项选择题] 电子货币的主要功能包括（　　）。
A. 转账结算功能　　　　B. 兑现功能
C. 定制化功能　　　　　D. 消费贷款功能
E. 储蓄功能
[解析] 电子货币的主要功能包括转账结算功能、储蓄功能、兑现功能、消费贷款功能。
[答案] ABDE

● 考点3　第三方支付

第三方支付是指具备一定实力和信誉保障的独立机构，通过与银联或网联对接而促成交易双方进行交易的网络支付模式。

【提示】支付宝是第三方支付平台的典型代表，先由买家将款项支付给支付宝，由支付宝代为保管，等买家确定收到物品后，支付宝再将款项转给卖家，就此解决了先付款还是先发货的矛盾。

> **经典例题**
>
> [2015年真题·单项选择题] 能够解决先付款还是先发货矛盾的电子支付方式是（　　）。
> A. 第一方支付　　　　　　　　B. 第三方支付
> C. CA 认证支付　　　　　　　D. 自动柜员机支付
>
> [解析] 第三方支付解决了先付款还是先发货的矛盾，B 项正确。　　　　　　[答案] B

第四节　网络营销

本节考点概览

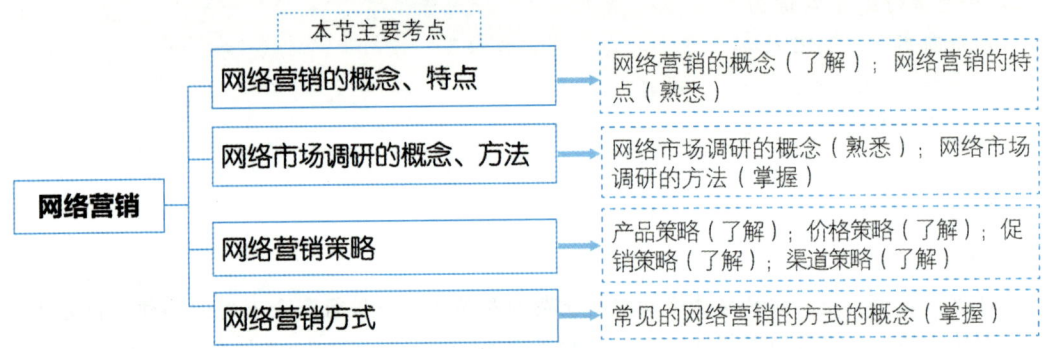

本节考点详解

考点1　网络营销的概念、特点

一、网络营销的概念

网络营销是指基于互联网、移动互联网平台，利用信息技术与软件工具，满足商家与客户之间交易产品、提供服务的过程，通过在线活动创造、宣传和传递客户价值，并对客户关系进行管理，以达到一定营销目的的新型营销活动。

二、网络营销的特点

（1）**跨时域性**。由于互联网能够超越时间约束和空间限制进行信息交流，使营销脱离时空限制进行交易变成可能，企业可每周7天，每天24小时随时随地提供全球性营销服务。

（2）**交互式**。互联网通过展示商品图像、提供商品信息查询，来实现供需互动与双向沟通。

（3）**个性化**。互联网上的促销是一对一的、理性的、消费者主导的、非强迫性的、循序渐进式的，而且是一种低成本与个性化的促销。

（4）**经济性**。通过互联网进行信息交换，可减少印刷费与邮递成本，实现无店铺销售，免交租金，节约水电与人工成本，还可以减少由于反复多次交换带来的时间等多种损耗。

（5）**多维性**。网络营销是多维的，能将文字、图像和声音有机地组合在一起，传递多感官的信息。

（6）**超前性**。互联网是一种功能强大的营销工具，它所具备的一对一的营销能力，符合定制营销与直复营销的未来发展趋势。

（7）**整合性**。网络营销将商品信息与收款、售后服务做了很好的集成，因此也是一种全程的营销渠道。同时，企业可以借助互联网将不同的传播营销活动进行统一设计规划和协调实施。

274

(8) **高效性**。互联网传送的信息数量与精确度远超其他媒体,企业通过及时更新产品或调整价格,能够达到及时有效了解并满足顾客的需求的目的。

(9) **技术性**。网络营销是建立在以高速发展的IT技术为支撑的互联网基础上的,企业实施网络营销必须有一定的技术投入和技术支持。

【考点小贴士】关于网络营销的9个特点,重在理解,历年出题难度一般,所以只要能够理解9个特点的字面意思,能够找到对应的同义词,即可做对题目。

经典例题

[2022年真题·单项选择题] 企业可通过互联网展示商品图像、提供商品信息查询,实现供需互动与双向沟通,还可以进行产品测试与消费者满意调查等活动,属于网络营销（　　）特点。

A. 多维性　　　　　　　　　　B. 跨时域性
C. 交互性　　　　　　　　　　D. 经济性

[解析] 交互性是指通过互联网展示商品图像、提供商品信息查询,来实现供需互动与双向沟通。它还可以进行产品测试、消费者满意度调查等活动。互联网为产品联合设计、商品信息发布以及各项技术服务提供最佳工具。

[答案] C

考点2　网络市场调研的概念、方法

网络市场调研是指在互联网上针对特定营销环境进行简单调查设计、收集资料和初步分析的活动,以及利用各种搜索引擎寻找竞争环境信息、客户信息、供求信息的行为。网络市场调研有两种方法,具体如表10-4-1所示。

表10-4-1　网络市场调研的方法

类型	具体方法
直接调研	(1) 网上观察法：利用相关软件和人员记录用户浏览企业网页时所点击的内容 (2) 专题讨论法：通过新闻组（Usenet）、电子公告牌（BBS）或邮件列表讨论组进行 (3) 在线问卷法：请求浏览其网站的用户参与企业的各种调查,可委托专业公司进行 (4) 网上实验法：可以通过在网络上投放广告进行实验,在网页或者新闻组上发布,也可以利用电子邮件传递广告
间接调研	利用搜索引擎查找资料、访问相关网站收集资料、利用网上数据库查找资料

考点3　网络营销策略

一、产品策略

适合网上销售的产品的特点包括产品标准化、具有重构性、具有时尚性、具有廉价性。

二、价格策略

网络营销中产品和服务的定价要考虑的因素包括国际化、趋低化、弹性化、价格解释体系。

三、促销策略

网络促销是指利用现代化的网络技术向虚拟市场发布有关产品和服务的信息,以激发消费者的需求欲望,刺激消费者购买产品和服务,扩大产品销售而进行的一系列宣传介绍、广告、信息刺激等活动。其工具包括导购、有奖促销、赠品促销、积分促销、虚拟货币促销、折扣促销、免费资源和服务促销等。

四、渠道策略

企业进行网络营销时一个重要的方式是渠道的选择,主要有以下几种：

（1）会员网络。在企业建立虚拟组织的基础上形成的网络团体，通过会员制，促进顾客相互间的联系和交流，以及顾客与企业的联系和交流，培养顾客对企业的忠诚，并把顾客融入企业的整个营销过程中，使会员网络的每一个成员的都能互惠互利，共同发展。

（2）分销网络。如果企业提供的是信息产品，则可直接在网上进行销售，需要较少的分销商，甚至不需要分销商；如果企业提供的是有形产品，企业则需要分销商。

（3）快递网络。对于提供有形产品的企业，要把产品送到顾客手中，就需要快递公司的送货网络来实现。

（4）服务网络。它分为网上产品服务营销和客户服务营销两种。

（5）生产网络。为了实现及时供货，以及降低生产、运输等成本，企业要在一些目标市场建立生产中心或配送中心，形成企业的生产网络，并同供应商的供货网络及快递公司的送货网络相结合。

● 考点4 网络营销方式

常见的网络营销的主要形式包括以下几种。

（1）搜索引擎营销。**基于搜索引擎平台的网络营销**，其方法包括竞价排名、分类目录登陆、搜索引擎登录、付费搜索引擎广告、关键词广告、搜索引擎优化（搜索引擎自然排名）、地址栏搜索、网站链接策略等。

（2）博客营销。通过**博客网站**或**博客论坛**接触博客作者和浏览者，利用博客作者个人的知识、兴趣和生活体验等传播商品信息的营销活动，其本质是通过原创专业化内容进行知识分享、争夺话语权，建立起个人品牌，树立"意见领袖"的身份，进而影响读者和消费者的思维和购买行为。

（3）**网络社群营销**。网络社群营销是指通过互联网将有共同兴趣爱好的人聚集在一个虚拟社交空间，通过发布有价值的内容、与客户互动、建立品牌形象等方式，将产品或服务推广给客户的一种营销方式。网络社区通常包括电子公告牌（BBS）、电子邮件、聊天室、讨论组。

（4）**微信营销**。微信营销是指利用微信平台开展营销活动的一种方式。微信平台拥有大量的用户，这使得企业可以通过微信将营销信息传递给大量客户。利用微信平台上的"朋友圈""收藏""公众号"，快速将产品推广到市场，吸引客户购买。

（5）病毒式营销。它利用的是**用户口碑传播**的原理，在互联网上，这种"口碑传播"更加厉害，可以像病毒一样迅速蔓延；**这种传播是用户之间自发进行的**，因此几乎是不需要费用的网络营销手段。常用于进行**网站推广**、**品牌推广**等。

（6）网络事件营销。企业、组织主要以网络为传播平台，通过精心策划、实施可以让公众直接参与并享受乐趣的事件，并通过这样的事件达到吸引或转移公众注意力，改善、增进与公众的关系，塑造企业、组织良好的形象，以谋求企业的更大效益的营销传播活动。

（7）网络口碑营销。在互联网上，通过消费者或企业销售人员**以文字、图片、视频等口碑信息**与目标客户之间进行互动沟通，两者对企业的品牌、产品、服务等相关信息进行讨论，从而加深目标客户的印象，最终达到网络营销的目的。

（8）网络视频营销。企业将各种**视频短片**以各种形式放到互联网上，达到宣传企业品牌、产品以及服务信息目的的营销手段。

（9）网络图片营销。企业把设计好的**有创意的图片**，在各大论坛、空间、博客和即时聊天等工具上进行传播或通过搜索引擎自动抓取，最终达到传播企业品牌、产品、服务等信息。

（10）网络软文营销。又称网络新闻营销，**通过网络上门户网站、地方或行业网站等平台传播一些具有阐述性、新闻性和宣传性的文章，包括一些新闻通稿、深度报道、案例分析等**，把企业、品牌、人物、产品、服务、活动项目等相关信息以新闻报道的方式，及时、全面、有效、经济地向社会公众广泛传播的新型营销方式。

（11）电商直播营销。电商直播营销是一种主播基于网络平台和直播技术，推介商品并与消费者互动来促销的营销方式。商家通过主播的流量和口碑实现商品的规模化销售。消费者在主播的引导下进行购物，这种方式在本质上除了具有质量保障、折扣优势，还是一种精神消费活动。

🔊【考点小贴士】本考点常以单项选择题出现。考试中，主要考查其中某一种网络营销形式的概念，建议大家多熟悉这11种方法，不用死记硬背，可通过该方式的名称和日常生活中的见闻来记忆。

经典例题

[2023年真题·单项选择题] 某公司以新闻报道的方式在门户网站传播公司品牌，这种网络营销方式属于（　　）。

A. 博客营销　　　　　　　　　B. 网络口碑营销

C. 病毒式营销　　　　　　　　D. 网络软文营销

[解析] 网络软文营销，又叫网络新闻营销，通过网络上门户网站、地方或行业网站等平台传播一些具有阐述性、新闻性和宣传性的文章，包括一些网络新闻通稿、深度报道、案例分析等，把企业、品牌、人物、产品、服务、活动项目等相关信息以新闻报道的方式，及时、全面、有效、经济地向社会公众广泛传播的新型营销方式。　　　　　　　　　　　　　　　[答案] D

本章易错易混考点

【易错易混考点】网络市场调研方法

网络市场调研根据获取信息渠道的不同，可以分为直接调研和间接调研，两种调查方式的区别如表Ⅰ所示。

表Ⅰ　直接调研和间接调研的区别

调研方式	信息获取渠道	主要形式
直接调研	用户方	网上观察法、专题讨论法、在线问卷法、网上实验法
间接调研	第三方	利用搜索引擎查找资料，访问相关网站收集资料，利用网上数据库查找资料

[2019年真题·单项选择题] 下列市场调研方法中，属于网络市场间接调研方法的是（　　）。

A. 网上实验法　　　　　　　　B. 在线问卷法

C. 网上观察法　　　　　　　　D. 搜索引擎法

[解析] 网络直接调研的方法包括网上观察法、专题讨论法、在线问卷法、网上实验法，A、B、C三项都是直接调研方法，D项，搜索引擎法是间接调研方法。　　　　　　　　　　　[答案] D

历年经典真题回顾

一、单项选择题（每题1分，每题备选项中，只有1个符合题意）

1. 某企业通过官方门户网站的新闻报道，把企业、品牌、产品、服务等相关信息及时、全面地向社会公众广泛传播宣传，该企业所采用的网络营销方式是（　　）。[2020年真题]

   A. 网络知识性营销　　　　　　B. 网络直复营销

   C. 网络软文营销　　　　　　　D. 博客营销

   [解析] 本题考查网络营销方式。网络软文营销又称网络新闻营销，通过网站的新闻报道，把企业、品牌、产品、服务等相关信息及时、全面地向社会公众广泛传播宣传。　　　　　　　　　[答案] C

2. 电子商务产生的现实需求背景是（　　）。[2019年真题]

    A. 分工精细化　　　　　　B. 经济全球化

    C. 部门专业化　　　　　　D. 生态一体化

[解析] 本题考查电子商务产生的背景及概念。经济全球化提出了电子商务的现实需求背景。

[答案] B

3. 电子商务的"四流"中具有双向传递特点的是（　　）。[2018年真题]

    A. 信息流　　　　　　　　B. 资金流

    C. 商流　　　　　　　　　D. 物流

[解析] 本题考查电子商务中的商流、资金流、物流、信息流的关系。电子商务的"四流"中，只有信息流具有双向传递的特点。

[答案] A

4. 电子商务运作系统中，保证相关主体身份真实性和交易安全性的机构是（　　）。[2016年真题]

    A. 企业　　　　　　　　　B. 物流配送机构

    C. CA认证中心　　　　　　D. 银行

[解析] 本题考查电子商务运作系统的组成要素。电子商务运作系统的组成要素中，CA认证中心保证相关主体身份的真实性和交易的安全性。

[答案] C

二、多项选择题（每题2分。每题备选项中，有2个或2个以上符合题意，至少有1个错项。错选，本题不得分；少选，所选的每个选项得0.5分）

1. 电子商务系统设计与开发的工作任务主要包括（　　）。[2020年真题]

    A. 网页开发　　　　　　　B. 研发员工招聘设计

    C. 数据库设计　　　　　　D. 功能设计

    E. 网站设计

[解析] 本题考查电子商务系统设计与开发的任务。电子商务系统设计与开发的任务主要包括功能设计、流程设计、网站设计、数据库设计、网页开发。

[答案] ACDE

2. 与传统商务相比，电子商务的特点有（　　）。[2019年真题]

    A. 运作高效化　　　　　　B. 成本低廉化

    C. 交易虚拟化　　　　　　D. 支付现金化

    E. 交易透明化

[解析] 本题考查电子商务产生背景及概念。电子商务的特点包括市场全球化、跨时空限制、交易虚拟化、成本低廉化、交易透明化、操作方便化、服务个性化、运作高效化。

[答案] ABCE

本章同步练习

一、单项选择题（每题1分，每题备选项中，只有1个符合题意）

1. 下列活动，不属于电子商务的是（　　）。

    A. 网上广告宣传　　　　　B. 实体店铺购物

    C. 电子支付　　　　　　　D. 网络调研

2. 电子商务按照（　　）划分，可分为企业对企业的电子商务、企业对消费者的电子商务、消费者对消费者的电子商务、线上对线下的电子商务等。

    A. 交易的主体　　　　　　B. 交易的对象

    C. 地域范围　　　　　　　D. 运作方式

3. 电子商务的"四流"指的是（　　）。
   A. 商流、资金流、物流、信息流
   B. 商流、资金流、客户流、信息流
   C. 现金流、资金流、物流、数据流
   D. 商流、现金流、物流、数据流
4. 电子商务模式下出现的一种无明显边界的新型企业是（　　）。
   A. 集团企业   B. 联盟企业
   C. 合资企业   D. 虚拟企业
5. （　　）是商业银行等金融机构及邮政储蓄机构向社会发行的，具有消费信用、转账结算、存取现金等全部或部分功能的信用支付工具。
   A. 网上银行   B. 第三方支付
   C. 银行卡   D. 电子货币
6. 对于提供有形产品的企业，必须通过（　　）将产品及时送达到顾客手中。
   A. 会员网络   B. 服务网络
   C. 生产网络   D. 快递网络

二、多项选择题（每题2分。每题备选项中，有2个或2个以上符合题意，至少有1个错项。错选，本题不得分；少选，所选的每个选项得0.5分）

1. 促使电子商务产生的主要因素有（　　）。
   A. 经济全球化   B. 实体店升级
   C. 信息技术革命   D. 全球交通便利化
   E. 再工业化
2. 下列商品中，适合完全电子商务的有（　　）。
   A. 视频   B. 音乐
   C. 计算机软件   D. 汽车
   E. 信息咨询
3. 电子商务对生产经营的影响有（　　）。
   A. 降低交易成本
   B. 增加企业交易机会
   C. 延长企业的生产周期
   D. 增加企业库存
   E. 减少企业库存
4. 从结构层次的角度看，电子商务系统的框架结构包括（　　）。
   A. 物流层
   B. 客户关系层
   C. 网络层
   D. 信息发布与传输层
   E. 一般业务服务层

本章同步练习参考答案及解析

一、**单项选择题**

1. ［答案］B

［解析］本题考查电子商务的概念。电子商务是利用计算机技术和网络通信技术进行

的商务活动，可知实体店铺购物不属于电子商务的活动。
2. [答案] A
[解析] 本题考查电子商务的分类。电子商务按照交易的主体划分，可分为企业对企业的电子商务、企业对消费者的电子商务、消费者对消费者的电子商务、线上对线下的电子商务等类型。
3. [答案] A
[解析] 本题考查商流、资金流、物流、信息流的概念。电子商务的交易活动的达成必然需要有商流、资金流、物流、信息流。
4. [答案] D
[解析] 本题考查组织结构。在电子商务模式下，企业的经营活动打破了时间和空间的限制，把现有资源组合成为一种超越时空、利用电子手段传输信息的经营实体，出现了一种类似于无边界的新型企业——虚拟企业。
5. [答案] C
[解析] 本题考查电子支付的分类——银行卡。银行卡是商业银行等金融机构及邮政储蓄机构向社会发行的，具有消费信用、转账结算、存取现金等全部或部分功能的信用支付工具。银行卡包括信用卡和借记卡两种。网上银行是银行利用互联网技术向客户提供的传统服务项目，题目中没有提及网银，A项错误；第三方支付属于交易支付平台，不具有存取现金等功能，B项错误；电子货币不具备存取现金等功能，D项错误。

6. [答案] D
[解析] 本题考查渠道策略。对于提供有形产品的企业，要把产品及时送达顾客手中，就需要通过快递公司的送货网络来实现。

二、多项选择题

1. [答案] AC
[解析] 本题考查电子商务产生背景。电子商务的产生，是20世纪世界经济全球化与社会信息化两大趋势共同影响的结果。经济全球化与信息技术革命推动资本经济转变为信息经济和知识经济，正是两者的影响，催生了电子商务。
2. [答案] ABCE
[解析] 本题考查电子商务的分类。电子商务按照商业活动的运作方式分类，可分为完全电子商务和非完全电子商务。完全电子商务交易的对象主要包括无形货物和服务，如某些计算机软件、娱乐产品的联机订购、付款和交付，或者是全球规模的信息服务。A、B、C、E四项均属于无形货物，可以实现完全电子商务。
3. [答案] ABE
[解析] 本题考查生产经营。电子商务对生产经营的影响有：降低企业的交易成本、减少企业库存、缩短生产周期、增加企业交易机会。
4. [答案] CDE
[解析] 本题考查三个层次。电子商务的一般框架包括三个层次和四个支柱。三个层次包括网络层、信息发布与传输层、一般业务服务层。

第十一章　国际商务运营

本章考情分析

年份	单项选择题	多项选择题	案例分析题	合计
2023年	5题5分	3题6分	—	11分
2022年	5题5分	2题4分	—	9分
2021年	5题5分	2题4分	—	9分
2020年	6题6分	2题4分	—	10分

本章学习提示

本章共4节，主要介绍跨国公司的概念及组织形式、跨国公司的国外市场进入方式、国际直接投资的动机与理论、交易磋商及合同签订。本章是2020年新增加的一章，所占分值为10分左右，主要题型为单项选择题和多项选择题。从出题来看，整体难度不大，多考查基本概念及内容。

第一节　国际商务与跨国公司

本节考点概览

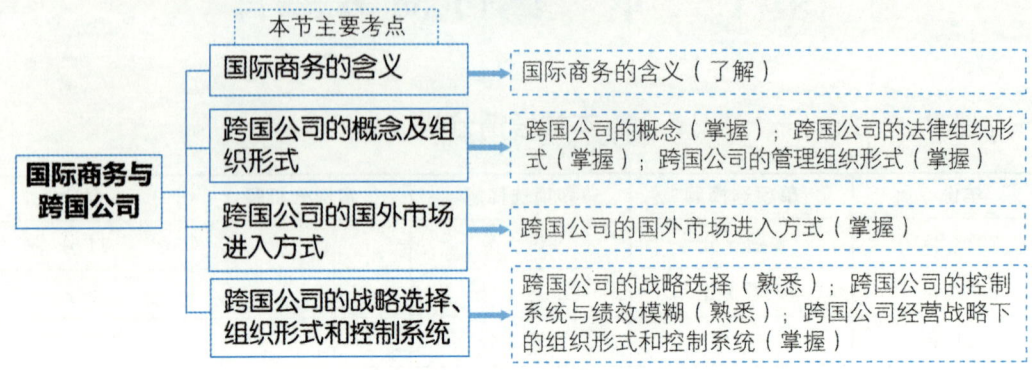

本节考点详解

考点1　国际商务的含义

一、国际商务的概念

国际商务是指为满足个人或组织的需求而进行的跨国界交易的商业性经济活动。

国际商务的本质是"跨国界"，最基本的国际商务活动是跨国界的经济交易活动（贸易、投资、生产过程中产生）。

二、国际商务的类型

概括来说，国际商务可以分为三大类：

（1）国际贸易，即货物与服务的进出口。

（2）国际直接投资，即以控制国（境）外企业的经营管理权为核心的经济活动。

（3）其他国际经济活动，主要包括特许经营、合作经营、合作开发、工程承包及劳务合作、国际信贷及融资等活动。

考点2　跨国公司的概念及组织形式

一、跨国公司的概念

跨国公司是指在两个或两个以上的国家从事经营活动，有统一的中央决策体系和全球战略目标，其遍布全球的各个实体分享资源和信息并分担相应责任的企业。

判定一家企业是否是跨国公司，通常有以下三种标准：

（1）结构标准。

（2）业绩标准。

（3）行为标准。

二、跨国公司的法律组织形式

跨国公司的法律组织形式如表11-1-1所示。

表 11-1-1　跨国公司的法律组织形式

具体形式	含义	优缺点
母公司（总公司）	指掌握其他公司的股份，从而实际上控制其他公司业务活动并使它们成为自己附属公司的公司	—
分公司	是总公司的一个分支机构或附属机构，在法律上和经济上没有独立性，不是法人	（1）优点：设立手续比较简单；可享受税收优惠；便于管理；在某些方面受东道国管制较少 （2）缺点：对母公司的不利影响——注册时须披露信息，不利于业务保密；母公司对分公司债务承担无限责任；退出时不能与其他公司合并，只能出售资产。对分公司的不利影响——受母公司严格限制，难以发挥创造性；在东道国被当作外国公司看待，开展业务有困难。对母国的不利影响——常会引起母国税收的减少
子公司	指按当地法律注册成立，由母公司控制但法律上是一个独立的法律实体的企业机构	（1）优点：有利于开展业务；融资比较便利；有利于进行创造性的经营管理；有利于收回投资；有利于进行国际避税，有利于母公司开展避税活动 （2）缺点：手续比较复杂；行政管理费用比较高；经营管理方面存在一定的困难
办事处	是母公司在海外设立企业的初级形式，是为进一步打开海外市场而设立的一个非法律实体的机构，它不构成企业	（1）优点：登记手续简单，不必向所在国缴纳所得税 （2）缺点：只能开展一些信息收集、联络客户、推销产品之类的活动，不能在东道国从事投资生产、接受信贷、谈判签约等业务

【考点小贴士】分公司是附属机构，不是法人。子公司是独立的法律实体的企业机构。办事处是一个非法律实体的机构，它不构成企业。

经典例题

[2023年真题·单项选择题] 从跨国公司的法律组织形式看，关于分公司的说法，错误的是（　　）。
A. 分公司没有自己独立的财产权
B. 分公司设立手续比较简单，便于管理
C. 分公司不能在东道国从事投资生产、接受信贷、谈判签约等业务
D. 分公司没有自己独立的公司名称和章程
[解析] C项错误，办事处只能开展一些信息收集、联络客户、推销产品之类的活动，不能在东道国从事投资生产、接受信贷、谈判签约等业务。　　　　　[答案] C

三、跨国公司的管理组织形式

跨国公司的管理组织形式如表11-1-2所示。

表 11-1-2　跨国公司的管理组织形式

分类	概述	优点	缺点
国际业务部	拥有全面的专营权，负责公司在母国以外的一切业务	（1）集中加强对国际业务的管理 （2）树立体现全球战略意图的国际市场意识，提高职员的国际业务水平	（1）不利于资源优化配置 （2）影响经营效率

续表

分类	概述	优点	缺点
全球产品结构	在全球范围设立各种产品部，每个产品部全权负责其产品的全球性计划、管理和控制	加强产品技术、生产和信息统一管理，最大限度地减少国内和国际业务的差别	(1) 不利于统一管理公司全局性的问题 (2) 削弱了地区性功能，并容易造成机构设置重叠，资源浪费
全球性地区结构	以地区为单位，设立地区分部从事经营，每个地区分部都对公司总裁负责	强化各地区分部的盈利中心和独立实体地位，有利于制定针对性强的产品营销策略，适应不同市场的需求，发挥各地区分部的积极性和创造性	(1) 容易形成区位主义观念，重视地区业绩而忽视公司的全球战略目标和总体利益 (2) 忽视产品多样化，难以跨地区开展新产品的研究与开发
全球职能结构	围绕公司的生产、销售、研发、财务等主要职能展开，设立职能部门，各个部门都负责该项职能的全球性业务，分管职能部门的副总裁向总裁负责	(1) 通过专业化的分工，明确职责，提高效率 (2) 易于实行严格的规章制度 (3) 有利于统一成本核算和利润考核	难以开展多种经营和实现产品多样化，并给地区间协作造成很大的困难
全球混合结构	公司将上述两种或两种以上的组织结构结合起来设置分部而形成的组织结构	有利于企业根据特殊需要和业务重点，选择或采用不同的组织结构，灵活性强	(1) 组织结构不规范，容易造成管理上的脱节和冲突 (2) 所设部门之间的业务差异大，不利于合作与协调
矩阵式组织结构	对公司业务实行交叉管理和控制，地区管理和产品管理同时存在	(1) 将各种因素综合起来，以增强公司的整体实力 (2) 增强各公司的应变能力	(1) 冲破传统的统一管理的原则，管理层之间容易发生冲突 (2) 组织结构比较复杂，各层次的关系利益不容易协调

【考点小贴士】可以结合6种具体形式的名称来辅助记忆其优缺点，考试中可能会涉及对某种管理组织形式的判断。

经典例题

[2020年真题·单项选择题] 跨国公司的法律组织形式中，不具有独立的法人地位，但可以在东道国开展业务的是（　　）。

A. 分公司　　　　　　　　B. 联络办事处
C. 母公司　　　　　　　　D. 子公司

[解析] 本题考点为国际商务运营中的跨国公司的法律组织形式。分公司是母公司的一个分支机构或附属机构，在法律上和经济上没有独立性，不是法人，在某些方面受东道国管制较少。

[答案] A

[例题·单项选择题] 某跨国公司围绕本公司的生产、销售、研发、财务等主要职能展开，设立职能部门，各个部门都负责该项职能的全球性业务，分管职能部门的副总裁向总裁负责，该公司的管理组织形式是（　　）。

A. 全球混合结构　　　　　B. 全球职能结构
C. 矩阵式组织结构　　　　D. 全球产品结构

[解析] 根据题目信息,该公司围绕公司的各个职能展开,设立职能部门,各个部门都负责该项职能的全球性业务,分管职能部门的副总裁向总裁负责,可知此是全球职能结构,B项正确。

[答案] B

考点3 跨国公司的国外市场进入方式

跨国公司的国外市场进入方式有六种,如表11-1-3所示。

表11-1-3 跨国公司的国外市场进入方式

项目		具体内容
出口	优点	(1) 避免在东道国进行制造和经营活动通常所需的巨额成本 (2) 帮助跨国公司实现经验曲线效应和区位经济
	缺点	(1) 某些情况下,生产成本较高。如果国外有成本更低的地方可以生产产品,那么从母国出口显然很不合算 (2) 运输费用较高,尤其是对大宗商品而言 (3) 关税壁垒带来的风险。东道国关税壁垒的威胁使出口这种形式极具风险 (4) 难以控制营销工作
交钥匙工程	优点	(1) 该模式在对外直接投资受到东道国政府的管制时尤为适用 (2) 交钥匙工程的风险通常比传统的对外直接投资低
	缺点	(1) 国外企业往往缺乏对交钥匙工程承包商长期合作的意向 (2) 与国外企业实施交钥匙工程可能会使跨国公司无形中树立一个竞争对手。如果跨国公司的生产技术是其竞争优势的来源之一,通过交钥匙工程出售技术就等于向潜在或现实的竞争对手出售竞争优势
技术授权	优点	(1) 许可方不必承担开发一个国外市场所需的开发费用和风险 (2) 当跨国公司不愿对一个不熟悉或政治环境动荡的国外市场投入巨大的财务资源时,技术授权也具有相当大的吸引力 (3) 当跨国公司希望进入一个国外市场,但存在投资壁垒,可以采用技术授权 (4) 当一家跨国公司拥有某些有商业应用价值的无形资产,而又不想开发这些应用价值时,采用技术授权可以获得经济收益
	缺点	(1) 跨国公司不能对制造、营销以及实现区位经济和经验曲线效应所必需的战略进行严密的控制 (2) 全球市场竞争可能要求参与竞争的公司在国家间进行战略协调,如利用在一个国家所赚取的利润支持其在另一个国家的竞争性行为。从本质上来看,技术授权不支持这样的行为 (3) 技术授权使跨国公司面临失去技术诀窍控制权的风险。技术诀窍构成许多跨国公司竞争优势的基础
特许经营	优点	(1) 跨国公司(特许方)可以规避许多开发国外市场所必须承担的成本和风险。这些成本和风险由被特许方承担,这激励被特许方尽快实施盈利性的经营活动 (2) 运用特许经营的战略,跨国公司(服务企业)可以以相对较低的成本和风险快速树立起全球形象
	缺点	(1) 可能会约束参与全球竞争的公司从一个国家获取利润支持在另一个国家的竞争性活动的能力 (2) 特许方对产品质量的控制能力较弱

续表

项目		具体内容
合资企业	优点	(1) 跨国公司可以通过从当地合资伙伴处获得有关东道国竞争状况、文化、语言、政治体制和经营体制等相关信息而受益 (2) 如果进入一个国外市场的开发成本或风险很高，跨国公司可以与当地的合作伙伴分摊这些成本或风险 (3) 在许多国家，出于政治上的考虑，合资企业往往是唯一可行的进入模式
	缺点	(1) 与技术授权一样，跨国公司具有失去技术诀窍控制权的风险，可以通过在合资企业中拥有多数股权，或者向合作伙伴隔离本公司重要的技术，使这种风险最小化 (2) 合资企业使跨国公司难以对国外的分支机构进行严密控制，进而难以实现区位经济和经验曲线效应 (3) 当合资企业各投资方目标或看法不同时，容易在控制权上产生矛盾和冲突
全资子公司	优点	(1) 当一家公司的竞争优势建立在技术能力的基础上时，全资子公司常常是最合适的国外市场进入模式，因为它可以降低对该技术能力失去控制的风险，许多高科技企业（如半导体、电子和医药行业企业）往往会选择该进入模式来进行海外扩张 (2) 全资子公司能使跨国公司对不同国家的经营进行严密地控制，有助于协调全球战略 (3) 有助于跨国公司实现区位经济和经验曲线效应 (4) 使跨国公司独享国外市场的收益
	缺点	(1) 从资本投资的角度看，设立全资子公司的成本很高 (2) 跨国公司（母公司）必须承担全资子公司海外经营的全部成本和风险

● 考点4 跨国公司的战略选择、组织形式和控制系统

一、跨国公司的战略选择

在降低成本压力与地区调适压力两个条件的约束下，跨国公司在国际竞争环境中通常可以采用四种基本的经营战略：全球标准化战略、跨国战略、国际战略和本土化战略。各种战略的适用性取决于降低成本和地区调适压力的大小。

二、跨国公司的控制系统与绩效模糊

跨国公司使用的控制系统主要有四种：个人控制、行政组织控制、产出控制和文化控制。大多数跨国公司同时使用这四种控制，但侧重点随公司的战略不同而不同。

理解国际战略、控制系统和奖励机制之间关系的关键是明白绩效模糊这一概念。当导致子单位业绩不尽如人意的原因模糊不清时，就存在绩效模糊问题。当分部业绩一定程度上取决于其他分部的成果时，即公司的分部间相互依赖程度很高时，跨国公司的绩效模糊问题就很普遍。

三、跨国公司经营战略下的组织形式和控制系统

（一）全球标准化战略

采取全球标准化战略的跨国公司强调的是提高盈利能力，通过规模经济、学习效应和区位经济实现成本的降低，即低成本战略。采取全球标准化战略的跨国公司，其生产、营销和研发活动都集中于若干个有利的区位。采用全球标准化战略的跨国公司往往利用其成本优势在世界市场上使用进攻性的定价策略。当成本降低的压力强烈而地区调适的压力很低时，使用全球标准化战略能达到最好的效果。

（二）本土化战略

本土化战略强调的是通过改变产品或服务来增加利润，所以采取本土化战略的跨国公司在不

同国家的市场上提供与消费者兴趣与偏好相适应的产品。本土化战略虽然可能给企业带来竞争优势，但如果跨国公司面临强大的竞争对手，就不得不降低其成本，转向下文所述的跨国战略。

（三）跨国战略

跨国战略是指在全球竞争激烈的情况下，既考虑降低成本形成以经验为基础的成本效益和区位效益，又注意东道国市场的需要，注重产品的差异化和本土化的经营战略。当跨国公司面临的降低成本的压力和地区调适压力都较高时，跨国战略最为有效。采取跨国战略是为了同时取得低成本优势、产品差异化优势和技术的扩大效应。

（四）国际战略

实施国际战略的跨国公司往往先为国内市场生产产品，再根据其他地区的情况稍作改变，将产品销往世界各地。适合采用国际战略的跨国公司，其产品通常能够满足普遍需要，面临的成本压力和地区调适压力都很低。实施国际战略往往遵循类似的向外国市场扩张的发展模式。

经典例题

[2023年真题·单项选择题] 跨国公司的经营战略中，有利于跨国公司同时取得低成本优势、产品差异化优势和技术扩大效应的战略是（　　）。
A. 全球标准化战略
B. 跨国战略
C. 本土化战略
D. 国际战略

[解析] 采取跨国战略是为了同时取得低成本优势、产品差异化优势和技术的扩大效应；通过区位经济、规模经济和学习效应获得低成本；通过在区域市场满足不同需求实现产品差异化；通过公司在全球运营网络的子公司间实行技术流动促进技术的扩大效应。　　　　　　　　　　[答案] B

第二节　国际直接投资业务

本节考点概览

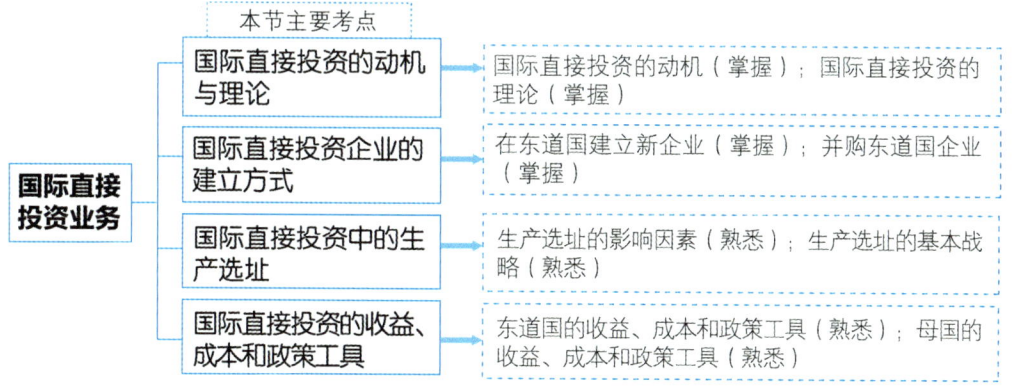

本节考点详解

考点1 国际直接投资的动机与理论

一、国际直接投资的动机

（一）市场导向型动机

市场导向型动机主要是以巩固、扩大和开辟市场为目的，分为以下四种情况：

（1）为突破外国贸易保护主义的限制而到国外投资设厂。

（2）为了给客户提供更多的服务，巩固和扩大国外市场占有份额，而到当地投资生产或服务维修设施。

（3）为了更好地接近目标市场，满足当地客户的需要而进行对外直接投资。

（4）国内市场饱和或者遇到强有力的竞争对手，可转向进行对外直接投资。

（二）降低成本导向型动机

降低成本导向型动机主要有以下五种情况：

（1）出于获取自然资源和原材料方面的考虑。

（2）出于利用国外廉价劳动力等生产要素方面的考虑。

（3）出于规避汇率风险方面的考虑。

（4）出于利用各国关税税率的高低来降低生产成本方面的考虑。

（5）出于利用闲置设备、工业产权与专有技术等技术资源方面的考虑。

（三）技术与管理导向型动机

技术与管理导向型动机主要是获取和利用国外的先进技术、生产工艺、新产品设计和先进的管理理念和方法等。

（四）分散投资风险导向型动机

分散投资风险导向型动机主要是分散和减少企业所面临的各种风险。也就是说，"不要把所有鸡蛋放在一个篮子里"。

（五）优惠政策导向型动机

优惠政策导向型动机主要是利用东道国政府的优惠政策以及母国政府的鼓励政策。

经典例题

[例题·单项选择题] A 企业为了利用国外便宜的劳动力和土地等生产要素，在 B 国与当地公司合资建立一家企业。A 企业进行国际直接投资的动机属于（　　）。

A. 技术与管理导向型动机

B. 降低成本导向型动机

C. 市场导向型动机

D. 优惠政策导向型动机

[解析] 根据题目信息"为了利用国外便宜的劳动力和土地等生产要素"，可知目的是降低成本，此属于降低成本导向型动机。

[答案] B

二、国际直接投资的理论

(一) 产品生命周期理论

弗农将产品生命周期划分为三个阶段：

(1) 产品创新阶段。技术创新国家的企业利用其垄断的技术诀窍开发新产品，此阶段替代产品少、新产品的附加价值高，绝大部分产品供应国内市场，少部分产品通过出口的形式满足国际市场的需求。

(2) 产品成熟阶段。为了降低生产成本，企业开始对外直接投资并在国外建立子公司进行出口替代，对外直接投资的对象主要是与本国环境相似但生产成本低的其他发达国家和地区。

(3) 产品标准化阶段。此阶段新产品和技术均已标准化，技术的垄断优势已经消失，企业可以进行大规模的批量生产，生产成本的优势进一步凸显。此阶段企业会选择在生产成本较低的发展中国家进行直接投资，并从东道国进口该产品以满足国内市场的需求。此时，技术创新国家通常又开始研发新的产品并维持新产品生产技术的垄断优势。

(二) 边际产业扩张理论

小岛清认为，母国应从处于或即将处于比较劣势的边际产业开始，积极促进本国制造业中的中小企业积极开拓对外直接投资，这样就可以充分挖掘东道国因缺少资本、技术和管理经验而尚未发挥的潜在比较优势。

(三) 国际生产折衷理论

国际生产折衷理论，又称国际生产综合理论。邓宁认为，跨国公司进行对外直接投资是由所有权优势、内部化优势和区位优势这三个基本因素决定的。

所有权优势又称厂商优势，是指某企业拥有的其他企业所没有或无法获得的资产、技术、规模和市场等方面的优势。内部化优势是指跨国公司将其所拥有的资产加以内部化而带来的优势。区位优势是指跨国公司在投资环境方面具有的优势。

一般而言，如果企业仅拥有一定的所有权优势，则只能选择技术转让的形式参与国际经济活动；如果企业同时拥有所有权优势和内部化优势，则出口贸易是参与国际经济活动的一种较好形式；如果企业同时拥有所有权优势、内部化优势和区位优势，则发展对外直接投资是参与国际经济活动的较好形式。

经典例题

[2023年真题·多项选择题] 根据邓宁的国际生产折衷理论，企业适合采取对外直接投资的形式开展国际经济活动，则该企业应同时拥有的优势有（　　）。
A. 内部化优势
B. 所有权优势
C. 差异化优势
D. 区位优势
E. 比较优势

[解析] 根据邓宁的国际生产折衷理论，企业适合采取对外直接投资的形式开展国际经济活动，则该企业应同时拥有的优势有内部化优势、所有权优势、区位优势。　　[答案] ABD

考点2　国际直接投资企业的建立方式

一、在东道国建立新企业

以新建方式设立国际直接投资企业又称绿地投资，可以由外国投资者投入全部资本，在东道国设立一个拥有全部控制权的企业，也可以由外国投资者与东道国投资者共同出资，在东道国设立一个合资企业，但合资企业是在原来没有的基础上新建的企业。

（1）绿地投资的优点：

①创建新的企业不易受到东道国法律和政策上的限制，也不易受到当地舆论的抵制。

②在多数国家，创建海外企业比并购海外企业的手续简单。

③在东道国创建新的企业，尤其是合资企业，常会享受东道国的优惠政策。

④对新创立海外企业所需要的资金一般能做出准确的估价，后续工作流程简单。

（2）绿地投资的缺点：

①投资建设周期长。

②不利于迅速进入东道国以及其他国家市场。

③不利于迅速进行跨行业经营，迅速实现产品与服务多样化。

二、并购东道国企业

并购是收购和兼并的简称，有时也称购并，是指一个企业将另一个正在运营中的企业纳入自己的企业之中，或实现对其控制的行为。在并购活动中，出资并购的企业称为并购企业，被并购的企业称为目标企业。

跨国并购是指外国投资者通过一定的程序和渠道依法取得东道国某企业所有资产或足以行使经营活动的股份。

（1）跨国并购的优点：

①可以利用目标企业现有的生产设备、技术人员和熟练工人，获得对并购企业发展有用的技术、专利和商标等无形资产，同时还可以缩短项目的建设周期。

②可以利用目标企业原有的销售渠道，较快地进入本国以及他国市场，不必经过艰难的市场开拓阶段。

③通过跨行业的并购活动，可以迅速扩大经营范围和扩充经营场所，增加经营方式，促进产品的多样化和生产规模的扩大。

④可以减少市场上的竞争对手。

⑤并购后再次出售目标企业的股票或资产一般可以使并购企业获得更多利润。

（2）跨国并购的缺点：

①由于目标企业所在国的会计准则与财务制度往往与并购企业所在国存在差异，所以有时候难以准确评估目标企业真实的财务情况，导致并购目标企业的实际投资金额增加。

②东道国反托拉斯法的存在以及对外来资本股权和被并购企业行业的限制，是并购行为在法律和政策上的障碍。

③当对一国的并购数量和并购金额较大时，常会受到当地舆论的抵制。

④目标企业原有契约或传统关系的存在，会成为对其进行改造的障碍，如目标企业的人员安置问题。

考点3 国际直接投资中的生产选址

一、生产选址的影响因素

（1）国家因素。政治、经济、文化和相对要素成本在不同国家之间是不同的，这使得某些国家在特定产品的生产上具有比较优势。

（2）技术因素。影响生产选址的技术因素包括固定成本水平、最小效率规模及柔性制造技术。

（3）生产因素。影响生产选址的生产因素包括产品特点、生产工厂的选址和生产工厂的战略地位。

二、生产选址的基本战略

生产选址有两大基本战略：

（1）集中生产战略，即在某个最佳区位集中生产并服务全球市场的生产战略。

（2）分散生产战略，即在紧邻主要市场的不同国家或地区的多个区位进行生产的生产战略。

考点4 国际直接投资的收益、成本和政策工具

一、东道国的收益、成本和政策工具

（一）东道国的收益

（1）资源转移效应。

（2）就业效应。

（3）国际收支效应。

（4）对竞争和经济增长的影响。

（二）东道国的成本

（1）对东道国国内竞争的负面效应。

（2）对国际收支的负面效应。

（3）部分经济独立性的丧失。

（三）东道国的政策工具

鼓励外来直接投资的政策包括税收减免、低息贷款、资助或补贴。限制外来直接投资最常见的两种方式是所有权限制和运作限制。

二、母国的收益、成本和政策工具

（一）母国的收益

（1）母国的国际收支因国外子公司的收益回流得到改善。

（2）国际直接投资增加母国就业。当东道国子公司形成对母国的进口需求时，就会产生就业效应。

（3）母国的国外子公司可以将国外习得的技能转移回母国。这相当于逆向的资源转移效应。

（二）母国的成本

母国的国际收支可能在以下三个方面受到损害：

（1）在最初为国际直接投资提供资金而导致资本流出时，母国的国际收支会受到损害。

（2）如果国际直接投资的目的是为母国市场寻找一个低成本的生产地点，则国际收支的经常项目也会受到损害。

（3）在国际直接投资替代直接出口的情况下，国际收支的经常项目也会受到损害。

(三) 母国的政策工具

鼓励国际直接投资的政策包括保险、资金支持、税收优惠和政治压力。限制国际投资的政策包括限制企业资本转出的数量；操纵税收政策鼓励企业在本国投资；限制本国企业投资某些特定的国家等。

经典例题

[2023年真题·多项选择题] 国际直接投资可以为东道国带来的收益有（　　）。

A. 经济独立性效应　　　　　B. 国际收支效应
C. 经济增长效应　　　　　　D. 就业效应
E. 资源转移效应

[解析] 东道国的收益：①资源转移效应。国际直接投资可以提供东道国所缺乏的资本、技术和管理经验，有利于提高东道国的经济增长率。②就业效应。国际直接投资可以为东道国带来新的就业机会。就业效应可以是直接的，也可以是间接的。③国际收支效应。国际直接投资可以减少东道国部分商品和服务的进口，可以改善东道国国际收支的经常项目。④对竞争和经济增长的影响。

[答案] BCDE

第三节　国际贸易合同商订与国际贸易惯例

📦 本节考点概览

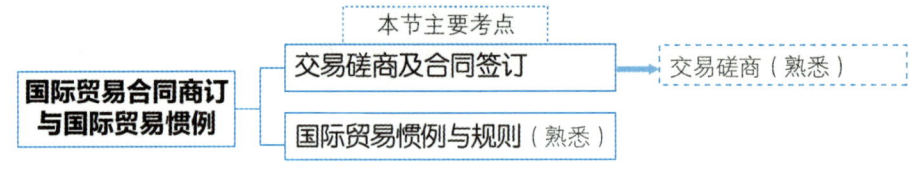

📦 本节考点详解

●考点1　交易磋商及合同签订

一、交易磋商

国际商务谈判的一般程序依次包括询盘、发盘、还盘和接受四个环节，其中发盘和接受是交易成立的基本环节，也是合同成立的必要条件。

（一）发盘

（1）发盘的含义。发盘又称报盘、报价，在法律上称"要约"，是买方或卖方向对方提出各种交易条件，并承诺愿意按照这些条件达成交易、订立合同的一种肯定的表示。发盘可由卖方提出，也可由买方提出。后者又称递盘。

（2）有效发盘的条件。构成一项有效的发盘必须同时具备以下三个条件：

①向一个或一个以上的特定人提出。发盘必须指定可以表示接受的受盘人。受盘人可以是一个，也可以指定多个。不指定受盘人的发盘，仅应视为发盘的邀请。

②表明订立合同的意思。发盘必须表明严肃的订约意思，即发盘应该表明发盘人在得到接受时，将按发盘条件承担与受盘人订立合同的法律责任。

③发盘的内容须十分确定。《联合国国际货物销售合同公约》（以下简称《公约》）的解释是在发盘中明确货物，规定数量和价格。在规定数量和价格时，可以明示，也可以暗示，还可以只

规定确定数量和价格的方法。

(3) 发盘的种类。按照发盘人是否受发盘的约束，发盘分为实盘和虚盘。构成有效实盘的基本条件：

①一方愿意与另一方达成交易的肯定表示。

②实盘的内容必须明确、完整和无保留。

③实盘必须送达受盘人。虚盘是指对发盘人和受盘人都无约束力的发盘，发盘人可随时撤回、撤销和修改内容，而受盘人对虚盘表示接受，需经发盘人的确认。

(4) 发盘的生效时间。《公约》规定，发盘必须在到达受盘人时才生效。以非对话方式作出的意思表示，到达相对人时生效。

(5) 发盘的撤回和撤销。发盘的撤回，是指发盘在发出后、生效前，发盘人采取行动，阻止它的生效。

发盘的撤销是指发盘生效后，发盘人以一定方式解除发盘对其效力的行为。《公约》第十六条规定：在未成立之前，发盘得予撤销，如果撤销通知于被发盘人发出接受通知之前送达被发盘人。但在下列情况下，发盘不得撤销：发盘写明接受发盘的期限或以其他方式表示发盘是不可撤销的；被发盘人有理由信赖该项发盘是不可撤销的，而且被发盘人已本着对该项发盘的信赖行事。

(6) 发盘的失效。符合以下任意一种情形，发盘为失效，发盘人不再受发盘的约束：

①受盘人还盘。

②发盘人依法撤销发盘。

③发盘中规定的有效期届满。

④不可抗力造成发盘的失效，如政府禁令或限制措施。

⑤在发盘被接受前，当事人丧失行为能力，死亡或法人破产等。

(二) 接受

(1) 接受的含义。接受在法律上称"承诺"，是买方或卖方无条件地同意对方在发盘中提出的各种交易条件，并愿意按照这些条件与对方达成交易、订立合同的一种肯定的表示。

(2) 有效接受的条件。同时满足以下条件，接受有效：

①接受必须由受盘人做出。由第三者做出的接受，不能视为有效的接受，只能作为一项新的发盘。

②接受内容应与发盘内容一致，不得做出实质性更改。

③接受应以合适的方式做出，但根据交易习惯或发盘表明可以通过行为做出接受的除外。接受应由受盘人采用声明或做出实际行动的方式表示，并且这种表示送达发盘人才能生效；沉默或没有做出实际行动本身不构成接受。

④接受必须在发盘规定的期限内做出。

⑤接受通知的传递方式应符合发盘的要求。

(3) 接受的生效时间规定如下：

①接受送达发盘人时生效。《公约》规定，如接受通知未在发盘规定的时限内送达发盘人，或者发盘没有规定时限，且在合理时间内未曾送达发盘人，则该项接受称作逾期接受。按照惯例，逾期接受不是有效的接受。

②接受可在受盘人采取某种行为时生效。

(4) 逾期接受。按照惯例，逾期接受无效，它只能视作一个新的发盘。

(5) 接受的撤回或修改。《公约》规定，如果撤回通知于接受原发盘的通知之前或同时送达发盘人，接受可以撤回。

> **经典例题**
>
> [2023年真题·多项选择题] 交易磋商中，有效发盘的条件有（　　）。
> A. 向一个或一个以上的特定人提出
> B. 表明订立合同的意思
> C. 发盘必须送达受盘人
> D. 发盘没有被撤回或撤销
> E. 发盘的内容必须十分确定
> [解析] 构成一项有效的发盘必须同时具备以下三个条件：①向一个或一个以上的特定人提出。②表明订立合同的意思。③发盘的内容须十分确定。在发盘中明确货物，规定数量和价格。
>
> [答案] ABE

二、国际贸易合同签订

国际贸易合同形式有书面合同、口头合同和其他形式合同等，其中书面合同的使用最为广泛。常用的书面合同有"合同""确认书""协议书""备忘录""意向书"等。我国对外贸易业务中，主要采用的书面合同是"合同"和"确认书"两种。

考点2 国际贸易惯例与规则

一、国际贸易术语（略）

二、《跟单信用证统一惯例》与信用证支付

（一）信用证的含义

信用证是指由银行（开证行）依照客户（申请人）的要求和指示或自己主动，在符合信用证条款下，凭规定单据向第三者（受益人）或其指定方进行付款，或承兑和（或）支付受益人开立的汇票，或授权另一银行进行该项付款，或承兑和支付汇票，或授权另一银行议付。信用证是一种银行开立的、有条件的、承诺付款的书面文件。

（二）信用证结算的当事人

（1）开证申请人：通常是进口商或实际买方。
（2）开证行：一般是进口商所在地的银行。
（3）通知行：一般是出口商所在地的银行。
（4）受益人：通常是出口商或者实际卖方。
（5）议付行：指愿意买入出口商的跟单汇票并垫付资金的银行。
（6）付款行：指信用证上指定的付款银行。

（三）信用证的特点

（1）信用证是一种<u>银行信用</u>。信用证结算方式是一种银行信用，开证行以自己的信用做付款保证，银行处于第一付款人的地位。

（2）信用证是一种<u>独立的文件</u>。信用证的开立以买卖合同为依据，但信用证一经开出，就成为独立于买卖合同的另一种契约，不受买卖合同的约束。

（3）信用证是一种<u>单据的买卖</u>。在信用证结算方式之下，实行的是凭单付款的原则。在信用证条件下，实行所谓"严格符合的原则"。"严格符合的原则"不仅要做到"单、证一致"，即受益人提交的单据在表面上与信用证规定的条款一致；还要做到"单、单一致"，即受益人提交的各种单据之间表面上一致。

第四节 国际商品进出口实务

本节考点概览

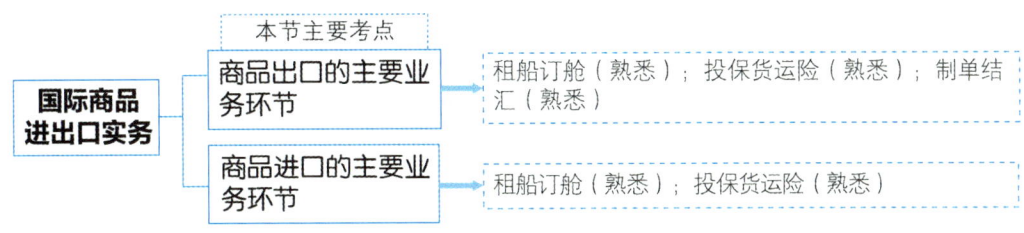

本节考点详解

考点1 商品出口的主要业务环节

一、催证、审证、改证

出口合同签订后,买方负责申请开立信用证,卖方负责备货。

(1) 催证。如果合同中有明确规定开证最迟日期,而对方还没有开出信用证,则买方要承担违约责任。卖方要电告买方,并催促其尽快开出信用证。

(2) 审证。信用证是依据合同开立的,信用证内容与合同条款应当一致。在实际业务中,通常是银行和卖方共同承担审证任务。其中,银行着重审核开证行的政治背景、资信能力、付款责任和索汇路线等方面的内容,卖方则着重核信用证内容与买卖合同是否一致。

(3) 改证。在审证过程中如发现信用证内容与合同规定不符,应及时提醒开证申请人修改,在同一信用证上如有多处需要修改的,应当一次提出。对通知行转来的修改通知书内容,如经审核不能接受时,应及时表示拒绝。

二、备货、包装、刷唛

(1) 备货。备货是卖方根据合同或信用证规定,向有关企业或部门采购和准备货物的过程。备货时要严格按照合同规定的质量和数量备货。

(2) 包装。出口货物要经过各个环节的长途运输,中途还要经过多次搬运和装卸,应该进行正确地包装。包装可分为运输包装(即外包装)和销售包装(即内包装)两种类型。前者的主要作用在于保护商品、防止出现货损货差、方便运输、减少运费、便于储存、节省仓租、便于记数等,运输包装要求既牢固又经济;后者除起保护商品的作用外,还要美化、宣传、介绍商品,发挥促销的功能,销售包装要求美观、吸引消费者。

(3) 刷唛。货物包装完毕后,要正确地刷制运输标志,俗称刷唛。正确刷制运输标志的重要性主要反映在如下四个方面:符合运输和有关国家海关的规定;保证货物被适当处置;掩盖包装内货物的性质;帮助收货人识别货物。

三、出口报检

商品检验简称商检,是指商品检验、检疫机构对卖方拟交或已交货物的品质、数量、重量、包装、卫生、安全、装运条件以及对涉及人员或动植物的传染病、病虫害、疫情等项目进行检验、检疫和监督管理的工作。

出境货物最迟应在出口报关或装运前7天报检,对于个别检验检疫周期较长的货物,应留有相应的检验检疫时间。法定检验检疫货物,原则上应坚持产地检验检疫。

> **经典例题**
>
> [2023年真题·单项选择题] 出境货物最迟应在出口报关或装运前（　　）报检。
> A. 14 天　　　　　　　　　　　　B. 3 天
> C. 7 天　　　　　　　　　　　　 D. 24 小时
> [解析] 出境货物最迟应在出口报关或装运前 7 天报检，对于个别检验检疫周期较长的货物，应留有相应的检验检疫时间。 [答案] C

四、申领出口收汇核销单

出口收汇核销单是由国家外汇管理部门制发、出口企业填写、传递，海关凭此受理报关、外汇管理部门凭以核销的有顺序编号的凭证。

五、租船订舱

（一）班轮运输

班轮运输又称定期船运输，是指船舶在特定航线上和固定港口之间，按事先公布的船期表进行有规律的、反复的航行，以从事货物运输业务并按事先公布的费率收取运费的一种运输方式。

特点为"四固定、一负责"，即：

(1) 四固定：固定航线、固定港口、固定船期和相对固定的费率。

(2) 一负责：承运人（船公司）负责配载装卸。

（二）租船运输

租船运输又称不定期船运输，是根据国际租船市场的行情和租船人的实际需要，船舶所有人出租整船或部分舱位给租船人使用，以完成特定的货物运输任务，租船人按约定的运价或租金支付运费的商业行为。

(1) 定程租船：又称航次租船，以航程为基础的租船方式。

(2) 定期租船：又称期租船，船舶出租人将船舶租给租船人使用一定期限，并在规定的期限内由租船人自行调度和经营管理。定程租船与定期租船的特点如表 11-4-1 所示。

表 11-4-1　定程租船与定期租船的特点

项目	定程租船	定期租船
船租双方的责任	船方负责经营管理、航行、驾驶、货物运输	租船人负责经营管理；船方负责船舶维修、机器正常运转
是否规定航线、装卸港口	规定	不规定
是否限定货物	限定货物名称、数量、种类	不限定
费用的计算	按货物数量计算或整船包干运费，计算滞期费和速遣费	租金按租期每月每吨若干金额计算，不计算滞期费和速遣费

六、投保货运险

我国海洋运输货物保险条款的险别包括两类：基本险（平安险、水渍险、一切险）；附加险（一般附加险、特殊附加险）。

基本险可单独投保，附加险不能单独投保。

(1) 平安险的责任范围：

①由恶劣气候、雷电、海啸、地震和洪水等自然灾害造成货物的全部损失或推定全损。

②运输工具遭受搁浅、触礁、沉没、互撞、与流冰或其他物体碰撞以及失火、爆炸等意外事故造成货物的全部或部分损失。

③在运输工具已经发生搁浅、触礁、沉没和焚毁等意外事故的情况下，货物在此前后又在海上遭受恶劣气候、雷电、海啸等自然灾害所造成的部分损失。

④在装卸或转运时由一件或数件货物落海造成的全部或部分损失。

⑤被保险人对遭受承保责任内危险的货物采取抢救、防止或减少货损的措施而支付的合理费用，但以不超过该批被救货物的保险金额为限。

⑥运输工具遭受海难后，在避难港由于卸货所引起的损失以及在中途港、避难港由于卸货、存仓以及运送货物所产生的特别费用。

⑦共同海损的牺牲、分摊和救助费用。

⑧运输合同订有"船舶互撞责任"条款，根据该条款的规定应由货方偿还船方的损失。

（2）水渍险的责任范围：平安险的责任范围＋由自然灾害造成的部分损失。

（3）一切险的责任范围：水渍险的责任范围＋一般附加险。

经典例题

[例题·多项选择题]下列关于中国海运货物保险各险别的说法，正确的有（　　）。
A. 一切险的责任范围大于平安险　　　B. 水渍险的责任范围小于平安险
C. 平安险在基本险中责任范围最小　　D. 一切险不包括特别附加险
E. 附加险可以单独投保
[解析]水渍险的承保范围＝平安险的责任范围＋由自然灾害造成的部分损失，可知水渍险的承保范围大于平安险，B项错误。中国海运货物保险险别中，附加险不可单独投保，E项错误。

[答案]ACD

七、出口报关

货物报关程序通常分为三个阶段：前期管理阶段、进出境管理阶段、后续管理阶段。不同种类的进出口货物报关的类别和程序不同。常见的进出口货物种类包括一般进出口货物、保税进出口货物、特定减免税货物和暂准进出口货物等。

八、货物装船与发运

出口货物经海关查验放行之后，出口商应与港务部门和理货人员联系，做好装船前的准备和交接工作。装船完毕之后，出口商应及时向进口商发出装船通知。CIF条件下，需要出口商预付出口货物的运费，船公司或其代理在收取运费后，向出口商签发运费预付的提单。

九、制单结汇

出口货物装运之后，出口商即应按照信用证的规定，正确缮制各种单据。在信用证规定的交单有效期内，递交银行办理议付结汇手续。在信用证付款条件下，目前我国出口商在银行办理出口结汇的做法主要有三种：收妥结汇、押汇和定期结汇。

十、办理出口收汇核销

出口收汇核销是指国家为了加强出口收汇管理，保证国家的外汇收入，防止外汇流失，指定外汇管理等部门对出口商贸易项下的外汇收入情况进行监督检查的一种制度。

十一、办理出口退税

出口退税是国家为了降低出口产品成本、增强出口竞争力、鼓励出口而制定的一项政策措施，即在国际贸易业务中，对我国报关出口的货物退还或免征在国内各环节和流转环节按税法规定缴纳的增值税和消费税，对出口货物实行零税率。

● 考点2 商品进口的主要业务环节

在我国的商品进口业务中，一般按FOB条件，并采用信用证结算方式成交，履行这类进口合同的一般程序如下。

一、申请开立及修改信用证

(一)申请开立信用证

申请开立信用证的一般程序：

(1) 进口商填写开证申请书，开证申请人根据合同的要求，在表格选择适当的项目，填写相应的内容。

(2) 提交相关部门的审批文件、进口配额或进口许可证、合同等。

(3) 开证行对开证申请书的内容和有关资料进行审核，以及对开证申请人的资信进行审核。开证行若审核所有资料无误，则可予以安排开证。

(4) 一般而言，如果开证申请人在开证行批准的授信额度内申请开证，则不需要交纳开证保证金；如果开证申请人在开证行没有授信额度，或开证金额超过授信额度，则开证行将要求进口商先交一部分开证保证金，或以自身及第三方资产做抵押担保。

(二)修改信用证

信用证开出后，如果发现内容与开证申请书不符或其他原因，需要对信用证进行修改，原开证申请人要向开证银行提交修改申请书。开证银行经审查后，若同意修改，则根据要求修改，并通知相关单位。

二、租船订舱

按FOB条件成交的进口合同，货物采用海运的方式进行运输，应由进口商负责办理租船或订舱工作。在履行租船或订舱手续时，需要妥善把握以下问题。

(一)分批装运和转运

(1) 分批装运。分批装运是指一笔成交的货物，分若干批交付装运。

(2) 转运。转运是指货物在运输过程中的转船、转机以及从一种运输工具上卸下再装上另一种运输工具的行为。

(二)装卸费用、装卸时间、装卸率

(1) 装卸费用。装卸费用是运输中的一项主要费用，应明确在合同中应由哪方承担。主要规定方法有：

①FIO（free in and out），即装卸费用均由货方承担。有时还规定理舱（stow）和平舱费（trim）的分担：FIOS（船方不承担装卸费和理舱费）、FIOT（船方不承担装卸费和平舱费）、FIOST（船方不承担装卸费、平舱费和理舱费）。

②FI（free in），即船方承担卸货费，货方承担装货费。

③FO（free out），即货方承担卸货费，船方承担装货费。
④BERTH TERMS（或 LINER TERMS），即船方承担装卸费。

（2）装卸时间和装卸率。装卸时间是指允许完成装卸任务所约定的时间，它一般以天数来表示。装卸时间的常用规定方法：

①连续日，指从午夜 0 点至 24 点日复一日的所有天数。

②工作日，即按照港口习惯，扣除法定假日，属于正常工作日的天数。

③晴天工作日，即天气良好可以进行装卸作业的工作日。

④连续 24 小时晴天工作日。天气晴好、时钟连续走 24 小时即算一个工作日，在此期间如有几个小时是坏天气不能作业，则予以扣除。装卸率是指每日装卸货物的数量，规定得过高或过低都不合适。

（三）滞期费和速遣费

滞期费（demurrage）是指在规定的装卸期限内，货方未完成装卸作业，给船方造成经济损失，货方对超过的时间应向船方支付的一定罚金。速遣费（despatch money）是指在规定的装卸期限内，货方提前完成装卸作业，使船方节省了船舶在港的费用开支，船方应向货方就节省的时间支付一定的奖金。按惯例，速遣费一般为滞期费的一半。

三、投保货运险

货物装船后，出口商应及时向进口商发出装船通知，以便进口商及时办理保险和接货等各项工作。我国对进口货物的运输一般采取逐笔投保和预约投保两种形式。

四、缴款赎单

银行收到出口商所在地银行寄来的汇票及单据后，对照信用证的规定，核对单据的份数和内容。如内容无误，银行即对出口商所在地银行付款。

五、进口报关

进口报关是指进口商（或其代理人）向海关交验有关单证，办理进口货物申报手续的法律行为。

（一）申报

申报时，进口商要填写进口货物报关单。根据我国《海关法》的规定，向海关申报的时限为自运输工具申报进境之日起 14 天内。超过 14 天的期限未向海关申报的，由海关按日征收进口货物 CIF 价格的 0.05％的滞报金；超过 3 个月未向海关申报的，由海关提交变卖。

（二）查验

海关接受申报后，对进口货物进行检查，以核对与进口货物报关单及其他单据文件上所列内容是否一致。查验应在海关规定的时间和场所进行，即在海关监管区域内的仓库、场地进行。查验时，进口商应派人到场并负责开拆包装。

（三）纳税

根据《海关进出口货物征税管理办法》，纳税义务人应当自海关填发税款缴款书之日起 15 日内向指定银行缴纳税款。逾期缴纳税款的，由海关自缴款期限届满之日起至缴清税款之日止，按日加收滞纳税款 0.5‰的滞纳金。纳税义务人应当自海关填发滞纳金缴款书之日起 15 日内向指定银行缴纳滞纳金。

（四）放行

放行又称"结关"，是进口货物在办完海关申报、查验和纳税后，由海关在进口货物报关单和货运单据上签字和加盖"验讫"章，进口商或其代理人持海关签字并盖有放行章的货物提单提取进口货物。未经海关放行的货物，任何单位和个人都不得将货物提走。

六、进口报检

进口商品经检验合格，并符合合同的规定，进口商就应接受货物，否则，进口商有权拒收货物，并要求损害赔偿。

七、付清运费，换取提货单

在办完上述手续后，进口商自行提取货物，或其货运代理提取货物，拨交给订货部门并通知订货部门在目的地办理收货手续，同时，通知进口商代理手续已办理完毕。

八、提取货物

进口商或其货运代理凭提货单到船公司指定的仓库或码头提取进口货物，并办理转运和拨交给订货部门的相关手续。

九、进口索赔

进口索赔的对象通常有三个，即卖方、承运人和保险人，对应的索赔分别称贸易索赔、运输索赔和保险索赔。

索赔时，申请人应提交索赔清单和有关货运单据，如发票、提单（副本）、装箱单等。向卖方索赔时，应提交商检机构出具的检验证书；向承运人索赔时，应提交理货报告和货差证明；向保险公司索赔时，除上述各项证明外，还应附加保险公司出具的检验报告。

经典例题

[2023年真题·单项选择题] 某公司进口了一批电子产品，CIF 总值为 1 000 万元，由于某种原因，在运输工具进境第 18 天才向海关办理进口申报，根据我国《海关法》，该公司需缴纳滞报金（　　）万元。

A. 0.5
B. 5
C. 20
D. 2

[解析] 根据我国《海关法》的规定，向海关申报的时限为自运输工具申报进境之日起 14 天内。超过 14 天的期限未向海关申报的，由海关按日征收进口货物 CIF 价格的 0.05% 的滞报金；超过 3 个月未向海关申报的，由海关提交变卖。即：$1\,000 \times 0.05\% \times 4 = 2$（万元）。 [答案] D

📦 本章易错易混考点

【易错易混考点】平安险、水渍险和一切险的区别

一、三种险别的适用条件

（1）平安险：主要涉及海上风险范围，包括共同海损造成的牺牲和分摊、救助费用等，不包括仅由自然灾害造成的部分损失。

（2）水渍险：平安险责任范围＋仅由自然灾害造成的部分损失。

（3）一切险：水渍险责任范围＋一般附加险内容。

二、注意事项

（1）基本险可单独投保，附加险不能单独投保。

（2）基本险责任范围由小到大依次为：平安险＜水渍险＜一切险。

[例题·单项选择题] 下列情形不属于平安险赔偿范围的是（ ）。

A. 仅由自然灾害造成的全部损失　　　B. 仅由自然灾害造成的部分损失
C. 意外事故造成的全部损失或部分损失　D. 共同海损牺牲

[解析] 平安险的责任范围不包括仅由自然灾害引起的部分损失，可知 B 项不属于平安险的范围。

[答案] B

历年经典真题回顾

一、单项选择题（每题1分，每题备选项中，只有1个最符合题意）

1. 在信用证结算模式下，关于开证申请人和开证行的说法，正确的是（ ）。[2022年真题]

    A. 开证申请人为进口商，开证行为出口地银行
    B. 开证申请人为出口商，开证行为出口地银行
    C. 开证申请人为出口商，开证行为进口地银行
    D. 开证申请人为进口商，开证行为进口地银行

    [解析] 信用证结算方式下，主要涉及以下当事人：①开证申请人。它通常是进口商或实际买方。②开证行。它一般是进口商所在地的银行。③通知行。它一般是出口商所在地的银行。④受益人。它通常是出口商或者实际卖方。⑤议付行。它是指愿意买入出口商的跟单汇票并垫付资金的银行。⑥付款行。它是指信用证上指定的付款银行。

    [答案] D

2. 下列（ ）跨国公司的管理组织形式提高效率，有利于统一成本核算和利润考核，但难以实现产品多样化。[2022年真题]

    A. 全球产品结构
    B. 全球性地区结构
    C. 全球职能结构
    D. 全球混合结构

    [解析] 全球职能结构下，跨国公司的一切业务都围绕公司的研发、生产、销售、财务等主要职能展开，设立职能部门，每个部门都需负责该项职能的全球性业务，分管职能部门的副总裁向总裁负责。该组织形式的优点是：通过专业化的分工，明确了职责，提高了效率；易于实行严格的规章制度；有利于统一成本核算和利润考核。

    [答案] C

3. 某公司易于实行严格的规章制度，有利于成本核算和利润考核的跨国公司管理组织形式，属于（ ）。[2021年真题]

    A. 矩阵式组织结构
    B. 全球性地区结构
    C. 全球职能结构
    D. 全球产品结构

    [解析] 全球职能结构是跨国公司的一切业务都围绕公司的生产、销售、研发、财务等主要职能展开，设立职能部门，各个部门都负责该项职能的全球性业务，分管职能部门的副总裁向总裁负责。该组织形式的优点是：通过专业化的分工，明确了职责，提高了效率；易于实行严格的规章制度；有利于统一成本核算和利润考核。

    [答案] C

4. 根据区位主义观念，忽视公司的全球战略目标和总体利益，难以开展跨地区的新产品的研究与

开发。符合这种特征的是（　　）。[2021年真题]
  A. 国际业务部　　　　　　　　B. 全球性地区结构
  C. 全球产品结构　　　　　　　D. 全球职能结构

[解析] 全球性地区结构的缺点是容易形成区位主义观念，重视地区业绩而忽视公司的全球战略目标和总体利益；忽视产品多样化，难以开展跨地区的新产品的研究与开发。　　[答案] B

本章同步练习

一、单项选择题（每题1分，每题备选项中，只有1个最符合题意）

1. 下列国际海上运输方式中，计算滞期费、速遣费的运输方式是（　　）。
   A. 班轮运输　　　　　　　　　B. 定程租船
   C. 定期租船　　　　　　　　　D. 光船租船

2. 下列跨国公司的管理组织形式中，（　　）是对公司业务实行交叉管理和控制，即将职能主线和产品/地区主线结合起来的组织形式。
   A. 全球职能结构　　　　　　　B. 全球混合结构
   C. 国际业务部　　　　　　　　D. 矩阵式组织结构

3. 下列情形不属于水渍险的赔偿范围的是（　　）。
   A. 自然灾害造成的全部损失
   B. 自然灾害造成的部分损失
   C. 一般外来风险
   D. 救助费用

4. "不要把所有鸡蛋放在一个篮子里"，这是国际直接投资动机类型中（　　）的体现。
   A. 市场导向型动机　　　　　　B. 降低成本导向型动机
   C. 分散投资风险导向型动机　　D. 优惠政策导向型动机

二、多项选择题（每题2分，每题备选项中，有2个或2个以上符合题意，至少有1个错项。错选，本题不得分；少选，所选的每个选项得0.5分）

1. 国际商务谈判的一般程序包括（　　）。
   A. 询盘　　　　　　　　　　　B. 发盘
   C. 还盘　　　　　　　　　　　D. 开盘
   E. 接受

本章同步练习参考答案及解析

一、单项选择题

1. [答案] B
   [解析] 本题考查海上运输方式。各种海上运输方式中，只有定程租船形式计算滞期费、速遣费。

2. [答案] D
   [解析] 本题考查矩阵式组织结构。矩阵式组织结构是在明确债权关系的前提下，对公司业务实行交叉管理和控制，即将职能主线和产品/地区主线结合起来，纵横交错，形成矩阵形组织。

3. [答案] C
   [解析] 本题考查水渍险的赔偿范围。水渍险包括平安险责任范围和仅由自然灾害造成的部分损失，但不包括一般外来风险。

4. [答案] C
   [解析] 本题考查国际直接投资的动机。把鸡蛋都放在一个篮子里，如果篮子掉地上，所有鸡蛋都会有摔碎的风险，而如果不把所有鸡蛋放在一个篮子里面，即使篮子掉

地上了，只是摔坏部分的鸡蛋，不会造成全部的损失风险，即分散风险，所以此属于分散投资风险导向型动机。

二、多项选择题

1. ［答案］ABCE

   ［解析］国际商务谈判的一般程序包括询盘、发盘、还盘和接受四个环节。

第三篇
模拟试卷及参考答案与解析

决战之巅,让我们一起进入考前冲刺阶段!

"会当凌绝顶,一览众山小",放弃和坚持不过在一念之间,忍得了寂寞,才能看得见繁华。

工商管理专业知识与实务（中级）模拟试卷

一、单项选择题（每题1分，每题备选项中，只有1个最符合题意）

1. 某食品企业决定进军手机产业，该企业的这项战略属于（　　）。
   A. 企业业务战略
   B. 企业职能战略
   C. 企业竞争战略
   D. 企业总体战略

2. 企业战略管理的最高任务是（　　）。
   A. 提高企业的市场占有率
   B. 追求企业利润最大化
   C. 实现特定阶段的战略目标
   D. 实现企业的使命

3. 麦肯锡公司提出的7S模型指出，企业要获得战略实施的成功，需要将硬件要素与软件要素相结合，通盘考虑，下列属于企业硬件要素的是（　　）。
   A. 结构
   B. 风格
   C. 技能
   D. 共同价值观

4. 战略控制应能反映不同经营业务的性质与需要，根据各部门的业务范围、工作特点制定不同的监控标准和方式，才能适合不同的经营业务的需要，这体现了战略控制的（　　）。
   A. 适度控制原则
   B. 适时控制原则
   C. 适应性原则
   D. 确保目标原则

5. 企业的核心竞争力能为企业在未来的发展提供潜在途径，能够满足顾客的当前及潜在需求，对企业一系列产品或服务的竞争都有促进作用，说明核心竞争力具有（　　）特征。
   A. 持久性
   B. 延展性
   C. 异质性
   D. 难以复制性

6. 某食品企业选择儿童为目标客户，专一生产儿童食品，该企业采取的是（　　）。
   A. 成本领先战略
   B. 差异化战略
   C. 一体化战略
   D. 集中战略

7. 从环境因素的可控程度看，经营决策可分为（　　）。
   A. 长期决策和短期决策
   B. 战略决策、战术决策和业务决策
   C. 初始决策和追踪决策
   D. 确定型决策、风险型决策和不确定型决策

8. （　　）是指经济主体对稀缺性资源所拥有的占有、使用、收益和处置等权利。
   A. 债权
   B. 所有权
   C. 诉讼权
   D. 管理权

9. 企业的市场竞争力在一定程度上反映了经营者的能力和努力程度,这就使低能力、不努力或努力程度不够的经营者随时都有可能被能力强的、努力程度高的经营者代替,这体现了（　　）机制对经营者的激励和约束。
   A. 报酬   B. 声誉
   C. 市场竞争   D. 管理

10. 下列不属于中间商的是（　　）。
    A. 代理商   B. 零售商
    C. 辅助商   D. 批发商

11. 根据我国《公司法》,有限责任公司董事会成员人数为（　　）人以上。
    A. 5   B. 7
    C. 3   D. 6

12. 关于有限责任公司董事的说法,错误的是（　　）。
    A. 董事任期届满,连选可以连任
    B. 股东会可以决议解任董事
    C. 董事与公司之间存在着一种契约关系
    D. 董事的任期由公司章程规定,但每届任期不得超过2年

13. 下列关于有限责任公司监事会的说法,正确的是（　　）。
    A. 监事会应当包括适当比例的公司职工代表,其中职工代表的比例不得低于1/3
    B. 监事的任期为每届3年,任期届满,不可连任
    C. 监事会每6个月至少召开一次会议
    D. 监事会设主席一人,由股东所持表决权的2/3以上绝对多数通过选举产生

14. 在市场定位中,大众汽车有"货币的价值"的美誉,是根据（　　）进行的。
    A. 属性与利益   B. 使用者
    C. 竞争者的情况   D. 价格

15. 下列各项中,不属于产品定价的影响因素的是（　　）。
    A. 市场需求   B. 成本
    C. 价格   D. 市场竞争

16. 某乳制品公司将消费者细分为婴幼儿、青少年和中老年,该公司市场细分依据的变量是（　　）。
    A. 地理变量   B. 心理变量
    C. 行为变量   D. 人口变量

17. 下列各项中,不属于广告及管理的方法的是（　　）。
    A. 量力而行法
    B. 销售百分比法
    C. 竞争均势法
    D. 德尔菲法

18. 下列定价方法中,（　　）是一种进攻性的定价方法。
    A. 成本加成定价法

B. 随行就市定价法

C. 直接价格评比法

D. 竞争价格定价法

19. 电影院销售的年票,其价格比单次购买的电影票便宜得多,这属于( )。

    A. 产品线定价

    B. 备选产品定价

    C. 附属产品定价

    D. 产品束定价

20. 下列跨国公司的法律组织形式中,( )具有独立的名称,有自己独立支配的财产,可以以自己的名义直接在当地开展业务。

    A. 联络办事处   B. 子公司

    C. 分公司   D. 分支机构

21. 某车间单一生产产品,车间生产面积2 000平方米,单位面积有效工作时间为每日8小时,单班制,全年工作时间为300天,每件产品占用生产面积2平方米,生产每件产品占用时间为2小时,该车间的年生产能力为( )万件。

    A. 120   B. 240

    C. 480   D. 80

22. 企业根据现有的生产组织条件和技术水平等因素所能够达到的现实生产能力是指( )。

    A. 设计生产能力

    B. 预期生产能力

    C. 计划生产能力

    D. 调控生产能力

23. 某成批生产企业的产品生产需按照加工工序经过甲车间、乙车间、丙车间三个车间的生产才能完成。该企业运用提前期法来确定各车间的生产任务。丙车间(最后车间)8月份应生产到600号,产品的平均日产品为10台,生产周期为30天;乙车间为丙车间的前一道工序车间,乙车间的生产保险期为10天,则乙车间8月份出产的累计号是( )号。

    A. 600   B. 900

    C. 1 000   D. 1 800

24. 通过获取作业场地信息,实时地进行作业核算,并把结果与作业计划有关指标对比分析,及时提出控制措施,这种生产方式是( )。

    A. 事前控制

    B. 事中控制

    C. 事后控制

    D. 全员控制

25. 企业库存量过小会导致( )。

    A. 流动资金被大量占用

    B. 服务水平下降

    C. 增加库存保管费用

D. 订货次数减少

26. 下列风险中，不属于我国海上货物运输一切险承保的风险是（　　）。
    A. 淡水雨淋   B. 短量
    C. 交货不到   D. 提货不着

27. 某公司采用易于实行严格的规章制度，有利于成本核算和利润考核的跨国公司管理组织形式，属于（　　）。
    A. 矩阵式组织结构   B. 全球性地区结构
    C. 全球职能结构   D. 全球产品结构

28. 仓储合理化的评判标准不包括（　　）。
    A. 仓储质量   B. 仓储数量
    C. 仓储结构   D. 仓储效率

29. 下列不属于企业出库业务程序的是（　　）。
    A. 复核   B. 点交
    C. 登账   D. 建档

30. 企业为了应对需求和补货提前期变动的不确定，防止产品制造与供应的意外情况而设立的库存称为（　　）。
    A. 调节库存   B. 周转库存
    C. 安全库存   D. 投机库存

31. 绿色物流的本质内容与主要指导思想是指（　　）。
    A. 集约资源
    B. 绿色运输
    C. 绿色仓储
    D. 绿色包装

32. 将包装分为一次用包装、多次用包装和周转用包装的依据为（　　）。
    A. 包装的材料不同
    B. 包装的使用范围不同
    C. 包装的美观程度不同
    D. 包装的使用次数不同

33. 已知一批货物在白蚁较多的地区进行运输，为避免货物遭白蚁蛀蚀，在运输过程中应该避免采用（　　）材料进行包装。
    A. 复合包装   B. 塑料包装
    C. 木材包装   D. 玻璃包装

34. 下列不属于商品储存维护方法的是（　　）。
    A. 自然通风   B. 密封
    C. 堆码   D. 除潮

35. 技术创新按照创新模式可分为多种类型，其中最常见、最基本的技术创新形式是（　　）。
    A. 引进、消化吸收再创新
    B. 集成创新

C. 原始创新

D. 根本创新

36. 技术的非自愿扩散，促进了周围的技术和生产力水平的提高，如对创新的无偿模仿等，这种现象是（   ）。

    A. 技术差异性

    B. 技术的经济行为

    C. 技术创新的差异性

    D. 技术外部性

37. 高校利用自身的有形资产和无形资产、自己研究出的科技成果和人才优势，创办自主经营、自负盈亏的经济实体属于产学研联盟形式中的（   ）。

    A. 校内产学研合作模式

    B. 多向联合体合作模式

    C. 双向联合体合作模式

    D. 中介协调型合作模式

38. 由盟主负责协调和冲突仲裁的企业联盟模式是（   ）。

    A. 平行模式
    B. 扁平模式
    C. 联邦模式
    D. 星形模式

39. 国际上将研究与发展分为不同类型，其中（   ）没有特定的应用目的或目标，主要是为了获得有关现象和事实的基本原理和规律，如飞机制造业研究气流中的压力条件与固定浮力。

    A. 基础研究

    B. 应用研究

    C. 开发研究

    D. 试验开发与发展

40. 管理创新的特点来自管理和创新两个方面，其中不包括（   ）。

    A. 基础性
    B. 风险性
    C. 静态性
    D. 系统性

41. 下列企业人力资源规划中，将目标定为降低人工成本、维护企业规范和改善人力资源结构的是（   ）。

    A. 退休解聘计划
    B. 劳动关系计划
    C. 人员补充计划
    D. 人员使用计划

42. 某企业通过统计分析发现，本企业的销售额与所需销售人员数呈正相关关系，并根据过去10年的统计资料建立了一元线性回归预测模型 $y = a + bx$，x 代表销售额（单位：万元），y 代表销售人员数（单位：人），回归系数 $a = 20$，$b = 0.05$。同时该企业预计2018年销售额将达到2 000万元，则该企业2018年需要销售人员（   ）人。

    A. 15
    B. 40
    C. 65
    D. 120

43. 在绩效考核中，属于绩效考核结果和运用阶段的工作任务是（   ）。

    A. 绩效考核评价

B. 将考核结果的资料进行分析整理

C. 明确考核目的和对象

D. 就绩效考核的结果与考核对象沟通

44. 考核者以书面文字的形式对考核对象做出评价的绩效考核方法是（　　）。

A. 关键事件法

B. 民主评议法

C. 行为锚定法

D. 书面鉴定法

45. 企业为员工缴纳的各种社会保险属于（　　）。

A. 基本薪酬　　　　　　　　B. 补偿薪酬

C. 激励薪酬　　　　　　　　D. 间接薪酬

46. 下列属于薪酬对企业的功能的是（　　）。

A. 保障功能　　　　　　　　B. 增值功能

C. 调节功能　　　　　　　　D. 激励功能

47. 下列关于福利的说法错误的是（　　）。

A. 是企业支付给员工的间接薪酬

B. 具有准固定成本的性质

C. 形式灵活多样，可满足员工不同的需要

D. 与员工的个人绩效有直接的联系

48. 某公司连续5年于每年年初存入银行200万元，银行存款利率为10%，则该公司第5年年末一次取出的复利终值为（　　）。

后付年金终值系数表

利率	1	2	3	4	5	6
10%	1	2.1	3.31	4.641	6.105 1	7.715 6

A. 220.22　　　　　　　　　B. 1 856.23

C. 1 343.12　　　　　　　　D. 778.98

49. 某公司经常与经销商交流市场信息，为经销商提供产品、技术、竞争对手动态信息，那么该公司的权力来源属于（　　）。

A. 认同权　　　　　　　　　B. 奖励权

C. 参照权　　　　　　　　　D. 信息权

50. 某公司从银行借款1 000万元，借款期限5年，年利率为6.6%，每年付息一次，到期一次还本，办理银行借款手续费为10万元，企业所得税税率为25%。企业该笔银行借款的资本成本率为（　　）。

A. 3.97%　　　　　　　　　B. 5.00%

C. 7.10%　　　　　　　　　D. 6.60%

51. 内部报酬率是使投资项目的净现值（　　）时的贴现率。

A. 等于0　　　　　　　　　B. 不等于0

C. 小于0　　　　　　　　　D. 大于0

52. 某公司正在论证新建一条生产线项目的可行性。经测算,项目的经济寿命为5年,项目固定资产投资包括厂房800万元,购置设备200万元,流动资产投资额为200万元,项目建成投产后,每年净利润为400万元,所得税税率为25%。项目终结时厂房按150万元售出,设备按直线法折旧,无残值,则该项目的终结现金流量为(   )万元。
    A. 200   B. 350
    C. 370   D. 400

53. 某投资项目的初始投资额为3 600万元,项目经济寿命期为4年,每年营业净现金流量均为1 200万元,则该项目的投资回收期为(   )年。
    A. 2.00   B. 3.00
    C. 4.07   D. 13.33

54. 某公司计划对某一项目进行投资,初始投资额为200万元,期限为3年,每年净现金流量分别为150万元、200万元、200万元。假设资本成本率为10%,则该项目的获利指数为(   )。

复利现值系数表

期间	1	2	3	4	5
复利现值系数	0.909	0.826	0.751	0.683	0.621

    A. 1.08   B. 2.26
    C. 3.90   D. 4.00

55. 并购按照实现方式不同,可分为(   )。
    A. 杠杆并购和非杠杆并购
    B. 善意并购和敌意并购
    C. 协议并购、要约并购和二级市场并购
    D. 承担债务式并购、现金购买式并购和股权交易式并购

56. 债务人F以其持有的甲公司的股权抵偿对乙公司的债务,则原由债务人F持有的甲公司的股权变为由乙公司持有,这种形式属于(   )。
    A. 资产置换   B. 以股抵债
    C. 债转股   D. 资产注入

57. 商品在流通中发生形态变化,即由货币形态转化为商品形态,以及由商品形态转化为货币形态的过程是(   )。
    A. 资金流   B. 商流
    C. 信息流   D. 物流

58. 电子商务使得买卖双方进行产品介绍、宣传时,无须中介者参与,减少了交易的有关环节,避免了做广告、发印刷品等费用,这体现了电子商务的(   )特点。
    A. 交易透明化   B. 交易虚拟化
    C. 操作方便化   D. 成本低廉化

59. 移动支付的特点不包括(   )。
    A. 移动性   B. 及时性
    C. 安全性   D. 定制化

60. 企业在其网站上发布问卷,请求浏览企业的网站的用户参与企业的各种调查,该企业采用的

网络市场调研的方法属于（　　）。
A. 网上观察法　　　　　　　B. 网上间接调研方法
C. 在线问卷法　　　　　　　D. 网上实验法

二、**多项选择题**（共20题，每题2分，每题的备选项中，有2个或2个以上符合题意，至少有1个错项。错选，本题不得分；少选，所选的每个选项得0.5分）

61. 下列属于装卸搬运作业的特点的有（　　）。
A. 装卸搬运作业量大、对象复杂
B. 装卸搬运作业均衡
C. 装卸搬运作业安全性要求高
D. 装卸搬运作业具有伴生性
E. 装卸搬运作业不具有起讫性

62. 跨国公司进入国外市场的模式有多种类型，其中包括（　　）。
A. 特许经营　　　　　　　　B. 合资企业
C. 管理合同　　　　　　　　D. 全资子公司
E. 技术授权

63. 现代公司股东会、董事会、监事会和经营人员之间的相互制衡关系主要表现在（　　）。
A. 股东掌握着最终的控制权
B. 董事会必须对股东负责
C. 监事会必须向董事会负责
D. 经营人员的管理权限由董事会授予
E. 经营人员受聘于股东会

64. 董事会的职权包括（　　）。
A. 召集股东会议
B. 执行股东机构的决议
C. 修改公司章程
D. 聘任或解聘公司经理、财务负责人
E. 决定公司的经营要务

65. 市场营销环境是指作用于企业营销活动的一切外界因素和力量的总和，可以分为宏观环境和微观环境，下列选项中属于微观环境的有（　　）。
A. 人口环境　　　　　　　　B. 公众
C. 顾客　　　　　　　　　　D. 竞争者
E. 自然环境

66. 网络分销功能的实现需要完善的系统支持，这些系统包括（　　）。
A. 订货系统　　　　　　　　B. 沟通系统
C. 结算系统　　　　　　　　D. 生产系统
E. 供应系统

67. 分销渠道管理目标包括（　　）。
A. 市场覆盖率目标　　　　　B. 销售增长额目标

C. 利润额目标 D. 市场占有率目标
E. 分销渠道费用率目标

68. 下列属于大批大量生产企业的期量标准的有（   ）。
    A. 节拍 B. 在制品定额
    C. 生产周期 D. 生产提前期
    E. 生产间隔期

69. 仓储的功能有（   ）。
    A. 调解功能 B. 保管检验功能
    C. 成本管理功能 D. 集散功能
    E. 防范风险功能

70. 在商品入库作业管理中，货位分配的原则主要包括（   ）。
    A. 质量第一原则
    B. 商品同一性原则
    C. 先进先出原则
    D. 安全第一原则
    E. 以周转率为基础的原则

71. 商品盘点的目的主要是清查实际库存量，其内容主要包括（   ）。
    A. 数量检查
    B. 质量检查
    C. 保管条件检查
    D. 包装检查
    E. 价值检查

72. 关于项目组合评估的矩阵法的说法，正确的有（   ）。
    A. 矩阵法从技术的重要性和技术的相对竞争地位两个方面来分析技术组合
    B. 对于技术的重要性和相对竞争地位均高的技术项目，企业应当重点投资
    C. 对于技术的重要性和相对竞争地位均低的技术项目，企业应当撤出或终止进一步投资
    D. 对于技术的重要性程度高，但技术的相对竞争地位弱的项目，企业可以坐收渔人之利，无需重点投资
    E. 对于技术的重要性程度低，但技术的相对竞争地位强的项目，企业可投资或与竞争对手竞争

73. 世界贸易组织（WTO）的《与贸易有关的知识产权协议》列举的知识产权包括（   ）。
    A. 商标权
    B. 专利权
    C. 工业设计权
    D. 未披露过的信息专有权
    E. 科学发现权

74. 下列激励薪酬的形式中，属于绩效工资的有（   ）。
    A. 绩效调薪 B. 绩效奖金
    C. 利润分享计划 D. 特殊绩效认可计划

E. 月/季度浮动薪酬

75. 影响企业薪酬制度的内在因素有（   ）。
    A. 劳动力市场状况
    B. 国家的有关法律
    C. 企业的经营状况与财力
    D. 企业员工知识技能的差别
    E. 企业所在地的生活水平

76. 根据股利折现模型，影响普通股资本成本率的因素有（   ）。
    A. 股利政策
    B. 股票发行价格
    C. 股利水平
    D. 企业所得税税率
    E. 股票发行费用

77. 下列投资决策评价指标中，属于贴现现金流量指标的有（   ）。
    A. 投资回收期
    B. 净现值
    C. 内部报酬率
    D. 获利指数
    E. 平均报酬率

78. 按照并购双方的业务性质划分，企业并购分为（   ）。
    A. 整体并购
    B. 部分并购
    C. 纵向并购
    D. 横向并购
    E. 混合并购

79. 电子商务运作系统的组成要素包括（   ）。
    A. 消费者
    B. 物流配送系统
    C. 企业
    D. 教育部门
    E. 认证中心

80. 电子商务运作系统的一般框架的三大层次包括（   ）。
    A. 网络层
    B. 信息发布与传输层
    C. 一般业务服务层
    D. 公共政策层
    E. 电子支付层

三、案例分析题（共20题，每题2分。有单项选择题和多项选择题。错选，本题不得分；少选，所选的每个选项得0.5分）

（一）

某房地产公司2018年正式进军医药行业，成立了药业子公司。该子公司准备生产新药，有甲药、乙药和丙药三种产品方案可供选择。每种新药均存在着市场需求高、市场需求一般、市场需求低三种市场状态。每种方案的市场状态及其概率、损益值如下表所示：

方案	市场状态及概率		
	市场需求高 0.3	市场需求一般 0.5	市场需求低 0.2
生产甲药	45万元	20万元	−15万元
生产乙药	35万元	15万元	5万元
生产丙药	30万元	16万元	9万元

根据以上资料，回答下列问题：

81. 该房地产公司在进行宏观环境分析时，下列要素中，属于经济环境要素的是（   ）。

   A. 消费者收入水平

   B. 科技水平

   C. 储蓄情况

   D. 价值观念

82. 该房地产公司实施的战略属于（   ）。

   A. 纵向一体化战略

   B. 横向一体化战略

   C. 相关多元化战略

   D. 非相关多元化战略

83. 关于该药业子公司所面对的决策状态的说法，正确的是（   ）。

   A. 该种决策不存在风险

   B. 该种决策存在多种市场状态，各种市场状态发生的概率可以估计

   C. 该种决策可借助数学模型进行完全准确的决策判断

   D. 该种决策可以采用决策树分析法进行决策

84. 若该药业子公司选择生产甲药方案，则可以获得（   ）万元收益。

   A. 20.5   B. 19.0

   C. 18.8   D. 16.6

（二）

甲企业生产经营牙膏、香皂、纸巾三类产品。目前，该企业决定推出一种高档牙膏、一种除菌香皂、一种去屑洗发水。该企业生产除菌香皂的固定成本为200万元，单位可变成本为3元，预期销量为40万块，加成率为20%。新产品上市后，该企业通过电视、网络投放大量商品广告，在大型商场开设陈列柜台、进行现场表演，并且派出营销人员，向经销商和消费者推介新产品。

根据以上资料，回答下列问题：

85. 新产品上市后，甲企业产品组合的宽度为（   ）。

   A. 3   B. 4

   C. 6   D. 5

86. 甲企业采用的产品组合策略为（   ）。

   A. 缩减产品组合策略

   B. 产品线现代化策略

   C. 产品线延伸策略

D. 扩大产品组合策略

87. 根据成本加成定价法，甲企业除菌香皂的单价为（　　）元。
    A. 5.8　　　　　　　　　　　B. 3.6
    C. 8.2　　　　　　　　　　　D. 9.6

88. 甲企业采用的促销策略为（　　）。
    A. 广告　　　　　　　　　　B. 公共关系
    C. 人员推销　　　　　　　　D. 销售促进

（三）

某企业的产品生产按照工艺顺序需连续经过甲车间、乙车间、丙车间、丁车间的生产才能完成。该企业运用在制品定额法来编制下一个生产周期的生产计划。在下一个生产周期，各车间生产计划如下：丁车间出产量为2 000件，计划允许废品及损耗量为50件，期末在制品定额为300件，期初预计在制品结存量为150件；丙车间投入量为2 000件；乙车间半成品外销量为1 000件，期末库存半成品定额为400件，期初预计库存半成品结存量为200件。

根据以上资料，回答下列问题：

89. 该企业运用在制品定额法编制生产作业计划，可以推测该企业的生产类型属于（　　）类型。
    A. 单件生产　　　　　　　　B. 小批量生产
    C. 成批生产　　　　　　　　D. 大量大批生产

90. 丁车间下一个生产周期的投入量是（　　）件。
    A. 1 600　　　　　　　　　　B. 1 960
    C. 2 200　　　　　　　　　　D. 2 300

91. 乙车间下一个生产周期的出产量是（　　）件。
    A. 3 000　　　　　　　　　　B. 3 200
    C. 3 600　　　　　　　　　　D. 4 500

92. 该企业应最后编制（　　）的生产作业计划。
    A. 甲车间　　　　　　　　　B. 乙车间
    C. 丙车间　　　　　　　　　D. 丁车间

（四）

2017年某企业进行人力资源需求与供给预测。通过统计研究发现，销售额每增加1 000万元，需增加管理人员、销售人员和客服人员共40名，新增人员中，管理人员、销售人员和客服人员的比例是1∶5∶2。该企业预计2018年销售额将增加2 000万元。

该企业现有销售人员160人，业务主管30人，销售经理10人，销售总监1人，经过1年后该企业人员变动矩阵如下表。

职务	人员调动概率				离职率
	销售总监	销售经理	业务主管	销售人员	
销售总监	0.8				0.2
销售经理	0.1	0.7			0.2
业务主管		0.2	0.7		0.1
销售人员			0.1	0.7	0.2

根据以上资料，回答下列问题：

93. 根据转换比率分析法计算，该企业2018年需要增加销售人员（　　）人。
    A. 50
    B. 10
    C. 20
    D. 25

94. 影响该企业人力资源需求预测的因素是（　　）。
    A. 企业员工流动率
    B. 行业劳动力市场供求状况
    C. 本地区的人力资源供给率
    D. 企业财务资源

95. 根据马尔可夫模型法计算，该企业2018年销售经理的内部供给量为（　　）人。
    A. 10
    B. 20
    C. 13
    D. 25

96. 该企业可采用的人力资源内部供给预测的方法是（　　）。
    A. 管理人员接续计划法
    B. 人员核查法
    C. 管理人员判断法
    D. 德尔菲法

（五）

某企业准备用自有资金3亿元投资一个项目，现有甲、乙两个项目可供选择。据预测，未来市场状况存在繁荣、一般、衰退三种可能性，概率分别为0.2、0.5和0.3，两项投资在不同市场状况的预计年报酬率如下表所示。为了做出正确决定，公司需进行风险评价。

市场状况	发生概率	预计年报酬率	
		甲项目	乙项目
繁荣	0.3	30%	60%
一般	0.5	15%	10%
衰退	0.2	10%	−20%

根据以上资料，回答下列问题：

97. 甲项目的期望报酬率为（　　）。
    A. 7.5%
    B. 9.5%
    C. 10.0%
    D. 18.5%

98. 若甲项目的标准离差为7.76%，乙方案的标准离差为29%，则表明（　　）。
    A. 甲项目的报酬离散程度相对更大
    B. 乙项目的报酬离散程度相对更大
    C. 甲项目的风险相对更大
    D. 乙项目的风险相对更大

99. 如果甲、乙两个项目的期望报酬率不同，则需通过计算（　　）比较两项目的风险。
    A. 标准离差率
    B. 标准离差
    C. 风险报酬率
    D. 必要报酬率

100. 若甲项目的风险报酬系数为10%,标准离差率为41.9%,无风险报酬率为5%,则甲项目的投资必要报酬率为( )。

   A. 4.19%
   B. 5.00%
   C. 9.19%
   D. 10.00%

工商管理专业知识与实务（中级）模拟试卷参考答案与解析

一、单项选择题

1. ［答案］D

   ［解析］本题考查企业战略的层次。食品企业进军手机产业，实行的是多元化发展战略，该企业以企业整体为研究对象，研究整个企业发展问题，决定企业经营范围及经营领域，属于企业总体战略，D项正确。

2. ［答案］D

   ［解析］本题考查企业战略管理的相关内容。企业的战略管理的最高任务是实现企业的使命，D项正确。

3. ［答案］A

   ［解析］本题的考点为7S模型。7S模型包含7个方面要素，其中，硬件要素包括战略、结构、制度；软件要素包括共同价值观、人员、技能、风格，故A项正确。

4. ［答案］C

   ［解析］本题的考点为战略控制的原则。其中，适应性原则体现在，控制能反映不同经营业务的性质与需要，应根据各部门的业务范围、工作特点等制定不同的监控标准和方式，才能适应不同的经营业务的需要，故C项正确。

5. ［答案］B

   ［解析］企业的核心竞争力能为企业在未来的发展提供潜在途径，能够满足顾客的当前及潜在需求，对企业一系列产品或服务的竞争都有促进作用，这说明核心竞争力具有延展性。

6. ［答案］D

   ［解析］集中战略又称专一化战略，是指企业把其经营活动集中于某一特定的购买者群、产品线的某一部分或某一地区市场上的战略。根据题目信息"选择儿童为目标客户，专一生产儿童食品"，可知此是集中战略，D项正确。

7. ［答案］D

   ［解析］本题的考点为经营决策的类型。按照环境因素的可控程度，经营决策划分为确定型决策、风险型决策和不确定型决策，故D项正确。

8. ［答案］B

   ［解析］本题的考点为所有权或产权的概念。所有权或产权是指经济主体对稀缺性资源所拥有的一组权利的集合，包括占有、使用、收益和处置等权利，故B项正确。

9. ［答案］C

   ［解析］本题的考点为经营者激励与约束机制。根据题目的信息"企业的市场竞争力在一定程度上反映了经营者的能力和努力程度"，可知为市场竞争机制的体现，故C项正确。

10. ［答案］C

    ［解析］本题考查中间商的类型。中间商包括批发商、零售商、代理商。C项不属于中间商。

11. ［答案］C

    ［解析］有限责任公司和股份有限公司董事会的成员人数为3人以上。

12. [答案] D

[解析] 有限责任公司和股份有限公司董事的任期由公司章程规定，但每届任期不得超过3年，董事任期届满，连选可以连任。

13. [答案] A

[解析] 本题的考点为有限责任公司的监事会相关内容。有限责任公司监事的任期每届为3年，监事任期届满，连选可以连任，B项错误。有限责任公司监事会每年至少召开一次会议，而股份有限公司监事会定期会议才是每6个月召开一次会议，C项错误。有限责任公司监事会设主席一人，由全体监事过半数选举产生，D项错误。

14. [答案] A

[解析] 产品本身的"属性"以及由此而获得的"利益"能使消费者体会到它的定位。例如，大众汽车有"货币的价值"的美誉。

15. [答案] C

[解析] 影响产品定价的因素包括市场需求、成本、市场竞争等。

16. [答案] D

[解析] 根据题目信息"细分为婴幼儿、青少年和中老年"，可知此是按"人口的年龄"划分的，属于人口变量。

17. [答案] D

[解析] 广告及管理的方法包括量力而行法、销售百分比法、竞争均势法、目标任务法等。

18. [答案] D

[解析] 本题的考点为竞争导向定价法。其中，竞争价格定价法是指企业通过不同营销方法，使同种同质的产品在消费者心目中树立起不同的产品形象，进而根据自身特点，选取低于或高于竞争者的价格作为本企业产品价格，因此，竞争价格定价法是一种进攻性的定价法，故D项正确。

19. [答案] D

[解析] 产品束定价即企业将几种产品组合在一起，进行低价销售。

20. [答案] B

[解析] 本题考查跨国公司的法律组织形式。子公司具有独立的名称、章程和行政管理机构，有自己独立支配的财产，自负盈亏，可以以自己的名义开展业务，B项正确。

21. [答案] A

[解析] 本题的考点为单一品种生产条件下生产能力核算。分析题目可知，本题考查的是作业场地生产能力的核算。根据公式，作业场地生产能力＝（单位面积有效工作时间×作业场地的生产面积）/（单位产品占用生产面积×单位产品占用时间），计算如下：

(1) 单位面积有效工作时间：题目已知"单位面积有效工作时间为每日8小时，单班制，全年工作时间为300天"，即 $8 \times 1 \times 300 = 2\,400$（小时）。

(2) 作业场地生产面积：题目已知为2 000平方米。

(3) 单位产品占用生产面积：题目已知为2平方米。

(4) 单位产品占用时间：题目已知为2小时。

(5) 该车间年生产能力＝（2 400×2 000）/（2×2）＝4 800 000/4＝1 200 000（件），即

120万件，故A项正确。

22. [答案] C

[解析] 本题考查生产能力的类型。计划生产能力也称现实能力，它是企业在计划期内根据现有的生产组织条件和技术水平等因素所能够实现的生产能力，C项正确。

23. [答案] C

[解析] 本题的考点为提前期法（累计编号法）的计算应用。根据公式"本车间出产累计号数＝最后车间出产累计号＋本车间出产提前期×最后车间平均日产量"计算如下：

(1) 最后车间出产累计号：题目已知为丙车间，8月份生产到600号。

(2) 本车间出产提前期：即乙车间的出产提前期，采用公式"本车间出产提前期＝后车间投入提前期＋保险期"进行计算。首先，题目告知乙车间为丙车间的前一道工序车间，可知乙车间的后车间为丙车间，由于丙车间是最后车间，生产周期为30天，其投入提前期从丙车间出产期为起始点（0天），往前提前30天则为丙车间的投入提前期，即0＋30＝30（天）。其次，题目已知乙车间的生产保险期为10天，因此乙车间的出产提前期＝30＋10＝40（天）。

(3) 最后车间平均日产量：题目已知最后车间丙车间的平均日产量为10台。

(4) 乙车间8月份出产累计号数＝600＋40×10＝600＋400＝1 000（号），故C项正确。

24. [答案] B

[解析] 本题考查生产控制的方式。事中控制是指通过获取作业场地信息，实时地进行作业核算，并把结果与作业计划有关指标对比分析，及时提出控制措施。

25. [答案] B

[解析] 本题的考点为库存合理控制相关内容。企业库存量过小产生的问题包括：①造成服务水平下降，影响销售利润和企业信誉；②造成生产系统原材料或其他物料供应不足，影响生产过程的正常进行；③使订货间隔期缩短，订货次数增加，使订货（生产）成本提高；④影响生产过程的均衡性和装配时的成套性，故B项正确。流动资金被大量占用、增加库存保管费用属于库存量过大会产生的问题，A、C两项错误。库存量过小应使得订货次数增加，而不是减少，D项错误。

26. [答案] C

[解析] 本题考查海洋运输货物保险条款。一切险包括一般附加险的险别，但不包括特殊附加险。C项，交货不到属于特殊附加险的范围。

27. [答案] C

[解析] 全球职能结构下，跨国公司的一切业务都围绕公司的生产、销售、研发、财务等主要职能展开，设立职能部门，各个部门都负责该项职能的全球性业务，分管职能部门的副总裁向总裁负责。该组织形式的优点是：通过专业化的分工，明确了职责，提高了效率；易于实行严格的规章制度；有利于统一成本核算和利润考核。

28. [答案] D

[解析] 仓储合理化的评判标准：①仓储质量。保证在储存期间，物品的质量不会降低，不会影响客户消费使用。②仓储数量。考虑各种成本费用，仓储数量应有一个合理的控制范围。③储存时间。每类物品有恰当的储存保管天数，不仅需要从物品自身的性质和特点考虑，还

要考虑资金占用、有形和无形的耗损、贬值、跌价等的影响。④仓储结构。根据消费需求，不同品种、规格的物品在库存数量上的合理比例关系，反映库存物品的齐备性、配套性、全面性和供应的保证性，尤其是相关性很强的各种物品之间的比例关系。⑤仓储费用。对仓租费、维护费、保管费、损失费、资金占用的利息支出等的投入分析，可以从经济效益上判断仓储的合理性。

29. [答案] D

[解析] 企业出库业务程序包括核单备料、复核、包装、点交、登账、现场和档案的清理等环节。

30. [答案] C

[解析] 安全库存是指为了应对需求和补货提前期变动的不确定，防止产品制造与供应的意外情况而设立的一种库存。

31. [答案] A

[解析] 绿色物流一般包括以下五个方面的含义：集约资源、绿色运输、绿色仓储、绿色包装、逆向物流。集约资源是绿色物流的本质内容，也是物流业发展的主要指导思想之一。

32. [答案] D

[解析] 按照包装的使用次数不同可分为一次用包装、多次用包装和周转用包装。

33. [答案] C

[解析] 木材容易吸收水分，容易变形开裂，容易被蛀蚀，容易腐朽等，加上受资源限制、价格高等因素影响，限制了木材在包装中的应用。

34. [答案] C

[解析] 商品储存维护方法包括自然通风、密封和除潮。堆码的作用之一是便于对商品进行维护。

35. [答案] A

[解析] 本题的考点为技术创新的类型。按照创新模式划分的类型中，引进、消化吸收再创新是最常见、最基本的创新形式，故 A 项正确。

36. [答案] D

[解析] 本题考查技术外部性的特点。技术外部性是指技术的非自愿扩散，促进了周围的技术和生产力水平的提高，如对创新的无偿模仿等。

37. [答案] A

[解析] 本题的考点为产学研联盟。产学研联盟涉及的各种类型中，校内产学研合作模式是高校为促进教学与科研结合，促进科研成果转化为生产力，筹措教育经费，利用校内自身的有形资产和无形资产、自己研究出的科技成果和人才优势，创办自主经营、自负盈亏的经济实体，并将经营实体与教学学习基地合二为一，以达到人才培养、科研发展与经营效益并举的目的，故 A 项正确。

38. [答案] D

[解析] 本题考查企业技术创新的外部组织模式下的企业联盟。星形模式中，由盟主负责协调和冲突仲裁。

39. [答案] A

[解析] 本题的考点为研究与发展的主要类型。研究与发展主要有基础研究、应用研究和开发研究三种类型。其中，基础研究也称为纯理论的研究，是指认识自然现象，揭示自然规律，获取新知识、新原理、新方法的研究活动，这种研究没有特定的商业目的，故 A 项正确。B 项，应用研究具有与产品和工艺相关的特定商业目的。C、D 两项，开发研究也称试验开发与发展，此种研发类型不涉及基本原理和规律的研究，但是具备特定应用目的或目标的，是利用基础研究和应用研究的结果开发新产品、新材料、新装置等。

40. [答案] C

[解析] 管理创新的特点来自管理和创新两个方面，主要有基础性、风险性、全员性、动态性、系统性等。

41. [答案] A

[解析] 本题考查人力资源管理规划的内容。降低人工成本、维护企业规范和改善人力资源结构属于退休解聘计划的目标。

42. [答案] D

[解析] 本题的考点为一元回归分析。结合题目已知数据，代入公式 $y=a+bx$ 计算即可。已知 2018 年销售额将达到 2 000 万元，因此 $x=2\,000$ 万元；其次，题目已知 a＝20，b＝0.05；因此，2018 年需要销售人员数量＝20＋0.05×2 000＝20＋100＝120（人），故 D 项正确。

43. [答案] B

[解析] 本题的考点为绩效考核的步骤。其中，绩效考核结果和运用阶段的工作任务包括将考核结果的大量信息、资料进行分析整理，把这些结果合理地运用到人力资源开发与管理工作的各个环节上去，使之成为人力资源开发与管理各个环节的重要依据，故 B 项正确。A 项内容属于绩效考核实施阶段的主要任务。C 项内容属于绩效考核准备阶段的工作任务。D 项内容属于绩效考核结果的反馈阶段的工作任务。

44. [答案] D

[解析] 本题的考点为绩效考核的方法中书面鉴定法的概念。根据题目关键信息"考核者以书面文字的形式做出评价"，可知为书面鉴定法，故 D 项正确。

45. [答案] D

[解析] 本题考查间接薪酬。间接薪酬是给予员工的一般不直接以货币形式发放，但可以转化为货币或可以用货币计量的各种福利、待遇、服务和消费活动，也称福利薪酬或员工福利。例如，企业为员工缴纳的社会保险、免费工作午餐、班车接送等。

46. [答案] B

[解析] 本题的考点为薪酬的功能。薪酬对企业的功能包括：增值；改善用人活动功效；协调企业内部关系，塑造企业文化；促进企业变革和发展，故 B 项正确。保障功能、调节功能和激励功能均属于薪酬对员工的功能，A、C、D 三项错误。

47. [答案] D

[解析] 本题的考点为福利的特点。D 项说法错误，福利的特点之一是福利具有普遍性，与员工个人的绩效并没有太大的直接联系。

48. [答案] C

[解析] 本题的考点为先付年金终值计算。根据公式，先付年金终值＝后付年金终值×（1＋利率），计算如下：

(1) 计算后付年金终值。本题直接通过后付年金终值系数表告知了每年后付年金终值系数的数值，因此无须通过烦琐的过程计算后付年金终值。根据后付年金终值变形公式的表达方式，后付年金＝每年支付金额×后付年金终值系数，每年支付金额题目已知200万元；已知计息期数为5，因此查表可知第5年的后付年金终值系数为6.105 1，因此，后付年金终值＝200×6.105 1＝1 221.02（万元）。

(2) 利率：题目已知为10%。

(3) 先付年金终值＝1 221.02×（1＋10%）≈1 343.12（万元），故C项正确。

49. [答案] D

[解析] 本题考查渠道权力来源的类型。根据题目信息"某公司经常与经销商交流市场信息，为经销商提供产品、技术、竞争对手动态信息"，关键词为"信息"，可知D项正确。

50. [答案] B

[解析] 本题的考点为长期借款资本成本的计算。根据公式，长期借款资本成本率＝$\frac{长期借款年利息×（1－所得税税率）}{长期借款筹资额×（1－长期借款筹资费用率）}$×100%，计算如下：

(1) 长期借款年利息＝1 000×6.6%＝66（万元）；

(2) 所得税率：题目已知为25%；

(3) 本题直接告知了银行借款手续费为10万元，即筹资费用为10万元，银行借款为1 000万元，因此，长期借款筹资总额×（1－长期借款筹资费用率）＝长期借款筹资总额－长期借款筹资费用＝1 000－10＝990（万元）；

(4) 银行借款资本成本＝66×（1－25%）/990＝5%，故B项正确。

51. [答案] A

[解析] 本题考查内部报酬率的定义。内部报酬率是使投资项目的净现值等于0时的贴现率，A项正确。

52. [答案] B

[解析] 本题的考点为现金流量估算中终结现金流量的计算。终结现金流量包括固定资产的残值收入或变价收入、原先垫支在各种流动资产上的资金的收回、停止使用的土地的变价收入，据此分析如下：

(1) 固定资产的残值收入或变价收入：题目已知固定资产包括厂房800万元，设备200万元，厂房在项目终结时按150万元售出，设备无残值，故厂房售出的150万元应计入终结现金流量；

(2) 原先垫支在各种流动资产上的资金的收回：题目已知在项目初始时有流动资产投资额200万元，因此该项现金支出应当在终结时计入收回，故原先垫支的流动资产投资额200万元应计入终结现金流量；

(3) 所得税税率、净利润是在计算营业现金流量时才须考虑的，故计算终结现金流量不涉及此两项内容；

（4）该项目终结现金流量＝150＋200＝350（万元），故 B 项正确。

53. [答案] B

[解析] 本题的考点为投资回收期法。根据题目所述，可知此属于每年营业净现金流量相等的情形，因此，项目投资回收期＝3 600/1 200＝3（年），B 项正确。

54. [答案] B

[解析] 本题的考点为获利指数。根据公式，现值指数＝未来报酬总现值÷初始投资，计算如下：

（1）未来报酬总现值＝150×0.909＋200×0.826＋200×0.751＝136.35＋165.20＋150.20＝451.75（万元）；

（2）初始投资：题目已知为 200 万元；

（3）获利指数＝451.75/200≈2.26，故 B 项正确。

55. [答案] C

[解析] 本题的考点为企业并购的类型。并购按实现方式划分，可分为协议并购、要约并购、二级市场并购，故 C 项正确。A 项内容属于按是否利用被并购企业本身资产来支付并购资金划分的类型。B 项内容属于按双方是否友好协商划分的类型。D 项内容属于按并购的支付方式划分的类型。

56. [答案] B

[解析] 本题的考点为以股抵债。以股抵债顾名思义即债务人以其持有的股权抵偿其所欠债务，可知此符合本题所述，故 B 项正确。

57. [答案] B

[解析] 本题考查商流的概念。商流是商品在流通中发生形态变化的过程，即由货币形态转化为商品形态，以及由商品形态转化为货币形态。

58. [答案] D

[解析] 本题的考点为电子商务的特点。根据题目信息"电子商务减少了交易的有关环节，避免了做广告、发印刷品等费用"，即电子商务可降低这些环节的费用支出，使企业成本降低，可知此体现了电子商务成本低廉化的特点，故 D 项正确。

59. [答案] C

[解析] 移动支付的特点包括移动性、及时性、定制化、集成性。

60. [答案] C

[解析] 本题的考点为网络市场直接调研的方法中在线问卷法的概念。根据题目关键信息"企业在其网站上发布问卷，请求浏览企业的网站的用户参与"，对应名称可知此是在线问卷法，故 C 项正确。

二、多项选择题

61. [答案] ACD

[解析] 装卸搬运作业不均衡，B 项错误。装卸搬运作业具有伴生性和起讫性，E 项错误。

62. [答案] ABDE

[解析] 跨国公司通常采用六种模式进入国外市场，即出口、交钥匙工程、技术授权、特许经营、与东道国企业成立合资企业以及在东道国成立全资子公司。

63. [答案] ABD

[解析] 本题考查股东会、董事会、监事会和经营人员之间的相互制衡关系。监事会不需要向董事会负责，监事会对董事会的工作实行全面监督，C项错误。经营人员受聘于董事会，而不是股东会，E项错误。

64. [答案] ABDE

[解析] 本题的考点为董事会的职权。A、B、D、E 四项内容均属于董事会的职权范围之内，因此正确。修改公司章程属于股东会的职权，而不是董事会的职权，C项错误。

65. [答案] BCD

[解析] 本题的考点为市场营销环境。其中，微观环境包括企业自身的各种因素、供应商、竞争者、营销渠道企业、顾客、公众，故 B、C、D 三项正确。人口环境和自然环境属于宏观环境，A、E 两项错误。

66. [答案] AC

[解析] 本题考查网络分销渠道系统。网络分销系统包括订货系统、结算系统、配送系统。

67. [答案] BCD

[解析] 本题考查分销渠道管理目标。分销渠道管理目标包括市场占有率目标、利润额目标、销售增长额目标。

68. [答案] AB

[解析] 本题的考点为期量标准。其中，大量大批生产企业的期量标准包括节拍或节奏、流水线的标准工作指标图表、在制品定额等，故 A、B 两项正确。

69. [答案] ABDE

[解析] 仓储的功能有调解功能、保管检验功能、集散功能、客户服务功能、防范风险功能。

70. [答案] BCE

[解析] 货位分配原则包括以周转率为基础的原则、商品相关性原则、商品同一性原则、商品类似性原则、商品替代性原则、商品相容性原则、先进先出原则。

71. [答案] ABC

[解析] 商品盘点的目的主要是清查实际库存量，帮助企业计算资产损益和发现仓库中存在的问题。商品盘点的内容主要包括数量检查、质量检查、安全检查、保管条件检查等。

72. [答案] ABC

[解析] 本题的考点为矩阵法。A、B、C 三项内容均符合矩阵法的描述，因此正确。D、E 两项错误，此两个选项叙述刚好相反，技术重要性程度高、技术相对竞争地位弱的项目属于第Ⅱ象限的项目，企业应当投资，与竞争对手竞争或放弃投资；技术的重要性程度低、技术的相对竞争地位强的项目属于第Ⅳ象限的项目，企业应坐收渔人之利，不需要重点投资。

73. [答案] ABCD

[解析] 本题考查知识产权的主要形式。《与贸易有关的知识产权协议》列举的知识产权有版权和相关权利、商标、地理标识、工业设计、专利、集成电路布图设计（拓扑图）和未披露信息。

74. [答案] ABDE

[解析] 本题的考点为个人激励薪酬中绩效工资的形式。绩效工资有四种形式，包括绩效调

薪、绩效奖金、月/季度浮动薪酬、特殊绩效认可计划，故A、B、D、E四项正确。利润分享计划属于群体激励薪酬的形式，而绩效工资属于个人激励薪酬的形式，C项错误。

75. [答案] CD

    [解析] 本题考查企业薪酬制度的内在影响因素。影响企业薪酬制度的内在因素主要包括：①企业的业务性质与内容；②企业的经营状况与财力；③企业的管理哲学与企业文化；④企业员工自身的差别。

76. [答案] ABCE

    [解析] 本题的考点为股权资本成本的测算中普通股资本成本率的测算相关内容。根据股利折现模型，影响普通股资本成本率的因素包括普通股融资净额或普通股每股融资净额、发行价格、发行费用、股利水平、股利政策，故A、B、C、E四项正确。

77. [答案] BCD

    [解析] 本题的考点为财务可行性评价指标。其中，贴现现金流量指标包括净现值、内部报酬率、获利指数，故B、C、D三项正确。投资回收期和平均报酬率均属于非贴现现金流量指标，A、E两项错误。

78. [答案] CDE

    [解析] 本题考查企业并购的类型。按照并购双方的业务性质划分，企业并购分为纵向并购、横向并购、混合并购。

79. [答案] ABCE

    [解析] 电子商务运作系统由消费者、企业、网络支付体系、物流配送体系、认证中心及其他要素组成。

80. [答案] ABC

    [解析] 本题考查电子商务的一般框架。电子商务的一般框架包含三个层次：网络层、信息发布与传输层、一般业务服务层。

三、案例分析题

(一)

81. [答案] AC

    [解析] 本题考查宏观环境分析中的经济环境。经济环境包括微观经济环境和宏观经济环境。其中，微观经济环境包括企业所在地区或所服务地区的消费者的收入水平、消费偏好、储蓄情况、就业程度等。

82. [答案] D

    [解析] 本题考查多元化战略和一体化战略。根据案例资料信息可知，该企业原有经营领域为"房地产"，进入的新领域为"医药"，两者为无任何关联的两个行业，可知此属于"非相关多元化战略"。

83. [答案] BD

    [解析] 本题考查定量决策方法。根据案例资料信息分析，题干给出了不同市场状态发生的概率，故此属于风险型决策方法，该方法具体包括期望损益决策法和决策树分析法。B、D两项正确。

84. [答案] A

[解析] 本题考查风险型决策方法中的期望损益决策法。结合公式和案例已知数据计算，甲方案的期望损益值＝45×0.3＋20×0.5＋（－15）×0.2＝20.5（万元）。

(二)

85. [答案] B

[解析] 产品组合的宽度是指产品线的数量。甲企业生产牙膏、香皂、纸巾，还有新产品洗发水，一共有4条产品线，故宽度是4。

86. [答案] CD

[解析] 该企业决定推出一种高档牙膏，即属于产品线延伸策略；该企业经营牙膏、香皂、纸巾三类产品，又推出新产品洗发水，由3种产品扩大为4种产品的生产，属于扩大产品组合策略。

87. [答案] D

[解析] 根据公式，产品的单位成本＝单位可变成本＋固定成本÷销售量＝3＋200÷40＝8（元）。再根据公式，产品的价格＝单位成本×（1＋加成率）＝8×（1＋20％）＝9.6（元）。

88. [答案] ACD

[解析] 该企业通过电视、网络投放大量商品广告，属于促销中的广告策略；在大型商场开设陈列柜台、进行现场表演，属于销售促进策略；并且派出营销人员，向经销商和消费者推介新产品，属于人员推销策略。

(三)

89. [答案] D

[解析] 在制品定额法适合大量大批生产类型企业的生产作业计划编制，D项正确。

90. [答案] C

[解析] 根据公式，本车间投入量＝本车间出产量＋本车间计划允许废品及损耗量＋本车间期末在制品定额－本车间期初在制品预计结存量，计算如下：

(1) 本车间投入量：即题目所述的丁车间的投入量。

(2) 本车间出产量：即丁车间出产量，由资料已知为2 000件。

(3) 本车间计划允许废品及损耗量：即丁车间计划允许废品及损耗量，由资料已知为50件。

(4) 本车间期末在制品定额：即丁车间期末在制品定额，由资料已知为300件。

(5) 本车间期初在制品预计结存量：即丁车间期初预计在制品结存量，由资料已知为150件。

(6) 丁车间投入量＝2 000＋50＋300－150＝2 200（件）。

91. [答案] B

[解析] 根据公式，本车间出产量＝后续车间投入量＋本车间半成品外售量＋本车间期末库存半成品定额－本车间期初预计库存半成品结存量，计算如下：

(1) 本车间出产量：即题目所述的乙车间的出产量。

(2) 后续车间投入量：根据资料可知乙车间的后续车间为丙车间，丙车间的投入量为2 000件。

(3) 本车间半成品外售量：即乙车间半成品外售量，由资料已知为 1 000 件。

(4) 本车间期末库存半成品定额：即乙车间期末库存半成品定额，由资料已知为 400 件。

(5) 本车间期初预计库存半成品结存量：即乙车间期初预计库存半成品结存量，由资料已知为 200 件。

(6) 乙车间的出产量＝2 000＋1 000＋400－200＝3 200（件）。

92. [答案] A

[解析] 在制品定额法是按照工艺反顺序计算的方法，根据资料"某企业的产品生产按照工艺顺序续连续经过甲车间、乙车间、丙车间、丁车间的生产才能完成"，即工艺的顺序是经过甲、乙、丙、丁四个车间，而工艺反顺序，是指反过来从最后车间往前进行计算编制，因此应首先编制丁车间的生产作业计划，最后编制的是甲车间的生产作业计划，本题问的是最后编制的车间，可知为甲车间，A 项正确。

（四）

93. [答案] A

[解析] 本题的考点为人力资源需求预测的方法中转换比率分析，计算如下：

(1) 找出业务增加量与人力资源增加量的关系。案例资料已知"销售额每增加 1 000 万元，需增加管理人员、销售人员和客服人员共 40 名，该企业预计 2018 年销售额将增加 2 000 万元"，根据此关系可推出，当销售额增加 2 000 万元（1 000 万元的 2 倍），人员总数应当同比例增加 80 人（40 人的 2 倍）。

(2) 确定各职位人员之间的比例关系。案例资料已知"新增人员中，管理人员、销售人员和客服人员的比例是 1∶5∶2"，可知销售人员占总人数的 5/8。

(3) 需增加销售人员数量＝80×5/8＝50（人），故 A 项正确。

94. [答案] AD

[解析] 本题的考点为影响外部人力资源需求预测的因素。其具体包括：①企业未来某个时期的生产经营任务及其对人力资源的要求；②预期的员工流动率及由此引起的职位空缺规模；③企业生产技术水平的提高和组织管理方式的变革对人力资源需求的影响；④企业提高产品或服务质量或进入新市场的决策对人力资源需求的影响；⑤企业的财务资源对人力资源需求的约束，故 A、D 两项正确。B、C 两项属于影响企业人力资源外部供给的因素。

95. [答案] C

[解析] 本题的考点为人力资源内部供给预测方法中马尔可夫模型。根据案例资料"该企业现有销售人员 160 人，业务主管 30 人，销售经理 10 人，销售总监 1 人"，再结合案例资料中表格的数据信息，计算出 2018 年销售经理的内部供给量人数＝10×0.7＋30×0.2＝7＋6＝13（人），故 C 项正确。

96. [答案] AB

[解析] 本题的考点为人力资源内部供给预测方法。其具体包括人员核查法、管理人员接续计划法、马尔可夫模型法，故 A、B 两项正确。C、D 两项，管理人员判断法和德尔菲法属于人力资源需求预测的方法。

(五)

97. [答案] D

[解析] 本题的考点为单项资产（或单项投资项目）的风险衡量相关内容。结合案例资料已知数据，将数据代入期望报酬率公式计算即可。甲项目的期望报酬率＝30%×0.3＋15%×0.5＋10%×0.2＝9%＋7.5%＋2%＝18.5%，故 D 项正确。

98. [答案] BD

[解析] 本题的考点为单项资产（或单项投资项目）的风险衡量相关内容。标准离差与项目报酬的离散程度和项目的风险均呈同方向变动，标准离差越大，项目报酬的离散程度越大，风险更大。根据题目已知信息可知，乙项目的标准离差更大，因此，乙项目的报酬的离散程度更大，风险相对更大，故 B、D 两项正确。

99. [答案] A

[解析] 本题的考点为单项资产（或单项投资项目）的风险衡量相关内容。标准离差是一个绝对值，它只能比较期望报酬率相同的各项投资的风险程度，而不能用来比较不同期望报酬率的各项投资的风险程度，因此，需要进一步引入标准离差率对比不同期望报酬率的各项投资的风险程度，A 项正确。

100. [答案] C

[解析] 本题的考点为风险报酬估计相关内容。根据公式，投资必要报酬率＝无风险报酬率＋风险报酬率，计算如下：

(1) 无风险报酬率：题目已知为 5%。

(2) 风险报酬率＝风险报酬系数×标准离差率＝10%×41.9%＝4.19%。

(3) 投资必要报酬率＝5%＋4.19%＝9.19%，故 C 项正确。

亲爱的读者：

如果您对本书有任何 感受、建议、纠错，都可以告诉我们。

我们会精益求精，为您提供更好的产品和服务。

祝您顺利通过考试！

扫码参与问卷调查

经济师考试研究院